이혼,
부, 모, 아이들

-당당한 관계를 위한 심리학

이혼, 부, 모, 아이들
—당당한 관계를 위한 심리학

첫판 1쇄 펴낸날 · 2005년 6월 20일

지은이 · 리처드 A. 워샥
옮긴이 · 황임란
펴낸이 · 박성규
펴낸곳 · 도서출판 아침이슬

등록 · 1999년 1월 9일(제10-1699호)
주소 · 서울시 마포구 합정동 364-70(121-884)
전화 · 02)332-6106
팩스 · 02)322-1740

ISBN · 89-88996-50-X (03180)

· 책값은 뒤표지에 있습니다.

이혼,
부, 모, 아이들
-당당한 관계를 위한 심리학

리처드 A. 워샥 지음 | 황임란 옮김

아침이슬

일러두기

본문 하단의 ＊표시는 모두 옮긴이의 주이다.

| 감사의 글 |

나는 운 좋게도 식구가 아주 많은 확대가족에서 태어났다. 그 덕분에 아이들이 부모나 다른 친척과의 관계 단절을 수동적으로 받아들이기보다는 그 관계를 적극적으로 지속시켜 나갈 수 있도록 돕는 문제에 관심을 갖게 되었다.

우선 고통스러운 경험들을 이야기해준 여러 가족들에게 감사한다. 이들은 나에게 부모와 자식 간의 갈등이 어떻게 전개되어 가며, 부모들 사이의 싸움에서 자녀들을 어떻게 보호할 것인지에 대해 많은 것을 가르쳐 주었다. 이들의 이야기는 익명으로 이 책에서 상세히 언급될 것이다.

모든 학문에는 후속 연구의 기초를 단단히 세운 초기 개척자들이 있게 마련이다. 나는 따돌림에 빠진 아이들의 문제를 처음으로 법률과 정신건강 전문가들의 관심 분야로 끌어들인 가드너Richard A. Gardner 박사, 클라워Stanley S. Clawar 박사, 리블린Brynne V. Rivlin 박사의 연구에서 많은 것을 배웠다.

특히 바쁜 일정 가운데서도 초고 전체를 읽고, 책의 수준을 높여주는 여러 가지 제안을 해준 저보푸로스John A. Jervopoulos 박사에게 감사한다. 따돌림에 빠진 아이들에 대한 나의 이해는 오티스Mark R. Otis 박사,

라머스Donald R. Lammers 박사, 베닝필드Anna Beth Benningfield 박사와의 토론을 통해 더욱 깊어졌다.

나의 형 앨런Alan Warshak에게도 감사한다. 그는 헐뜯기를 금기시하는 유대교의 전통에 대해 알려주었는데, 이는 비디오테이프를 보는 것만으로는 발견하기 어려운 문제였다.

긴즈버그Susan Ginsburg는 내가 이 책을 쓰도록 격려하고, 또 립스커 Simon Lipskar를 소개시켜 주었다. 립스커의 현명한 안내는 이 책의 제안이 좋은 가정을 만드는 데 필요하다는 평가를 받을 수 있도록 해주었을 뿐 아니라 책의 주제에 딱 들어맞는 레이건Judith Regan 가정을 찾아주었는데, 이 책에 대한 레이건의 열정은 매우 깊은 것이었다. 매기니Tia Maggini는 이 책의 구성을 좀더 낫게 하고 훨씬 읽기 편하게 만드는 데 귀중한 제안을 해주었다.

또한 이 책을 쓸 수 있도록 높은 기준을 설정하고 친절하면서도 엄격한 평가를 해준 편집자 존스Cassie Jones에게도 깊이 감사한다. 이 책이 독자의 관심을 끌고, 이를 유지할 수 있다면 그녀의 공일 것이다.

무엇보다도 몇 년 동안 이 책을 쓰는 데 매달린 나를 도와준 아내 산드라Sandra에게 감사한다. 이혼의 해독으로 이어지는 고통과 이혼의 해독 때문에 일어나는 고통에 대한 아내의 이해와, 따돌림에 빠진 아이들과 그 부모에 대한 연구를 바탕으로 한 아내의 전문적 통찰은 이 책의 내용을 풍요롭게 만들었다. 이 모든 것과, 거친 꿈을 넘어설 수 있을 만큼 내 삶을 풍요롭게 해준 데 대해 아내에게 감사한다.

몇 년 전 대학원에서 상담관련 과목을 강의할 때의 한 만남을 계기로 나는 이 책을 한번 번역해보리라 마음먹었다. 얼마간 학교에 나오지 않던 한 여자 대학원생이 나를 찾아와 자신의 이야기를 하고 싶어했다. 나 역시 강의시간에 나타나지 않던 그 대학원생에 대해 걱정을 하던 차여서 기꺼이 함께 이야기를 나누게 되었다. 그 대학원생이 들려준 이야기의 내용은 대강 다음과 같은 것이었다.

그 대학원생은 몇 년 전 이혼을 한 상태였다. 이혼하기 전, 남편과의 결혼생활은 힘들었지만 아이들과의 관계는 참으로 좋았고, 나름대로 삶에 즐거움을 가질 수 있는 원천이었다. 따라서 이혼 당시에도 자녀 양육권을 갖고 싶었으나 전남편과 시집의 막강한 반대로 면접교섭권만을 확보한 채 힘들었던 이혼 소송을 종결지었다. 그 후 아이들을 만나는 시간은 이혼의 상처를 극복하고 삶에 재도전할 수 있는 힘을 주는 주요 근원이 되었다. 그러나 시간이 갈수록 아이들은 엄마를 만나는 것을 꺼려했고 급기야는 만남 자체를 거부했다. 어쩌다 만나도 가정을 깬 모든 책임은 엄마에게 있으며 엄마가 얼마나 나쁜 사람인지 다 안다는 말을 서슴없이 했다. 그럴 때마다 그녀는 몹시 힘들었지만 아이들이 어려서 철이 없어 그러러니 하며 참았다.

그런데 얼마 전 아이들이 다시는 엄마를 만나지 않겠다고 의절을 선언했다는 것이다. 엄마로서 아이들에게 그런 결정을 내리는 것은 잘못이라고 설득을 하고 달래도 보았지만 아이들은 갈수록 단호해지고 냉정해졌다. 자신이 판단하기에는 전남편과 시집에서 그렇게 생각하게끔 아이들을 유도하고 있는 듯했다. 당시 그 대학원생의 자녀들은 초등학교 저학년과 고학년의 나이였다. 그 대학원생은 그토록 서로 사랑하고 엄마를 좋아하던 아이들이 한두 해 사이에 그렇게 돌변하게 된 것에 대해 받아들이기도 어려울 뿐만 아니라 전남편과 시집에 대해 어떻게 대처해야 할지 난감했고 점점 자신이 없어진다고 했다. 이혼의 주된 사유는 남편의 폭력이었는데도 이제는 자녀들에게 자신이 가정을 깬 무책임한 사람으로 낙인찍혀버렸고, 나아가 자녀들이 자발적으로 만남을 거부한다고 선언하여 자녀를 만나지도 못하게 되어버린 상황은 그 대학원생을 절망으로 내몰고 있었다.

내가 자녀들을 세뇌하여 엄마를 따돌리고 거부하게 만드는 전 배우자에게 어떻게 대처했는지를 묻자, 그 대학원생은 전남편을 만나고 싶지도 않고, 또 전남편이 하는 방식대로 자신도 아이들에게 전남편에 대해 나쁘게 말하는 것은 자녀교육에 좋지 않은 것 같아서 대응하지 않고 지내왔다는 것이다. 나아가 이혼과 관련된 문제를 다루는 책들에서 대부분 그렇게 조언하고 있다고 말끝을 흐렸다.

정식으로 상담이 진행되는 것은 아니었기에 그날은 그 정도의 이야기들을 나누었고 헤어졌다. 돌아가는 그 대학원생의 표정과 뒷모습은 가장 사랑하는 사람들에게 오해로 인해 배척당하고, 또 가까이 가지 못하게 차단당한 채 인생의 가장 힘든 시기를 살아가는 사람의 고뇌와 쓸쓸함이 그

대로 배어나고 있었다. 그날의 만남을 통해 역자도 그 대학원생의 깊은 인간적인 슬픔에 가슴 한 곳이 뻥 뚫려버린 듯 서늘한 기분을 느꼈으며 동시에 나 자신의 이혼 후 상담에 관한 관점과 시야가 제한적이었다는 것을 깨달았다.

한편 그 대학원생과 비슷한 고통 속에 처해 있는 많은 내담자들이 있을 텐데 하는 새로운 자각이 뇌리를 스쳤고 이 경험을 통해 뭔가 달라져야만 한다는 반성적 사고를 하게 되었다. 특히 가족 문제와 이혼에 대해 기존과는 다른 관점을 가진 대안적 연구와 탐색, 그리고 새로운 상담 접근법이 필요하다는 생각을 그날 이후 계속하고 있었다. 좀더 구체적으로는 가족과 관련하여 이혼 전이나 이혼 과정, 나아가 이혼 후에 발생할 수 있는 여러 문제들에 대한 구체적이고 세부적인 기술과 식별, 그리고 그에 따른 적극적이고 생산적인 전략과 대처 방법의 개발이 절실히 필요하다는 생각이었다.

또한 이혼 후 추수상담追隨相談과 가족 내에서 일어나는 관심을 가져야 할 현상과 문제들에 대한 예방적 차원의 교육과 그 문제들을 도울 자료들이 연구되고 제공되어야 한다는 것도 절감했다. 이런 생각을 가지고, 이혼에 대한 여러 책을 읽고 자료를 찾던 중, 이 책을 접하게 되었던 것이다. 우선 『이혼, 부, 모, 아이들 *Divorce Poison*』이라는 제목에 관심이 갔고, 목차와 내용을 훑어보던 중 이 책이야말로 앞서의 그 대학원생의 이야기를 계기로 그동안 역자가 꾸준히 관심을 가져왔던 이혼 후 발생하는 부모-자녀 간의 문제들에 대한 해답들로 가득 차 있음을 발견했다. 그래서 서슴지 않고 번역에 들어갈 수 있었다.

2000년대 들어 한국 사회는 다양한 변화를 겪게 되었다. 그 중에서도 가족과 관련된 주제들 즉 결혼, 출산, 자녀 양육, 이혼 등에서 심각한 부정적 문제들이 과거 어느 때보다 급격히 증가하고 있는 추세이다. 그 중 이혼율은 매우 가파르게 높아져, 통계청의 발표에 따르면, 1993년에는 1천 명당 1.3명이었는데 1997년에는 2.0명, 2000년에는 2.5명, 2003년에는 3.5명, 2004년에는 2.9명, 2005년에는 2.8명으로, 현재 미국과 영국에 이어 세계 세 번째로 높은 것으로 나타났다.

또한 동거기간 15년 미만의 이혼이 2004년 현재 전체 이혼의 67퍼센트를 넘어서고 있는 실정이다. 한국청소년상담원의 연구자료에 따르면 30대의 이혼이 증가함에 따라 청소년의 9.6퍼센트가 이혼 가정의 자녀들이고, 이들 청소년들 중 15세 이전에 부모의 이혼을 경험한 경우가 84.4퍼센트에 달한다고 한다. 부모의 이혼과 청소년에 대한 그 연구에서는, 이혼 가정의 청소년 중 47퍼센트가 이혼 후 같이 살지 않는 부모와 만나지 못하고 있는 것으로 조사되고 있다. 또한 자녀와 같이 살지 않는 이혼 부모 중 80퍼센트가 이혼 후 상대방이 자녀들을 만나지 못하게 한 적이 있다고 응답했다.

이러한 현실적인 상황을 고려한다면, 이혼 이전과 이혼 과정에서 나타나는 가족들의 문제뿐 아니라 이혼 후 일어나는 가족들 간의 갈등과 관련된 여러 가지 문제들도 깊이 있게 다루어져야 할 것이다.

이혼이 가져오는 또 다른 문제 중에서도 부모-자녀 간의 관계 악화는 일반적으로 나타나는 현상이면서도 매우 심각한 후유증을 가져온다. 이혼 과정과 결정 중에 발생한 많은 문제들은 한때는 서로 사랑했던 부모-자녀 간의 관계에 깊은 상처를 주어 간직하고 있던 소중한 기억마저 지워버리거나 왜곡하는 현상을 불러일으킨다. 하지만 우리나라의 상담연구와 상담활동은 급증하는 이혼 자체의 문제를 연구하고 조력하는 것만으로도 힘에 겨워, 이혼 후의 문제에 대해서 구체적이고 전문적으로 연구하고 다룰 만한 여력은 거의 없는 실정이다. 커다란 충격과 힘겨운 이혼 과정을 겪은 데다가, 그 과정을 마무리 짓자마자, 숨 돌릴 겨를도 없이 밀려오는 후 폭풍에 대책 없이 절망하는 부모나 자녀를 돕기 위해서는 최선을 다해 가능한 한 발생할 문제에 대해 예측을 하고, 그에 대한 대응책을 준비해야 한다. 이런 생각에서 역자는 최선의 해결책은 예방이라는 전제하에, 우리 사회보다 앞서 이혼을 경험하고 연구한 외국의 이혼 후 문제에 대한 연구들에 눈길을 돌리게 되었고 그 과정에서 만나게 된 책이 바로 이 책이었다.

『이혼, 부, 모, 아이들』은 이혼 때문에 일어나는 여러 가지 문제들을 다루고 있는데, 그 중에서도 이혼 후 자녀와의 관계에서 예기치 않은 어려움을 겪는 부모와 그 자녀의 문제를 상세히 기술하고 심층적으로 분석한다. 그리고 각 상황에 맞는 접근법과 대안을 제시한다. 한마디로 이혼 후 발생하는 부모-자녀 문제를 진단하고 해결책을 제시한 책이라 할 수 있다.

이 책은 『양육권 혁명 *The Custody Revolution*』 이후 나온 워샥의 역작으로, 서론과 총 9장으로 구성되어 있는데 내용은 크게 세 범주로 나뉜다.

첫 번째 범주는 이혼이 주는 상처들과 이혼관련 문제에 대한 기존의 접근 방법들과 조언들에 대한 재검토이다. 이혼으로 발생하는 해독의 근원으로, 전 배우자나 그의 가족들이 자녀들에게 행하는 다른 편 배우자에 대한 헐뜯기bad-mouthing, 깎아내리기bashing, 세뇌brainwashing, 그리고 부모 따돌림 증후군parental alienation syndrome, PAS 등이 발생하는 배경과 각 개념들의 특성과 차이점, 그리고 이런 상황에 노출된 자녀들이 보이는 다양한 언행들에 대해 철저하게 분석해서 기술하고 있다.

두 번째 범주에서는 이혼의 해독이 발생하게 되는 동기와 환경, 구체적이고 세밀한 이혼 해독의 현상들을 전 배우자와 자녀들의 행위를 중심으로 낱낱이 식별해서 설명한다.

세 번째 범주는 이혼의 해독에서 부모 자신과 자녀들을 보호하기 위해 선택하고 활용할 수 있는 다양한 대처 전략과 대응법에 관한 내용들이다. 부모 자신의 대처 전략, 전문가의 도움을 구하는 방법, 그리고 극단적으로 어떤 노력도 효과적이지 않은 절망적인 상황에서는 미래의 부모-자녀 관계를 위해 무엇을, 어떻게 준비해야 하는지를 조언하고 있다.

나는 이 책을 번역하면서 우리나라의 부모와 미국의 부모들이 부모-자녀 관계에 대해 입장을 달리하고 있음을 뚜렷하게 느꼈다. 미국의 부모들은 부모-자녀 관계에서 자녀에 대한 부모로서 자신의 권리를 매우 중요하게 여긴다. 즉, 이혼을 하더라도 자녀를 만나고 자녀와 교류하고, 그런 관계를 유지함으로써 행복을 추구할 권리가 있으며, 그 권리를 지키는 것을 인생에서 매우 중요하게 생각한다. 그래서 미국의 부모들은 자신의 권리를 찾는 차원에서 자녀와의 관계를 회복하는 데 최선을 다한다는 것을 강하게 느낄 수 있었다. 나 역시 한국인이고 또 수많은 한국 부모들을 만나 보았지만 한국 부모들은 부모-자녀 관계에서 부모의 권리보다는 자녀에 대한 의무감이나 책임감 차원에서 자신의 역할과 위치를 규정짓는 경향이 있다(한국가정법률상담소의 최근 연구 결과에서도 한국의 부모들이 이혼 시 친권이나 양육권을 갖기를 희망하는 경우에 그 가장 큰 이유가 자녀에 대한 책임감 때문이라고 보고하고 있다). 그래서 이혼을 한 한국의 부모들은 이혼했다는 사실만으로도 자녀들에게 부모의 의무와 책임을 다하지 못했다는 죄책감에 시달린다. 부모-자녀 관계에서도 당당하게 대하지 못하며, 자녀에 대한 자신의 권리를 주장하거나 보호하려고 하지 않는다. 어느 편이 바람직한지를 말하려고 하는 것은 아니지만, 부모들도 권리의 측면에서 자녀와의 관계를 볼 수 있다는 것은 염두에 둘 만하다. 이혼한 부모들도 권리와 의무를 함께 가지고 있다는 인식이 널리 퍼질 때, 이혼 때문에 일어나는 부모-자녀 간의 문제를 해결하는 데 많은 부모와 자녀들이 더욱 적극적으로 참여할 것이라고 기대할 수 있을 것이다.

덧붙이고 싶은 말은 『이혼, 부, 모, 아이들』은 단지 이혼을 한 가정의 부모와 자녀들만을 위한 책이 아니라는 점이다. 저자의 따뜻하고 확고한 인간애와 풍부한 임상 경험이 만들어내는 이 책의 내용은 가족이나 상담과 관련된 미국 내의 다양한 전문가와 전문기관들에게 인정받고 있듯이 우리나라에서도 기능적이고 건강한 가족을 지향하는 모든 사람들, 불화가 있는 가족, 이혼의 위기에 처한 가족과 이혼이 진행 중인 가족, 그리고 이혼한 가족 모두에게 그들의 문제를 이해하고 해결하는 데 도움이 되는 통찰력과 문제해결력을 줄 수 있을 것이다. 나아가 가족상담 전문가나 이혼 관련 법률가, 또 아동·청소년 상담자 교육에 종사하거나 상담자가 되려는 지망생 모두에게도 훌륭한 임상 사례집과 지침서의 역할을 하리라고 기대한다.

마지막으로 앞서나가는 책을 출판하는 데 있을 수 있는 모험을 감수하면서 이 책의 번역을 결정하고, 빨리 출간되도록 적극적으로 준비하고 지원해준 도서출판 아침이슬의 박성규 사장님과 편집진들께 감사드린다.

2005년 6월
황임란

| 차례 |

감사의 글 _ 5

옮긴이의 말 _ 7

서론-영혼을 훔치기 _ 17

제1장 | 섬세한 균형 잡기 _ 25

공동전선 | 침묵이 금이 아닐 때 | 유익한 비판과 해로운 비판 | 테스트의 적용

제2장 | 이혼의 해독: 헐뜯기, 깎아내리기, 세뇌_ 53

헐뜯기 | 깎아내리기 | 세뇌 | 부모 따돌림 증후군 | 이혼의 해독에 저항하는 아이들

제3장 | 따돌림에 빠진 아이들_ 79

증오 캠페인 | 증오심에 대한 비합리적 설명 | 허위고소 1: 학대 | 부모의 양극화: 성인과 죄인 | 앵무새 같은 어른 흉내 | 독립의 선언 | 연합에 의한 증오 | 이혼의 해독과 관계없는 따돌림 | 정당한 따돌림 | 자녀 주도 따돌림 | 따돌림의 근원에 대한 이해 | 따돌림인가, 아닌가? | 허위고소 2: 부모 따돌림 증후군

제4장 | 악의적 동기들_ 147

희미한 경계선 | 복수심 | 자아도취증 | 죄책감 | 불안 | 정당성을 인정받으려고 하기 | 증오심과 결합된 집착 | 편집증 | 재연 | 자녀를 향한 적개심 | 양육권 소송 | 양육권 소송 중의 따돌림 | 재혼

제5장 | 따돌리게 하는 환경_ 213

고립 | 이사 | 납치 | 흔적 없애기 | 두려움

제6장 | 현실의 훼손 _ 239

이름 게임 | 반복 | 선택적 주의집중 | 맥락을 무시하기 | 과장 | 거짓말 | 역사를 왜곡하기 | 완전히 달라졌다는 주장 | 암시와 빈정대기 | 악용 | 투사 | 합리화 | 당신보다는 순결하다 | 종교와 결합된 독선 | '진실' | 지나친 떠받들기 | 잠식하기 | 염탐하기 | 인지 부조화 | 공모 | 타협-거부로 일관하기

제7장 | 해독의 통제 _ 323

공감 | 간접 의사소통 | 아이들의 감시를 역이용하기 | 두 단계 떨어지기 | 제삼자 활용하기 | 쇠가 식었을 때 두드려라 | 다리 놓기 | 치유 경험을 공유하기 | 긍정적인 경험을 기억에 새겨 넣기 | 긍정적인 과거 되살리기 | 마음속에 씨뿌리기 | 휴가를 함께 보내기 | 따로따로 공략하라: 형제자매 분리시키기 | 아이를 중립에 머무르게 하기 | 종교적 가르침을 환기시키기 | 견해의 차이를 인정하라 | 완전한 사람은 없다 | 네 스스로 생각하라 | 세뇌에 대해 가르치기 | 영화와 텔레비전 | 더 좋은 부모 되기 | 일반적으로 저지르는 잘못을 하지 말라 | 상대의 적개심을 줄여라 | 앤 랜더스의 화해의 날

제8장 | 전문가의 도움 받기 _ 387

심리치료사를 찾을 시기 | 심리치료는 어떤 도움을 주는가? | 심리치료사를 돕는 방법 | 심리치료사의 선정 | 치료의 조건 | 아이 양육 평가 | 점진적 만남 늘리기 대 이사하기 | 제3의 장소에서 지내기 | 변호사 선임

제9장 | 떠나보내기 _ 433

언제 떠나보낼 것인가? | 어떻게 떠나보낼 것인가? | 떠나보내고 난 다음 접촉을 유지하기 | 새로운 다리 | 성인이 된 따돌림에 빠진 아이들 | 상실감에 대처하기 | 미래를 위한 희망

부록 _ 453

국내 참고자료 | 해외 참고자료 | 도움 받을 수 있는 곳 | 찾아보기

서론—영혼을 훔치기

당신의 배우자가 자녀들에게 당신을 나쁘게 말하고, 헐뜯고 어쩌면 자녀들이 당신에게서 등을 돌리게 만들려고까지 한다. 이럴 경우 어떻게 할 것인가? 당신이 상황을 효과적으로 처리하지 못한다면 당신과 자녀들의 관계는 매우 힘들어질 것이다. 아이들의 애정과 신뢰를 잃을 수도 있고, 심한 경우에는 아이들과의 관계가 끊어질 수도 있다.

사실 이런 상황에서는 아무 대응도 하지 말라는 것이 전통적이고 일반적인 조언이다. 심리학자들은 아이들 앞에서 배우자를 비판하지 말라고 경고한다. 배우자에 대한 비판이 맞불을 놓는 것으로 잘못 해석되어 자녀들에게 커다란 상처를 입히게 될 것을 우려하기 때문이다. 그러나 나는 지난 몇 년 간, 이런 충고를 받아들여 수동적인 대응을 했지만 그 결과는 결코 성공적이지 못했던 부모들을 상담하고 난 다음, 이런 접근법은 잘못된 것이라고 확신하게 되었다. 이런 식의 대응은 때로 문제를 더욱 악화시키기까지 한다. 자녀들과의 관계가 점점 나빠지면 대부분의 부모는 필사적으로 자녀들을 설득하려고 한다. 그런 노력은 필연적으로 실패하고, 부모에게 무기력과 절망감을 남기게 된다.

이 책에서는 이러한 일반적인 접근법은 효과가 없으며, 아무것도 하지 않고 있으면 아무런 해결도 이룰 수 없을 뿐 아니라 특히 합리성에 의존하는 것이 문제에 대한 불합리한 접근법인 이유를 설명하고자 한다. 이 책은 아이들과 사랑하는 사람의 관계를 해치는 그동안의 대응 기법과 원동력에 대한 확실한 이해에 기초하여 좀더 효율적으로 대응할 수 있는 청사진을 제공할 것이다.

이 책을 읽고 나면, 여러분은 간헐적이고 온건한 헐뜯기에서부터 엄격하고 체계적인 세뇌에 이르기까지 여러 형태의 비난을 구분할 수 있을 것이다. 또한 부모가 자녀들을 조종하는 이유와 방법, 여러 가지 겉모습 속에 감추어져 있는 건강하지 못한 심리적 책략들을 찾아내는 방법을 알게 될 것이다. 설사 악의가 없는 경우라도 이러한 행동들이 자녀들에게 어떻게 상처를 입히는지를 알게 되고, 자녀들과 사랑하는 관계를 유지하거나 회복시킬 수 있는 강력한 전략을 발견할 것이다.

이혼이 아이들에게 언제나 심리적 외상을 입히는 것은 아니다. 그러나 부모들이 아이들을 사이에 두고 서로 적대감을 퍼부어댈 경우는 아이들에게 심각한 상처를 준다. 아이들은 부모들이 비난을 주고받는 것을 무력하게 지켜봐야 하는 고통을 겪어야 하기 때문이다. 그런데 부모가 싸움에서 아이들을 자기 쪽으로 끌어들였을 때는 더 큰 상처를 준다. 그리고 부모 중 한쪽이 아이들로 하여금 상대편을 싫어하게 만들기 위해 체계적인 노력을 할 때에는 가장 커다란 상처를 주게 된다.

내가 이혼에 대한 연구를 시작한 것은 지금으로부터 25년도 더 전이었다. 그 당시 심리학자들은 부모, 특히 아버지가 생계수단을 잃어버렸을 때 아이들에게 미치는 손상에 가장 큰 관심을 기울였다. 그들은 아버지가 생계를 책임지지 못할 때 아이들이 심리적 문제로 고통을 받을 가능성이 매우 높다는 것을 발견했다. 또한 이혼을 하더라도 양쪽 부모가 다 자녀 양육에 계속해서 참여할 때 아이들이 보다 적응을 잘 한다는 것을 발견했다. 나는 『양육권 혁명』이라는 책에서 이런 사실과 그것이 부모와 공공정책에 주는 시사점에 대해 썼다.

그 책에서 나는 매우 간단하기는 하지만 양육 문제로 분쟁이 계속되는 동안 부모의 조종과 세뇌를 받는 아이들에 대한 관심을 피력한 바 있다. 이 문제에 대해 많은 부모와 조부모들이 관심을 보였는데 그들은 필사적으로 그 문제에 대한 해결책을 말하고 서술했다. 그들의 진지한 관심과 노력은 이 책에 큰 영감을 주었다.

그들이 직면한 문제는 내가 그렇게 많이 언급해왔던 문제와는 정반대였다. 이들에게 문제가 되는 것은 아이가 결손 부모와 함께하는 시간을 더 많이 갖기를 원하지 않는다는 것이다. 이러한 가정에서는 부모가 아이를 거부하지 않는 대신, 아이가 부모를 거부한다. 나는 자신들을 항상 헌신적으로 대하는 부모를 경멸하거나 무서워하는 아이들에 대한 이야기를 여러 차례 들었다. 이 아이들은 전혀 아이답지 않은 방식으로 자신의 부모를 비난한다. 때로는 부모와 상관없이 살겠다면서 전화조차 걸지 않는다.

대부분의 경우 아이의 거부가 부모의 심한 학대에 대한 반발에서 나오는 것은 아니다. 심한 학대에 반발하여 부모를 거부하는 것은 이해할 수 있다. 그래서 이 책은 그러한 아이들과 별 이유 없이 부모를 거부하는 아이들을 구분하는 방법을 제시한다. 이 책의 초점은 기본적으로 한쪽 부모의 영향을 받아 다른 쪽 부모를 거부하는 아이들에 맞춰져 있다. 부모 중 한편이 아이들 앞에서 다른 편을 직접적으로 호되게 비난할 수도 있으며,

아이들로 하여금 말싸움하는 것을 엿듣게 할 수도 있다. 어떤 경우 아이들은 부모 중 한쪽이 배우자에 대해 계속해서 퍼붓는 거친 비판에 노출되기도 하며, 나아가 부모들의 말싸움에 참여하도록 적극적으로 부추김을 받기도 한다. 부모 중 한쪽 편을 들어 어머니나 아버지와 떨어지기 위해 진지하고 맹렬하게 노력하는 불행한 아이들도 있다. 한마디로 아이들이 세뇌를 당하는 것이다. 부모를 긍정하고 사랑하는 감정에 대한 자각마저 씻겨 나간 아이들의 뇌 속에는 어떤 것도 남지 않게 된다. 이런 아이들은 부모와 만날 필요를 느끼지 않으며, 만나고 싶어하지도 않는다. 남아 있는 것은 지난날에는 사랑과 안락함의 원천이었던 부모에 대해 자녀의 태도가 극적으로 돌변한 것을 정당화시켜 줄 수 있을 듯한 불평들뿐이다.

결별에도 여러 등급이 있다. 최악의 경우에는, 완전히 결별하여 모든 관계가 끊어지기도 한다. 이런 경우 따돌림을 당한 부모는 몇 년 동안이나 정서적·금전적으로 자녀를 지원하고, 사랑과 걱정을 했지만 결국 아이들에게 욕을 먹고 무시당하는 자신을 발견하게 된다. 그(또는 그녀)는 졸업식에서 환영받지 못한다. 결혼식에도 초대받지 못하고 손자들과도 접촉하지 못한다.

그러나 대부분의 가정에서 일어나는 불화는 일시적이고 부분적일 뿐이다. 헐뜯는 정도로 부모와 자녀들의 관계가 끊어지지는 않는다. 그러나 관계의 질이 오염되는 것은 사실이다. 헐뜯는 것은 아이들에게 불필요한 긴장감을 주며, 부모 양편과 아이들의 관계에 더 많은 갈등을 불러일으킨다. 긴장과 갈등은 아이들을 더욱 움츠리게 하고, 생각이나 감정을 드러내는 것을 꺼리게 만들거나 부모의 권위를 덜 존중하게 한다. 이런 아이들은 감정이 덜 따뜻하고 더 내성적일 수 있지만 아직도 그런 관계 속에서 어떤 즐거움을 발견할 수 있다. 어느 편 부모를 헐뜯게끔 조종된 것 이상으로, 그 부모에 대한 경계심을 늦추는 데 충분한 시간을 갖거나 긍정적인 경험을 했을 때 특히 그렇다.

헐뜯기, 깎아내리기, 세뇌, 즉 내가 '이혼의 해독divorce poison'이라고 부르는 것의 표적이 부모만은 아니다. 조부모는 물론 때로는 확대가족 전체가 같은 취급을 받는다. 이 문제는 가계家系의 모든 연결고리를 단절시킨다. 부모, 계부·계모, 숙부와 숙모, 조부모 등, 이 문제에 관계된 모두가 그들의 역할에서 상처를 입기 쉽다. 그리고 이 모든 경우에 가장 큰 고통을 받는 것은 아이들이다.

우리는 사이비 종교 지도자의 조종과 사주에 대한 이야기를 종종 듣는다. 그러나 이혼한 부모의 헐뜯기와 세뇌는 뉴스의 헤드라인을 장식하는 집단 자살보다도 훨씬 더 많은 희생자를 양산한다. 이혼의 해독은 몇 백만 명의 사람들에게 파괴적인 영향을 끼치며, 희생자의 숫자는 매일 늘어난다. 그러나 이제까지 이 문제는 별다른 관심을 끌지 못했다. 이혼한 부모에 대해 다루는 대부분의 책은 갈등의 한복판에 아이들을 두지 말라고 충고한다. 그러나 아이에게 부모를 비판하는 것이 언제 적절하며, 언제 해로운 것인지에 대해서는 거의 다루지 않고 있다. 그리고 어느 누구도 심리적 조작의 체계적인 과정과, 아이들이 어떻게 그 영향을 거부하고 뒤바꾸어놓는지에 대해 논의하지 못했다.

서점에 꽂혀 있는 모든 부모용 지침서의 색인을 찾아보라. 그러면 세뇌와 결별에 대해 다룬 책들이 거의 비슷하다는 사실을 알게 될 것이다. 이 책들을 비판하려는 것이 아니다. 부모들의 조종에 대처하는 방법에 대한 인식과 학습이 아직까지 매우 초보적 단계에 머물러 있는 것이 현실이기 때문이다. 사실 정신건강 전문가들과 상담을 하는 부모들은, 선의이기는 하지만 자주 부적절하고 비효율적일 뿐 아니라 아이들을 속이고 결별을 강화시킬 수도 있는 권고를 받는다.

이 책은 이런 문제에 대해 모두 답하려는 것은 아니며, 대부분의 문제에 대해 답을 하려는 것도 아니다. 단지 부모들 사이에 벌어지는 전투의 한복판에 놓인 아이들을 돕기 위해 심리치료 활동에서 얻은 통찰을 제공하려는 것이다. 나는 앞으로의 탐구가 아이들을 이혼의 해독에서 구해줄 훨씬 더 효율적인 전략을 찾아줄 것이라고 기대한다. 또한 이 책이 이전에 서로 사랑했던 아이와 부모의 관계가 무너질 위기에 처한 가족들에게 구명정을 제공해주리라는 기대를 갖는다. 내 목적은 부모, 조부모는 물론 그 밖의 다른 친척들이 헐뜯기, 깎아내리기, 세뇌를 더 잘 이해해서 비슷한 환경에서 다른 가족들에게 도움이 되는 실제적인 충고를 공유할 수 있게끔 돕는 것이다. 소외된 아이의 문제를 이해하는 유능한 심리치료사의 안내를 받으며 이 충고를 따른다면 성공할 수 있을 것이다.

배우자에 대한 아이의 애정에 손상을 입히는 행동을 하는 부모들은 자신의 의도를 어렴풋이 인식하고 있을 뿐이다. 그의 배우자도 마찬가지 행동을 하고 싶은 충동과 씨름하고 있을지 모른다. 이 연구가 그러한 행동 뒤에 감추어져 있는 진정한 동기와 그 행동이 일으키는 피해를 밝힘으로써, 이러한 부모들이 파괴적 충동에 따라 행동하지 않도록 설득시키는 데 도움이 되었으면 한다.

어린 시절 부모의 이혼으로 사랑하는 사람들과 상당한 정도로 멀어지는 고통을 겪은 어른들도 많이 있다. 이 책은 그런 사람들이 자신들에게 벌어졌던 일이 무엇이었는지를 이해하고, 나아가 무너진 관계를 회복하는 데 도움을 줄 것이다.

부모가 아이들을 조종하지 말아야 한다는 인식이 확산됨에 따라 세뇌했다는 허위고소도 증가했다. 순진한 부모들은 따돌림을 조장했다고 고소를 당하고 그 결과, 아이들에 대한 양육권을 박탈당하고 있다. 이 책은 그런 고소에 맞서서 자신을 효과적으로 방어하는 방법도 다루고 있다. 따돌림과 세뇌 문제로 법정에 섰던 가족들을 다룬 경험이 있는 판사, 변호사, 정신건강 전문가들이 이혼가정에서 아이들의 복지를 지켜주기 위한 제안들을 할 것이다.

『이혼, 부, 모, 아이들』은 무엇보다도 아이들을 위해 쓴 책이다. 부모의 결혼 실패는 우리가 언제나 사랑만을 기대할 수 없다는 냉철한 교훈을 준다. 이처럼 생애 중 상처 받기 쉬운 시기에 있는 아이들은 가능한 많은 사랑을 필요로 하며, 또 사랑받을 가치가 있다. 사랑과 보호라는 큰 길을 막아버린 사람들은 아이들을 정서적 안정에서 멀어지게 한다. 어른들이 아이들을 자신들의 싸움의 대리인으로 삼을 때 아이들은 마음에 장벽을 치게 되고, 아이들의 신뢰는 극심하게 침해받는다. 이는 어린이 유괴나 영혼을 훔치는 것과 같은 행위이다.

나는 잃어버린 영혼들이 그들을 기다리는 가슴으로 돌아갈 수 있는 길을 다시 찾게 하기 위해 이 책을 썼다. 이 책을 읽는 것이 그들에게 성공적인 여행의 첫걸음이 되기를 기대한다.

제1장

섬세한 균형 잡기

때로는 한쪽 편 부모가 다른 편 부모의 결점을 인정하고,
아이들이 그 행동을 공정한 관점에서 평가할 수 있도록 돕는 것이 적절할 수 있다.
비판이 적절한지 아닌지는 상황을 얼마나 꼼꼼하고 예리하게
평가하는가에 달려 있다. 꼼꼼하게 평가하지 않는다면 아이들에게 비판의
대상이 되는 부모가 입히는 것 못지않은 커다란 상처를 입힐 수도 있다.

지혜와 정직이 회복될 수 있는 표준을 세웁시다.

—조지 워싱턴

프레드는 이혼한 아내가 아이의 양육비를 제때 지불하지 않으면 법원에 고소하겠다고 위협하는 전화를 받은 후 전화기를 털썩 내려놓았다. 그는 다섯 살 된 마티를 돌아보며 "이번 주말에는 낚시를 갈 수 없게 되었구나. 이기적인 네 엄마가 돈을 너무 많이 쓰는 바람에 아빠는 일하러 나가야 한단다"라고 말했다.

　말을 마친 프레드는 곧 자신이 한 말을 후회했다. 부모의 이혼만으로도 힘든 아이에게 엄마에 대한 비난을 쏟아 붓는 것은 아이에게 스트레스만 더 줄 뿐이었다. 언짢은 마음으로 마티의 얼굴을 언뜻 보는 순간, 프레드는 자신이 아들을 낙담에 빠뜨렸다는 것을 확인했다. 프레드는 아버지로서 앞으로 더 잘 해주리라고 결심했다. 이혼은 프레드가 원한 것이 아니었으며, 그는 아직도 이혼에 대해 괴로워하고 있었다. 그는 툭하면 아들에게 이혼한 아내에 대해 가시 돋친 말을 했다. 어떤 때는 "네 엄마가 우리를 버렸다"라고 비난하기도 했다. 아들에게 이런 말을 한 후에는 꼭 미안하다는 생각이 들었지만 그렇다고 결코 자신의 거친 말에 대해 마티와 이야기를 나누지는 않았다. 마티 엄마도 전남편인 프레드가 자신을 욕한 다는 것을 알고 있었으나, 이에 대해 마티에게 아무런 말도 하지 않았다. 결국 헐뜯기에 대처하는 것은 어린 마티의 몫이었다.

메릴은 여덟 살짜리 쌍둥이 아들의 아버지인 도우그를 증오했으며, 기회 가 있을 때마다 아이들에게 도우그를 싫어한다는 사실을 알리려고 애썼 다. 도우그는 메릴이 임신을 했는데도 결혼하기를 거부했다. 그 후 메릴 은 도우그가 자신의 삶에서 사라져주기를 원했다. 그러나 도우그는 그렇 게 하지 않았다. 그는 적극적으로 아이들과 관계를 유지하려 했고, 정기 적으로 아이들의 양육비를 보냈다.

　메릴의 분노는 시간이 지나도 누그러지지 않았다. 그녀는 아이들 앞에 서 언제나 도우그를 헐뜯었다. 한번은 도우그가 아이들을 데리러 오는 날 몇 분 늦었을 뿐인데도 아이들 앞에서 무책임한 아빠라고 말했다. 메릴은 그가 보낸 선물도 무시했다. 고등학교 밴드 교사인 도우그가 돈이 많이 드는 휴가를 보내줄 수 없다는 이유를 들어 아빠는 실패자라고 말하기도 했다. 도우그는 정기적으로 아이들을 만나는 금요일 밤에 밴드부를 이끌 고 미식축구 경기에 가야 할 경우가 있었는데 그럴 때는 아이들 고모에게 아이들을 경기장에 데려오라고 부탁했다. 아이들은 게임을 즐겼으며 아 버지가 일하는 모습을 보는 것을 좋아했지만 메릴은 못마땅하게 여겼다. 그녀는 아이들에게 더 많은 관심을 쏟을 수 있는 아버지를 만나지 못한 것은 너무도 잘못된 일이라고 말했다. 그녀는 도우그 자신이 직접 아이들을 데리러 오지 않을 경우 금요일 밤의 접견권을 박탈해달라는 요구를 법원에 내기까지 했다(그러나 승소하지는 못했다). 아이들이 아빠가 밴드 페스티벌에서 우승해서 자랑스럽다고 말하자 메릴은 아이들에게 도우그가 너무 허풍을 떤다고 말했다. 도우그가 아이들을 위해 좋은 일을 했을 때 비판할 방법을 생각해내지 못하면 그녀는 "너희 아빠가 자신을 좋게 보이려고 그러는 거야"라고 말함으로써 이를 무시해버리고자 했다.

메릴이 약혼을 하자 도우그는 이를 계기로 그녀가 과거사는 과거사로 돌리고 더 이상 자신을 깎아내리지 않았으면 했다. 그러나 메릴은 더 심해졌다. 그녀는 아들들에게 약혼자를 아버지라고 부르라고 강요했다. 동시에 그녀는 아이들에게 도우그 이야기를 할 때 '아버지'라는 호칭 대신 이름을 부르기 시작했다. "도우그와 전화 중이다"라거나, "도우그와 직접 통화하기를 원하니, 아니면 내가 도우그에게 네가 바쁘다고 말해줄까?", "도우그는 아마도 또 늦을 거야", "아빠와 내가 신혼여행 가 있는 동안 도우그와 이야기해서는 안 된다"라고 아이들에게 말했다.

메릴은 다시 소송을 걸었는데, 이번에는 아이들과 도우그가 만나는 시간을 줄여서 '자신의 가족'과 더 많은 시간을 보내게 하기 위해서였다. 메릴이 말하는 '자신의 가족'이란 메릴 자신과 약혼자, 약혼자의 아이를 뜻하는 말이었다. 쌍둥이 아들은 아버지에게 강한 애착을 갖고 있었지만, 메릴은 아이들이 도우그를 가족의 일원으로 생각하는 것을 좋아하지 않았다. 아이들은 어머니를 기쁘게 하기 위해, 실제로는 도우그와 만나는 시간이 그리 즐겁지 않았다고 말하기 시작했다. 메릴은 이를 기회로 삼아 아이들에게 그들이 도우그와 만나는 동안 자신과 약혼자, 약혼자의 아들이 하는 재미있는 일에 대해 말하기 시작했다.

도우그는 아이들이 자신을 '아빠'라는 호칭 대신 '도우그'라고 부르고,

정해진 시간보다 더 일찍 집에 돌아가겠다고 요청하자 걱정이 되었다. 그는 어떻게 대응해야 할지 몰랐다. 변호사는 도우그에게 메릴을 비판하는 것으로 보일 수 있는 말은 법정에서 그를 나쁜 사람으로 보이게 할 수 있으므로 일체 하지 말라고 충고했다. 그래서 도우그는 아무런 말도 하지 않았다. 아이들은 어머니가 아버지를 깎아내리는 데 대해 어떻게 대처해야 하는지 아무 도움도 받지 못했다.

리치와 그의 새 아내 제니스는 리치의 열두 살짜리 딸 메도우와 함께 다른 주로 이사하기로 결정했다. 그러나 먼저 메도우의 생모인 기슬리에게서 양육권을 찾아와야만 했다. 리치는 딸 앞에서 언제나 기슬리를 나쁘게 말했으며, 점점 증오심을 강화했다. 그는 메도우도 자신과 마찬가지로 어머니를 증오하고, 자신과 살겠다고 말하기를 바랐다.

하루는 리치가 메도우에게 엄마가 벨트로 때렸던 일을 기억하느냐고 물었다. 메도우는 기억하지 못했다. 그런 일은 실제로는 없었으므로 기억에 없다는 메도우의 대답은 당연한 것이었다. 리치는 이후 몇 주 동안 있지도 않았던 사건을 여러 번 끄집어냈다. 메도우는 자신이 실제로 그 사건을 기억하는 것인지, 아니면 단지 아버지의 설명을 기억하고 있는 것인지 확신하지 못했지만, 마침내 그런 사건이 실제로 있었다고 느끼기 시작했다. 리치는 기슬리의 난폭한 성질에 대해 불쑥불쑥 말하기 시작했다. 메도우는 전에는 어머니에게 그런 난폭한 면이 있다고 생각한 적이 없었지만, 아버지와 새어머니가 반복해서 어머니의 난폭한 성질에 대해 말하자 점점 그 말이 사실인 것처럼 생각되었다.

엄마가 숙제를 다 할 때까지 텔레비전을 보지 못하게 한다고 메도우가 불평하자, 리치는 공감을 나타내면서 메도우에게 "기슬리가 너를 너무 어린애 취급하는구나"라고 말했다. 또 계속해서 전처를 '보스'라고 하거나 이름을 부름으로써 메도우가 어머니를 존중하는 마음을 손상시켰다. 동시에 리치와 제니스는 물량공세를 폄으로써 메도우를 기쁘게 했다. 그들은 기슬리와는 달리 메도우의 응석을 받아줌으로써 기슬리를 지나치게 엄격하고 억압적인 사람으로 보이게 했다.

리치가 의도했던 결과가 일어났다. 메도우가 특히 무례한 태도를 보인 어느 날, 마침내 엄마가 인내심을 잃고 고함을 쳤다. 메도우는 욕실로 달려 들어가서 문을 잠그고, 겁먹은 목소리로 말했다. "때리지 말아요." 기슬리는 소스라치게 놀랐다.

"왜 내가 너를 때릴 거라고 생각하니?" 기슬리가 물었다.

메도우가 대답했다. "엄마가 크게 화났을 때 어떻게 할지 알고 있어. 날 때리면 아빠에게 이를 거야."

기슬리가 말했다. "네 아빠와 제니스가 너를 세뇌시켰구나."

메도우는 기분이 상해서 말했다. "아냐, 그렇지 않아. 내 생각이란 말이야. 나는 더 이상 어린애가 아니야."

그날 저녁 늦은 시각, 메도우는 아빠에게 전화를 걸어 말했다. "기슬리가 나를 때리려고 했어. 하지만 내가 도망갔어." 리치는 즉시 와서 메도우를 데려가겠다고 말했다. 메도우는 하루쯤은 더 있어도 괜찮을 것 같다고 말했다. 그러나 그날은 물론 다음 날까지도 어머니를 피했다.

메도우는 그 다음 주에 어머니를 다시 만났을 때 규칙이 너무 엄격하다고 불평을 했다. 제니스는 그런 규칙을 강요하지 않으며 자신을 존중한다는 것이었다. 문제는 기슬리가 딸의 눈에 자신이 나쁜 엄마로 비추어질 것을 우려하여 합리적인 제약을 두는 것마저도 꺼린 데서 비롯되었다. 그녀는 딸이 누구를 더 좋아하는지가 양육권 결정에 핵심적인 역할을 할 수 있다는 것을 알았다. 실제로 메도우가 법원이 지명한 양육권 평가자와 인터뷰를 하는 동안 어머니에 대해서 충분히 비판을 하지 않자, 리치와 제니스는 메도우를 꾸짖었다. 그들은 메도우에게 자신들이 양육권을 가질 수 있도록 편을 들지 않는다면, 그리고 양육권 평가에 관여하는 심리학자에게 기슬리가 나쁜 어머니라고 말하지 않으면, 기슬리와 살아야 하며, 자기들과 함께 이사 가지 못하는 것은 전적으로 메도우의 잘못이라고 말했다.

이때까지 리치와 제니스는 자기들과 함께 살 때 누릴 수 있는 이익(예를 들면, 수영장을 가진 집을 구입할 예정이라는 등)에 대해서만 말을 했기 때문에 메도우는 그들과 함께 산다면 훨씬 행복해질 것이라고 믿었다. 그래서 친구들과 학교, 댄스 수업, 가까운 친척과 헤어지는 충격에 대해서는 생각하지 못했다.

사실 메도우는 아버지와 계모가 의도했던 그대로 생각하고 있었다. 그러나 어머니에 대한 자신의 부정적 사고와 감정은 자신의 생각이며, 다른 사람의 영향을 받은 것이 아니라고 주장했다.

헐뜯기, 깎아내리기, 세뇌. 이 세 가지는 한쪽 부모를 따돌리게 만드는 부모가 아이들에게 상처를 입히는 방식인데 우유에 독을 넣는 것만큼이나 명백히 의도적으로 아이들의 정서적 건강을 위협한다. 위의 세 가족은 전부 다 아이들을 구제하는 데 이르지 못했다는 공통점을 가지고 있다. 아무도 아이들이 중독성 비판에 대처할 수 있도록 도와주지 않은 것이다. 비방을 받은 부모는 아무 말도 하지 않는 것이 최선이라고 생각했다. 전 배우자의 파괴적인 비방 때문에 아이가 입은 손상을 보고서도, 그들은 어떤 비판도 하지 않는 것이 옳다고 가정했다. 그러나 이러한 생각은 잘못된 것이다.

공동전선

한 어머니가 내게 말했다. "우리 부부는 아이들에게 공동전선을 펴고 있습니다. 아이들에게 야단을 칠 때, 남편은 내 편을 들고, 나는 남편 편을 듭니다. 아이들을 다루는 문제에 대해 서로 의견이 다를 때도, 아이들이 그것을 알지 못하게 하려고 합니다."

내가 물었다. "당신과 남편이 다른 문제로 갈등을 빚을 때는 어떻습니까? 아이들 앞에서 당신의 주장을 폅니까?"

"천만에요. 그것은 우리의 개인적인 문제입니다. 아이들은 결코 그것에 대해서 알지 못합니다."

'공동전선'은 아이들을 잘 기르기 위해 지켜야 할 전통적인 소중한 기준이다. 전문가들은 아이들이 부모의 이혼을 극복하고 살아갈 수 있도록 도와주는 최선의 방법 중 하나는 부모의 격렬한 충돌에서 벗어나게 해주는 것이라는 데 동의한다. 많은 부모들이 이 기준에 따라 살아간다면 이 책의 필요성은 줄어들 것이다. 그러나 너무 많은 부모들이 이와 같은 전통적인 방법에만 매달려서 건설적인 방법으로 표현된 타당한 비판을 듣는 것이 아이들에게 정말 필요할 때조차도 전 배우자에 대한 비판을 피한다.

언제 비판을 하고, 언제 조용히 해야 하는지 어떻게 알 수 있을까? 그 열쇠는 각각의 접근법이 아이들에게 어떻게 도움을 주고, 어떻게 상처를 입히는지 이해하는 데 있다.

통일된 태도를 취하는 것은 보통 아이들을 더 안정시키고 좋은 행동을 하게 만든다. 아이들은 부모가 서로 다른 주장을 하고 상대방에 대해 나쁘게 말하는 모습을 목격하는 것을 좋아하지 않는다. 나는 그런 광경을 즐기는 아이들은 본 적이 없다. 부모가 자신을 대하는 방식에 대해서는 불평을 하면서도 다른 사람들이 자신의 부모에 대해 나쁘게 말할 때는 공격을 퍼붓는 모순을 보이는 것이다.

당신이 아이였을 때, 친구가 당신에게 가할 수 있는 최악의 모욕은 당신 부모를 깎아내리는 것이었다는 사실을 기억하는가? 우리가 어릴 때는 그것을 아이의 부모를 '순위에서 빼기ranking out'라고 불렀다. 스티븐 킹 Stephen King은 이것을 아이를 위한 '기본적인 규칙cardinal rule for kids'을 파괴하는 것이라고 말했다. 킹은 영화 〈스탠드 바이 미Stand By Me〉의 원작인 『더 바디The Body』에서 "너는 다른 아이에 대해 어떤 말이든 할 수 있었다. 그 아이를 망나니나 겁쟁이라고 할 수도 있었다. 그러나 그 아이의 엄마나 아빠에 대해서는 한 마디도 말하지 않았다. 만약 어떤 아이가 네 엄마나 아빠를 깎아내린다면 너는 그에게 한방 먹여야 했다"라고 설명했다.

아이들은 부모를 존경한다. 그리고 그 존경을 허물어뜨리려는 행위에 대해서는 맹렬히 저항한다. 부모를 공격하는 것이 같은 또래라면 문제는 간단하다. 그 공격에 대항하는 것은 두말할 필요도 없이 부모의 명예를 지키는 것이다. 그러나 그 공격이 부모 중 다른 한편에게서 나오는 것이라면 상황은 복잡해진다. 아이가 비판을 하는 아버지 편을 든다면, 어머니에 대한 아이의 이미지가 상처를 입는다. 아이가 아버지를 반대한다면, 아버지에 대한 아이의 이미지가 상처를 입는다. 아이가 이런 딜레마에서 피하려고 한다면 이번에는 공격당하는 부모를 지켜주지 못했다는 데 대해 죄책감을 느낄 것이다.

여덟 살짜리 아드리안은 아버지가 어머니를 깎아내리는 말을 듣는 것이 너무 괴로워 현실을 외면했다. 아버지가 화가 나서 어머니의 잘못에 대해 장광설을 늘어놓으면 아드리안은 모든 감각을 닫아버렸다. 귀로 들은 것을 머릿속에 기억하지 않으려고 했다. 이러한 전략은 일시적인 위안을 주었다. 그러나 그 대가도 적지 않았다. 현실에 대한 인식을 회피하면 할수록 그런 상황에 대처하기 위한 준비는 소홀해졌던 것이다.

더 이상 부모를 존경할 필요가 없을 때, 아이는 그것을 더 현실감 있게 보기 시작한다. 그러나 여기에 이르기까지는 시간이 걸린다. 그리고 시간표를 정하는 것은 아이이지, 화가 난 부모가 아니다.

아드리안의 아버지는 전처를 헐뜯으려고 했고 어떤 것도 그의 파괴적인 목적을 막지 못했다. 그러나 그와 같은 입장에 있는 어떤 부모들은 자신들이 아이들에게 입히고 있는 상처를 좀더 명확히 이해하고 자기 자신을 통제한다. 당신의 전 배우자가 그러한 시험에 놓여 있다면 이 책을 읽게 하라.

부모에 대한 아이의 긍정적 이미지를 허물어뜨리는 것은 공동전선을 무너뜨린다는 커다란 위험성이 있다. 또 다른 위험성은 아이들이 장차 그대로 흉내 낼 수도 있는 하나의 예를 보여준다는 점이다. 벨린다는 자녀를 혼자 기르는 대부분의 어머니들이 공유하는 문제로 상담을 요청했다. 열두 살 먹은 아들 샤드가 점점 더 자신을 존중하지 않는다는 것이다. 샤드는 엄마의 간단한 요구에도 응하려고 하지 않았다. 숙제를 끝냈느냐고 물으면 그런 건 물어보지 말라고 대꾸했다. 저녁을 먹은 다음에는 밖에 나갈 수 없다고 말하면 얼빠진 여자의 말은 들을 필요가 없다고 말했다. '얼빠진 여자'는 아버지가 샤드가 보는 앞에서 거리낌 없이 어머니에게 하던 말이었다. 아버지가 벨린다를 깎아내리면 내릴수록 샤드는 더 자유롭게 어머니의 권위에 도전할 수 있다고 느꼈다.

벨린다가 아들을 통제하기 위해서는 전남편의 협력이 필요했다. 그러나 샤드의 아버지는 벨린다에게 대드는 아들의 편을 들었다. 이것은 심리학자들이 '취약한 부모연합weak parental coalition'이라고 부르는 것으로, 아이를 기르는 데 바람직하지 못한 환경이다. 가장 건강한 가족은 부모가 함께 권위를 행사하는 가족이다. 부모는 아이들의 감정을 존중하지만 세대 사이에 지켜야 할 명백한 선을 가지고 행동한다. 부모는 협력 세력이며 공동 지도자로 간주되어야 한다. 그 결과 아이들은 부모들을 분열시키거나 정복하려 하지 않으며, 부모들 역시 그런 형태의 행동을 조장하지 않는다.

물론 가장 바람직한 결혼과 가장 우호적인 이혼의 경우에도 갈등과 분노는 피할 수 없다. 아이들에게 해를 입히는 것은 갈등의 표출만이 아니다. 부모가 갈등을 대하는 방식 역시 해를 입힐 수 있다. 아이들을 적대적이고 괴로운 갈등으로부터 지키는 것은 확실히 바람직한 일이다. 그러나 부모가 어떻게 평화적이고 합리적으로 의견의 차이를 조정하고 말다툼을 해소하는지를 보여주는 것도 아이에게 교훈과 믿음을 줄 수 있다.

아이들에게 가장 해로운 것은 부모가 아이를 자신들의 싸움에 끌어들일 때이다. 어떤 아이들은 부모의 격렬한 말다툼을 목격해야 한다. 그렇지 않으면 부모가 아이들로 하여금 한쪽 편을 들라고 유도하거나, 화났다는 메시지를 전하게 하거나, 스파이 노릇을 하게 한다. 극단적인 경우, 그러한 행동은 아이를 부모 중 어느 한편에 반항하게 만들려는 체계적인 노력의 일부가 될 수도 있다. 극단적인 경우가 아니더라도, 이러한 형태의 행동은 아이들에게 해를 입힐 것이다. 앞서 논의한 위험성에도 불구하고 아이를 그러한 해로움에서 지킬 수만 있다면 공동전선을 무너뜨리는 것도 어느 정도 정당화될 수 있다.

침묵이 금이 아닐 때

많은 부모들은 좋은 의도를 가지고 어떻게 해서든 공동전선을 유지하기 위해 힘쓴다. 그러나 아이들도 때로는 부모 중 한편에게서 다른 한편에 대한 건설적인 비판을 들을 필요가 있다. 이는 배우자에 대한 비판 자체를 변호하려는 것이 아니다. 허용되는 비판은 부모 자신을 만족시키기 위한 것이 아니라 아이들의 복지를 위한 것이어야 한다. 그러므로 비판에 앞서 폭로가 아이들에게 상처를 주기 위한 것이 아니라 아이들을 도우려는 것임을 확신할 수 있어야 한다.

아이들을 잘 양육하기 위해 공동전선을 깨야 하는 경우가 두 가지 있다. 첫 번째는 당신이 악의적인 비방의 표적이 되었을 경우이다.

데니즈는 몇 달 간의 싸움 끝에 마침내 남편 에반에게 집에서 나가달라고 요구했고, 남편은 그렇게 했다. 데니즈는 남편이 아들에게 전화를 할 때마다 전화기를 잡고 그가 어떤 점에서 나쁜 남편이며 나쁜 아버지인지 장황하게 늘어놓았다. 뒤에서 아이들의 목소리가 들리는 것으로 보아 그 애들이 엄마의 말을 엿듣고 있음이 분명했고 그 사실이 에반을 고통스럽게 했다. 어느 날 그가 사는 아파트에 온 아이들이 엄마가 자신들에게 아빠가 가족을 버렸으며, 더 이상 가족들을 염려하지 않는다고 말했다는 사실을 전했다. 또한 자기들에게 아빠는 게으르고 어리석다고 이야기했다는 사실도 전했다. 에반은 그런 이야기를 듣고도 그저 무시할 수밖에 없었다. 그는 아내와 똑같은 수준이 되지 않겠다고 결심하고 평화로운 방법을 택했다. 그러나 두 사람은 아이들의 양육권을 놓고 다투고 있었다. 에반의 변호사는 아이들에게 엄마가 비판하는 것에 대해 아무 말도 하지 않는다면 양육권 재판에서 불리하게 작용할 수도 있다고 경고했다.

데니즈는 우리가 6장 '현실의 훼손'에서 제시할 기법 중 일부를 활용해서 아이들을 조종하는 데 성공했으며, 그 결과 아이들은 아빠와 시간을 보내는 데 거부감을 느끼기 시작했다. 아이들은 자신들이 준비가 되었을 때만 아빠를 보았으면 한다고 말했다. 에반은 아이들에게 자신과 시간을 보내라고 강요할 수 없었다. '강요된 방문forced visitation'이라는 말은 흔히 들을 수 있는 상투어가 되었다. 이 일이 법정에 갈 즈음, 아이들은 아버지와 완전히 떨어져서도 그런대로 잘 지냈다.

에반은 좀더 능동적으로 대처하지 못함으로써 엄마가 자녀들을 세뇌시키는 것을 효과적으로 방어하지 못했다. 아이들과 아버지는 괴로움을 겪는 존재일 뿐이었다. 얼마 지나지 않아 아이들은 에반의 모든 가족을 폄하하기 시작했다. 리처드 가드너 박사가 말한 '증오심의 확산spread of animosity'이었다. 그토록 사랑하던 할아버지와 할머니, 그토록 따르던 작은아버지는 이제 환영받지 못하는 침입자로 취급되었다.

전문가들은 아이들과 사랑하는 사람 사이의 관계를 악화시키려는 시도를 정서적 학대의 한 형태로 여긴다. 다른 형태의 학대와 마찬가지로, 우리가 가장 우선시해야 할 것은 아이들이 더 이상의 손상을 입지 않도록 막는 일이다. 상황이 이렇다면 침묵할 때가 아니다. 우리가 정확히 무엇을 해야 하는지는 파괴적 비판 뒤에 깔려 있는 동기와 수단에 따라 달라지는데, 이에 대해서는 4~6장에서 다루기로 하겠다.

부모 중 한쪽 편이 우리를 헐뜯지는 않지만 아이들을 파괴적으로 대하고 있다면 아이들과 함께 그것에 대해 논의할 필요가 있다. 프랑크는 화를 잘 내고 강압적인 사람으로 주기적으로 딸에게 폭언을 퍼부었으며 딸의 행동이 지극히 정상적이고 애들다운 것일 때도 호되게 야단을 치곤 했다. 딸 게일이 코트를 벽장에 거는 것을 잊어버렸을 때 프랑크는 게일에게 얼간이라고 고함을 질렀다. 게일은 아버지가 이처럼 화를 내는 것이 정서적으로 혼란스럽기 때문이라는 것을 이해하기에는 너무 어렸다. 그래서 자신을 나쁜 아이라고 생각했다. 게일의 어머니는 아무 말도 하지 않았다. 그녀는 부모로서 아이에게 자신의 배우자를 나쁘게 말하지 말아야 한다고 생각했다. 그러나 이 경우 그녀는 프랑크에 대한 자신의 견해를 드러내지 않음으로써 오히려 게일을 괴롭게 했다.

부모들은 때때로 비합리적인 행동으로 자신의 자녀들을 혼란스럽고 힘들게 한다. 우리가 그러한 행동에 대해 아무 말도 하지 않는다면 아이들은 그 비합리성을 이해하지 못한다. 우리는 아이들이 자기 스스로 이에 대처할 수 있도록 도와야 한다. 게일의 경우처럼 아이가 부모의 행동에 문제가 있다는 것을 정확히 이해하지 못하면 자기 자신을 책망하게 된다. 게일과 같은 입장의 아이를 돕는 것이 공동전선을 그만두어야 할 두 번째 요인이다.

유익한 비판과 해로운 비판

때로는 한쪽 편 부모가 다른 편 부모의 결점을 인정하고, 아이들이 그 행동을 공정한 관점에서 평가할 수 있도록 돕는 것이 적절할 수 있다. '적절할 수 있다'라는 핵심 구절에 유념하라. 비판이 적절한지 아닌지는 상황을 얼마나 꼼꼼하고 예리하게 평가하는가에 달려 있다. 꼼꼼하게 평가하지 않는다면 아이들에게 비판의 대상이 되는 부모가 입히는 것 못지않은 커다란 상처를 입힐 수도 있다. 명예훼손에 효율적으로 대응하는 것이 필요하다는 말이 막무가내로 보복을 해도 좋다는 허가증은 아니다.

제일 먼저 우리는 아이들을 불필요한 스트레스와 파괴적인 의사소통에서 보호하기 위해 안정된 언행을 유지해야 한다. 몇몇 부모들은 이렇게 행동하지 못한다. 어떤 부모들은 실패한 결혼에 대한 실망과 분노로 뒤엉켜 이성을 잃어버린다. 그런 사람들은 개인적 분노를 충족시키려는 충동에 빠지는데, 이것이 아이에 대한 관심보다도 우선한다. 그래서 아이들이 부모에 대한 긍정적 이미지를 간직하는 것이 필요하다는 것을 전적으로 무시한 채 아이들 앞에서 전 배우자를 헐뜯는다. 그리고 자신들의 파괴적 행동을 피상적인 합리화 뒤에 감춤으로써 정당화하려고 한다. 어떤 부모들은 다음과 같은 구실을 둘러댄다. "나는 아이에게 그 애 어머니에 대해 진실을 말하고 있는 참이다", "아이는 아버지가 어떤 사람인지 알아야만 한다."

배우자의 명백한 결점에 대해 아이와 토론하거나 이야기할 때에는 반드시 그렇게 하려는 동기가 어디에 있는지를 고려해야 한다. 그것이 아이에게 가져올 잠재적인 이익과 위험을 따져보아야 한다는 것이다. 이를 너무 힘든 일이라고 여기거나, 이런 문제에 대해 비판적으로 생각할 수 있는 참을성이 없거나, 배우자가 얼마나 나쁜 사람인지 아이에게 말하는 것을 즐긴다면, 그 동기는 바람직하지 않다. 이는 책임 있는 부모로 행동하는 것이 아니라 자신의 기분을 만족시키는 것이다. 이럴 경우 아이들이 폭로에 의해 도움을 받기보다는 해를 입을 가능성이 높다.

어떤 부모들은 자신의 희망과 아이들이 필요로 하는 것을 구분하지 못한다. 그런 부모들은 본질적으로 "내가 원하는 것은 아이들이 원하는 것임이 틀림없다"라는 신조 아래 행동한다. 더구나 어떤 부모들은 아이와 전 배우자의 관계를 나쁘게 만들어야 한다는 생각이 너무 강해서 자신이 배우자를 경멸한다고는 생각하지 않는다. 그들은 아이들이 자신이 가지고 있는 증오심을 공유하기를 바란다. 이에 대해서는 4장 '악의적 동기들'에서 좀더 상세히 언급하게 될 것이다.

좋은 의도를 가진 부모들도 가끔은 언제가 비판할 때고, 언제가 침묵을 유지해야 할 때인지 분별하지 못한다. 별거 중이거나 이혼한 부부는 과도한 화, 두려움, 불안감, 상처를 가지고 있으며, 이러한 감정을 파괴적이고 비합리적인 방법으로 표현하려는 인간적인 유혹에 따라 싸움을 벌인다. 이에 맞서는 것은 실로 어려운 일이어서 이따금 이러한 유혹에 굴복한다.

대부분의 아이들은 부모가 간헐적으로 잘못을 하거나 좋은 판단을 하지 못하더라도 잘 견딘다. 그러나 반복된 잘못은 상처를 입힐 수 있다. 특히 그 잘못이 익숙한 행동양식일 경우는 더욱 그렇다. 다음 쪽에 제시된 테스트는 부모들이 자신들의 비판이 아이들에게 도움을 줄지 상처를 입힐지를 판단하는 데 도움을 줄 것이다.

테스트

아이의 부모나 조부모를 부정적으로 말하고 싶은 충동에 사로잡힐 때는 진지한 내면성찰이 필요하다. 다음의 다섯 가지 질문은 자기기만을 없애고, 파괴적인 행동에 불을 지를 수도 있는 비합리적인 동기를 밝혀내고, 아이의 진정한 복지에 관심의 초점을 맞추는 데 도움이 될 것이다. 아이 앞에서 아이가 사랑하는 사람을 비판하기 전에 이 질문들을 다시 생각해보는 것이 가장 좋다. 그렇게 하면 파괴적인 의사소통을 피할 수 있을 것이다. 그러나 판단을 하는 데 어느 정도 착오가 생겨나는 것은 불가피하다. 모든 이혼에는 그렇게 된 계기가 있다. 이 테스트는 당신이 말하려는 것에 대해 심사숙고해야 한다는 조언이기도 하다. 당신이 실수할 때, 이 질문들을 다시 검토해보는 것이 문제를 더 잘 해결할 수 있는 방법을 찾는 데 도움이 될 수 있다. 만약 당신이 헐뜯어야 할 표적이라고 믿는 것이 있다면, 이 질문들은 전 배우자의 행동에서 잘못된 점이 무엇인지를 명확히 하는 데 도움이 될 것이다.

이 테스트는 부모들이 자신들의 과거와 미래의 행동을 평가할 수 있는 높은 기준을 설정한다. 부모들이 기준에 부합할수록, 아이들이 독살스러운 말 때문에 나쁜 영향을 받지 않도록 더 잘 보호할 수 있을 것이다.

1. 이 정보를 자녀들에게 밝히는 실제 이유는 무엇인가?

당신은 한 가지 이상의 이유를 생각할 수 있을 것이다. 그러나 그 이유 중 어느 하나라도 아이들에게 최상의 이익을 주는 것과 관련되지 않는다면 당신이 말하려고 하는 것이 아이들에게 정말로 이익이 되는 것인지 다시 생각하라. 아이들에게 말을 하기로 결정하면 최상의 이익을 주는 것 이외의 다른 동기는 없는지 성찰해볼 필요가 있다. 4장에서 논의할 악의적인 동기에 대해 다시 생각하라. 즉, 당신의 비난이 악의적 동기에 의한 것이 아니라는 것을 확실히 하라.

2. 내가 비판하려는 배우자의 행동 때문에 자녀들이 해를 입고 있는가, 혹은 그에 대한 정보가 없어서 해를 입고 있는가?

당신은 전 배우자의 행동이나 태도에 대해 정당한 불만을 가질 수 있다. 그러나 자녀들이 문제가 된 행동 때문에 상처를 입는 것이 아니라면 그 불만을 아이들과 공유할 이유는 없다. 독실한 가톨릭 신자인 아이들에게 어머니가 몇 년 전에 낙태를 했다고 말하고 싶어하는 한 남자가 있었다. 그는 아이들에게는 진실을 알 권리가 있다고 주장했다. 그러나 아이들이 그 사실을 모르고 있어서 어떤 해를 입었는지를 묻자 아무 대답도 하지 못했다.

3. 내가 하려는 말을 듣는 것이 자녀들에게 어떤 도움이 될까?

아이들이 한쪽 부모의 행동으로 해를 입고 있을지라도 아이들과 그 행동에 대해 이야기를 나누기에 앞서 이를 밝히는 것이 정말로 아이들에게 이로운지 확인해야 한다. 전남편이 이혼 소송 합의에서 너무 인색했다고 믿는 한 어머니가 있었다. 그녀는 아이들을 위해 더 좋은 것을 해주려면 돈이 좀더 필요하다고 생각했다. 그러나 그녀는 아이들에게 전남편에 대해 불평하지 않기로 결정했다. 자신의 아버지가 구두쇠라는 엄마의 의견을 듣는 것이 아이들에게 어떤 도움이 될지 확신할 수 없었기 때문이었다. 그 상황에 대해 아이들이 할 수 있는 것은 아무것도 없었다. 그녀의 폭로는 아이들을 어른들의 갈등 속으로 끌어들일 뿐 아니라 어쩌면 아버지에 대한 존중심을 떨어뜨리게 하는 것일 수도 있었다.

4. 자녀들에게 사실을 밝혀서 얻을 수 있는 이익이 장차 초래될 수 있는 위험보다 가치가 있는가?

진실을 밝히는 것이 아이들에게 이익이 될 수 있다고 믿을 만한 상황들도 많다. 그러나 사실을 알려주는 것이 아이들에게 해로울 수도 있다. 배우자의 결점을 솔직하게 이야기하면 아이들이 부모에 대해 실제적인 기대감을 갖게 하는 데 도움이 될 수도 있다. 그러나 이는 아이들이 부모에 대해 가졌던 허상을 깨닫고 스스로 포기하기에 앞서, 미리 어떤 정서적이고 이상적인 생각조차 하지 못하게 만들 수도 있다. 그렇지 않으면 부모와 아이 관계에 더 큰 갈등을 유발할 수도 있다. 이익과 위험을 따진 다음에 당신의 비판을 아이들과 공유하겠다고 결정한다면 이익은 최대화하고 해로움은 최소화할 수 있는 방식으로 해야 할 것이다.

5. 배우자와 행복한 결혼생활을 하고 있을 때, 그리고 자녀들과 배우자의 관계를 지키고자 했을 때는 상황을 어떻게 다루었는가?

이 질문은 당신의 의식을 일깨워 아이들에 대한 의사전달의 내용과 양식이 비합리적인 동기의 영향에서 벗어날 수 있도록 도와준다. 그것은 당신이 취할 수 있는 가장 건설적인 방법을 생각해보게끔 한다. 당신이 행복한 결혼생활을 하고 있었을 때도 지금 전하려는 정보를 아이들이 알기를 바랐는가? 그렇지 않았다면 지금은 왜 그 정보를 알 필요가 있다고 생각하는가? 행복한 결혼생활을 하고 있을 때 가능한 한 아이들과 부모의 관계를 훼손시키지 않고 그 문제에 대해 논의하는 방법, 즉 부모에 대한 아이들의 일반적인 존경심과 호감을 손상시키지 않는 방법을 찾았다면, 이혼 후에도 그와 같이 사려 깊은 태도가 필요하다.

기억하라. 우리는 배우자를 헐뜯는 것이 정당하다는 생각에 빠지기 쉽다. 그러나 아이들에게 줄 수 있는 잠재적 손상 때문에, 우리가 말하려는 내용과 말하는 방식이 위의 다섯 가지 질문에 비추어 적절한 것인지 확인해야 한다. 아이들과의 대화에 특별한 관찰이나 의견을 포함시켜야 할지 여부를 확신할 수 없다면 어떻게 할 것인가? 그 답은 간단하다. 망설여질 때는 하지 말라.

테스트의 적용

이 테스트를 활용하는 방법을 설명하기 전에 우선 이혼한 부모로 하여금 아이들 앞에서 전 배우자를 비난하도록 부추기는 두 가지 전형적인 시나리오를 보도록 하자. 하나는 약속 시간에 늦는 부모에 대한 반응이고, 다른 하나는 이혼의 이유에 대한 설명이다.

한 아버지가 아이들을 데리러 오는데 언제나 늦는다. 이 때문에 그의 전처는 때때로 스케줄에 지장을 받는다. 이런 불편이 반복되면 그녀는 아이들에게 "너희 아버지는 믿을 수 없다"라거나, "그는 책임감이 없다" 혹은 "너희 아버지는 너희들보다 여자친구를 더 많이 생각한다"라는 식으로 아이들 앞에서 전남편을 질책하려고 할 수도 있다.

이 어머니가 위 테스트의 첫 번째 질문, "*이 정보를 아이들에게 밝히는 실제 이유는 무엇인가?*"라는 물음을 스스로에게 던질 때 자신이 복합적인 동기를 가지고 있음을 깨닫는다. 어머니는 한편으로는 전남편이 번번히 늦는 것은 아이들에게 나쁘다고 느끼며, 아이들을 실망시키는 사람에게 화가 난다. 다른 한편으로는 전남편이 자신이 필요로 하는 것에 대해서는 고려하지 않는 데 화가 난다. 그녀는 아이들에 대한 자신의 관심이 진심이지만 전남편이 늦는 것에 대해 아이들에게 이야기하기로 결정한다면, 비록 화가 나더라도 자신이 상황을 다루는 방식에는 영향을 미치지 않도록 주의할 필요가 있다고 결론지었다.

그녀는 다음 질문을 생각한다. "*내가 비판하려는 전남편의 행동 때문에 아이들이 해를 입고 있는가?*" 그렇다. 아이들은 해를 입고 있다. 아이들은 아빠가 제시간에 오지 않으면 언제나 실망한다. 그리고 아빠가 나타나지 않을까 걱정한다. 아이들은 실망과 우려뿐 아니라 자신들이 중요하지 않기 때문에 아버지가 늦는 것이라고 생각할 수도 있다. 이는 아이들의 자아존중감에 상처를 입힐 수 있다.

그 다음 질문은 *"내가 하려는 말을 듣는 것이 아이들에게 어떤 도움이 될까?"*이다. 이 질문은 아이들이 다른 사고방식을 갖는 데 도움을 주어 아버지를 기다리는 동안 과도한 실망과 걱정을 피할 수 있게 해준다. 문제가 개방적으로 토론된다면 어머니는 아이들이 아버지가 늦게 오는 것에 건전하게 대처하는 방법을 찾도록 도움을 줄 수 있다. 그것은 또한 아이들이 아버지의 행동을 균형 잡힌 시각으로 평가하도록 도와서 사소한 행동을 존경심의 지표로 여기지 않게 해준다.

네 번째 질문은 *"아이들에게 사실을 밝혀서 얻을 수 있는 이익이 장차 초래될 수 있는 위험보다 가치가 있는가?"*이다. 그 위험은 어머니가 아버지를 비판했을 때 아이들이 느낄 수 있는 불안이다. 어머니의 비판은 아버지가 늦는 것 이상으로 깊은 상처를 주는 것일 수도 있다. 그러나 어머니가 단어를 신중하게 선택한다면 아이들에게 더 큰 스트레스를 주지 않으면서 도움을 줄 수 있다. 무엇을, 어떻게 말할 것인지를 결정할 때는 아이들의 나이를 염두에 두어야 한다. 아이들이 그런 논의를 통해 이익을 얻기에는 너무 어리거나 성숙하지 못한 경우도 있을 수 있다.

그 어머니에게 가장 커다란 도움을 주는 것은 다섯 번째 질문인 *"내가 이전에 배우자와 행복한 결혼생활을 했을 때, 그리고 아이들과 배우자의 관계를 지키고자 했을 때는 상황을 어떻게 다루었는가?"*이다. 이는 아이들과 함께 문제를 논의하는 가장 좋은 방법에 대해 생각하게 해준다. 그녀는 자신이 결혼 기간 동안에는 같은 문제를 다른 방식으로 다루었다는 것을 깨닫는다. 그리고 그와 비슷한 방식으로 문제를 다루지 못할 이유가 없다고 생각할 수 있다. 함께 살 때에도 남편이 늦는 것은 그녀를 만성적으로 자극했다. 그러나 아이들은 언제나 이에 대해 훨씬 큰 관용을 보여준다. 어찌 되었건 다음과 같은 것은 일반적으로 사실이다. 아이들은 부부가 상대방의 잘못에 대해 베푸는 것 이상으로 부모의 잘못에 대해 관용을 베풀 수 있고, 베풀려고 한다.

이 어머니는 아버지가 무책임하고 자신들을 중요하게 생각하지 않는다는 비판을 듣는 것이 아이들에게 도움이 되지 않음을 깨닫는다. 이는 아버지에 대한 아이들의 존경심을 손상시킨다. 이 어머니는 전남편을 비판하는 대신 아이들에게 이렇게 말한다.

"너희는 아빠가 데리러 올 때 보통 늦는다는 걸 알았을 거야. 엄마는 아빠가 너희와 함께 보내는 시간을 좋아한다는 것을 알아. 그러나 아빠는 자신에게 매우 중요한 일에서도 늦는단다. 시간을 잘 지키지 못하는 사람들이 많아. 나는 아빠가 그런 문제점을 가지고 있지 않았으면 좋겠어. 그렇지만 그게 커다란 문제가 될 필요는 없단다. 매번 문에서 아빠를 기다리는 대신 시간이 지나가는 것을 깨닫지 못하게 해줄 수 있는 일을 찾으면 어떨까? 그렇게 해서 아빠가 늦는 것에 대한 걱정을 줄여봐. 너희는 아빠가 조금 늦기는 하지만 언제나 나타나서 함께 즐거운 시간을 보낸다는 것을 알 거야."

아이들로 하여금 아빠가 늦는 것에 대해 어떻게 느끼고 있는지를 말하게 하는 것도 이 문제를 다루는 한 가지 방법이다.

위의 논의 중 어떤 것도 아버지가 늦는 것을 정당화하거나 행동의 경솔함을 극소화해야 한다는 의미는 아니다. 전처에게는 아이들과 약속한 시간을 지키지 않는 전 배우자의 무책임함에 대해 화를 낼 정당한 이유가 있다. 그의 행동은 아이들에게 상처를 입히고 그녀가 약속시간에 늦게 만든다. 시간은 귀중한 자원이다. 특히 홀로 사는 부모에게는.

이 어머니는 상황을 건설적인 방법으로 다루었다는 점에서 존경을 받을 만하다. 그녀는 아버지를 존경하고 배려해야 할 아이들의 필요성과 전 남편이 늦는 것에 대해 항의를 해야 할 자신의 필요성 사이에서 신중하게 균형을 잡았다. 그녀는 자신의 모든 행동이 분노를 드러내는 것이 되지는 않게 했다. 그 결과 자신과 아이들에게 가장 중요한 문제에 초점을 맞출 수 있었다.

부모들이 아이들에게 이혼의 이유를 설명하기는 더욱 어렵다. 그러나 아이들은 언젠가 이혼 사유를 물을 것이며, 부모들은 아이들의 지적·정서적 성숙을 고려해서 그에 대해 설명할 필요가 있고, 또 설명할 가치가 있다. 많은 경우 이혼 사유에는 필연적으로 아이들이 부모 중 한편이 다른 편보다 더 큰 책임이 있다고 생각하게 만드는 사실이 포함될 것이다. 나는 이와 관련된 사례를 상담하고 있다. 한 어머니가 외도를 하고 그 과정에서 임신을 했다. 그녀는 남편과 세 아들을 버리고 다른 도시로 가서 사귀는 남자와 결혼하기로 결심했다. 아이들도 자연히 엄마가 한 일을 알게 되었다. 그래서 엄마에게 이혼의 책임이 있다고 생각하게 되었다. 그러나 이 경우에서도 아이들이 자기 엄마를 거부하지 않게끔 북돋는 방식으로 사실을 전달할 수 있다. 아버지는 전처를 용서하지 않더라도 아들들에게 자신이 결혼 기간 동안 애들의 어머니를 충분히 행복하게 해주지 못했다고 설명할 수 있다.

이혼을 원하지 않거나 이혼의 이유가 상대방의 잘못 때문이라고 생각한다면 아이들에게 이혼은 전적으로 상대방의 탓이라고 말하고 싶을 수도 있다. 앞에 제시한 테스트의 첫 번째 질문은 그렇게 하고 싶은 자신의 진정한 욕구를 밝혀줄 것이다. 이혼을 전적으로 상대방의 책임으로 돌리고 싶어하는 것은 우리 자신의 욕구이지 아이들의 욕구와는 관계가 없다.

상대방을 비난하고 싶은 마음이 생겨나는 데는 적어도 세 가지 동기가 있다. 첫째, 책임에서 벗어나고 싶다. 둘째, 결혼 실패의 책임을 받아들이고 싶지 않다. 셋째, 배우자를 응징하고 싶다. 흔히 이런 동기 때문에 배우자를 나쁜 사람으로 만들어서 아이들이 배우자에 대해 화를 내고 경우에 따라서는 등을 돌리도록 조종한다.

그러므로 배우자에게 이혼의 책임이 있다는 말은 세 가지의 감추어진 메시지를 전달한다. "나에게 성내지 마라. 나를 불쌍히 여겨라. 네 아빠(엄마)에게 화를 내는 데 동조해라." 이 중 어느 것도 아이를 위한 것은 아니다.

좀더 솔직하게 말하자면 많은 사람들은 결혼의 실패가 전적으로 배우자 탓이라고 비판하는 잘못을 저지른다. 이혼을 하자고 처음 결정한 것이 자신이 아닐 수는 있지만 이혼의 책임은 대부분 배우자 양편 모두에게 있다.

그러므로 첫 번째 질문에 대한 솔직한 대답은 우리가 아이들을 돕는 체하면서 파괴적인 충동을 충족시키려고 할 수도 있다는 것을 깨닫게 한다. 두 번째 질문 역시 아이들에게 이혼이 전적으로 배우자의 탓이라고 말하는 것을 정당화시켜 주지 못한다.

이런 말을 듣지 않는 것 때문에 아이들이 피해를 입을 것이라고 말할 수 있을까? 세 번째 질문에서는 배우자가 전적으로 잘못했다는 이야기를 들음으로써 아이들이 얻게 될 명확한 이익이 무엇인지 떠올리기 어렵다는 사실을 깨닫게 된다(이는 아이들에게 이혼에 대한 설명을 하지 말아야 한다는 의미는 아니다). 아이들에게 사실을 밝힘으로써 얻을 수 있는 이익과 초래될 수 있는 위험을 묻는 네 번째 질문은 비난을 하는 것은 아이들에게 이혼에 대처할 수 있는 어떤 특별한 도움을 주지 못하며, 오히려 명백한 위험을 초래할 뿐이라는 것을 인정하게 한다. 아이들은 부모 중 한편의 분노를 공유한다. 이로 인해 부모 중 다른 편과의 관계에서 불필요한 긴장감이 더해질 것이므로 이혼조정에 방해가 된다.

다섯 번째 질문은 아이의 필요에 가장 잘 들어맞을 수 있으며, 부모 양편과의 관계를 손상시키지 않으면서 설명하는 방법을 확인하는 데 도움을 준다. 여러 가지 가능한 설명이 있는데, 그 설명은 부부의 갈등상황에 달려 있다. 그러나 도움이 되는 이혼에 대한 대부분의 해석들은 부모 중 어느 한편에 대한 배타적인 비난을 피하라고 할 것이다. 아이들이 부모가 결혼을 끝내기로 결정했다는 것을 배울 수도 있다. 부모가 잘 지내지 못한다거나 서로를 불행하게 만든다는 것을 들을 수도 있다. 어쩌면 외도에 대해 배울지도 모른다. 그러나 그들은 최소한 이혼이 자신들의 잘못이 아니라는 것을 재확인할 것이다. 그리고 갈등에서 어느 편을 들라는 요구를 받지 않을 것이다. 아이들은 부모 중 한편을 '나쁜 사람'으로 볼 필요는 없을 것이다.

진짜 동기, 즉 첫 번째 질문의 목적을 이해하는 것은 이로운 비판과 해로운 비판 사이에서 성공적으로 섬세한 균형을 유지하는 열쇠이다. 그러나 우리는 자신을 속이기 쉽다. 악의적인 의도를 고상하게 보이는 합리성 뒤에 감춤으로써, 그에 대한 우리의 인식을 위축시킬 수 있다. 앨리스 밀러 Alice Miller는 부모들이 왜 "이것은 너를 위한 것이다"라고 말하면서 최악의 학대까지 하는지를 밝히고 있다.

그러한 합리화를 뛰어넘기 위해서는 4장에서 논의할 악의적인 동기를 재검토하는 것이 도움이 될 것이다. 혹시 이러한 동기 중 어떤 것이 전 배우자와 그 부모를 부정적으로 묘사하겠다는 당신의 결정에 영향을 주지 않았는지 스스로에게 물어보라. 객관적이라고 믿을 수 있는 친구와 함께 당신의 의도에 대해 논의하는 것도 도움이 될 수 있다. 정직하라. 숨겨진 동기를 재빨리 숨겨버리는 대신 그런 것이 있을 일말의 가능성까지도 확인하기 위해 당신의 인식을 넓혀라. 이러한 노력은 성과가 있을 것이다. 자신의 진정한 감정과 더 많이 접하면 접할수록, 감정 표현을 더 많이 통제할 수 있을 것이다. 이러한 통제를 포기하면 우리는 더 파괴적으로 행동하고 아이와 사랑하는 부모 중 한편과의 관계를 고의로 나쁘게 하려고 들 것이다.

이혼은 우리의 삶에서 일어날 수 있는 가장 고통스러운 사건 중 하나이다. 이혼은 그것을 원하는 부부에게나, 거부감을 느끼는 부부에게나, 아이들에게나 모두 고통스럽다.

우리는 잘못되었음을 느끼고 복수를 원하는 부부나 아이들을 잃을지도 모른다는 생각 때문에 두려움에 휩싸여 있는 부부, 한 번 결혼했다는 것을 잊고 싶어하는 부부에 대해 이해하고 공감할 수 있다. 그러나 복수하기 위해, 두려움과 싸우기 위해, 과거를 잊기 위해 아이들을 이용해서는 안 된다. 부모는 스스로 높은 기준을 유지해야 한다. 자신들이 하고 있는 것을 아이들에게 보여줄 용기를 가져야 한다. 가장 사악한 감정이, 아이들을 배반해서는 안 된다는 인식을 흐려지게 할 때조차도 아이들의 복지를 지켜야 하는 부모로서의 임무를 명예롭게 여겨야 한다. 이혼이라는 독약은 반드시 병 속에 들어 있어야 한다. 아이들에게 조금이라도 영향을 주어서는 안 된다.

제 2장

이혼의 해독:
헐뜯기, 깎아내리기, 세뇌

아이들과의 관계가 긴밀했다고 해서 그것이 아이들의 따돌림을 막아주는
안전장치가 되지는 못한다. 그러나 아이들과의 긴밀한 관계는 당신의 승산
가능성을 높일 수 있다. 자신을 지극히 감싸주는 부모보다는 상대적으로
자신을 덜 감싸주는 부모에게 등을 돌리게 하는 것이 쉬우리라는 것은 당연하다.
아이에게 공감하는 부모보다는 아이의 감정을 무시해버리는 부모에게 등을
돌리게 하는 것이 쉬울 것이다. 이런 까닭에 따뜻하고 긍정적이며 애정을 주고받는
부모-자녀 관계의 유지는 따돌림을 줄일 수 있는 방어 요소가 된다.

나는 네 머리가 입에서 나온 가치 없는 거품에
만족해서 비틀리는 것을 볼 수 있다.
　　　　　　　—밥 딜런*Bob Dylan*, '라모나에게'

이혼의 해독은 다양한 강도로 나타난다. 약한 정도의 해독은 비난과 헐뜯기로 이루어진다. 좀더 강한 해독은 완전히 세뇌를 시키는 것이다. 각각은 서로 다른 해독제를 필요로 한다. 즉, 헐뜯기에는 효과적인 대응이 세뇌에 대해서는 비효율적일 수도 있다.

헐뜯기

별거 직전이나 직후는 보통 이혼 과정에서 가장 폭발하기 쉬운 때이며, 따라서 아이들이 부모 중 한편이 다른 편에 대해 비난하는 것을 목격하기 매우 쉬운 시기이다. 이때는 부부가 서로 상대방을 깎아내리고 싶은 충동에 빠져, 아이들 앞에서 자기 자신을 통제하기 어렵다는 것을 알게 된다. 어떤 경우에는 아이들에게 직접 상대를 깎아내리는 말을 하기도 할 것이다. 그러나 그보다는 아이들이 자신을 의식하지 않는 부모들 사이에 오가는 적대적인 의사교환을 엿듣게 되는 경우가 더 많다.

남편에게 배신감을 느낀 엘렌은 모든 사람에게 남편은 비열한 놈이라고 말하고 싶은 충동을 느꼈다. 그래서 한 보름 정도 남편을 헐뜯었다. 물론 어떤 때에는 아직 학교에 들어가지 않은 아들의 귀에도 그 말이 들렸다. 그러던 어느 날, 엘렌은 아들이 움직이는 인형을 가지고 놀면서 인형을 아무짝에도 쓸모없는 '쓰레기 같은 놈'이라고 부르는 것을 보았다. 이 말은 엘렌이 남편을 말할 때 반복해서 쓰던 바로 그 표현이었다. 이 사례에서 엘렌은 자신의 헐뜯는 말이 아들에게 얼마나 나쁜 영향을 주는지를 깨닫고, 아들이 근처에 있을 때는 말하는 데 더욱 조심했다.

이혼한 지 얼마 되지 않은 부모들은 자신의 어려움과 고통, 비탄에 사로잡혀 친구나 친척, 대리인같이 자신에게 동감을 표하는 사람들에게 그 노여움과 고통을 드러내고 싶어한다. 그들은 때때로 엘렌과 마찬가지로 아이들이 엿듣고 있다는 사실을 간과한다. "아이들은 귀가 밝다." 그러나 아이들의 귀는 가족의 위기에 대해서만 밝은 것은 아니다. 이 시기의 아이들은 필연적으로 성인의 대화에 관심을 쏟는다. 그들은 성인의 대화를 듣고 싶어하기도 하고, 듣기 싫어하기도 한다. 아이들은 부모의 싸움에 대해 상세히 알고 싶어한다. 그래서 자신을 둘러싼 소란을 명확하게 알기 위해 여러 조각의 정보를 퍼즐처럼 짜 맞춘다. 그러나 듣는 것을 좋아하지 않는 아이도 있다. 그런 아이들은 종종 들은 것을 마음 깊숙한 속에 파묻어 버리려고 한다.

지금은 당신이나 당신의 친척을 헐뜯지만 이전에는 자녀들의 감정을 보호하는 데 매우 힘썼던 배우자나 전 배우자에게는, 자신이 적개심에서 한 말을 아들이 그대로 반복하는 것을 들었을 때 엘렌이 받은 것과 같은 충격을 줄 필요가 있다. 물론 당신의 전 배우자가 당신의 충고를 받아들일 거라고 기대하지 않는다. 그러나 친척·친구·성직자·심리치료사 등 전 배우자가 신뢰하는 사람의 지원을 받을 수 있다. 그들은 양쪽 모두에게 아이를 부모의 갈등에서 보호할 의무가 있다는 것을 받아들이게 해야 한다. 때로는 헐뜯는 부모들에게 아이들의 파괴적 행동에 관심을 갖게 하는 것이 큰 효과가 있다. 헐뜯는 것이 해롭다는 것을 인식하지 못한다면 아이들은 자신을 양쪽 부모 모두와 동일시한다는 사실을 알아야 한다. 이는 아이들이 한쪽 부모의 헐뜯기를 자신에 대한 공격으로 경험한다는 것을 의미한다. 다시 말해 아이는 악인으로 취급받는 부모와 동일시하는 자신의 한 측면을 비난받는 것이다. 이것이 이혼의 해독이 아이들의 자아존중감을 약화시키는 하나의 이유이다. *당신의 전 배우자를 헐뜯는 것은 동시에 당신의 아이를 헐뜯는 것이다.*

　당신이 이따금 헐뜯음을 당한다면, 그것을 묵인하지 말라. 그러나 너무 과민하게 반응하지도 말라. "엄마가 가족을 파탄으로 몰고 갔다"와 같은 말은 정서적으로 이혼의 준비가 되어 있지 않은 전 배우자가 겪는 고통의 표현일 수 있다. 이러한 감정이 이혼에 대한 아이의 자연스러운 반응과 공명을 일으킬 때, 전 배우자가 계획적으로 자녀를 당신과 싸우는 동맹군으로 끌어들이고 있는 것처럼 보일 수도 있다. 그럴 가능성도 있다. 그러나 이것이 전 배우자의 의도라거나, 전 배우자가 헐뜯어서 그렇게 되었다고 가정하지 말아야 한다.

　전 배우자가 당신에 대해 나쁘게 말한 것을 아이들이 되풀이한다 할지라도, 아이들이 당신을 등졌다고 단정하지 말라. 아이들은 때때로 그런 말을 되풀이할 수 있다. 그것은 괴로워서일 수도 있고 당신의 도움을 바라서일 수도 있다.

　전 배우자가 당신을 헐뜯는 말을 아이가 들었다는 것을 알았을 때는 아이에게 그 말에 대해 어떻게 생각하느냐고 질문하라. 그런 몰인정한 말을 듣는 것이 얼마나 혼란스러운 것인지 이해한다는 것을 아이에게 보여주라. 그런 공감을 보여줌으로써 아이로 하여금 자신의 감정을 거부하고 억제하는 대신 드러내고 표현하게 할 수 있다. 이는 아이에게 자신의 고통이 쌓여서 장차 크게 폭발하기보다는 이해받고 해결될 수 있는 것이라는 생각을 갖게 한다. 아이가 당신에 대해 들은 이야기가 사실이라면, 그 이야기를 듣지 않는 편이 더 좋았을지라도 사실을 인정하는 것 외에는 다른 방도가 없다. 그런 이야기를 듣게 해서 미안하게 생각한다는 것을 아이들이 알게 하라. 아이들이 당신에 대해 사실이 아닌 이야기를 반복한다면, 당신의 배우자가 한 이야기가 틀리다는 것을 간단히 설명하고 사실을 명확히 하라. 전 배우자의 거친 말은 화가 나서 한 것임을 설명하라. 아이들이 화가 나서 별다른 의미가 없는 어떤 말을 할 때는 과거에도 그런 일이 여러 차례 있었음을 상기시켜 아이들을 이해시키라. 모든 사람이 이혼에 익숙해지듯이, 앞으로는 상황이 더 나아질 거라고 아이들을 안심시켜라.

아직 헤어진 지 얼마 되지 않고, 헐뜯는 일이 자주 있는 것이 아니라 간헐적이며, 아이들이 일상적인 정서를 거의 유지하고 당신을 존중하고 있다면(화를 내거나 잘못된 행동이 어느 정도 증가하는 것은 부모가 헤어진 직후에 있을 수 있는 일이다) 대부분 이 정도로 충분할 것이다. 즉, 당신이 할 수 있는 한 많은 애정을 주고 관심과 이해를 보이는 한편, 아이들과 전 배우자의 관계를 계속해서 지지함으로써 아이들을 잘 도울 수 있다.

무엇보다도 앙갚음을 하지 말라. 아이들이 헐뜯는 말에 대처할 수 있도록 도와야 한다고 해서 헐뜯는 일을 되돌려주어도 좋다는 것은 아니다. 그런 행동은 아이들의 고통만 배가시킬 뿐이다. 사실상 헐뜯는 일을 줄일 수 있는 가장 좋은 기회는 배우자가 아이들을 위해 하는 구체적인 일을 일관되게 인정하고, 당신이 그것을 좋게 평가하고 있음을 표현하는 것이다. 당신에 대해 좋게 말하는 사람을 헐뜯는 것은 당신이라도 어렵지 않겠는가?

당신이 헐뜯는 잘못을 저질렀다는 생각이 들면 먼저 아이들에게 당신의 잘못을 인정하고 사과하라. 전 배우자의 헐뜯기의 경우와 마찬가지로, 당신의 말이 초래한 불안을 공감해주고(예를 들면 "내가 네 엄마에 대해 상스러운 말을 해서 너를 불쾌하게 만들었구나"와 같은 식으로) 그런 거친 말은 홧김에 나온 것임을 설명하라.

화가 나더라도 전 배우자에 대한 아이의 사랑과 애정을 방해하지 않으려면, 전 배우자에 대한 사랑과 애정이 당신을 기쁘게 할 수 있다는 것을 아이에게 명확히 하라. 사랑할 수 있는 두 명의 부모와 확대된 두 집안의 가족을 가지고 있으며, 그런 사랑을 자유롭게 나타낼 수 있기를 바란다는 것을 아이들에게 말하라. 실제로 당신은 아이들이 사랑과 존중을 보여주기를 바랄 것이다.

간헐적인 헐뜯기를 '온순하다'고 이름 붙인다고 해서, 아이들이 영향을 받지 않는 것은 아니다. 나쁜 말은 언제나 그 흔적을 남긴다. 이에 대해서는 뒷부분에서 좀더 언급할 것이다. 그러나 우선은 당신이, 이혼한 가정의 많은 아이들이 양 부모의 면전에 있을 때 느끼는 불안감에 대해 알았으면 한다. *헐뜯기는 자발적인 정서표현을 없애며, 아이들은 부모 중 다른 편이 실망하거나 불신하는 것을 우려해 한편을 좋아하는 행동을 억제한다.* 아이들에게는 악한 부모에 대한 자신의 사랑은 조심스럽게 감추어야 할 비밀이라는 죄의식이 발달한다. 이런 죄의식은 아이들에게 부모 양편을 다 사랑해도 좋다는 무조건적인 승낙을 하지 못하는 부모에게도 발달한다.

비판이 특히 거칠고, 아이들이 아주 어리고, 부모가 잘못 선택한 말의 영향을 상쇄시키려는 노력을 하지 않을 때, 헐뜯기는 더욱 모질고 지속적인 인상을 남길 수 있다. 이혼당한 한 아버지가 네 살짜리 딸에게 엄마의 남자친구인 올리버는 "악마가 보냈다"라고 말했다. 1년 후, 아버지는 딸을 어머니에게 맡기게 되었다. 그러나 올리버는 '악마'라고 했던 것에 대해서는 딸에게 아무 말도 하지 않았다. 사과도, 철회도, 설명도 하지 않았다. 어머니가 올리버와 약혼한다고 말하자, 딸은 "아빠가 올리버는 악마가 보냈다고 그랬어"라는 반응을 보였다. 아이는 분명히 혼란을 겪고 있었다. 감수성이 예민한 나이에 아이가 들은 야비한 비판은 미래의 계부를 이유 없이 경계하게 만들기에 충분했다. 그러나 이러한 사례는 통상적인 것은 아니다. 일반적으로 드문드문 헐뜯는 것은 결코 좋은 것은 아니지만 아이에게 심각한 해를 끼치지는 않는다.

깎아내리기

불행하게도 많은 부모들은 간헐적으로 책망하고 헐뜯는 정도를 넘어선다. 이런 경우 사실상 한쪽 부모가 다른 편에 대해 하는 이야기는 모두 거칠고 저속하고 빈정대는 말이다. 파괴적인 비판이 이러한 수준에 달할 때, 특히 그 비판이 악의적이고 현저한 것일 때는 '헐뜯기'라는 용어로는 부족하다. 이러한 수준의 비판을 특별히 '깎아내리기'라고 부르겠다.

가끔 일어나는 헐뜯기를 평상시에는 비무장지대였던 곳에서 일어나는 간헐적인 총 쏘기라 한다면, 깎아내리기는 전쟁터의 대포사격에 비할 수 있다. 이런 상황은 절대적으로 아이들에게 적절하지 않으며 부상의 위험도 헐뜯기보다 훨씬 크다. 말로 하는 공격이 깎아내리기의 수준에 이르면 그 공격은 정서적 살육의 흔적을 남긴다.

어떤 아이들은 공격을 견디는 방법을 발견한다. 그들은 어떻게 대처할까? 이런 아이들이 부모들의 비합리적인 행동에 대해 이끌어내는 결론에는 여러 가지가 있다. 우리가 어떤 상황에 대해 생각하는 방식에 따라 그것이 우리에게 미치는 영향도 크게 달라진다. 이 점은 아이들도 마찬가지이다.

알코올 중독자인 아빠에게 툭하면 매를 맞는 두 형제에 대해 생각해보자. 두 소년은 아버지의 폭행에 익숙해져 있다. 아이들은 아버지의 습관적인 폭행이 자신들의 삶에서 없었으면 좋겠고, 두렵지만 피할 수 없는 일이라고 여긴다. 형은 화가 나고 항변을 하면서도 의식의 어떤 수준에서는 아버지가 적절하게 행동하고 있다고 믿는다. 그래서 자신이 아버지가 거칠게 다루어 마땅한 나쁜 아이라고 결론짓는다. 아버지가 실제로 비합리적이고 통제불능이라는 생각을 마음에 담고 있기가 너무 두려운 것이다. 이 소년은 이치에 닿지 않는 행동을 하는 아버지와 살아가야 하는 불안한 현실과 맞서기보다는 아버지의 행동을 받아들이는 편을 택한다.

동생은 아버지의 벌이 부당한 것이라는 점을 이해한다. 가장 중요한 것은 벌이 자신의 행동 때문이 아니라 아버지의 장애 때문이라고 믿는다는 점이다. 동생은 자신의 상황을 끔찍하게 불행한 것으로 결론짓고, 가능한 한 아버지를 피하려고 한다. 그리고 자신이 아버지가 되면 자식들에게 더 잘하리라고 맹세한다. 이 두 형제는 모진 아버지에 대해 다른 수준의 인식과 용기를 보인 결과로 다른 결론을 내리고 있다.

깎아내리기에 노출되어 있는 아이들에 대해서도 비슷한 생각을 해볼 수 있다. 모든 아이들은 그러한 행동을 좋아하지 않으며, 그것이 중단되기를 바란다. 많은 아이들은 깎아내리기에 대해 생각하지 않으려고 한다.

그들은 대개 부모와 자기 자신에 대한 감정에서 혼란스러운 갈등을 겪는다. 그러나 몇몇 아이들은 영향을 받지 않는다. 그들은 부모의 행동이라는 현실을 있는 그대로 받아들인다. 질문을 받으면 그들은 부모의 행동에는 문제가 있으며 잘못되었다고 말할 것이다. 이런 아이들은 보통 깎아내리기에 대해 사무적인 어조로 말한다. 그들은 깎아내리기를 좋아하지 않지만 그것을 바꾸기에는 자신들의 힘이 부족하다는 사실을 받아들인다. 그리고 깎아내리기를 무난히 극복해 나간다.

흥미롭게도 이런 아동들은 부모 양편에 대해 모두 확실한 존중심을 유지한다. 그들은 깎아내리기가 상대를 향해 시작될 때, 그런 행동을 하는 부모는 중대한 문제점을 가지고 있다는 것을 안다. 그러나 그 문제는, 깎아내리는 행위를 제외하고는 온건하고 자신들이 계속해서 사랑하는 부모들의 마음속에서 일어난 정신적 탈선이라고 생각한다. 좀더 나이를 먹은 아동들은 때때로 깎아내리기의 표적이 되는 사람을 변호한다.

그러나 대부분의 아동들은 표적이 되는 한쪽 부모를 향한 자신의 감정을 깎아내리는 행동을 하는 부모가 듣지 않는 곳에서 표현해야 자신의 삶이 더 편해진다는 것을 배운다. 그러는 동안에도 아이들은 깎아내리기의 표적이 되는 부모에 대해 지속적인 사랑을 유지한다.

불행하게도 이러한 아동은 소수에 지나지 않는다. 나는 대부분의 아이들은 어른의 도움 없이는 이런 방식으로 대처할 수 없다고 믿는다. 대부분의 아동은 심리 발달 단계상 현실적인 타협을 하지 못하는 동안에는 부모 양편 모두에 대한 사랑을 지속시켜 줄 만한 정신적 단련이 되어 있지 않다. 잘 대처하는 아동조차도 깎아내리기에 노출됨으로써 고통을 겪거나 해를 입는 데서 반드시 벗어날 수 있는 것은 아니다.

만일 아이가 깎아내리기가 정당하지 못하다고 생각한다면, 그것은 어른들의 문제라는 것을 이해할 수 있게 하라. 깎아내리기를 하는 부모를 바로잡거나 깎아내리기의 표적이 되는 부모를 변호하는 것은 당신 자녀가 할 일이 아니다. 다른 편 부모 앞에서 당신에 대한 애정을 표현하기 어려울 것이라는 점을 이해하고 있음을 알게 하라. 아이들이 당신을 사랑한다는 사실을 언제나 알고 있으며, 심지어 아이들이 표현을 하지 않을 때도 알고 있음을 확신시켜라.

아이들에게 깎아내리기가 존재하지 않는 체하기보다는 그 현실을 받아들일 수 있는 방법을 가르쳐라. 가장 건강한 자세는 사무적인 태도를 취하는 것이다. 깎아내리기는 존재한다. 그것은 비합리적이고 불쾌하다. 그리고 아이들은 깎아내리기에 대해 아무것도 할 수 없다.

깎아내리기를 천둥을 동반한 비에 비유해보자. 우리는 비나 천둥, 번개에 노출되는 것을 좋아하지 않는다. 그러나 우리는 그 불쾌한 존재를 부인하지 않는다. 폭풍우가 존재하지 않는 체한다면 그것을 막기 위한 조치도 하지 않게 된다. 우리는 폭풍우가 존재하며 그것이 불가피하다는 것을 받아들인다. 또한 우리가 폭풍우를 통제할 만한 힘을 가지고 있지 않다는 것을 받아들인다. 우리는 그 현상을 좀더 잘 이해함으로써 두려움을 줄인다. 그리고 폭풍우로부터 몸을 숨기거나 폭풍우의 영향권에서 벗어남으로써 우리 자신을 보호한다.

아이들도 같은 방식으로 자신에게 말할 수 있다. "에이, 아빠가 또 그러는구나. 폭풍우가 잠잠해질 때까지 아빠를 피해서 다른 할 일을 찾아야지."

당신이 깎아내리기의 표적이 된다면 더욱 현명하고 효과적으로 대응해야 한다. 그렇게 하지 못한다면 훨씬 더 해로운 과정이 뿌리내리게 될 수도 있다.

세뇌

    깎아내리기가 억제되지 않고 계속될 때, 반복적으로 행해질 때, 부모나 조부모, 다른 친척에 대한 욕설에 동참하도록 계획될 때, 상황은 더 파괴적이 된다. 이런 정도에 이르면 깎아내리기는 세뇌가 된다.

    '세뇌'는 가족 상황에 적용하기에는 너무 강한 용어라고 생각할 수도 있다. 그러나 아이들이 전 배우자의 지지와 조종으로 당신에게서 등을 돌린다면, 아이들이 움츠리거나 어떤 방법으로도 바로잡을 수 없는 공포나 두려움을 나타낸다면, 세뇌는 아이들에게서 일어나고 있는 것을 기술하는 데 적절한 용어이다. 아이들과의 사이를 멀어지게 만드는 조건들과 부모들이 아이들과의 관계에 해독을 미치는 데 이용하는 기법들은 우리가 보통 세뇌당한 전쟁 포로나 사이비 종교 신자들이 받는 정신조종과 많은 공통점을 갖고 있다. 세뇌의 표적이 된 부모들은 자신에 대한 자녀들의 반응이 변화되고 있음을 쉽게 감지할 수 있다. 세뇌가 시작되면 아이들은 마치 다른 사람처럼 되어버린다.

    세뇌당한 모든 아이들은 전에는 세뇌의 표적이 된 부모에 대한 사랑과 애정을 표현했다. 표적이 된 부모와 함께 있으면 안도감을 느꼈고, 그 부모를 보고 싶어했으며, 그 부모에게서 더 큰 관심을 받고자 했다. 그런 아이들은 자신과 표적이 된 부모를 묶어주었던 만족스러운 기억을 가지고 있다. 그러나 세뇌받기 시작하면 그 모든 것이 아이들의 사고·감정·행동과 단절되어버린다. 전에는 사랑했던 사람에 대해 이제는 두려움과 증오심만을 내뿜는 아이, 좋았던 시간들을 떠올리지 못하거나 "나는 그저 즐겁게 지낸 체했을 뿐이다"라는 식으로 그때를 기억하며 방어적으로 그 시간에 대해 잊어버리려고 하는 아이가 남을 뿐이다.

    이런 엄청난 변화가 어떻게 일어나는지에 대한 이야기는 뒤에서 하기로 하겠다. 5장과 6장에서는 몇 가지 비판적 조건이나 책략들과 상승작용을 일으킨 깎아내리기와 세뇌에 대해 이해하고, 이를 중단시키지 않는다면 이 때문에 부모와 자녀의 관계가 잘해봐야 오염되고 최악의 경우에는 완전히 단절되는 결과가 나타나는 것을 보게 될 것이다. 이처럼 손상받은 관계를 '따돌림'으로 규정할 수 있다.

그러나 여기에서 주의할 점이 있다. 소원해진 것처럼 보이는 모든 것이 소원해진 것은 아니며, 소원해지는 것이 언제나 헐뜯기, 깎아내리기, 세뇌의 결과인 것은 아니라는 것이다. 당신이 아이들의 따돌림을 조장했다고 전 배우자를 고소하거나, 그런 이유로 고소를 당한 적이 있다면 헐뜯기, 깎아내리기, 세뇌와 같은 구분들은 당신의 재판에 결정적인 변수가 될 것이다.

부모 따돌림 증후군

티나는 전남편인 웨즐리가 아들 빈스의 양육권을 빼앗기 위해 조정신청을 한 것에 충격을 받고 화가 났다. 웨즐리는 티나가 빈스를 세뇌시켰다고 고소했다. 그는 티나의 잘못된 행동으로 인해 빈스가 '부모 따돌림 증후군'이라고 알려진 장애로 고통을 겪고 있다고 주장했다. 티나는 변호사와 이야기를 나눈 후 걱정에 빠졌다. 빈스가 그런 증세를 보인다고 정신건강 전문가가 진단한다면 판사가 양육권을 웨즐리에게 넘길 수도 있다는 이야기를 들었기 때문이다.

티나는 뜻하지 않게 이혼 변호사와 심리치료사들 사이에서 몇 년 동안이나 벌어졌던 논쟁의 폭풍에 휘말렸다. 폭풍의 중심에는 가드너라는 뛰어난 아동 심리치료사가 있었다.

1971년 가드너 박사는 『소년 소녀가 알아야 할 이혼*The Boys and Girls Book about Divorce*』이라는 책을 썼는데, 이 책은 이혼에 대해 아동용으로 집필된 최초의 책이다. 솔직하면서 재치 있는 문체와 이혼 가정의 아이들이 부딪히는 가장 일반적인 딜레마에 대한 현실적인 해결책을 제시하고 있는 이 책은 출간 즉시 비평가·부모·아동들에게 선풍적인 인기를 끌었다. 「타임*Time*」지와 「뉴욕타임즈 선데이 매거진*New York Times Sunday Magazine*」에도 대서특필되었으며 6개 언어로 번역되어 이 분야의 고전이 되었다. 이후에도 가드너 박사는 부모와 아동, 심리치료사를 위한 수십 권의 책을 썼으며, 그가 개발한 심리치료 기법과 게임들은 아동 심리치료사들의 표준적인 도구가 되었다.

이처럼 존경할 만한 학자가 어떻게 해서 논쟁의 한복판에 서게 되었을까? 가드너 박사는 1980년대에 아이의 양육권 문제와 관련된 심각한 이혼의 해독 사례를 많이 보기 시작했다. 몇몇 가정에서는 아이들이 부모 중 한편과 손을 잡고 다른 편을 모독했다. 이런 가정들을 연구하면서 가드너 박사는 부모에 대해 거부감을 가진 아이들에게는 어떤 유사성이 있다는 것을 깨달았다. 예를 들어 많은 아이들은 부모 한 사람뿐 아니라 그 부모의 가족 전체에 대해 증오심을 드러냈다. 전에는 사랑했던 사람을 이제는 왜 싫어하게 되었느냐는 질문을 받으면 아이들은 대부분 사소하거나 이치에 닿지 않는 설명을 달았다. 한 아이는 다음과 같이 말했다. "엄마는 우리에게 벌레를 죽이는 물질을 뿌려서 리틀 야구 시합에서 나를 난처하게 만들었어요."

이 아이들이 한쪽 부모에 대한 거부감과 관련된 공통적인 행동 패턴을 보여주었기 때문에 가드너 박사는 이들의 장애를 적절하게 기술할 새로운 용어를 도입했다. 그는 이러한 장애를 '부모 따돌림 증후군 Parental

Alienation Syndrome', 줄여서 'PAS'라고 불렀다. 이 증상의 기원과 전개 과정, 드러나는 징후에 대한 가드너 박사의 상세한 해석은 법관이나 심리 치료사들의 개입 지침과 더불어 정신건강 전문가들과 법률 전문가들의 관심을 사로잡았다. 가드너 박사를 비판하는 사람들까지도 PAS라는 개념이 이혼한 부모를 둔 아이들의 문제에 커다란 관심을 불러일으켰다는 점을 인정했다. 이 개념은 전세계 심리치료사들이 이 장애에 대해 의견을 교환하고 PAS 아이들과 그 가족을 도울 수 있는 전략을 제안하도록 만들었다.

그러나 일부 심리치료사들은 PAS라는 용어의 사용에 반대했다. 일부 정신건강 전문가들 역시 가정 불화family disturbance에 병리적인 용어를 사용하는 데 반대했다. 그들도 부모들이 때때로 부모 중 다른 편에 대한 아이의 정서에 해독을 끼친다는 데 동의한다. 이런 아이들 중 대다수가 지금은 거부감을 가지고 있는 부모와 건전한 애정 관계를 유지했었다는 데에도 동의한다. 부모가 이혼한 아이들에게서 나타나는 특징적인 행동에 대해서까지도 동의한다. 그러나 이들은 이러한 장애가 별도의 이름을 붙일 만한 것이라고 생각하지 않는다. 그리고 그 용어가 법정에서 잘못 쓰일 수도 있다고 우려한다. PAS는 새로 제시된 다른 어떤 진단적 개념보다도 커다란 논쟁을 불러일으켰다(이 논쟁에 대한 상세한 분석에 관심이 있는 독자는 저자의 홈페이지인 www.warshak.com을 참조하라).

처음 PAS에 대해 쓸 당시 가드너 박사는 아이들이 다른 편 부모에 대해 거부감을 갖도록 계획적으로 조장하는 어머니들을 아버지들보다 더 많이 접했다. 이 점이 논란거리가 되었다. 비판자들은 가드너 박사가 어머니들에 대해 편파적이라고 공격했다. 가드너 박사가 때로는 여성 편에서 증언을 하고, 사례에 따라 입장을 바꾸었으며 이제는 어머니 못지않게 아버지가 PAS를 조장하는 경우도 많다는 결론에 이르렀음에도 이러한 공격은 계속되었다.

일부 비판가들은 PAS가 여러 가지 민감한 측면을 가지고 있는 문제에 대한 책임을 한쪽 부모에게만 부당하게 떠넘긴다고 믿었다. 다음 장에서 보게 되겠지만, 일부 아이들은 몇 가지 원인으로 부모와 멀어지는데, 어떤 한 가지 요인이 다른 것들보다 두드러진 역할을 하는 것은 아니다. PAS를 이해하는 심리치료사들은 이러한 형태의 따돌림을 기술할 때에는 이 용어를 쓰지 않는다. 어떤 아이의 따돌림이 이혼의 해독과는 별개라면, 즉 그것이 좋아하는 부모의 영향과 상관없이 일어난다면 이는 PAS의 타당한 사례가 아니다.

다른 비판자들은 아이들을 밀어내는 행동을 하는 남자들이 문제에 대한 책임을 회피하고, 아내들에게 책임을 돌릴 것을 우려한다. 그러므로 이러한 입장에 처한 어머니들은 아이들의 행동이 PAS 때문이라는 잘못된 주장으로부터 자기 자신을 방어해야 한다. 법원이 아이들과 아버지의 불행한 관계를 어머니의 책임이라고 판결하면 그 어머니는 티나가 우려하는 바와 같이 양육권을 상실할 것이다.

가드너를 포함한 PAS 전문가들은 정당한 사유 없이 부모 중 한편의 영향 때문에 다른 한편을 거부하는 아이들에 대해서만 PAS라는 용어를 적용한다. 그러나 PAS에 대한 이해가 충분하지 않은 심리치료사들은 아이들이 거부할 충분한 이유를 가지고 있는 부모에게 양육권을 맡기라고 권고할 수도 있다.

그동안 가드너 박사와 마찬가지로 실제 사례들에서 PAS를 발견한 전문가들에 의해 100편 이상의 논문이 발표되었다. 그러나 과학계는 아직 진단의 문제를 다루는 공식편람에 PAS를 실을 수 있게 해줄 만한 연구 결과를 기다린다. 그때까지는 이 용어의 사용에 대한 논란이 계속될 것이다. 그러나 많은 부모들은 PAS라는 개념에서 심리치료사들이 이 문제를 자각하고 있으며, 이에 대한 효율적인 대처 방안을 알아야 한다는 사실을 재확인하게 된다.

어머니들에게서 오는 최근의 전자우편은 이러한 태도를 보여준다. "나는 이런 일이 2년 이상 진행될 때까지도 현재 일어나고 있는 일을 가리키는 용어가 있다는 것을 알지 못했습니다. 나는 열 사람의 변호사를 만난 다음에야 비로소 무슨 일이 전개되고 있는지 말해주는 사람을 찾을 수 있었습니다. 나는 이혼이라는 약점 때문에 공격을 당하고 있었고, 특히 애 아빠가 교육자였기 때문에 그렇게까지 비열할 수 있다고 생각하지 않았습니다. 나는 그야말로 훨씬 뒷걸음질친 다음에야 앞으로 나아가게 되었습니다." 다른 한 어머니는 다음과 같이 말했다. "PAS에 대해 읽은 것이 내 눈을 뜨게 해줬어요. 나는 아주 오랫동안 혼자라고 느껴왔어요. 무엇이 일어나고 있는지 알고 있었지만 그것을 입증할 수 없었어요. 이제서야 막 PAS에 대해 알게 되었죠."

'PAS'라는 용어가 가진 장점 중 하나는 이혼의 해독에 의해 이치에 맞지 않게 부모 중 한편을 '따돌리는 일에 빠져 있는 아이들'이나 '이전에는 좋은 관계였던 부모에 대해 지금은 거부감을 가지고 따돌리는 일에 빠져 있는 아이들'이라는 구절보다 간단하면서 부담이 훨씬 적다는 점이다. 이런 이유 때문에 나는 이 책에서 'PAS'라는 용어를 사용하려고 한다. 내가 'PAS'라는 말을 쓸 때는 명백하게 이혼이 가져온 해독의 결과 때문에 부모를 따돌리는 아이들에 대해 이야기하는 것임을 알아두기 바란다.

나는 다른 사람과 마찬가지로 'PAS'라는 용어의 오용에 관심을 가지고 있으며 다음 장에서 이 문제를 다루겠다. 잘못된 진단은 PAS에만 있는 것은 아니다. 모든 정신건강 장애는 잘못 진단될 수 있고, 때때로 잘못 진단되기도 한다. 그 해결책은 진단을 하지 않는 것이 아니라 진단법을 이용하는 사람들을 교육시키는 것이다. 3장 '따돌리는 아이들'에서는 PAS를 정확하게 파악하는 방법과 잘못 진단했을 때 이를 아는 방법에 대해 자세하게 논의할 것이다. 그러나 미리 PAS라는 이름에 사로잡히지는 않기를 바란다. PAS를 비판하는 사람들도 이혼의 해독이 때때로 부모-자녀 관계에 손상을 입힌다는 데 동의한다. 그것을 무엇이라고 부르든 장애는 존재하며 그 폐해는 심각하다.

이혼의 해독에 저항하는 아이들

어떤 아이들은 자넷 존스톤 Janet Johnston 박사와 린다 캠벨 Linda Campbel 박사가 말하는 부모 중 한편과의 '불순한 동맹 unholy alliance'에 쉽게 빠져든다. 반면 부모들의 싸움에 합류하라는 압력에 확고부동하게 저항하면서 어느 한쪽을 펀드는 것을 거부하는 아이들도 있다. 당신의 아이가 부모-자녀 관계에 해를 끼치려는 시도에 면역이 되어 있는지 여부를 예측할 수 있는가? 100퍼센트 그렇지는 못할 것이다. 그러나 어떤 요인들은 당신의 승산을 높여준다.

따돌리라는 요구에 저항하는 것이 성공하리라고 예측할 수 있게 해주는 도식은 다음 네 가지 핵심요소로 구성되어 있다.

첫째, 헐뜯기, 깎아내리기, 세뇌가 일어나는 환경과 방식
둘째, 지난날 당신과 당신 아이들이 맺었던 관계
셋째, 아이들의 구체적인 특성

넷째, 이혼의 해독에 대한 당신의 반응

따돌림이 일어나는 환경

네 가지 저항요소 중에서 가장 중심적인 요소이다. 이혼의 해독은 다음의
세 가지 조건과 접했을 때 가장 쉽게 중화된다.

- 자녀들이 표적부모와 물리적으로 충분히 접촉을 계속한다.
- 자녀들이 표적부모와 심리적인 관계를 유지한다.
- 자녀들이 따돌리는 일을 하는 부모를 크게 두려워하지 않는다.

이러한 조건은 아이들이 따돌리라는 요구에 저항하거나, 이미 발생한
따돌림을 쉽게 극복할 수 있게 해준다. 그러나 이러한 조건이 결여되었다
면 이혼의 해독이 뿌리를 내리거나 사랑했던 기억을 지워버릴 가능성이
훨씬 높다. 5장 '따돌리게 하는 환경'에서는 신체적 고립과 심리적 의존,
두려움이 세뇌의 기본 조건이라는 것과 아이들을 어떻게 보호할 수 있는
지 설명할 것이다.

따돌림 직전의 관계

자애롭고 관심과 이해심이 많은 부모와 오랫동안 원만한 관계를 가졌던
자녀들은 이혼의 해독에 빠지지 않을 것이라고 생각할 수도 있다. 그러나
불행하게도 그렇지는 않다. 어떤 아이는 이전에 자신을 감싸주지 않거나
심한 벌을 주거나 싫어했던 부모가 제시한 조건을 수용하는 대가로, 자신
을 사랑해주었다고 인정하는 부모를 모독하려는 의지를 갖기도 한다. 부
모 중 한편을 두려워하는 아이는 그 부모의 노여움을 피하기 위해 동맹 관

계를 맺기도 한다. 부모 중 한편에게서 무시당했던 아이는 그 부모가 새롭게 보이는 관심과 너그러움에 감동한 나머지 지나친 방임을 통해 자신과 동맹 관계를 맺으려 한다는 것을 깨닫지 못하거나 인정하지 않을 수도 있다. 이런 아이는 정서적 관계가 취약한 부모에게 충성심을 보여야 한다고 생각할 수도 있다. 그것이 다른 편 부모와 맞서는 전쟁에 참여하는 것을 의미할 때도 마찬가지다. 이것이 바로 어른들 사이의 전쟁에 아이들을 끌어들이면 가장 좋았던 부모-자녀 관계까지 무너질 수 있는 이유이다.

부모-자녀 관계는 아이들이 이혼이 임박했다는 것을 처음 알게 되거나 부모 중 한편이 실제적으로 가정을 떠날 때 특히 상처를 입기 쉽다. 배우자가 아이들로 하여금 이혼의 책임이 당신에게 있다고 생각하게 하거나 당신이 자신들을 버렸다고 믿게끔 만든다면 아이의 고민과 상처 받은 감정이 증오심으로 바뀌어 순식간에 애정이 사라져버릴 수도 있다. 어떤 이유에서건 간에 당신이 집을 떠난 후 아이들과 의사소통이나 접촉을 하지 못한다면 그 위험은 더 커진다. 당신의 사랑을 아이들에게 재확인시키고, 부모 중 한 명을 선택할 필요가 없다는 것을 이해시킬 수 없게 되기 때문이다.

이제까지 논의한 바처럼 아이들과의 관계가 긴밀했다고 해서 그것이 아이들의 따돌림을 막아주는 안전장치가 되지는 못한다. 그러나 아이들과의 긴밀한 관계는 당신의 승산 가능성을 높일 수 있다. 자신을 지극히 감싸주는 부모보다는 상대적으로 자신을 덜 감싸주는 부모에게 등을 돌리게 하는 것이 쉬우리라는 것은 당연하다. 아이에게 공감하는 부모보다는 아이의 감정을 무시해버리는 부모에게 등을 돌리게 하는 것이 쉬울 것이다. 아이들은 못마땅한 부모나 소원한 관계에 있는 부모에게 등을 돌리게 하려는 시도를 거부하려 하지 않을 것이다. 물론 부모 중 한편에 대한 사랑과 신뢰가 너무도 깊어서 이혼의 해독에 별 영향을 받지 않는 아이들도 있다. 이런 까닭에 위에서 언급한 관찰사례에도 불구하고, 따뜻하고 긍정적이며 애정을 주고받는 부모-자녀 관계의 유지는 따돌림을 줄일 수 있는 방어요소가 된다.

따돌림의 소인을 가지고 있는 아이들

아이가 가진 어떤 특성이 따돌리는 일을 덜 하게 하는 방향으로 작용할 수도 있다. 일반적으로 아이의 심리적 발달이 좋으면 좋을수록, 부모 양편과 애정 관계를 더 잘 유지한다. 그러나 아이가 원래 겁이 많을 경우에는 표적이 되는 부모를 두려워하게 만들기가 쉽다.

비판적이고 독립적으로 사고하며 자신의 판단에 믿음을 가진 아이는 조종당하는 것을 거부하려고 할 것이다. 이런 아이는 자신이 겪은 일을 마음속에 그대로 간직하고 있을 것이며, 다른 편을 헐뜯고 따돌리는 부모의 관점에 그대로 빨려들기보다는 자기 자신의 생각을 신뢰할 것이다.

아홉 살짜리 카렌은 자신의 심리치료사에게 말했다. "엄마는 아빠를 너무 싫어해요. 엄마는 언제나 저한테 아빠가 나쁘다고 말해요. 내가 '아빠'라는 말을 하면 섭섭해하고요. 엄마는 저도 함께 아빠를 싫어했으면 한다는 걸 알아요. 하지만 제겐 정말로 좋은 아빠예요. 아빠와 함께 있으면 즐거워요. 아빠는 제게 자전거 타는 법을 가르쳐주었어요. 우리 축구팀을 코치해주기도 하고요. 내 친구들도 모두 아빠를 좋아해요. 왜 엄마가 아빠를 그렇게 싫어하는지 잘 모르겠어요. 그렇지만 그건 엄마 문제예요. 아빠가 나쁘다고 엄마가 말하기 시작하면 난 그 말을 무시해버리고 말아요. 어떤 때는 내 방에 들어가거나 밖에 나가서 놀아요. 그런 상태가 오래가지는 않아요. 엄마가 그만했으면 좋겠어요. 난처하니까요. 그러나 엄마가 나한테 '나쁜 아빠'라는 말을 하게 만들지는 못할 거예요. 내가 잘 알아요."

카렌의 태도는 심리적으로 건강한 아동의 특징인 드물게 높은 수준의 자아존중감을 보여준다. 자아존중감에 대한 대표적인 권위자인 너대니얼 브랜든Nathaniel Branden 박사는 『의식을 가지고 살아가는 기술The Art of Living Consciously』에서 다음과 같이 충고한다.

"단지 감정만이 아니라 지혜롭게 아이를 사랑하는 부모는 독립적이고, 비판적인 사고를 길러준다. 이런 부모는 검증되지 않은 생각은 계속 가지고 있을 가치가 없다는 것을 아이들에게 가르친다."

이런 유형의 아동교육은 이혼의 해독을 견뎌낼 수 있도록 아이들에게 예방접종을 하는 것일 뿐 아니라 아이들로 하여금 자신의 합리적 능력을 무시하려는 시도에 저항할 수 있게 해준다. 카렌의 부모들은 헤어지기에 앞서 딸에게 이런 식의 처치를 했다. 이것이 카렌이 엄마가 아빠를 헐뜯는 데 대해 그처럼 건강하게 대응할 수 있었던 하나의 이유이다. 그러나 자애롭고 양식 있는 많은 사람들이 그렇듯이 카렌의 어머니는 이혼 때문에 생겨난 걱정, 상처, 분노에 몰려서 가끔 자신의 관점을 상실하고 잘못된 판단을 했으며 현명하고 좋은 자녀 교육을 중단했다.

한쪽 부모에게 지나치게 의존적이거나 너무 가까운 아이들은 그 부모가 다른 편 부모에 대해 보이는 부정적인 태도에 영향을 받기가 더 쉽다. 나는 언젠가 어머니에게 지나치게 의존적이어서 열 살이 되도록 대변을 보고 난 다음에 엉덩이를 씻어달라고 어머니를 부르는 남자아이를 연구한 적이 있다. 이 아이와 어머니는 결혼생활을 하고 있는 동안에도 함께 결탁해 아버지를 공격했다. 아버지가 마침내 가치 없는 결혼생활에 질려서 이혼을 하자 아이는 아버지와 만나는 것을 일체 거부했다. 아이 어머니는 이에 대해 전혀 잘못이라고 생각하지 않았다. 오히려 아버지가 아이를 보려고 하면 괴롭힌다고 항의했다.

따돌림에 동참하기를 거부하는 아이의 특성이나 따돌림에 빠질 가능성이 큰 아이의 특성에 대한 논의는 따돌림의 책임이 전적으로 아이에게 있다는 의미는 아니다. 아이를 이혼의 해독에 대응하도록 이끌 수 있는 방법을 배우는 것은 중요하지만, 아이는 그 희생물이라는 것을 잊지 말아야 한다.

일부 전문가들은 표적이 된 부모에 대해 시종일관 부정적인 자세를 유지하지 못하기 때문에 나이가 어릴수록 따돌림의 영향을 덜 받는다고 믿는다. 일단 자신을 조종하는 부모의 영향권을 떠나면 어린아이는 자신이 표적부모를 두려워하거나 그에게 화를 내도록 되어 있다는 것을 잊어버린다. 이런 주장은 어떤 아이들에 대해서는 사실일 수 있지만, 내 경험으로 볼 때는 일반적인 것은 아니다. 실제 연구 결과는 어린아이가 일반적으로 좀더 큰 아동보다 순종적일 것이라는 상식을 다시 확인시켜 준다. 예를 들어 자녀가 어릴수록 아이에게 학대에 대한 잘못된 기억을 불어넣기 쉽다. 일단 이런 기억을 갖게 되면 어린아이는 따돌림 당하는 부모를 학대자라고 생각하기 때문에 그의 모든 제안에 무조건적으로 반항할 수 있다. 주디스 월러슈타인Judith Wallerstein 박사와 조안 켈리Joan Kelly 박사의 연구에 따르면, 9세부터 12세 사이의 아동이 부모 중 한편과 손을 잡고 다른 편을 따돌리기 가장 쉽다. 이 영역에 대해 어떤 확실한 결론을 끌어내기 위해서는 더욱 많은 연구가 필요함은 물론이다. 이 책의 독자들이 자신의 경험을 알려주면 이 연구에 도움이 될 것이다.

거부당하는 부모의 부담

자녀들이 이혼의 해독에 굴복하는 징후를 보이기 시작할 때 표적이 된 부모의 반응은 최종 결과에 결정적인 역할을 할 수도 있다. 앞에서 제시한 충고를 실천하는 부모들은 자녀들이 자신을 따돌리는 일을 막을 가능성이 높다. 이러한 부모들은 자제심을 발휘해서 아이가 불쾌하고 호전적인 행동을 하더라도 아이의 정서에 공감한다. 그러나 이런 부모들도 역시 자녀들과 접촉을 유지하기 위해 가능한 모든 일을 해야만 한다. 따돌림을 되돌릴 가능성을 높이기 위해서는 다음 일곱 가지 규칙을 따르라.

1. 평정심을 잃거나 너무 공격적으로 행동하거나 자녀에게 거친 비판을 하지 말라.

2. 자녀에게 "네가 나를 보고 싶어하지 않는다면 나도 너를 보고 싶지 않다"라는 식으로 보복적인 거부감을 드러내지 말라.

3. 자녀와 전 배우자에게 당신의 접견권을 수용하라고 적극적으로 요구하라. 자녀들이 '당신을 만나는 시간이 좋다'고 느낄 때까지 기다리지 말라. 따돌림 당하는 부모들은 그렇게 마냥 기다리는 것이 결코 옳지 않다는 것을 너무 늦게 배운다.

4. 자녀에게 부정적 태도에서 벗어나라고 말하느라 시간을 허비하지 말라. 대신 그 시간을 갈등과는 무관한 즐거운 상호 작용에 써라.

5. 자녀의 감정을 무시하지 말라. 또 정말로 당신에게 화를 내거나 당신을 무서워할 필요가 없다고 말하지 말라. 그 말이 사실일 수도 있지만 아이들은 당신이 자신을 이해하지 않는다고만 느낄 것이다.

6. 다른 편 부모가 아이들에게 했던 말을 자녀들이 반복한다는 이유만으로 고소하지 말라. 당신의 생각이 맞을 수도 있지만 공격당한다고 느낀 아이들은 당신의 말을 강하게 부인할 것이다.

7. 전 배우자를 헐뜯지 말라.

표적이 된 부모들은 일반적으로 자녀들로부터 이런 정도의 무례함을 겪거나 거부를 당하는 데 대처했던 경험이 없다는 사실을 유념해야 한다. 더 강렬하고 예기치 않은 것이기는 하지만, 따돌림에 빠져 있는 아이들이 제시하는 어려움은 몇 가지 점에서 십대가 부모를 평가절하하기 시작할 때 호소하는 어려움과 비슷하다. 앞에서 열거한 모든 잘못을 막기에 충분할 정도로 일찍 따돌림의 과정을 파악하는 부모는 거의 없다. 표적이 된 대부분의 부모들은 이혼의 해독에 효율적으로 대처하는 방법에 대한 구체적인 조언에서 도움을 얻는다.

제3장

따돌림에 빠진 아이들

따돌림에 빠져 있는 아이들은 다년간의 부모의 사랑, 온정, 힘든 일을
가장 믿기 어려울 정도의 무례하고 밉살스러운 행동으로 갚는다.
부모 중 하나가 이런 상황에 직면하게 되면, 자연히 아이들이나 선동을
한 부모들에게 앙갚음을 하고, 물리적으로나 언어적으로 비난하고자 한다.

감사할 줄 모르는 아이를 가지는 것은 뱀의 이빨보다 날카롭다!
—윌리엄 셰익스피어, 『리어왕*King Lear*』

열한 살인 제러미는 아버지와 매우 가깝게 지냈다. 6학년 때는 선생님께 자기는 아버지가 다녔던 대학에 들어갈 것이고, 아버지처럼 해군이 되어 아버지가 근무하는 국무성에서 일하겠다고 말했다. 그러나 부모가 이혼을 한 지 두 달이 되지 않아서 자신은 아버지를 증오하며 다시는 만나고 싶지 않다고 주장했다. 제러미의 증오심은 바이러스처럼 확산되어 아버지와 관계된 모든 사람이 그 대상이 되었다. 사촌 형제와도 놀고 싶어하지 않았고 세상에서 가장 좋아했던 할머니까지 거부했다.

이혼의 해독은 빠르게 작용한다. 너무도 빨라서 표적이 된 부모들은 정확히 무슨 일이 벌어지고 있는지, 왜 그런 일이 일어나고 있는지 어리둥절하고 혼란스러워서 제대로 방어를 할 수 없다. 부모 따돌림 증후군과 따돌림에 빠진 아이들의 전형적 행동에 대해 배우면 따돌림을 당하는 부모와 그의 친척들은 자신들이 어떤 어려움에 처해 있는지 정확하게 이해할 수 있게 된다. 또한 유사한 경험을 가진 사람들도 많고 정신건강 전문가들도 이 문제를 알고 있으며 활발하게 논의하고 있다는 것을 확인하게 된다.

이러한 장애를 무엇이라고 부르고, 어떻게 대처할 것인지에 대해서는 전문가들 사이에 의견의 차이가 있다. 그러나 이러한 의견 차이에도 불구하고 대부분의 전문가들은 따돌림에 빠진 아이들이 가드너 박사가 처음 확인한 어떤 특성과 행동을 공유한다는 데 동의한다. 당신이 아이들의 정서를 악화시키려는 시도의 표적이건, 그런 시도를 한다고 비판을 받아 왔건, 필히 이런 특성들에 익숙해져야 한다.

증오 캠페인

증오 캠페인the hate campaign은 그 형태나 분량에서 부모에 대한 아이들의 통상적인 비판이나 불평을 훨씬 넘어선다. 최악의 적에게나 보낼 법한 정도의 경멸과 독기를 보게 될 수도 있다. 아이들은 표적으로 삼은 부모를 최소한의 관심과 존경도 보일 만한 가치가 없다고 여긴다. 아이들의 불쾌한 행동은 다른 사람들로 하여금 아이들이 응석받이 애처럼 행동하는 것을 꾸짖게 만든다. 어떤 아이는 식당에서 아버지의 머리에 수프를 부었다. 다른 한 아이는 메뉴 중 가장 비싼 음식을 주문하고 전혀 먹지 않음으로써 어머니를 난처하게 했다. 이런 아이들 중 일부는 부모를 죽이겠다고 위협하기도 한다. 전에는 고분고분했던 아이들이 한쪽 부모에게 불경스러운 언행을 일삼아도, 다른 쪽 부모는 아이에게도 자기 자신을 '표현할 수 있는 권리'가 있다고 옹호할 것이다. 덜 극단적인 사례로는 아이가 표적이 된 부모를 피하기만 하는 경우를 들 수 있다. 아이들은 표적이 된 부모를 반가워하지 않을 뿐 아니라 대화나 눈을 마주치기도 꺼려하며, 인사도 하지 않고 헤어진다. 아이들의 일상적 행동으로부터 갑작스러운 이탈을 보여주는 이러한 행동들은 따돌림의 신호로 쉽게 인식될 수 있다.

정상적인 상태에서 부모를 존경하지 않는 아이들은 자신들이 받아들여질 만한 태도와 규칙을 어기고 있다는 것을 안다. 그들은 자신들의 허물에 죄의식을 느낀다. 이와는 대조적으로 따돌림에 빠진 아이들은 부모 중 한편을 겨냥해서 온갖 종류의 가학적이고 잔인한 행동을 하면서도 전혀 죄의식을 느끼지 않는다. 이런 아이들은 표적이 된 부모로부터 물질적 이득을 얻을 자격은 있다고 여기는 반면, 그 부모를 악의를 가지고 대하고, 그 부모의 감정을 무시하며, 그 부모가 과거나 현재 자신들이 잘 살 수 있도록 도움을 준 데 대해 전혀 감사하지 않아도 되는 권리를 받은 것처럼 행동한다. 이는 마치 그 부모가 인간 이하의 대우를 받아도 마땅한 지위로 떨어지게 되는 것과 같다. 한 연구는 이런 아이들은 "비판을 하는 데 있어 냉혹하다"라고 기술했다.

증오심에 대한 비합리적 설명

그런 아이들에게 왜 부모를 증오하는지 물어보라. 그러면 대부분은 그런 갑작스런 태도 변화에 전혀 걸맞지 않는 사소한 불평과 얼토당토않은 이유를 댈 것이다. "엄마는 언제나 이를 닦으라고 말해요." 한 어린 여자아이가 울먹였다. "그게 내가 엄마와 함께 있고 싶지 않은 이유예요." 배우자를 따돌리려는 부모들은 보통 아이의 이러한 불평이 불합리하더라도 이를 합리적인 설명인 것처럼 받아들인다. 아이가 상대방과 연합하는 것을 원하지 않기 때문이다.

"이 편지는 내가 엄마를 더 이상 보고 싶지 않다는 것을 알리기 위해 썼어요. 나는 엄마를 더 이상 사랑하지 않아요." 열두 살짜리 여자아이가 아버지의 도움을 받아서 어머니에게 편지를 썼다.

이 어머니가 소중한 딸의 사랑을 잃을 만한 어떤 일을 했던 것일까? 혹시 딸을 심하게 학대한 것일까? 편지는 다음과 같이 계속되었다. "엄마는 나를 존중하지 않아요. 엄마는 나를 애기처럼 취급해요. 내가 생각하는 것, 느끼는 것에 대해 관심이 없어요."

흔히 들을 수 있는 이야기인가? 열 살 전후의 아이를 가진 모든 부모나 이 연령기에 자신이 어떤 감정을 가졌는지를 기억하는 모든 사람에게는 그럴 것이다. 그러나 이런 감정이 부모-자녀 관계를 끝장낼 만한 근거가 된다면, 중학교에 다니는 모든 아동들은 자신의 힘으로 살아가고 있을 것이다.

유감스럽게도 이 영역에 대해 경험이 충분하지 못한 심리치료사들은 아이가 대는 이유를 받아들일 수도 있다. 편지를 쓴 열두 살짜리 소녀의 사례에서, 법원의 사회복지사는 아이를 '어린 성인young adult'이라고 지칭하면서, 아이를 그렇게 대한 데 대해 어머니를 질책하는 보고서를 썼다. 사회복지사는 어머니가 십대들을 다루는 방법을 배우기 위해 상담을 받는 것이 좋겠다고 제안했다. 놀라운 것은 이런 보고서가 법원에서 양육권을 결정하는 데 커다란 영향을 미친다는 점이다. 나는 이 사회복지사를 알지 못한다. 그러나 만약 그 사람과 아이를 약간 과장하여 동일시해 본다면, 그가 청소년기부터 해결되지 않은 어떤 문제를 가지고 있다고 하더라도 놀랄 만한 일은 아니라고 생각한다. 그 보고서는 결국 어머니와 딸의 관계를 완전히 단절시키고 말았다. 7년 후, 희망을 빼앗긴 이 어머니는 헤어진 딸과 재결합하기 위해 나의 도움을 청했다.

아이들은 부모 중 한쪽 편을 그만 보았으면 하는 바람을 정당화하기 위해 종종 그 부모가 지난날 저질렀던 실수나 잘못된 판단, 유별난 성격적 약점을 장황하게 반복해서 지적한다. 거부하려는 부모의 문제성 있는 성격이나 행동을 부풀린다. 그리고 그 부모를 어떤 존경할 만한 덕성도 갖추지 못한 것처럼 여긴다. 손상되지 않은 가정의 통상적인 부모라면 아이들이 그런 하찮은 이유로 부모 중 한편과 만나지 않으려 한다는 것을 터무니없다고 생각할 것이다. 따돌림에 빠져 있는 대부분의 아이들은 이혼의 해독으로부터 공격을 받기 이전에는 앞에서 언급된 부모의 잘못에도 불구하고 부모 양편에게서 존중과 애정을 보여주었다.

확실히 적대적인 헤어짐에 앞서, 어떤 법관도 따돌림에 빠져 있는 아이들이 제시하는 별 의미 없는 진술을 근거로 부모의 권리를 박탈하려고 하지는 않는다. 그리고 어떤 심리치료사도 아이의 불평을 이유로 한쪽 편 부모에게 아이와의 관계를 포기하는 게 좋겠다고 조언하지는 않는다. 통상적인 부모-자녀 갈등에도 불구하고, 아이들은 부모의 집에서 잠을 자고, 부모와 함께 밥을 먹고, 부모에게 이야기를 하고, 부모와 함께 휴가를 보낸다. 부모의 이혼으로 한쪽 부모를 따돌리는 아이들이 그 부모를 갑작스럽게 완전히 증오하고 두려워하게 된 이유로 갖다 붙이는 설명은 사랑과 애정으로 같은 부모를 대하던 지난날에 비추어보면 거의 이해가 되지 않는다.

아이들이 부모를 거부하면서 제시하는 가장 일반적인 구실의 하나는 부모가 자신들과의 관계 단절을 받아들이려고 하지 않고 계속해서 억지로 접촉하려고 한다는 점이다. 한 아버지는 열세 살 된 딸에게서 다음과 같은 편지를 받았다.

"나는 이번 여름 내내 아빠를 보러 가고 싶지 않아요. 아빠가 내게 찾아오라고 요구하면 할수록, 그렇게 강요하면 할수록, 더욱더 아빠가 보고 싶지 않을 거예요. 아빠가 억지로 나를 아빠와 함께 있게 하려고 할 때마다 아빠를 존중하는 마음이 더 없어져요. 그래서 이제 아빠와 관계를 끝냈으면 해요. 아빠와 남아 있는 관계를요."

한 어머니는 전남편과 그의 새 아내가 자신의 딸을 데리고 다른 지역으로 이사하려는 계획을 세우고 있다는 사실을 알았다. 이 어머니가 이를 막기 위해 법적인 조치를 취하려고 하자 딸은 어머니의 행동에 반대해서 모든 접촉을 거절했다. 아이들이 먼저 부모와 만나는 것을 거부하지 않는다면, 부모들이 법적인 조치를 통해 아이들과 접촉하려고 할 필요가 없을 것이다. 그러나 아이들은 부모가 따돌림을 받아들이기를 거부한다는 점을 자신들이 부모를 따돌리는 원인이나 구실로 삼는 순환론적인 이유를 내세운다. 어떤 아이들은 자신들이 의도하는 것은 적당한 때가 오면 따돌렸던 부모와 새롭게 만나는 것이라고 주장한다. 그러나 나는 부모들의 쓰라린 경험을 통해 적당한 때가 오는 경우는 거의 없다는 것을 알게 되었다. 어떤 아이들은 따돌림을 한 지 몇 년 후 부모와 화해하려고 하지만, 많은 아이들은 그렇게 하지 않는다. 화해를 하려고 하건 그렇게 하지 않건 간에, 어느 편도 잃어버린 시간을 메울 수는 없다.

이해와 대응 방안

자제심을 훈련하라

따돌림에 빠진 아이들은 그동안 부모가 베풀었던 사랑, 온정, 힘든 일을 믿기 어려울 정도로 무례하고 밉살스러운 행동으로 갚는다. 그런 학대를 받으면 자연히 아이들이나 선동을 한 다른 쪽 부모를 물리적으로나 언어적으로 비난하고 앙갚음하고 싶은 마음이 들게 된다. 그래서는 안 된다. 그 이유는 무엇일까?

- 모진 응징을 하고 화를 주고받는 것은 적대감을 없애기보다는 오히려 강화시킨다.
- 당신의 아이들은 다른 편 부모의 적대감을 표현하는 도구의 역할을 하도록 조종되고 있다는 것을 기억하라. 아이가 자신을 따돌린다고 해서 응징하지 말라.
- 아이들은 당신을 부정적인 관점에서 볼 채비가 되어 있으며, 당신에 대한 거부를 정당화할 구실을 찾고 있다. 그런 구실을 제공하는 행동을 하지 말라.
- 응징하는 태도로 대응하거나 평정심을 잃는 것은 당신을 따돌리는 배우자의 손아귀에 직접적으로 빠져드는 것이다. 한 번의 판단착오라도 법원에서는 거듭 문제가 될 수 있으며, 그것이 당신이 아이들을 대하는 전형적인 행동이라는 과장된 인상을 줄 수 있다. 그렇게 되면 당신의 행동은 우연히 일어난 불가피한 반응이라기보다는 따돌림을 초래한 원인으로 잘못 취급될 것이다.

아이들과의 접촉을 유지하라

아이들이 자신들이 따돌리고 있는 부모를 억지로 만나는 것에 대해 반복적으로 불평할 때, 많은 부모들은 실제로 다음과 같이 말하는 결정적 실수를 한다. "여기에서 나와 함께 있는 것이 행복하지 않다면 오지 마라. 여기 오는 것에 대해 좀더 긍정적인 태도를 가지게 되었을 때 다시 와라." 이런 일은 보통 따돌림의 초기 단계에서 일어나는데, 이런 대응은 이혼의 해독이 가지는 힘에 대한 부적절한 이해뿐 아니라 좌절과 분노에서 나온다. 당신의 목적이 아이들과의 관계를 개선하는 것이라면 접촉을 중단하는 것은 어떤 것도 도움을 가져다주지 못할 것이다. 그 이유는 무엇일까?

- 접촉을 유지하는 것은 따돌림을 되돌리는 데 결정적인 역할을 한다. 이에 대해서는 5장에서 상세히 언급하기로 하겠다.
- 당신이 아이들에게 아무 필요가 없어 보인다 해도, 그 아이들은 오랫동안 당신의 사랑과 돌봄을 받아 왔다. 당신이 그 아이들을 거부하는 것으로 맞대응한다면, 아이들은 어떤 수준에서 상처를 받고 버려진 느낌을 갖게 될 것이다. 그러면 아이들은 자신의 고통을 더 큰 분노와 따돌림으로 전환시킬 것이다.
- 몇 년이 지나도 아이들은 자신들이 버려졌다는 인식을 기억하고, 불화의 책임을 자신들이 따돌리는 부모에게 돌린다. "당신이 우리를 더 이상 보고 싶지 않다고 말했잖아요."
- 아이를 만나지 않는 것은 법정에서 당신이 아이들을 거부했기 때문에 따돌림이 일어났다는 주장으로 왜곡될 수 있다.
- 따돌림을 행하는 부모에게 의존하는 한, 아이들은 스스로의 힘으로는 이혼의 해독에서 벗어날 수 없을지도 모른다. 당신이 아이들과의 접촉을 중단한다면 유해한 환경에서 벗어나거나 견딜 수 있도록 아이들을 도울 기회를 상실하게 될 것이다. 따돌리고 있는 부모와 언제 만날 것인지를 아이들에게 결정하게끔 하면, 대부분의 아이들은 그 부모와 다시 보거나 이야기하지 않는다.

무신경하게 대처할 수 있는 능력을 길러라

증오 캠페인에서 헤어나기 위해서는 강도가 센 언어공격과 자극적 행동을 견디는 방법을 배워야 한다. 아이들의 거부로 인해 당신 자신이 무너지는 것을 느끼는 데 이르면 자제심을 갖고 문제를 끝까지 파악해서 성공적인 해결책에 이르기 위해 필요한 조처를 하기는 매우 어렵다. 대부분의 개인 내부 갈등과 마찬가지로, 냉정한 머리가 효과를 본다는 것을 기억하는 게 현명할 것이다. 당신에게 고통을 주는 아이들이 바로 희생자라고 생각하는 습관을 길러라. 세뇌당한 군인이나 사이비 종교 신자와 마찬가지로 아이들의 적대감은 전적으로 그들 자신의 탓만은 아니다. 어떤 실질적 의미에서 보면 그들은 제정신을 차리지 못하고 있는 것이다.

증오의 이유에 대한 논쟁에 빠지지 말라
아이들이 새로운 증오심을 드러내면서 그 이유로 제시하고 있는 것이 합리적인지에 대해 따져보고 싶어진다. 이러한 유혹을 이기고, 그 대신 아이들과의 즐거운 경험을 가지는 데 집중하라. 그 이유는 무엇일까? 그것은 당신이 이길 수 없는 논쟁이다. 아이들은 자신들이 생각하는 이유가 확실하다고 믿으며, 그것이 이치에 맞지 않을 수 있다는 암시에 대해 분개할 것이다.

허위고소 1: 학대

특별한 이유도 없이 따돌림에 빠진 아이들은 보통 부모를 거부하기 위해 사소하고 심지어는 우스꽝스러운 구실을 댄다. 그러나 소수의 아이들은 사소하지 않은 어떤 이유를 제시한다. 부모가 자신을 신체적 혹은 성적으로 학대했다고 고소하는 것인데, 가족법 학계에서는 이를 '양육권 소송의 핵무기'라고 부른다.

이러한 고소는 위력이 매우 커서 대부분의 경우 법원은 즉시 고소당한 부모와 아이의 모든 통상적인 접촉을 금지하는 명령을 내리게 된다. 아이들이 학대의 진짜 희생자라면 법원의 판결은 아이들이 더 이상 해를 입지 않도록 보호하는 것이다. 그러나 *아이들이 거짓증언을 하도록 조종되었*

다면 아이들과의 만남을 금지하는 것은 따돌림을 강화시키며, 때로는 부모와 아이의 관계에 치명상을 입힐 것이다.

아이들은 결코 거짓증언을 하지 않는다고 주장하는 사람들이 있다. 그러나 그렇지 않다. 거짓증언을 하는 경우도 종종 있다. 순수한 오해 때문에 일어나는 경우도 있고, 때로는 양육권 획득을 위해 아이들을 따돌림에 빠지게 만드는 주도면밀한 시도 때문에 일어나는 경우도 있다.

한 여자 어린애가 아버지가 자신의 '음부'를 만졌다고 말했다. 아이의 어머니는 관계당국에 신고를 하기에 충분할 만큼 관심을 가졌다. 조사 결과 아동이 성적 학대로부터 자신을 보호할 수 있게 하려는 목적으로 행해진 유치원 프로그램에 그 아이가 막 참여했다는 것이 밝혀졌다. 아버지가 그날 밤 아이를 목욕시킬 때, 아이의 마음속에는 아직 교사의 경고가 남아 있었다. 그 결과 어머니에게 그런 놀랄 만한 이야기를 했던 것이다. 허위고소가 이런 오해에서 비롯되었을 때는, 고소하는 부모들도 아이가 학대를 당해왔다는 것을 믿고 싶어하지 않는다. 그런 부모들은 학대가 일어나지 않았다는 것을 알고서 안도한다. 그리고 기꺼이 오해를 받은 부모와 아이들을 다시 만나게 한다. 이런 경우, 아이들은 일반적으로 그 부모를 따돌리지 않게 된다.

이혼의 해독으로 따돌림에 빠진 아이들로 인해 허위고소가 생겨났을 경우는 사정이 전혀 다르다. 이런 아이들은 일반적으로 이 장에서 논의된 몇 가지 특성을 가지고 있다. 언제나 그런 것은 아니지만 때로는 허위고소의 세세한 내용이 그럴듯하게 펼쳐진다. 조사 결과, 표적이 된 부모에게 혐의가 없음이 확인된 다음에도 아이나 아이의 편을 드는 부모는 학대의 책임에 매달리는 경향이 있다.

일부 아이들은 자신들이 거짓증언을 하고 있다는 것을 알고 있다. 스스로 그렇게 하는 것이건, 부모의 조종을 받은 것이건 간에, 그 아이들은 거 짓말을 하기로 결정한다. 따돌림에 빠진 어떤 아이들은 단순한 신체적 제 약이나 훈련을 신체적 학대로 확대시킨다. 최악의 경우 아이들은 반복적 이고 암시적인 문제제기를 통해서 신체적이나 성적인 학대를 받았다고 거짓진술을 하게 될 뿐 아니라 실제로 자신이 학대의 피해자라고 믿게끔 조종된다. 바꿔 말하면, 이런 아이들은 의식적으로 거짓말을 하는 것이 아니라 자신들이 하는 거짓 이야기를 스스로 믿게 되는 것이다.

허위고소의 기원

미국심리학회에서 간행된 한 저서는 아이들이 얼마나 쉽게 자신들에게 일어난 일을 잘못 해석하도록 조종당할 수 있는지를 여실히 보여준다. 코 넬 대학 교수인 스티븐 세시Stephen Ceci 박사와 동료인 맥기 브럭Maggi Bruck 박사는 『법정의 위험성 *Jeopardy in courtroom*』이라는 저서에서 아 이들이 거짓진술을 하도록 유도하는 대화의 유형을 제시한다.

아이들에게 여러 사건들, 예컨대 손가락이 쥐덫에 끼어 손가락을 빼내 기 위해 병원에 갔다는 것과 같은 사건들이 자신에게 일어났는지 여부에 대해 반복적으로 생각할 것을 요구하는 실험이 행해졌다. 이를 열 번 하 고 나자 절반 이상의 아이들이 자신들의 삶에서 그 사건이 실제로 일어난 것처럼 잘못된 이야기를 했다. 아이들의 이야기는 구체성을 가지고 정교 하게 꾸며져 전문가들도 그 사건들이 실제로 있었는지 아닌지를 구별할 수가 없었다. 더욱 놀라운 사실은 많은 수의 아이들은 연구자들이 그 사 건들이 실제로 일어난 적이 없다고 말한 다음에도 계속 그 가공의 사건들 이 일어난 것을 기억하고 있다고 주장했다는 점이다. ABC 뉴스의 통신원 인 존 스토셀John Stossel은 이들 아이 중 몇 명을 〈20/20 쇼〉에서 인터뷰했다. 네 살 먹은 한 남자아이는 부모에게서 이미 쥐덫 이야기는 모두 꾸며낸 것이며, 그런 일은 일어난 적이 없다는 이야기를 들었다. 그러나 스토셀이 손가락이 쥐덫에 낀 적이 있느냐고 아이에게 묻자 그 아이는 옆에 부모가 있는데도 자신이 그 사건을 기억하고 있다고 말하며 자세한 설명을 덧붙였다. 스토셀이 그런 일은 일어난 적이 없다고 부모가 이미 말했음을 상기시키자 아이는 "그 일은 실제로 일어났어요. 내가 기억하는 걸요"라고 항변했다.

또 다른 연구에서는 샘 스톤이라는 외부인이 한 유치원 교실을 방문했다. 그는 "안녕!"이라고 말하고 2분 동안 교실을 걸어 다닌 다음 "잘 있어"라고 말하고 교실을 떠났다. 그것이 전부였다. 그는 아무것도 만지지 않았다. 그 다음 10주 동안 네 차례 아이들과 인터뷰를 하고, 샘 스톤의 방문에 대해 이야기하도록 했다. 네 번째 인터뷰가 있고 난 다음 한 달 후 다른 연구자가 아이들을 인터뷰했다. 이번에는 일어나지 않은 두 사건에 대해 다음과 같이 물어보았다. "샘 스톤이 책이나 바비 인형에게 무엇을 했니?"

연구 결과 샘 스톤을 헐뜯거나 아이들을 유도할 수 있는 질문을 하면, 아이들은 거짓증언을 만들어낼 수 있다는 것을 알게 되었다. 헐뜯는 것은 샘 스톤이 방문하기에 앞서 그의 꼴불견에 대해 아이들에게 이야기를 하는 형식을 취했다. 예를 들면 다음과 같은 이야기였다.

> 너희는 어젯밤 누가 나를 방문했는지 짐작하지 못하겠지. (잠시 멈춘 다음) 그래, 샘 스톤이었어. 그럼 이번에는 그가 어떻게 했는지 짐작하겠니? 내 바비 인형을 빌려달라고 했어. 그리고 바비 인형을 아래층으로 데려가다가 발이 걸려 넘어져 바비 인형의 팔을 부러뜨렸어. 샘 스톤은 언제나 사고를 일으키고 물건을 부순단 말이야!

샘이 방문한 다음 날, 아이들에게 망가진 바비 인형을 보여주었는데, 그 인형은 샘이 방문했을 때는 교실에 없던 것이었다. 아이들에게 바비 인형이 왜 망가졌는지 아느냐고 물어보았다. 유도질문의 한 가지 예는 이런 것이다. "그때 샘 스톤이 너희 교실을 방문해서 그 하얀 바비 인형 위에 초콜릿을 엎질렀지? 샘이 일부러 그랬을까, 실수로 그랬을까?"

마지막 인터뷰까지 놀랍게도 어린 유치원생의 72퍼센트가 샘 스톤에게 잘못을 돌리는 그릇된 행동을 보였다. 쥐덫 연구의 아이들과 마찬가지로 아이들은 초콜릿 아이스크림을 사기 위해 가게에 가고 있는 샘 스톤을 만났다고 말하는 등, 상세한 이야기를 꾸며냈다. 그리고 이 아이들 역시 전문가들을 농락했다.

연구자들은 이 아이들과의 인터뷰를 녹화해서 범죄조사를 목적으로 아이들과 인터뷰를 하고, 학대받고 있는 아이들을 치료하는 전문가들에게 보여주었다. 이들 전문가들은 사건이 실제로 일어났으며, 그래서 아이들이 그런 이야기를 했다는 자신들의 판단을 확신했다. 그러나 전문가들의 판단은 틀렸다. 사실상 전문가들이 가장 정확하다고 판단한 바로 그 아이들이 가장 부정확한 아이들이었다. 샘 스톤을 엄마나 아빠로 대체해보라. 그러면 아이들이 어떻게 부모 중 한편에 대해 믿을 만한 것처럼 보이지만 실제로는 사실이 아닌 부정적인 증언을 하도록 조종될 수 있는지 알게 될 것이다.

학대에 대한 그릇된 믿음은 아이들에게 따돌림에 의한 피해 이상의 상처를 준다. 자신이 친척 중 한 명에게 성적으로 학대를 당했다고 믿는 아이는 실제로 학대를 받은 아이가 겪는 것과 유사한 문제를 겪을 수 있다. 그 아이는 자신이 실제로 학대를 당했을 때 학대한 사람을 믿지 않는 것과 똑같은 방식으로 자신을 돌보는 사람을 신뢰하지 않게 된다. 성을 보는 아이의 시각은 어린 나이에 오염되고, 이는 성인이 되어서 성적인 적응을 하는 데 문제를 일으킨다. 가까운 관계의 사람을 신뢰하는 능력 역시 치명적으로 손상된다. 이는 그 아이의 생애 내내 친척들과의 관계를 방해할 수도 있다.

따돌림을 만들어내려 학대 악용하기

어떤 사례들은 학대와 이혼의 해독을 둘 다 포함하는 복잡한 사례들도 있다. 이런 경우 아이는 부모 중 한편의 가정에서 학대를 받는다. 그러나 뒤를 이어 일어나는 따돌림은 학대행위보다는 다른 편 부모의 영향을 더 많이 받아서 일어난 것이다. 다음과 같은 사례를 생각해보자.

한 이혼한 여성의 데이트 상대가 그 여성의 딸에게 일부러 자신의 몸을 노출시켰다. 이를 알았을 때 아이의 아버지가 제일 먼저 보인 반응은 딸에 대한 염려가 아니라 전처에 대한 분노였다. 그는 이 일을 자신을 버리고 떠난 전처에게 엄히 복수를 할 수 있는 기회라고 생각했다. 아이의 어머니는 더 이상 가해 남자와 만나지 않았지만, 아버지는 전처가 딸을 만날 수 없게 하기 위해 문제를 법정으로 끌고 갔다. 그는 딸이 이제 엄마를 만나는 것을 두려워한다고 주장했다. 그 해독을 뒷받침하기 위해 딸로 하여금 엄마의 집은 안전하지 못하며, 엄마는 자신을 나쁜 일로부터 보호해줄 수 없다고 믿게 만들려고 했다. 아이가 그 불행한 사건을 떨쳐버리도록 돕는 것이 아니라 그 사건을 이용했던 것이다. 아버지는 반복해서 그 이야기를 꺼냈으며, 아이가 그 한 번의 사건으로 돌이킬 수 없는 손상을 입은 것처럼 행동했다. 그리고 아이가 그 일을 갓 일어난 일처럼 생생하게 마음속에 간직하게 하려고 모든 수단을 다 썼다.

법원의 조사관이 아이를 면담했을 때, 아이는 확실히 엄마에 대한 따돌림에 빠져 있었다. 그러나 엄마의 데이트 상대와의 사이에서 있었던 일보다는 아버지의 부정적 행동이 따돌림에 훨씬 커다란 영향을 미쳤다. 아이의 어머니에게는 운 좋게도 아버지의 설명을 넘어서 문제를 바라보고, 엄마에 대한 아이의 거부감이 합리적이지 않고 정당하지 못하다는 것을 인식한 양육권 조사관이 배당되었다. 조사관은 문제가 된 사건은 아이의 어머니가 제공하는 일반적인 환경에 의한 것이 아니기 때문에 양육권자를 어머니에서 아버지로 바꾸지 않는 것이 좋겠다는 의견을 냈다. 다른 조사관이었다면 엄마에 대한 아이의 따돌림이 정당하고 엄마의 집에 있는 데 대한 아이의 거부감은 존중되어야 하며 양육권을 조정해야 한다는 소견을 냈을 수도 있다. 그런 경우 전문가는 지정된 장소에서 법원의 감독 아래 엄마와 딸이 만나는 극도로 제한적인 접촉을 권할 수도 있다. 이런 많은 사례들의 복잡한 속성은 학대를 받았다고 주장하는 아이들에 대한 세밀하고 전문적인 조사가 필요하다는 것을 말해준다.

아이들이 직접적으로 학대를 당하지는 않지만 부모들 사이의 몸싸움을 목격하는 경우도 있다. 불행하게도 긴장상태가 격해져 결혼생활이 악화되면 돌발적인 가정폭력이 잦아진다. 이런 일들은 아이들을 두렵게 만든다. 부모 중 한편을 공격자로 인식하게 되면 아이들은 자연히 다른 편 부모에 대해 공감을 느낄 것이다.

남편과 아내가 서로 자기주장을 하는 것이 점차 떠밀고, 붙들고, 밀치는 데까지 확대된다고 가정해보자. 아내가 경찰을 부르고, 경찰은 남편에게 그날 밤 동안 집을 나가 있으라고 요구한다. 아이들은 주변 의자에 앉아서 이 부끄러운 광경을 본다.

이 사건에 대해 아이들에게 어떻게 설명하느냐는 이제 어머니에게 달려 있다. 어머니는 아이들에게 부모가 이런 식으로 행동하는 것을 보게 해서 미안하다고 말할 수 있다. 이런 모습이 부모의 일반적인 행동방식은 아니라는 것을 상기시킬 수도 있다. 아빠를 곧바로 다시 볼 수 있으며, 적대감은 부모들 사이에 있는 것이지 너희를 포함하는 것은 아니며, 엄마와 아빠는 모두 너희를 사랑한다고 말하면서 아이들을 안심시킬 수도 있다.

이와는 달리 아이들을 자기편으로 끌어들이고 아빠와 등 돌리게 만들기 위해 이 사건을 이용할 수도 있다. 엄마는 애들에게 자신이 아빠에 대해 화가 났으므로 너희도 그렇게 해야 한다는 메시지를 보낼 수 있다. 아빠가 가혹하게 공격했다고 과장할 수도 있다. 애들에게 아빠는 폭력적인 사람이어서 너희를 아빠로부터 보호해야 한다고 말할 수도 있다. 아이들이 다시 아빠를 보는 것을 두려워하게 만들 수도 있다.

엄마의 조종이 없더라도 아이들과 아빠의 재결합은 어색하게 시작되고는 한다. 아빠가 그 순간을 아이들의 감정에 잘 맞게 다룬다면 오래지 않아 아빠와 아이들의 관계는 정상으로 돌아온다. 그러나 아이들이 오랫동안 아빠와 접촉을 하지 않는다면 아이들이 엄마의 관점을 받아들일 가능성이 훨씬 높다. 아이들과 아빠의 마지막 접촉은 아빠에 대한 아이들의 생각이나 감정에 균형을 잃은 각인을 남길 것이다. 오랫동안 같이 살면서 쌓은 사랑과 안락은 불과 몇 분 동안 일어난 돌발적 사건에 의해 사라져 버릴 것이다. 이 경우, 아이들은 아버지에 대한 자신들의 증오와 두려움의 이유로 가정폭력 사건을 들 것이다. 그러나 세밀하게 조사해보면 따돌림을 하도록 엄마가 한 어떤 역할이 밝혀질 것이다. 이 장의 뒷부분에서 살펴보겠지만 이는 가정폭력이 만성적인 경우와는 상황이 매우 다르다. 만성적 가정폭력이 일어나는 가정의 아이들은 폭력을 행사하는 부모에 대해 반감이 높아지는데, 이는 충분히 이유가 있는 것이므로 부모 따돌림 증후군이라고 볼 수 없다.

아이들의 학대보고에 대한 대처

아동학대 문제는 심각하게 다룰 필요가 있다는 것을 강조해야만 하겠다. 성인들은 놀랄 정도로 아이들을 학대한다. 그러나 우리 사회는 역사적으로 이 문제를 인정하는 데 거부감을 가져왔다. 이런 학대 중 일부는 두말할 나위도 없이 부모들이 서로 심각한 적개심을 갖고 있는 가정에서 일어난다. 격렬한 이혼분쟁 중에 일어났다는 이유만으로 학대를 당했다는 보고를 무조건 무시해버리는 것은 큰 잘못이다.

이 점은 강조할 만하다. 우리는 학대를 받았다고 말하고, 학대를 한 사람을 거부하는 이혼가정의 모든 아이들이 이혼의 해독의 영향 때문에 그런 행동을 하고 있다고 가정해서는 안 된다. 실제로 비참한 대우를 받거나 부모 중 한편의 반복적이고 과도한 폭력이나 통제불능한 행동을 증언하는 아이들은 가해자와 접촉을 피할 만한 충분한 근거를 가지고 있는 것이다. 이를 부모 따돌림 증후군과 혼동해서는 절대 안 된다. 따돌림의 책임이 아이들을 밀어내는 행동을 한 부모에게 있는 경우와, 아이들의 따돌림이 자신이 좋아하는 부모에 의해 의도되고 조장되는 경우가 있을 수 있다. 두 경우 모두, 과실이 있는 부모는 아이들의 따돌림에 대한 책임이 자신에게 있다는 것을 부인하고 배우자를 비난할지도 모른다. 그러나 여기에서 논의되고 있는 형태의 따돌림을 정말로 이해하는 상담가들은 이 두 상황을 잘못 파악하지는 않을 것이다.

이해와 대응 방안

아이들이 학대받았다고 주장할 때는 가능한 빨리 그 아이와 지목된 학대자, 아이가 그 사건을 보고한 사람에 대해 전문적인 평가를 해야 한다. 원래의 보고와 전문적 조사 사이에 시간이 경과되면 될수록, 특히 아이가 그 사건과 관련된 어른과 이야기한 시간이 길면 길수록, 아이가 보고한 내용의 정확성은 더 의심받게 될 것이다. 진술과 관련된 모든 당사자를 포함시키는 것은 조사관으로 하여금 아이의 증언이 정확한지 아닌지를 결정하는 데 도움을 줄 수 있는 요인들을 더 많이 조사할 수 있게 해준다. 조사관은 학대받는 아동과 이치에 맞지 않게 진술하는 아동에 대한 경험이 있어야 한다. 첫 조사가 녹화된다면, 카메라로 면담자와 아이를 함께 찍는 것이 좋다. 비디오테이프에 의한 조사는 차후 참여할 수 있는 다른 전문가들이 아이를 직접 조사하지 않고도 아이의 증언이 정확한지에 대한 의견을 낼 수 있게 해줄 것이다. 비디오테이프는 또한 아이의 궁극적인 신뢰성과 증언을 손상시킬 수 있는 유도적이고 강제적인 인터뷰 기법의 사용 여부를 밝혀줄 것이다(부모들 자신이 스스로 아이들과 인터뷰하는 장면을 녹화해서는 안 된다).

부모의 양극화: 성인과 죄인

"나는 아빠가 내 생활에 아무 상관 말았으면 좋겠어요. 아빠가 함께 가자고 강요할 때만 제외하면 내 생활은 모두 좋으니까요." 열 살짜리 소년이 아버지에게 말했다.

보통의 아이들이라면 부모에 대해 혼합된 감정을 가지고 있다. 어떤 면은 좋아하고 어떤 면은 좋아하지 않는 것이다. 한쪽 부모의 학대 때문에 고통을 겪은 아이들조차도 그 부모에 대해 긍정적으로 이야기할 거리를 생각하거나 그 부모와 함께 지냈던 좋은 시절의 즐거운 기억을 가질 수 있다.

그러나 아이가 한쪽 부모 때문에 해를 입었을 때 다른 한쪽 부모는 아이의 마음에 언제나 나쁘게 남게 된다. 이와는 대조적으로 다른 부모는 항상 좋게 남는다. 아이는 자신이 좋아하는 편 부모와 그 상대편 사이의 갈등에서 자동적으로 항상 좋아하는 부모의 편을 든다. 이러한 상황은 증오하는 인종의 구성원에 대해 부정적인 어떤 것을 믿도록 주입된 인종편견주의자들racial bigots의 행동과 현저한 유사성을 내포하고 있다. 따돌림에 빠진 아이들은 좋아하는 부모가 다른 부모에 대해 하는 모든 주장을 무조건 받아들인다. 명백히 모순되는 증거가 있을 때조차도 그렇다. 한 어머니가 전남편이 자신과 딸을 만나지 못하게 하려고 딸을 데리고 다른 지방으로 이사를 갔다고 말했다. 그녀의 딸은 몇 년 동안 세뇌를 당한 끝에 실제로 어머니가 자신들을 버렸다고 고소했다.

이해와 대응 방안

자녀들이 당신에 대해 긍정적인 관점을 갖고 있는 사람들과 접촉하게 하라. 당신이 아이들과 함께 있을 때 당신을 존중하고 애정으로 대하는 다른 사람들과 시간을 같이 보내라. 특히 조카들처럼 자신들의 사랑을 겉으로 표현하는 다른 아이들과 함께 지내도록 하라. 다른 사람들이 당신을 존중하는 것을 본다면 당신의 아이는 자신이 갖고 있는 극히 부정적인 이미지를 상쇄시킬 수 있을 것이다. 특히 아이들이 자신의 무례한 행동을 상식에서 벗어난 일로 여기는 분위기에서는 그런 태도를 계속 취하기가 어려울 것이다. 아이들은 분위기에 맞추기 위해서라도 당신을 더 잘 대하기 시작할 것이고 그런 긍정적 행동은 다시 긍정적 태도를 일깨울 수 있다.

앵무새 같은 어른 흉내

아이들은 좋아하는 부모가 말한 모든 불평을 받아들일 뿐 아니라 자신이 글을 쓰거나 불평을 할 때 그 부모의 말을 그대로 반복한다. 이는 아이가 하는 말이 그 또래의 통상적인 어휘와 이해의 수준을 훨씬 넘어서거나 극히 아이 같지 않은 태도를 취할 때 가장 명백하다. 다섯 살 된 한 아이가 왜 아빠를 보지 않으려고 하느냐는 질문을 받고 다음과 같이 설명했다. "아빠는 내게 너무 많은 장난감을 사줘요. 나를 망쳐놓으려는 거예요." 여섯 살짜리 한 소년이 엄마에 대해 불평을 했다. "엄마는 내 프라이버시를 방해해요."

독립의 선언

따돌림에 빠진 아이들은 어른들의 언어로 말할 때조차도 자신의 증오심이 조종당한 결과라는 것을 인식하지 못한다. 그래서 자신의 의견이 다른 한쪽 부모의 영향을 받은 것이라는 주장에 대해서는 전적으로 거부한다. 이 점에서 그들은 다른 친구들과 똑같은 옷을 입고 있으면서도 자신의 독립성을 강조하는 청소년들과 같다. "내게 무슨 말을 하라고 일러준 사람은 없다"라는 것이 그들이 반복적으로 즐겨 하는 말이다.

좀더 나이가 든 아이들은 한쪽 부모의 헐뜯기가 심리치료사나 판사 등과 같은 외부의 관찰자로부터 지지를 받지 못할 것이라는 사실을 안다. 이런 아이들은 자신의 부정적 태도가 좋아하는 부모의 영향을 받은 것이라고 믿지는 않지만, 그 부모가 다른 편 부모를 헐뜯은 적이 있다는 것을 부인함으로써 그 부모가 비난받는 것을 막으려고 한다. 그런 아이들은 자신의 증오심과 거부감이 따돌리고 있는 부모의 학대에 대한 자연스러운 반응이라고 주장한다.

나는 캐나다에서 있었던 한 사례에 참여한 적이 있었다. 심리학자가 소년에게 아빠가 엄마에 대해 어떻게 생각했는지를 물었다. 소년이 대답했다. "나는 거기에는 아무 관심이 없어요. 그래서 한 번도 아빠에게 묻지 않았어요." 그 소년은 거짓말을 하고 있었다. 녹음된 많은 전화 통화는 소년의 아버지가 어머니를 가장 명백하고 거친 말로 깎아내렸으며, 엄마에게 불리한 진술을 하도록 아들을 조종했다는 사실을 밝혀주었다. 더구나 그 소년은 엄마가 자신을 다시 만나는 것을 아빠가 막으려고 한다는 것을 잘 알고 있었다.

일단 자녀가 성공적으로 해독에 빠지기만 하면 공격을 하는 부모는 목적이 달성되었다는 것을 확신하고 헐뜯는 목소리를 낮출 수 있다. 아이가 다른 편 부모를 만나는 것을 반대하기에 이르면 공격하는 부모는 거부된 부모와 아이의 관계의 중요성에 대해 입에 발린 말을 할 수도 있다. 그들은 아이의 부정적 태도를 바꾸는 데 자신이 도움이 되지 않는다거나 자신은 '아이의 선택을 존중해야 한다'고 믿는다고 주장한다.

이러한 따돌림 후기 단계에서 아이들을 조사하는 순진한 법원 지명 조사관은 한쪽 부모에 대한 아이들의 거부가 다른 편 부모의 행동이나 희망과는 정말로 상관이 없다고 섣부른 결론을 내린다. 한 심리치료사는 인터뷰를 하는 동안 아이들이 어머니에게서 단서를 구하지 않은 채 아버지에 대한 증오심을 표현하는 것을 보고 아버지에 대한 아이들의 거부는 어머니의 영향을 받지 않았다고 결론지었다.

이해와 대응 방안

아이들이 당신의 전 배우자와 똑같은 말을 한다 하더라도 당신을 향한 아이들의 비판이 오리엔테이션을 받은 결과라고 아이들에게 주장하고 싶은 유혹을 뿌리쳐라. 당신이 아이들의 태도를 전 배우자의 탓으로 돌린다면, 아이들은 무엇을 하고 있는지(그리고 많은 경우 무엇을 하고 있지 않은지)를 깨닫건 아니건 간에, 실망감을 느낄 것이다. 당신은 오히려 거부감만 더 초래하게 될 것이다. 그렇게 하는 대신 아이들의 불평을 간단히 인정하라. 그런 다음 재미있는 활동으로 분위기를 바꾸려고 노력하라. 자신이 다른 편 부모에 의해 영향을 받고 있다는 것을 인정할 수 있으려면, 아이들이 정신적 조종 대한 일반적 개념을 이해할 필요가 있다. 7장 '해독의 통제'에서는 이러한 토대를 마련하기 위해 당신이 활용할 수 있는 전략을 다루게 될 것이다.

연합에 의한 증오

"도무지 이해가 안 되는구나. 아이가 나를 '다시는 보고 싶지 않다'고 했다는 게 무슨 뜻이니?" 노인은 매우 당황해했다. 손자와 자신의 관계는 언제나 사랑과 애정이 넘쳤고 화기애애했으며, 아이와 부모의 관계를 특징짓는 애증의 양가감정ambivalence도 없었다. 그런데 갑자기 아이가 할머니와 어떠한 관계도 갖지 않겠다는 것이었다. 할머니는 자신이 거부당한 것을 정당화시켜줄 만한 어떤 사소한 꼬투리도 생각해낼 수 없었다. 이 할머니가 일시적 이상 상태라고 확신했던 현상은 몇 년 후 그녀가 죽을 때까지 해소되지 않음으로써 영원한 불화가 되고 말았다.

　이혼의 해독은 확대가족에게 가차 없는 타격을 가한다. 아이들은 자신이 증오하는 부모뿐 아니라 조부모, 숙부와 숙모, 사촌, 친구 등 그 부모와 연결되어 있는 모든 사람을 적으로 간주하게 되는데, 가드너 박사는 이를 '증오심의 확산'이라고 불렀다. 그 결과 아이들은 가족 중 한쪽 편이나 한쪽 전통과 접촉하지 않는다. 확대가족, 특히 조부모가 손자들에게 베푸는 핵심적 혜택의 하나는 부모들보다 양가감정을 훨씬 덜 가지고 아이들과 사랑을 주고받는다는 점이다. 조부모들은 손자들에게 많은 제약을 할 필요가 없다. 그리고 일반적으로 아이들을 보는 것을 즐거워한다. 그 결과 아이들은 보통 건강한 조부모에 대한 사랑을 쌓아가게 되는데, 이러한 사랑은 부모-자식 관계처럼 매일같이 서로 주고받는 좌절감으로 희석되지는 않는다. 부모들은 이러한 일방적인 사랑을 당연히 지지한다. 특히 싸울 채비를 갖춘 이혼한 부모들이 그렇다. 왜냐하면 조부모-손자 관계는 아이들이 자기 자신을 즐거움의 원천으로 경험하는 유일한 것일 수도 있기 때문이다. 나는 『양육권 혁명』이라는 책에서 이에 대해 썼다. 그리고 이에 대해 강하게 느낀다. 나의 믿음은 나 자신의 성장 경험에 의해 확고부동해졌다. 우리 부모님은 나에게 조부모님은 단지 사랑과 존경을 받아야 할 뿐이라는 생각을 강하게 주었다. 만약 부모님이 조부모님을 비난하면 나는 절대로 그 이야기를 듣지 않았다. 형과 함께 기억을 확인해 보았는데, 형과 나의 기억이 완전히 일치한다는 것을 알 수 있었다. 사소하면서 드물게 있었던 조부모님의 대수롭지 않은 그리고 아주 당연한 제약("집안에서 공놀이 하지 마라", "너무 시끄럽게 떠들지 마라" 등)에 불만을 품기는 했지만, 나는 조부모님에 대해 사랑과 애정 이외의 다른 감정은 떠올릴 수 없다. 내 생애에서 조부모님은 변함없이 사랑하고, 존경하고,

존중하는 존재였다.

이혼의 해독이 이러한 평온함에 침투하면 아이들은 증오심을 나타내거나 적어도 사랑을 보이는 것에 대해 커다란 갈등을 가지고 조부모를 대한다. 접촉을 완전히 끊는 데까지 이르지는 않더라도, 조부모와 아이들의 관계는 불편함, 주저, 금지, 상대적으로 무조건적인 관심에서 오는 특별함의 상실로 얼룩진다.

증오심이 귀여운 아이들에게까지 확산되다니! 나는 어머니와 선생님이 동물을 사랑하는 귀여운 소녀라고 말한 아이의 비디오테이프를 본 기억이 있다. 아버지의 작은 개가 아이의 관심을 끌려고 했으나, 이 귀여운 아이는 이 깜찍한 개에게 사소한 관심조차 보이지 않았다. 개는 반복해서 아이에게 바짝 다가가려 했지만 아이는 그때마다 개를 제지하고 떠밀었다. 개는 아이의 이러한 행동을 이해할 수 없었다. 그래서 아이의 애정을 얻으려는 시도를 거듭했다. 쪼개진 확대가족의 구성원과 마찬가지로, 개는 그런 멸시를 당할 만한 어떤 일을 한 적이 있지는 않은가 생각해보아야 했다(개도 생각을 할 수 있다면). 이 비디오는 아이들이 표적이 된 부모와 연결된 모든 것에 대해 얼마나 더럽다고 여기는지를 보여주는 극명한 증거이다.

증오심의 확산은 이혼의 해독에 희생당한 아이들과 증오받는 부모의 잘못된 행동에 대한 반발로 그 부모를 따돌리는 아이들을 구분하는 가장 좋은 기준의 하나이다. 예를 들어 아버지에게 심하게 학대를 받은 아이들은 부계 친척이 자신을 사랑스럽게 대하는 것을 환영한다. 그러나 이혼의 해독에 희생된 아이들은 증오하는 부모 쪽의 친척들이 전부 다 신속하고 총체적으로 버림을 받아 마땅할 만큼 공격적인 방식으로 행동한 것처럼 여긴다.

부모 따돌림 증후군의 개념을 비판하는 어떤 사람들은 부모 중 한쪽이 아이들의 따돌림에 대해 기본적인 책임이 있을 수 있다는 생각에 동의하지 않는다. 그들은 부모 양쪽 모두 중요한 역할을 했다고 믿는다. 나는 증오심의 확산이, 아이들의 따돌림이 거부당하는 부모의 행동과 관계가 없을 수 있으며, 또 관계없이 나타난다는 것을 보여주는 가장 명확한 지표라고 생각한다. 아이들이 그 중간에 어떤 접촉도 없었는데 사랑하던 친척을 멀리하는 것을 자주 볼 수 있다. 이런 따돌림을 친척의 탓으로 돌릴 수는 없다.

한 여성이 자기 오빠가 아내와 별거를 시작하고 얼마 후부터 조카가 자신에게 말을 하지 않는다고 했다. 조카가 자신에게 한 마지막 말은 엄마가 자신과 형제들에게 숙부와 고모는 이제 남이기 때문에 더 이상 입맞춤을 하거나 인사를 할 필요가 없다고 했다는 것이었다. 아이의 어머니에게 이러한 친척들은 존재하지 않았다. 자녀들이 숙부, 고모, 사촌들과 긴밀한 유대 관계를 가졌지만, 애들 어머니는 남편과의 별거를 자녀들이 아버지의 모든 가족에 대해 필연적으로 전쟁을 선포해야만 하는 이유로 간주했다.

이혼은 매우 많은 가정들에서 전 배우자나 결혼으로 맺어진 친척들 사이의 관계에 총체적인 파탄을 초래한다. 먼저, 아이들은 좋아하는 부모에게 충성심을 보이기 위해 따돌림 당하는 부모의 확대가족을 멀리한다. 이런 일이 거듭될수록 아이들은 자신이 거부하는 가족이 정말로 경멸할 만하다고 믿게 된다.

캔자스 주 농촌지역에 사는 한 소년은 두 살부터 열두 살까지 친할머니 손에 자랐다. 아이가 할머니 밑에서 자라는 동안 부모는 5년 동안 결혼상태에 있었고, 바로 이웃에 살았다. 이혼한 지 4년 후, 전남편에게 여자친구가 있다는 것을 알게 된 아이의 어머니는 그와 그의 모든 가족을 헐뜯기 시작했다. 그녀는 전 시어머니에게 더 이상 어떤 관계도 유지하고 싶지 않다고 말했다. 다음번에 소년이 할머니 집을 찾아갔을 때, 소년은 인사도 하지 않고 집 안으로 걸어 들어가서 고개를 숙이고 시선을 피했다. 그리고 곧장 자기 방에 가서 몇 시간 동안 나오지 않았다.

아이들은 자신들이 조부모를 거부하는 것을 어떻게 정당화하는 것일까? 몇몇 사례에서는 아이들이 아무런 이유도 대지 않았다. 결혼으로 생겨났던 법률적 친척들과의 관계를 끊기로 결정하는 것은 따돌리는 부모들이며 아이들은 단지 그 결정을 따를 뿐이다. 그러나 아이들 자신이 조부모에 대해 부정적 견해를 가지고 있는 이유를 제시하는 경우도 종종 있다. 아이들은 보통 조부모가 자신들이 따돌리는 부모를 변호했던 일을 떠올린다. 그런 일이 있은 다음 조부모는 적이 된다.

따돌림에 빠진 아이들은 일종의 종족 전쟁에 돌입한다. 이런 아이들은 모든 친척을 우군과 적군으로 구분한다. 중립적인 위치에 있는 사람은 아무도 없다. 자신들이 따돌리는 부모와 대립하지 않는 사람은 그 부모의 편을 들어 다른 편 부모와 자신들에게 맞서는 적으로 간주한다.

전형적인 시나리오는 따돌림 당하는 부모가 가족들에게 아이가 자신에게 함부로 대한다고 털어놓는 것이다. 그러나 그런 모습을 직접 보지 못한 가족들은 아이의 거칠고 부정적인 태도나 급격한 행동변화에 대처할 준비를 제대로 하지 못한다. 그러므로 이런 모습을 직접 목격하면 당황하게 된다. 그래서 아이가 거칠고 무례하게 행동했던 다른 경우에 했던 것과 같은 방식으로 대응한다. 즉 아이를 설득하려 들고 질책하는 것이다. 아이가 자신이 그런 태도를 갖게 된 사소한 이유를 말하면 친척들은 말도 안 된다고 무시해버린다. 아이가 학대받았다고 주장하면 거짓말쟁이로 치부해버린다. 이 때문에 아이들은 오히려 자신이 이해받지 못한다고 느끼며, 자신이 사실을 왜곡하고 있을 가능성에 대해 생각하기를 거부한다.

이후 아이는 친척들을 거부하는 방식으로 대응한다. 친척들은 무슨 일이 일어났는지 알기도 전에 아이의 애정을 잃게 된다. 많은 경우 이로써 아이들을 보거나 아이들과 이야기를 나누는 일은 끝이 난다. *따돌림은 종종 굉장한 속도로, 그리고 아무 경고도 없이 충격을 입힌다.*

한 어린 소녀가 할머니를 더 이상 좋아하지 않는다고 말했다. 할머니가 엄마에게 멋대로 군다고 자기를 야단쳤기 때문이라는 것이다. 그 소녀는 어머니를 '멍청한 잔소리꾼'이라 부르고, 자신은 더 이상 엄마가 요구하는 것을 하지 않겠다고 말했다. 따돌리는 행위를 하기 전이라면 할머니에게 그런 행동은 잘못이라고 야단을 맞은 다음 깊이 뉘우쳤을 것이다. 그러나 따돌림에 빠진 아이들에게는 규칙이 달라진다. 다른 편 부모가 아이들의 무례한 행동을 인정하고 격려한다면 아이들은 자신들이 그런 행동을 해도 괜찮다고 생각하게 된다. 그 아이가 자신이 엄마를 비난했을 때 할머니가 어떻게 반응했는지 말하자 아버지는 외할머니가 자신들을 더 이상 사랑하지 않으며, 속 좁은 할머니를 다시 보러 가지 않도록 보호해 주겠다고 말했다.

손녀의 거친 행동에 대한 할머니의 대응은 당연한 것이었다. 그러나 효율적인 대응은 아니었다. 따돌림 당하는 부모의 친척들은 대부분 이와 비슷한 잘못을 한다. 그들은 따돌리는 행위에 빠진 아이와 그 아이가 좋아하는 부모는 오직 자신들의 기준에 따라 판단한다는 것을 인식하지 못한다. 그들은 표적이 되는 부모를 변호하는 친척들을 적의 편을 드는 것으로 간주한다. 이는 친척들을 어려운 입장에 빠지게 한다. 아이들과의 관계를 유지하기 위해 표적이 되는 부모가 사랑과 존경을 받을 만한 가치가 없다는 데 동의할 것을 요구받는 것이다. 그러나 이런 올가미를 피하는 길도 있다.

쇠가 식었을 때 두드리기

첫 번째 단계에서는 자제가 필요하다. 아이가 부모에게 거칠고 적대적으로 행동할 때 이런 모습을 보게 되어 유감이라고 말할 수 있다. 그러나 아이에게 느낌을 말하려고 하지 말라. 야단치려고 하지도 말라. 자신이 거부하고 있는 부모를 향한 아이의 문제 있는 행동에 대해 벌을 주지도 말라. 이러한 형태의 대응은 아이로 하여금 당신이 그들의 입장을 이해하지 못한다고 믿게 할 뿐이다. 아이는 자신이 거부하는 부모에 대한 당신의 맹목적인 믿음이 당신으로 하여금 크게 잘못된 처신을 하게 만들었으며, 결과적으로 그 부모가 자신에게 피해를 입혔다고 확신하는 쪽으로 결론지을 것이다.

자제하는 과정에서는 두 가지 점이 특히 힘들다. 첫째, 아이는 당신의 중립적 입장을 받아들이지 않는다. 당신에게 명백한 태도를 취하라고 요구할 수도 있다. 둘째, 헐뜯음을 당하는 부모를 변호하고 싶은 충동을 강하게 느끼는 것은 자연스러운 일이다. 그러나 당신이 이러한 충동에 굴복하면 아이는 당신마저 거부할 것이며 따라서 아이에게 긍정적 방향으로 영향을 미칠 수 있는 기회를 놓치게 될 것이다.

자제는 수동성을 의미하지는 않는다. 따돌림과 맞서는 일을 피하는 동안 아이가 적개심을 확산시키지 않도록 예방할 필요가 있다. 당신과 아이가 즐거움을 느끼는 활동에 푹 빠지기 전에는 따돌림에 대한 대화는 미루어라. 아동심리학자인 프레드 파인Fred Fine 박사는 이러한 접근법을 '쇠가 식었을 때 두드리기'라고 불렀다. 아이들은 좋은 분위기에 빠져들었을 때 대화를 쉽게 수용한다. 바로 그 순간 당신과 아이가 얼마나 많은 즐거움을 공유하고 있는지 이야기하라. 지난날의 즐거웠던 때를 회상하라. 아이에게 당신과 함께 있어서 좋았던 때가 언제인지 질문하라. 그런 다음 그때 왜 그렇게 좋았는지 물어보라. 아이가 말하는 것에 대한 당신의 이해를 "네가 손을 더럽히는 것을 허락해주고 함께 많이 웃어서 나와 함께 꽃을 심은 일이 그렇게 즐거웠구나" 하는 식으로 표현하고, 당신의 이해가 맞는지 물어보라. 이렇게 하는 목적은 좋은 기억을 강화하는 데만 있는 것은 아니다. 아이들로 하여금 좋은 때가 있었음을 알게 하고 세세한 기억을 돌려주려는 것이다. 이는 아이가 나중에 과거에 있었던 관계의 역사를 고쳐 쓰거나 즐거웠던 일을 무시하기 어렵게 만들 것이다. 표적이 되는 부모와 지난날 좋은 관계를 유지했다는 증거에 부딪혔을 때 아이는 때때로 다음과 같이 이야기한다. "나는 그때 즐거운 척했을 뿐이에요", "나는 겉으로만 웃었을 뿐이에요. 아빠(엄마)가 그렇게 하라고 했기 때문이에요", "나는 아빠가 함께여서 디즈니월드에 가기를 좋아한 것뿐이에요(엄마를 따돌리는 경우)."

일단 아이와 당신이 즐겼던 좋은 관계를 강조한 다음에는, 아이가 더 이상 당신을 좋아하지 않고, 곁에 있고 싶어하지도 않는다는 것을 눈치채고 있음을 알게 하라. 그리고 아이가 당신을 사랑하는 것을 그만두지 않았으면 한다고 덧붙여라. 증오심이 확산되기에 앞서 이런 일들을 회상시킨다면 그런 즐거운 일이 다시는 없을 것이라는 생각을 막을 가능성이 매우 높다.

다음 단계는 부모들은 서로에 대해 화가 났을 때는 종종 자식들로 하여금 자기 편을 들게 만들려고 한다는 것을 아이에게 말하는 것이다. 그런 다음 아이에게 다음과 같은 말을 한다. "나는 아빠가 지금 엄마에게 화가 났기 때문에 너도 엄마에게 화를 내지 않을까 걱정스럽단다. 그리고 아빠가 너도 엄마에게 화를 내게 만들려고 하지 않을까 염려한단다. 아빠가 너한테 엄마를 사랑하지 말라고 한다면, 너는 어떻게 할 거니?"

기본적인 의도는 아이로 하여금 당신을 버리라는 압력을 받을 수도 있음을 예고하고, 그런 다음 그 압력에 맞설 수 있는 어떤 도구를 준다는 것이다. 따돌림을 방지하는 것은 이미 시작된 따돌림을 되돌리는 것보다 쉽다. 이 책에 서술되어 있는 대부분의 충고가 그렇듯이, 우선 이러한 문제들을 이해하는 심리치료사에게 도움을 구하는 것이 좋을 것이다. 많은 경우 도움이 되는 메시지를 얻게 될 것이며, 특히 그러한 메시지가 아이들이 신뢰하는 심리치료사로부터 나온 것이면 더욱 효과적일 것이다.

가장 효과적인 도구는 구체적인 환경에 달려 있다. 아이가 쉽게 아버지가 자신을 조정하려 한다는 것을 깨닫고, 자신이 계속해서 엄마를 사랑할 수 있다는 것을 상기할 수도 있다. 또는 아이가 아버지에게 앙갚음당할 것을 두려워하지 않고 강력하게 주장할 수 있다면, 당신에 대한 사랑을 지킬 수 있으며 당신을 좋아하지 않게 만들려고 하지 말라고 요구할 수도 있다. 일반적으로 아이가 부모에게 자신을 부모들의 싸움에 끼워 넣지 말라고 말할 수 있으면 가장 좋다. 가드너 박사의 고전적인 책『소년 소녀가 알아야 할 이혼』은 여섯 살 이상의 아이들에게 도움이 될 것이다. 이 책은 아이들에게 부모가 서로에 대해 비판할 때는 스스로 생각하라고 권고한다. 여기서 한 가지 중요한 경고를 해두고자 한다. 어떤 아이들에게는 이런 방식으로 자기주장을 하는 학습이 또 다른 괴로운 부담이 될 수도 있다는 것이다. 이것이 바로 아이의 감정이나 욕구를 이해할 수 있도록 도와줄 수 있는 심리치료사가 필요한 또 다른 이유이다.

비무장지대를 만들어라

부모에 대한 아이의 따돌림이 심각하다면, 당신은 친척의 한 사람으로서 아이와 어느 정도의 애정을 유지하기 위해 가능한 모든 것을 해야 한다. 아이를 성심성의껏 대하면, 당신은 아이의 따돌림을 되돌리는 지렛대 역할을 할 수 있다. 이는 아이가 당신의 친척을 헐뜯더라도 7장 '해독의 통제'에서 제시한 절차에 따라 종합적인 계획을 세울 때까지는 아무 말도 하지 말아야 한다는 것을 뜻한다.

이러한 접근법을 이용하려면 먼저 아이가 자신이 따돌리는 부모에 대해 매우 강한 느낌을 가지고 있으므로 아이와 함께 있는 동안 그 부모에 대해 이야기하지 않겠다는 점에 동의하라. 당신은 아이가 좋아하는 부모를 비판하는 듯한 어떤 암시도 주지 말아야 한다. 그런 비판은 따돌리게 만드는 부모에 대한 맹신을 약화시키기는커녕 따돌림에 빠진 아이들이 당신에게 가진 애정을 거두게 하며, 적과 사귄 데 대해 앙갚음을 당하지 않을까 두려워하게 만든다. 대신 아이들과 긍정적 경험을 만드는 데 집중하라.

이는 따돌리는 아이의 행위를 되돌리려는 시도를 하지 말라는 의미는 아니다. 그것은 당신이 아이로 하여금 당신의 집이 전쟁지대에서 벗어나 있는 안전한 천국이라는 것을 확신시켜야 한다는 의미이다. 적어도 당신의 집에서는 아이가 적개심에서 벗어나서 자유롭게 당신과의 교제를 즐길 수 있다. 이는 당신이 아이와 긍정적인 관계를 유지해서 따돌림을 되돌릴 수 있는 위치에 설 수 있게 해준다. 이 책의 뒷부분에서 당신은 이러한 문제들을 조금씩 깨부술 수 있는 방법들을 배우게 될 것이다.

근거 없는 따돌림을 식별하기

대부분의 전문가들은 어떤 아동들의 경우 합당한 이유 없이 부모 중 한쪽을 거부한다는 것을 알고 있다. 전문가들은 무엇이 이런 문제를 불러일으키는지에 대해서는 의견이 분분하지만, 이런 장애 때문에 고통 받는 아동들에게서 발견되는 특성에 대해서는 동의하고 있다. 당신의 자녀가 아래 열거한 징후 중 몇 가지를 보인다면(정확히 몇 가지 이상이라는 기준은 없다) 부모 따돌림 증후군에 빠져 있을 가능성이 높다. 자녀의 행동이 열거된 항목과 일치하지 않는다면 분별없는 따돌림의 징조는 없는 것으로 볼 수 있다.

☐ 표적이 되는 부모의 조력에 감사하지 않고 적개심을 드러낸다.

☐ 악의를 가지고 부모를 대하거나 부모의 감정을 무시해도 죄책감을 느끼지 않는다.

☐ 증오심(또는 잘못된 학대 주장)의 이유를 사소한 문제라는 듯 설명한다.

☐ 부모에 대해 양극화된 관점을 가지고 있다. 통상적인 인간관계의 특징이라고 할 수 있는 양가감정 대신에 따돌리는 부모에 대해서는 부정적으로만 보고, 그 부모에 대해서는 좋은 점이 전혀 없다고 생각할 수도 있다. 설사 있다고 하더라도 그 부모에 대한 긍정적 기억은 거의 없을 수도 있다. 이와는 달리 반대편 부모에 대해서는 완벽하다고 생각한다.

☐ 좋아하는 부모와 표적이 되는 부모 사이에서 일어나는 모든 갈등에 대해 표적부모의 말은 듣지도 않을 뿐 아니라 명백히 모순되는 증거에 직면하더라도 무조건 좋아하는 부모의 편을 든다.

☐ 어른의 말을 그대로 되풀이한다. 아이의 표현은 따돌리는 행위를 조장하는 부모의 말의 메아리이기 때문에 일반 아동의 통상적인 어휘나 이해수준을 크게 뛰어넘는 경우가 종종 있다.

☐ 독립을 선언한다. 표적이 되는 부모에 대한 거부가 자기 자신의 결정이라고 주장한다. 그리고 반대편 부모는 자신의 결정에 어떤 영향을 미치거나 작용을 하지 않았다고 주장한다.

이혼의 해독과 관계없는 따돌림

논의를 더 진행하기에 앞
서, 이혼의 해독이 따돌림의 유일한 원인은 아니라는 것을 명백히 해두어
야겠다. 아이들은 반대편 부모가 따돌림을 부추기지 않을 때도 부모 중
한편을 거부할 수 있으며 경우에 따라서는 그 따돌림이 정당한 것일 수도
있다. 또 다른 경우에 따돌림은 어려운 상황에 대한 아이의 과도한 반응
일 수 있다.

어떤 아이가 부모 중 한쪽 편에 대한 따돌림에 빠졌다는 것만으로 세뇌
당했다고 단정지어서는 안 된다.

정당한 따돌림

제임스가 시카고 교외에 있는 집에서 이사를 한
다음부터, 두 딸은 그와 함께 시간을 보내려고 하지 않았다. 제임스는 아
내가 그렇게 만들었다고 비난하고, 아버지로서의 권리를 지키기 위해 변
호사를 고용했다. 변호사는 내게 법원으로 하여금 두 딸에게 아버지를 만
나라는 판결을 내리도록 도와줄 수 있는지 물었다.

상황을 조사한 다음 나는 변호사에게 의뢰인의 입장을 지지하는 증언을 할 수 없다고 말했다. 나는 제임스가 심각한 정신장애로 고통 받고 있다는 것을 알았다. 그는 몇 년 동안 아내와 아이들을 위협하고 가학적인 행동을 했다. 제임스가 떠난 후 아내는 변호인을 고용해서 이혼에 필요한 자료를 모으고, 자신의 권리를 주장하기 시작했다. 딸들은 이제 학대로부터 자신들을 보호할 수 있는 기회를 얻게 되었다는 것을 깨달았다.

이것은 아이들의 따돌림이 명백히 아버지의 행동에서 비롯된 정당한 사례이다. 아이들에게는 아버지를 거부하고 두려워할 만한 충분한 이유가 있었다. 실제로 제임스는 별거 후 더 변덕스러워졌는데, 이는 부분적으로 혼자 사는 것과 이혼 소송으로 인한 스트레스 때문이기도 했다. 딸들이 아버지와의 관계를 합리적으로 새롭게 설정하기를 원하기 전에 제임스가 근본적으로 변했어야 했다는 생각이 들었다.

학대를 하는 대부분의 부모들이 그렇듯이 제임스 역시 아이들과의 관계에서 일어난 문제에 대해 책임을 인정할 수도 없고, 인정하려고 하지도 않았다. 대신에 그는 아내가 아이들로 하여금 자신을 거부하도록 조종했다고 고소했다. 어떤 경우에는 부모가 따돌림에 미친 영향을 결정하기 어렵지만 제임스의 딸들이 이혼의 해독의 희생물이 아니라는 것은 명백하다. 우선 제임스의 학대가 있었음을 보여주는 명백한 증거가 있다. 둘째, 제임스의 아내가 아버지에 대한 딸들의 애정에 손상을 입히는 어떤 일을 했다는 아무런 증거도 없다. 셋째, 제임스의 딸들은 부모 중 한쪽 편을 거부하도록 조종된 아이들이 보이는 대부분의 특성들을 가지고 있지 않다. 제임스의 딸들은 부모에 대해 흑백논리로 이야기하지 않았다. 실제로 그 아이들은 어머니가 지나치게 수동적이고 순종적이어서 자신들을 더 잘 보호해주지 못했다고 화를 냈다. 또한 아버지에 대한 거부감을 부계의 친척으로 확대하지 않았다.

증오심의 확산이 나타나는지 아닌지는 이혼의 해독 때문에 고통 받는 아이들과 정말로 학대를 받는 것에 대응하는 아이들을 식별하는 가장 좋은 기준이다. 학대에 희생당한 아이들은 학대자의 친척이 학대자를 변호하지만 않는다면 학대자의 확대가족과 접촉을 유지한다. 이 사례에서 제임스의 부모는 손녀들에게 공감했으며, 며느리와 손녀들은 제임스의 부모와 마음에서 우러나오는 만남을 계속했다.

제임스와 딸들의 관계는 부모들이 이혼을 하지 않았을 때도 따돌림이 일어나게 되는 바로 그런 관계였다. 학대하는 부모의 자녀들은 어른이 된 후 부모를 피하거나 엄격히 제한된 환경에서만 만나려고 한다.

부모 중 한편이 신체적으로나 성적으로 자녀들을 학대하지 않을 때도, 자녀가 가정폭력이나 그 후유증을 목격하고 부모가 격분해서 싸우는 것을 두려워한다면 따돌림이 일어날 수 있다. 만성적으로 화가 나서 자녀를 극심하게 정서적으로 학대하거나, 무시, 방치, 빈약한 보살핌, 가혹한 벌, 협박, 극단적인 자기중심적 태도, 물질남용substance-abusing 등의 문제를 갖고 있는 부모는 따돌림을 초래할 수 있다. 이런 경우 자녀들은 부모가 자신들의 생활 속으로 돌아오거나 더 잘해주겠다고 결정하는 것만으로는 거부감을 쉽게 버리려고 하지 않을 것이다.

부모를 거부할 만한 충분한 이유를 가지고 있다는 사실이 아이들이 좋아하는 부모가 아이들의 따돌림에 영향을 미칠 가능성을 배제하는 것은 아니다. 아동보호기관 종사자들과 이야기해보라. 그러면 학대받는 대부분의 아이들이 학대자로부터 수용과 사랑을 받고자 하는 마음을 포기하지 않는다는 것을 알게 될 것이다. 나는 수많은 학대받는 아동을 만나면서 이를 알게 되었다. 이런 아동 중 일부는 누구라도 참기 어려운 극히 난폭한 행동 때문에 고통을 받는다. 이런 아동 중 다수는 더 이상 손상되지 않도록 가정에서 벗어나게 해야 한다. 연구 초기에 나는 이런 아이들 중 매우 많은 숫자가 그렇게 극심한 학대를 당한 가정으로 돌아가고 싶어한다는 사실에 당황했다. 실제로 아동보호국child protection agencies은 아이의 안전을 확신하고 가족의 기능을 향상시킬 기회가 있다고 믿을 경우에는 아이를 학대했던 가정에서 영원히 떼어놓지 않으려고 했다. 부모 중 한편의 결여는 사소한 문제가 아니다. 학대를 했던 부모라고 하더라도 그렇다. 그러나 이혼의 해독이 침투하면 아이가 좋아하는 부모는 다른 편 부모에 대한 아이의 총체적인 거부를 환영한다. 그런 부모는 관계가 회복되어 아이에게서 부모를 잃지 않게 할 가능성을 환영하지 않는다.

이해와 대응 방안

증오심의 확산 여부는 때때로 이혼의 해독 때문에 고통 받는 아이들과 실제로 당하는 학대에 대응하는 아이들을 식별하는 가장 좋은 방법이다. 학대받는 아이들은 일반적으로 자신에게 해를 입히지 않는 학대자의 친척을 포함한 모든 사람의 사랑과 애정을 환영한다.

자녀 주도 따돌림

지금까지는 부모(자녀가 좋아하는 부모이건 거부하는 부모이건 간에)의 파괴적 행동 때문에 일어나는 따돌림에 대해 다루었다. 따돌림 중에는 부모의 행동과 별로 관계없이 자녀 자신의 잘못 때문에 생겨나는 것들도 있다. 부모 중 *한쪽 편을 거부하는 것은 힘든 감정을 다루는 자녀의 빗나간 대처 방식일 수 있다.*

몇 년 동안 불행하고 갈등에 시달리는 결혼생활을 한 여성의 사례를 생각해보자. 그녀는 이혼 후 이웃 주에 사는 한 남자와 사랑에 **빠졌다**. 그 남자는 직장을 옮길 수 없는데다 자신의 어린 두 자녀와 떨어지기를 원하지 않았다. 그래서 둘이 결혼한 다음 여자가 남자 집으로 옮겨가 살기로 했다. 생애 중 가장 어려운 결정을 함에 있어, 그녀는 십대인 자신의 두 아이들을 아빠와 함께 지내게 하는 데 동의했다. 그래서 학교를 옮기고, 친구와 헤어지고, 확대가족과도 따로 살아야 하며, 새로운 축구 팀에 가입하고, 새로운 음악선생을 찾아야 하는 등 이사에 따르는 번거로운 일들을 할 필요가 없었다. 학교가 휴일인 모든 날, 주말 3일, 여름방학의 대부분 동안에는 그녀가 아이를 만날 수 있도록 조정했다.

그녀의 아들 제프는 이러한 조정을 마땅치 않아했다. 그는 옮겨다니는 것을 좋아하지 않았으며, 엄마가 한 일로 상처를 입고 화가 났다. 제프는 엄마가 원래 가족보다도 자신의 필요와 새 남편의 가족을 우선시한다고 생각해서 거부감을 느꼈다. 제프는 왜 엄마가 자신의 가족 가까이에 살지 않고 엄마의 새 남편이 자기 아이들 가까이에 살아야 하느냐고 물었다. 물론 날카로운 질문이었다.

어머니에 대한 제프의 분노와 실망감이 눈덩이처럼 불어나 완전한 거부감으로 변하자 문제가 심각해졌다. 그는 엄마의 전화를 받지 않았으며 전자우편도 지워버렸다. 어머니날에도 의도적으로 엄마를 무시했다. 제프는 더 이상 엄마와 어떤 관계도 유지하지 않겠다고 말했다.

제프의 아버지는 아들에게 알아듣게 이야기하려고 했다. 아버지는 엄마가 이사를 하기 전에 제프와 함께 누렸던 친밀한 관계에 대해 이야기했다. 그리고 2년이 지나서 제프가 대학에 들어가게 되면, 엄마가 어디에 살건 간에 어차피 떨어져 지내야 한다고 설명했다. 아버지는 제프의 어머니가 아들에 대한 사랑을 보여주기 위해 오랫동안 했던 많은 일들을 떠올리게 했다. 제프의 아버지는 행복을 찾을 엄마의 권리를 지지하고 아이가 엄마의 결정에 공감하게 하려고 했다. 그러나 제프는 완강하게 엄마의 행동을 용서할 수 없으며, 엄마는 더 이상 자신의 사랑과 애정을 받을 자격이 없다는 주장을 고수했다.

지난날의 좋았던 관계를 제시했지만 어머니에 대한 제프의 비난과 거부는 이치를 따지지 않고 막무가내였으며, 동생의 태도와도 다른 것이었다. 제프의 어머니가 이사를 한 행동이 옳건 그르건 아들에게 경멸이나 거부를 당할 만한 것은 명백히 아니었다. 그리고 아이의 아버지는 확실히 아이의 따돌림에 영향을 미치지 않고 있었다. 이것이 바로 내가 '자녀 주도 따돌림'이라고 부르는 경우이다. 이런 사례는 따돌림 당하는 부모의 행동으로 정당화되지 않으며, 좋아하는 부모의 행동 때문에 일어난 것도 아니다.

이 사례에서 악당은 없다. 단지 아이가 자신의 어려운 감정과 싸우는 과정에서 마음을 닫음으로써 자신의 실망감을 완화시키려 하고 있을 뿐이다. 제프의 사례에서 아이의 감정을 좀더 분석해보면 그런 행동은 엄마가 이사를 했기 때문이 아니라 자신의 불만에 뿌리를 둔 것임을 알 수 있다. 어머니가 좋은 직장을 구하기 위해 이사를 가는 것이었다면 제프는 어머니의 이사를 축하했을 것이다. 제프를 혼란에 빠뜨린 것은 어머니의 재혼이었다. 대부분의 아이들처럼 제프도 마음속으로는 은근히 부모가 화해할 것이라는 희망을 품고 있었다. 재혼은 이런 희망을 무산시켜 버렸다. 심리치료사들은 제프가 어머니의 행동을 좀더 균형 있는 시각으로 바라보고 어머니에 대한 사랑을 회복하도록 도왔다.

부모의 반응은 자녀 주도의 따돌림을 완화시킬 수도 있고 악화시킬 수도 있다. 자녀가 좋아하는 부모는 자녀의 불합리한 행동을 바로잡기 위해 최선을 다할 수 있다.

그렇지 않고 자녀가 상대편에 대해 화를 내는 것을 즐거워한다면 자녀의 입장을 수동적으로 받아들이고 상황을 호전시키기 위해 노력하지 않을 수도 있다. 또는 자녀의 부정적 태도를 환영하고, 찬성하고, 강화시켜서 따돌림을 굳힐 수도 있다. 이 경우, 자녀는 부모 중 한쪽 편에게 화를 내는 자기 나름의 이유를 가지고 있을 수도 있지만 좋아하는 쪽 부모가 부추기지 않는다면, 그 분노는 시간이 지나면서 사라져 관계가 완전히 붕괴되는 데 이르지는 않을 수도 있다. 손상되지 않은 상태의 가족에서는 자녀들이 부모에 대해 화가 나더라도 전적으로 거부하지는 않는다. 그러나 이혼 후에는 부모 중 한쪽 편이 자녀가 다른 편과 의절하는 것을 인정할 수도 있다. 이는 일시적으로 자녀가 좋아하는 부모를 만족시킨다. 그러나 결국 따돌림을 정당화하기 위해서는 전 배우자를 악마로 만들거나 자녀들을 극도의 애정결핍 상태로 내몰아야 한다.

표적이 된 부모 역시 자녀 주도 따돌림에 충격을 받을 수 있다. 거부당한 부모들은 제2장 76쪽에 제시한 7가지 지침을 충실히 따를수록 자녀의 애정을 회복할 가능성이 높아진다. 그러나 따돌림 당하는 부모가 자녀를 완고하게 대하고, 보복적으로 거부하고, 무관심하게 행동한다면 자녀의 부정적 태도는 확고해지고 지속적이 될 가능성이 높다.

부모 중 어느 편도 이 문제에 의미 있는 영향을 주지 않았는데 전적으로 자녀 주도로 일어나는 따돌림은 부모 따돌림 중 가장 드문 경우이다. 내 경험에 비추어볼 때 이런 일이 일어나게 만드는 가장 흔한 계기는 부모 중 한쪽 편의 이사, 재혼, 간통, 부모나 자녀의 종교적 적대감 등이다.

전적인 자녀 주도 따돌림의 사례는 대부분 연령이 높은 자녀에게서 일어난다. 어린 자녀들은 부모의 영향을 받기가 더 쉽다. 그러나 십대가 되면 종종 부모가 어리석은 멍청이여서, 부모의 의견이 완전히 낯선 사람의 의견보다 가치가 없다고 생각하는 경우도 있다. 이런 자녀들은 제프의 경우와 같이 자신의 잘못된 믿음을 확고하고 독선적으로 고수하면서 설득하려는 부모에게는 담장을 두른다. 또한 부모가 이혼을 할 당시 스스로 성인이라고 생각하는 자녀들은 부모들의 다툼에서 어느 한편을 들고, 이혼에 대한 책임이 있다고 생각하는 부모와 더 이상 관계를 유지하려고 하지 않는다.

이해와 대응 방안

따돌림에 빠진 십대 자녀가 부모가 하는 말을 들으려고 하지 않는다면 누구와 의논하고 싶은지 물어보라. 좋아하는 친척일 수도 있고, 선생님, 종교 지도자, 코치, 소년단 단장일 수도 있으며, 가까운 친구 중 한 명의 부모, 혹은 가까운 친구일 수도 있다. 십대들은 종종 부모보다는 다른 사람들의 생각을 더 잘 받아들이는 경향이 있다.

따돌림의 근원에 대한 이해

자녀가 심각한 따돌림에 빠져 있을 때는, 자녀를 도울 최선의 방법을 찾기 위해 문제의 근원을 확인해야 한다. 그렇게 함으로써 노력을 어디에 집중해야 하는지 알게 된다.

　많은 경우 자녀의 따돌림은 기본적으로 좋아하는 부모가 영향을 미친 결과이거나, 따돌림 당하는 부모의 잘못된 행동에 대한 이유 있는 반응이거나, 아니면 자녀 자신의 동기에서 비롯된 것이라고 쉽게 결론을 내리게 된다. 그러나 그렇지 않은 경우, 따돌림의 근원을 이해하는 것은 좀더 복잡하다. 어떤 명백한 한 가지 요인 때문이 아니라 여러 요인이 혼합된 결과일 수 있기 때문이다. 물론 이 때문에 부모들이 문제에 대한 책임을 상대방에게 돌리고 서로 비난하는 추한 양육권 분쟁에 빠지는 것은 아니다. 부모들은 흔히 서로 상대방이 자식을 세뇌시켰다고 고소한다. 어느 편이 더 그렇게 했는지 가려내는 것은 쉽지 않다. 때로는 양쪽 부모가 다 자녀의 마음과 정신을 얻기 위한 싸움에 참가한다. 이런 부모들은 각각 자녀의 충성을 얻기 위한 노력으로 자녀를 세뇌시키는 잘못을 범하곤 한다. 그러나 때로는 어느 한편이 더 적극적으로 자녀를 세뇌시킨다. 다른 편 부모의 세뇌시키는 듯한 행동은 따돌림을 깨기 위한 반응이거나 따돌림에 맞서기 위한 필사적이면서도 세련되지 않은 시도일 수 있다.

　자녀를 따돌림으로부터 벗어나게 하기 위해서는 따돌림에 영향을 주는 요인들에 대한 이해가 필요하다. 아이들이 자기 나름의 동기를 가지고 있을 수도 있고, 거부당하는 부모들이 너무 완고한 방식으로 반응해서 자녀의 부정적 태도를 강화시키고 있는 것일 수도 있으며, 좋아하는 부모가 능동적 혹은 수동적으로 부모-자녀 관계의 파탄을 부추기고 있는 것일 수도 있다. 부모와 자녀의 행동 외에 결혼이나 이혼이라는 환경도 핵심적 역할을 한다.

　결혼 기간 동안 문제가 있는 부모-자녀 관계는 결혼이 깨어졌을 때 쉽게 따돌림이 일어나게 만든다. 예를 들어 어머니와 자녀가 아버지를 빼고 지나치게 가까운 관계를 유지했던 경우를 생각해보자. 결혼 기간 동안 어머니는 아버지의 권위를 교묘하게 손상시키거나 대놓고 헐뜯었다. 그 결과 이혼을 한 뒤 아버지는 자녀에게서 존중하는 마음을 이끌어내는 데 어려움을 겪었다.

어떤 가정의 사례를 살펴보자. 여섯 살짜리 자넷은 부모가 이혼하기 전 5년 동안에도 아빠와 거리감이 있었다. 아빠인 제럴드는 상당히 내성적이고, 사회성도 부족하고, 별로 따뜻한 사람이 아니었다. 제럴드는 딸에게 사랑한다는 말을 거의 하지 않았다. 그러나 다른 방식으로 자신의 사랑을 보여주었다. 딸이 어렸을 때는 함께 놀아주었고 몇 번인가 가족을 데리고 휴가를 가서 즐겁게 지냈다. 그는 오랜 시간 일을 했고 돈이 많이 들지 않는 소박한 생활을 했다. 그래서 자신의 실제 재산 수준 이상으로 딸의 교육에 많은 비용을 들일 수 있었다. 그 덕분에 자넷은 사립학교에 다니면서 여러 가지 과외활동을 할 수 있었다. 그러나 아버지는 딸의 과외활동에 자주 참여하지 못했다. 직장을 그만둔 후 제럴드는 더욱 의기소침해지고 움츠러들었으며, 아내와 아이에게 벌컥 화를 내고는 했다. 그는 자신이 가정에서 이방인이라고 느끼기 시작했다. 그리고 실제로 아내와 딸은 그가 불필요한 것처럼 행동했다. 이러한 가족 패턴은 외가에서 유래된 것이었다. 자넷의 엄마는 어머니, 숙모, 할머니 등 여자만 있고 아버지는 없는 가정에서 자랐다. 그리고 제럴드와 이혼하자 자넷의 할머니, 이모, 증조할머니가 사는 집으로 이사를 갔다. 그 가족은 남자를 별로 필요로 하지 않았으며 자넷도 비슷한 전통 속에서 성장하고 있다.

자넷이 아버지를 따돌리게 만든 씨앗은 거리감이 있는 관계에서 뿌려진 것이다. 이런 점에서 제럴드에게도 어느 정도 책임이 있다. 자넷은 일상적인 만남과 엄마의 제한된 지지만으로 아빠와의 관계를 유지해왔었다. 그러나 그 관계는 부모의 이혼이라는 긴장 관계를 견뎌내기에는 너무 약했다. 아버지와 떨어져 지내고 어머니의 지지도 완전히 없어지자 자넷은 점차 아빠에 대한 따돌림에 빠지게 되었다.

아빠가 최소한의 접촉을 주장하자, 자넷은 아빠가 자신에게 신체적으로 상처를 입히거나 입히려고 위협을 한 적은 없었지만 그래도 아빠가 두렵다고 말했다. 자넷은 판사에게 자신이 치어리더로 있는 학교 경기에 아빠가 나타나면 안절부절못하게 된다고 말했다. 자넷은 자신의 태도가 합당하다고 생각했지만 실제로는 이치에 맞지 않는 것이었다. 아빠는 딸이 태어난 후 항상 딸의 복지를 위해 헌신했다. 그런데도 딸은 아빠보다 다른 사람과 함께 있을 때 편안함을 느낀다고 주장했다.

이 사례는 가드너 박사의 '장기이식 원리organ-transplant principle'를 떠올리게 한다. 이 원리는 부모 양편이 자녀의 생애에서 담당하는 고유하고 필요불가결한 역할을 강조한다. 가드너 박사는 자녀에게 신장이식 수술이 필요할 경우 표적이 된 부모는 자신의 신장 하나를 기꺼이 떼줄 수 있는 지구상에서 몇 안 되는 사람 중 하나라는 점을 지적한다. 지구상의 수십억 인구 중 당신을 살리기 위해 이런 정도로 헌신을 하는 두 사람 중 하나를 자신의 인생에서 추방할 이유는 전혀 없다.

제럴드는 가족이 함께 모여 살 당시의 아버지는 아니다. 그렇지만 그는 자넷의 유일한 아버지이다. 딸의 인생에서 아빠가 한 역할을 어떤 방식으로 계산하더라도, 그 자산가치는 확실히 부채를 넘어선다. 아버지에 대한 자넷의 따돌림은 그가 해온 헌신에 비추어볼 때 정당화될 수 없다. 그러나 그것을 어머니의 조종 탓으로만 돌릴 수는 없다. 이 경우에는 가족 구성원 각자와 이혼 그 자체가 문제를 일으키는 데 의미 있는 역할을 한 것이다.

다른 가족의 사례를 들어보자. 십대의 소녀가 아버지의 영향력에 굴복해서 어머니를 모욕하고, 어머니와 만나는 것을 거부하고, 법정에서 어머니에게 불리한 증언을 했다. 딸을 키우는 데 어머니가 훨씬 많은 노력을 쏟았지만 아버지의 편을 들어 어머니를 반대하는 딸의 의지를 설명할 수 있는 중요한 요인이 있었다. 이 소녀가 다섯 살 되던 해 아버지는 가정을 버렸다. 소녀는 이후 3년 동안 아버지를 보지 못했다. 이 경험은 그 아이로 하여금 아버지는 자신을 중요하게 여기지 않을 수도 있다고 생각하게 만들었다. 어머니와 싸우는 과정에서 아버지가 자신의 편을 들라고 요구하자, 아이는 이를 아버지와의 결속을 다질 수 있는 기회로 생각했다. 이 경우 이혼의 해독을 만들어내는 데 아버지가 모종의 역할을 한 것은 확실하지만 아이 자신의 심리적 구조도 따돌림에 영향을 준 주된 요인임을 간과하지 말아야 한다. 따돌림의 근원을 추적하는 것은 비난을 하려는 것이 아니라 이런 비극적인 문제에 대한 효과적인 해결책을 찾기 위한 것이다.

부모나 판사가 심리치료사에게 따돌림에 빠진 아동에 대한 상담을 부탁할 때, 심리치료사가 문제의 근원을 어떻게 이해하느냐에 따라 상담의 방향이 결정된다. 따돌림은 정당한 것인가, 아닌가? 따돌림의 원인이 기본적으로 이혼의 해독에서 비롯된 것인가 아니면 표적이 된 부모의 부당한 대우에서 비롯된 것인가, 아이 자신의 잘못된 결정에서 비롯된 것인가?

자녀 주도 따돌림의 경우, 자녀가 좋아하는 부모에 대해서만 연구하는 것으로는 불충분하다. 문제의 근원은 그 부모가 아니기 때문이다. 이럴 때는 자녀에 대한 기본적인 연구가 이루어져야 한다. 반면에 부모의 난폭한 행동 때문에 부모와 함께하기를 두려워하는 경우에는 부모가 먼저 자신을 잘 통제해서 부모와 자식 간의 만남이 안정적으로 이루어질 수 있는 환경을 마련해야 한다. 그 문제를 먼저 해결하지 않은 채 자녀가 공포를 극복하도록 도우려고 하는 것은 별 의미가 없는 일이다. 부모 중 한편이 자녀에게 다른 편 부모에게 등을 돌리도록 해독을 끼치고 있을 때에는 유독한 환경에서 자녀를 격리시키지 않고 치료하는 것은 효과가 별로 없다. 그러기 위해서는 법적 도움이 필요한데, 이에 대해서는 8장 '전문가의 도움 받기'에서 다룰 것이다. 아무리 유능한 심리치료사라 해도 일주일에 한 번 45분간 자녀들하고만 만나고, 상담이 끝난 다음 다시 세뇌시키는 부모에게 돌려보내서는 따돌림을 되돌릴 가능성은 극히 희박하다.

이해와 대응 방안

당신 자신이 자녀의 따돌림에 영향을 미쳤을 가능성을 간과하지 말라. 따돌림에 빠진 아동에 대해 충분한 이해와 경험을 가지고 있는 심리치료사와 함께 치료 작업에 임하고 있다면, 심리치료사가 당신이 따돌림에 미친 영향을 설명할 때 세심한 관심을 기울여라. 당신이 합법적으로 자녀를 당신 편으로 돌려세운다고 해도 전 배우자에게만 책임을 돌리고, 자신의 잘못을 부인하는 것은 도움이 되지 않을 뿐만 아니라 문제를 더욱 복잡하게 만든다. 대신 자녀가 애정, 존중심, 신뢰를 회복하도록 돕기 위해 당신이 개인적으로 무엇을 할 수 있는지를 깨달아야 한다. 7장에서는 이런 입장에 따라 더욱 구체적인 권고를 하게 될 것이다.

따돌림인가, 아닌가?

따돌림의 근원을 추적하기에 앞서, 자녀가 정말로 따돌림에 빠진 것인지 여부를 확인할 필요가 있다. 자녀가 적개심을 보이거나, 부모 중 한편과 시간을 보내는 것을 싫어하거나, 만나기조차 거부한다고 하더라도 그것이 반드시 따돌림을 의미하지는 않는다. 겉보기에 따돌림과 유사한 현상과 진짜 따돌림을 혼동하지 않도록 주의해야 한다. 별다른 의도 없이 이런 잘못을 범하는 부모들도 있고, 양육권을 획득하는 데 유리한 입장을 점하기 위해 의도적으로 따돌림이라고 주장하는 부모들도 있다. 따돌림을 잘못 확인한 부모와 심리치료사, 판사는 아이의 고통을 덜어주는 것이 아니라 오히려 가중시킬 것이다.

이런 잘못을 피하기 위해서는, 따돌림에 빠져 있는 아이들은 부모 중 한쪽 편과는 일관되게 부정적인 방식으로 관계를 맺고 있지만, 다른 편에 대해서는 그렇지 않다는 것을 유념해야 한다. 다음 장에서 자세히 보게 되겠지만 적개심과 명백한 거부감을 보여도 다음과 같은 경우는 따돌림에 빠져 있는 것이 아니다.

- 만성적이 아니라 일시적이고 짧은 시기 동안 나타난다.
- 자주 나타나는 것이 아니라 간헐적으로 나타난다.
- 특정 상황에서만 일어난다.
- 진정한 사랑과 애정표현과 공존한다.
- 부모 양쪽 편 모두를 향한 것이다.

이혼에 대한 통상적인 반응

이혼하는 부모는 자신들의 결혼생활이 파탄에 이른 것이 자녀들과의 관계에 미칠 영향을 우려한다. 이러한 우려는 자녀가 보이는 부정적인 행동에 과민반응을 하는 것으로 나타나기도 한다.

아이가 보이는 간헐적인 적개심은 정상적인 것이다. 이혼한 뒤 처음 몇 주 동안은 이보다 더 심한 반응도 나타날 수 있다고 생각해야 한다. 이 시기는 자녀가 부모의 관심, 인내, 공감, 이해, 동정, 재보장을 가장 필요로 하는 시기이다. 부모들은 자신의 고통에 사로잡혀 있더라도 이러한 문제들에 대해 최소한이라도 신경을 써야 한다. 많은 아이들은 자신의 슬픔과 불안감을 도전적이고 호전적인 방식으로 표현한다. 자녀들의 까다로운 행동이 만성적이거나 부모 중 한쪽만을 겨냥한 것이 아니라면 따돌림이 아닐 것이다. 일시적이고 간헐적으로 적개심을 표시하는 것을 가지고 아이가 이혼의 해독에 빠져 있다고 가정하는 것은 잘못이다. 마찬가지로 이를 부모 중 한쪽 편의 부당한 대우에 대한 정당한 반응이라고 가정하는 것도 잘못이다. 이보다 더욱 설득력 있는 것은, 다루기 힘든 아이의 행동은 이혼 그 자체에 대한 반응이라는 설명이다.

자녀가 서로 다른 두 집에서 부모를 보아야 한다는 생각에 익숙하게 되기까지는 시간이 걸린다. 카일은 영리한 열 살짜리 소년이다. 부모가 이혼할 의사를 밝히고 아버지가 집에서 나간 다음, 카일은 어머니와 함께가 아니면 아버지와 만나 점심을 먹으려고 하지 않았다. 이런 행동은 카일이 이혼에 반대한다는 자신의 의사를 표현하는 방식이었다. 카일은 이혼으로 일어나는 부모들 사이의 자리바꿈에 협조하려고 하지 않았다. 그는 또한 좋아하는 영화 〈페어런트 트랩 *The Parent Trap*〉에서 주인공 소녀가 그랬던 것처럼 자신이 부모의 화해를 이끌어내고 싶어했다. 부모가 카일의 계획에 따르지 않았기 때문에 이 계획은 오래가지 않았고 따돌림에 빠진 아이들에게서 나타나는 만성적인 증오심 같은 것은 나타나지 않았다.

부모는 접견 스케줄에 협력하기를 거부하는 자녀의 행동에 얼마나 관용적이어야 하는가? 부모 노릇하면서 부딪히는 대부분의 딜레마에서 그렇듯이, 절대적이고 보편적인 기준은 없다. 아주 엄하게 대하고 벌을 주거나, 반대로 너무 느슨하게 방임적으로 대하는 양극단을 피하는 것이 최선이다. 자녀가 당신과 만나지 않으려고 하면 다른 방식으로는 접촉을 유지하고 있는지 당신 자신에게 질문을 던져보라. 그리고 자녀와 당신의 관계에 긍정적인 성격이 남아 있는지, 아니면 부정적인 성격이 강해지고 있는지 질문해보라. 자녀가 시간을 내라거나 저녁에 만나자는 당신의 제안을 수용하는가? 십대 아이를 둔 부모들은 아이가 자신이 생각했던 것보다 더 많이 성장했을 수도 있다는 것을 알아야 한다. 십대들은 보통 또래와 더 많은 시간을 보내고, 부모와 보내는 시간을 줄이고자 한다. 양쪽 부모에게 영향을 주는 이런 자연스러운 과정을 따돌림에 빠진 자녀들이 보이는 거부감으로 오해하지 말라.

　일반적으로 이혼의 해독을 말해주는 명백한 징후이지만 놓쳐버리는 것으로는 다음과 같은 현상이 있다. 즉, 자녀가 부모와 만나는 것을 처음으로 두 번 연속 거부하는데도(부모가 다른 주에 살 때처럼 접견 스케줄이 매우 드문 경우가 아니라면) 부모는 이를 일시적 반응으로 여긴다는 것이다. 이때는 아동의 거부감 아래 있는 동기를 이해하고 만남을 확보하기 위해 능동적인 조처를 취해야 한다. 이 원리는 아이가 학교 가기를 거부할 때 취하는 조처와 같은 것이다.

　부모들은 전화 만남에 대해서는 훨씬 더 너그러워야 한다. 전화 만남에 대해 느끼는 즐거움의 정도는 아이들마다 다 다르며 또 같은 아이라도 이번 전화와 다음번 전화에서 다르게 반응한다. 즐거운 활동을 하고 있을 때 전화가 온다면 하고 있던 활동을 멈추고 싶지 않을 것이다. 이런 경우에는 정상적인 행동으로 받아들이고 감정에 상처를 입지 말라. 그리고 아이가 따돌리는 것이라고 비약하지 말라. 컴퓨터에 익숙하다면 전자우편이나 메신저를 통해 의사소통을 할 수도 있다. 덧붙이자면, 나는 컴퓨터 의사소통이 이혼한 부모와 아이들 사이의 관계에 가장 커다란 혜택 중 하나라고 생각한다. 특히 부모가 멀리 떨어져 살 경우는 더욱 그렇다.

이해와 대응 방안

아동들이 간헐적으로 정해진 만남을 거부한다면 지나치게 과민반응하지도 말고, 반대로 무관심하지도 말라. 사정을 참작할 만한 여건이 있는데도 만남을 지켜야 한다고 완고하게 주장하지 말라. 부드러운 어조로 당신의 실망감을 표현하라. 그리고 당신이 다음번 만남을 애타게 기다린다는 것을 자녀에게 알려라. 자녀와 멀리 떨어져 살아서 만나는 횟수가 드문 경우가 아니라면 두 번 연속해서 만남을 거부하더라도 받아들여라. 그 밖의 어떤 증거도 없이 자녀가 따돌림에 빠져 있다고 가정하지 말라.

그러나 따돌림의 가능성을 간과하지도 말라. 정해진 만남을 거부하는 것은 아이가 이혼으로 인해 일어난 초기의 불안감을 처리하는 수단일 수도 있고, 어느 정도의 조정을 주장하는 방식일 수도 있다. 당신이 융통성을 보여주지 못한다면 자녀는 더욱 큰 걱정에 빠져 만남을 불안해할 수도 있다. 그러나 만남을 거부하는 일이 잦아진다면 자녀가 어려움을 해결하는 데 도움을 필요로 한다는 것이 명백하다. 반복적으로 만남을 거부하는 것을 무시한다면, 그리고 그 원인을 이해해서 바로잡지 않는다면, 따돌림으로 굳어질 수 있는 패턴이 확립될 것이다.

분리불안

부모가 헤어질 당시 루이스는 17개월 된 아이였다. 루이스는 어느 집이든 그 집에 머물 때는 보호하는 부모와 잘 지냈다. 그러나 한쪽 집을 떠나 다른 쪽 집으로 갈 때가 되면 소리를 지르고 떠나는 부모에게 매달렸다. 다행히 루이스의 부모는 15개월에서 24개월 사이의 아이는 종종 헤어지는 것을 불안해한다는 것을 알고 있었다. 그래서 루이스의 격렬한 항변을 정상적인 행동으로 받아들였다. 부모 중 어느 편도 따돌림을 부추긴다고 상대방을 고소하지는 않았다.

15개월 된 민디는 아빠가 낮 동안 데려가려고 문에 다가오자 울면서 엄마의 다리 뒤로 숨었다. 민디의 엄마는 아이가 그렇게 놀랐을 때 다른 편이 데려가겠다고 주장하는 것은 정신적 충격을 줄 수도 있다고 생각했다. 이 경우는 이혼의 해독 사례는 아니었다. 그 엄마는 딸이 탁아소에 가기를 거부했더라도 같은 행동을 했을 것이다. 민디가 아버지를 따돌린다고 말할 수 있을 것 같지는 않다. 민디의 항변은 보살피는 사람이 바뀌는 경우라는 특정 상황에서 일어난 것이기 때문이다. 민디는 엄마가 있을 때는 아빠와 노는 것을 좋아했다. 이 경우는 부모들에게 정상적인 아동발달 과정을 이해시키는 것으로 문제를 해결할 수 있다.

어떤 가정에서는 아이가 떼를 쓰기는 하지만 탁아모에게 맡기는 데는 아무런 어려움이 없는데도, 어머니가 전남편에 대한 분노 때문에 아이와 아버지를 만나게 하지 않을 억지 구실을 만들어낸다. 이런 상황이 잘못 다루어지면 따돌림을 초래할 수 있으며, 아이는 자신과 같이 있지 않은 부모에 대해 만성적으로 불안을 느낄 수 있다. 나는 분리에 대한 어린아이의 정상적인 항변이 아버지와의 만남을 중단하는 데 이르게 된 가정을 연구했다. 아이가 아버지에 대해 마음을 놓게 될 만한 기회를 전혀 주지 않았기 때문에 아장아장 걸을 만큼 성장한 후에도 그런 관계는 해소되지 않았다.

부모, 전문가, 그리고 문화까지도 아이를 분리불안에서 벗어나게 하는 최선의 방법에 동의하지 않는다. 어떤 사람들은 헤어지는 절차를 빠르게 하라고 권고한다. 아이의 항변은 그리 오래가지 않는다는 것이다. 어떤 사람들은 아이에게 헤어짐에 익숙해질 수 있는 시간을 주는 점진적인 방법을 권한다. 이런 방법을 쓸 때 부모는 자주 아이를 끌어안고 볼을 맞추는 등 헤어질 때 으레 하는 행위를 세심하게 할 수도 있다. 또 다른 부모들은 이러한 양극단 사이에 위치한 중도적인 방법을 채택할 수도 있다.

스티브 마틴이 주연한 영화 〈아빠는 총각 A Simple Twist of Fate〉은 점진적 접근법을 아주 재미있게 묘사하고 있다. 이 총각 아빠의 딸은 유치원에 가는 것을 불안해했다. 딸의 불안감을 없애기 위해 아빠로 분한 마틴은 딸이 유치원에 간 첫날 내내 딸의 바로 뒤에 앉아 있었다. 그는 그 주 내내 유치원에 갔는데 매일 조금씩 딸로부터 멀리 떨어져 앉았다. 마침내 딸은 아빠가 없어도 잘 지내게 되었다. 점진적 접근법은 어린아이가 부모 중 한쪽 편에 의존하는 데 보다 관용적인 일본과 같은 문화에서는 일반적인 것이다.

이해와 대응 방안

임박한 여행을 알릴 때처럼 부드러우면서도 사무적인 말투로 아이에게 다른 쪽 부모에게로 옮겨갈 때가 되었음을 알려주라. 언제 돌아오게 되는지를 알려줄 때도 같은 말투로 하라. 어린아이는 부모의 분위기에 매우 민감하다. 부모 중 한쪽 편이 너무 여러 차례 안심하라고 하거나 목소리의 톤으로 다가오는 헤어짐에 대해 불안감을 드러낸다면, 아이는 부모의 불안에 빨려들어 헤어지는 것을 더욱 어려워하게 된다. 돌보는 부모가 바뀌어서 아이가 힘들어하지 않을까 걱정된다면 상대편에게 15분 후에 전화로(부모 사이의 직접적 의사전달에 문제가 있다면 제삼자를 통해) 아이가 평온을 찾았는지를 알려달라고 하라.

분리불안이 따돌림으로 오해될 수 있는 또 다른 상황은 친숙하지 않은 한쪽 편 부모와의 접촉을 거부할 때이다. 해외파병이나 직장 업무 등으로 떨어져 있다가 돌아온 이혼한 아버지 같은 경우이다. 어머니는 떨어져 있던 아버지와 자녀의 유대감을 높이기 위해 가능한 모든 것을 할 수도 있다. 자녀 역시 아버지를 본다는 기대감으로 흥분에 들뜰 수도 있다. 그러나 어머니와 헤어질 때가 되면 아이는 두려워한다. 부모가 자녀의 불안에 민감하게 대처하고 자녀와 아버지의 관계를 점진적으로 발달시키면 자녀는 아버지에 대해 안심하게 될 것이다. 그러나 부모가 참을성 없이 자녀로 하여금 억지로 아버지와 함께 있게 하거나, 또는 어머니가 계획적으로 자녀가 자신을 좋아하지 않도록 만들었다고 아버지가 가정한다면, 아버지의 대응이 상황을 복잡하게 만들고 자녀의 따돌림을 조장할 수도 있다.

집을 떠나서 자본 적이 없기 때문에 아버지와 밤을 보내는 것을 두려워하는 어린 아동에게도 비슷한 배려를 할 수 있다. 밤을 지내는 것에 대한 아이의 거부감을 무조건 받아들이거나 아이의 감정을 무시하기보다는 아이가 아버지의 집에서 편안함을 느낄 수 있도록 도움을 주어야 한다. 이런 도움이 없으면 밤을 지내는 것에 대한 저항감은 더욱 커진다. 아이가 두려움에 휩싸여 행동하면 그 두려움은 보통 점점 더 강해진다. 처음부터 따돌림 문제는 아니었지만 부모 중 한편이 부적절하게 문제를 다룬다면 이런 상황이 아버지에 대한 확산된 거부감으로 발전할 수도 있다.

까다롭고, 불안해하고, 수줍어하는 아이

어떤 아이들은 기질상 스트레스, 새로운 상황, 바뀐 처지에 적응하는 데 커다란 어려움을 겪는다. 이런 아이들은 가정이나 학교에서 한 활동에서 다른 활동으로 옮겨갈 때, 자신이 겪는 어려움을 반항이나 반대나 움츠리는 행동으로 나타낸다. 이런 문제가 양쪽 부모의 가정을 오가는 과정에서 일어날 때 이를 따돌림으로 오해하지 않는 것이 중요하다. 부정적 행위는 일시적이며 아이가 일단 바뀐 상황에 적응하게 되면 부모에게 애정을 나타낼 수 있다. 이런 경우 부모 양편에 대해 똑같이 부정적인 반응이 나타날 것이다.

풀이 죽은 아이는 양쪽 부모 모두에 대해 움츠러들거나 예민하게 반응할 수 있다. 이혼한 부모가 자녀와 관련된 경험을 서로 나누지 않는다면 자녀의 부정적 행위가 자신의 집에서만 일어나며, 자녀가 따돌림에 빠져 있다고 잘못된 결론을 내릴 수도 있다.

아이들은 양극성 장애bipolar disorder를 가진 사람처럼 감정의 도가니 한복판에서 쉽게 폭발하는 경향이 있으며, 비열하고 증오에 찬 말을 하거나 공격적으로 행동할 수 있다. 이럴 경우 아이들은 비합리적으로 행동하며, 공격대상을 구분하지 않기도 한다. 다른 편 부모나 형제도 똑같은 방식으로 대할 가능성이 매우 높다. 이런 행위를 따돌림과 혼동하지 말아야 한다.

아홉 살 된 놀란은 불만을 가진 채 아버지의 집에 왔다. 놀란은 즐거운 활동을 하자는 아버지의 제안을 전부 거부했다. 좋아하는 텔레비전 쇼가 뉴스 속보로 바뀌자 놀란은 벌컥 화를 냈다. 그는 게임기를 부수고, 아버지가 싫고 다시는 보고 싶지 않다고 말했다. 놀란이 양극성 장애를 가지고 있다는 사실을 알지 못했다면 아버지는 아들이 따돌림에 빠진 것이 아닐까 우려했을 것이다. 그러나 놀란의 아버지는 전처가 이혼의 해독을 아이에게 주고 있지는 않을 것이라고 확신했다. 그는 전처가 이런 까다로운 아이를 돌보는 일에서 벗어나서 휴식을 취하는 것이 필요하고, 그녀도 그러기를 바란다는 것을 알았다. 전처는 아들로 하여금 아버지에게 거부감을 가질 수 있게 하는 어떤 행위도 하지 않았다. 그녀는 확실히 아들을 보다 편한 감정으로 대할 수 있어서 아들의 감정이 저조해지는 횟수를 줄일 수 있었다. 이런 이유로 놀란은 어머니와 함께 있는 것을 더 편안해했고 어머니의 집에서 떠나는 것을 별로 원치 않았다. 그러나 놀란이 아버지를 따돌리는 것은 아니었다. 놀란은 아버지를 만나고 싶어했고 평온을 되찾았을 때는 아버지와 함께 있는 것을 즐거워했다.

전쟁지대 피하기

어떤 부모들은 기회가 있을 때마다 싸운다. 자녀들이 거처를 옮길 때면 커다란 긴장 관계가 조성된다. 가슴속에 명백한 분노를 쌓아두거나, 소리치고, 욕하고, 밀치고, 직접적인 폭력을 행사하기도 한다. 이런 경우 적어도 한쪽 부모는 주저 없이 자녀에게 무시무시한 적개심을 드러낸다.

이처럼 폭발할 위험성이 큰 가정의 아이들은 종종 긴장, 공포, 난처함으로부터 자신을 지키기 위해 한쪽 편 부모에게 다른 편 부모를 더 이상 만나고 싶지 않다고 말한다. 거부당한 부모는 자녀에게 이혼의 해독이 주입되었다고 생각하고 자녀가 만나는 것을 주저하면 자신이 따돌림 당했다고 가정한다. 이는 사실이 아닐 수도 있다. 이런 아이들 중 많은 수는 거부하는 부모에게도 계속 사랑을 느낀다. 그러나 꼼짝달싹할 수 없는 곤경에서 어떻게든 벗어났으면 하는 강렬한 욕망도 함께 느낀다. 자녀들은 싸움을 하는 두 당사자 중 한 사람과의 관계를 끊는 것 외에는 다른 방도가 없다고 생각한다.

어떤 심리치료사들은 극도의 갈등에 노출됨으로써 초래되는 손상을 우려해서, 아이가 부모 중 한편이나 때로는 그 부모의 모든 확대가족과의 접촉을 잃는 한이 있더라도 아이들을 그러한 싸움에 노출시키지 않는 것이 최상이라고 믿는다. 그러나 나는 이런 생각은 잘못이라고 생각한다. 물론 부모의 싸움은 안전이나 안녕에 대한 아이의 분별력을 파괴할 수도 있다. 그것은 내가 이 책을 쓰는 이유이기도 하다. 그러나 그렇게 해서는 부모 중 한편을 영원히 잃을 수도 있다. 아이는 성장하면서 점차 자신을 부모의 적개심에서 더 잘 보호할 수 있게 될 것이다. 그러나 부모-자녀 관계의 파탄이나 확대가족의 상실은 결코 회복하지 못할 수도 있다. 그래서 나는 부모들 싸움의 유탄으로부터 아이를 보호하기 위해 가능한 모든 것을 해야 하지만 관계는 계속 유지할 것을 권고한다.

이해와 대응 방안

자녀가 해로운 긴장 관계에 노출되는 것을 막기 위해서는 양쪽 부모가 동시에 나타나지 않도록 옮겨 가는 절차를 잘 짜야 한다. 예를 들어 부모 중 한쪽 편이 아침에 자녀를 학교에 데려다주고, 다른 편이 수업이 끝난 다음 데려가는 방법이 있다. 학교에 다니지 않는 어린아이를 위한 방법으로는 한쪽 편 부모가 아이를 친척이나 친구에게 맡기고 그 부모가 떠난 다음 10분 후에 다른 편 부모가 아이를 데려오는 것이다.

부모를 지키는 아이

때때로 풀이 죽거나 정서적으로 안정적이지 못한 부모는 자신을 걱정해 주는 자녀에게 의존한다. 아이는 이런 부모를 혼자 두고 떠나는 것에 대해 걱정한다. 그래서 다른 편 부모와 함께 지낼 때가 오면 아이는 가지 않겠다고 항변한다. 이는 따돌림의 경우가 아니다. 아이는 여전히 다른 편 부모를 사랑한다. 그리고 실제로 그 부모의 보호 속에서 잘 지낸다. 그러나 정서적으로 불안정한 부모에게 일어날 수 있는 나쁜 일을 우려해서 그쪽 편을 드는 것이다.

한 어머니가 남편이 떠나자 희망을 잃은 나머지 자신의 책임을 잊고 침대에 누워버렸다. 그녀는 여덟 살 된 딸에게 그 애가 아빠와 만나도록 정해져 있는 긴 주말을 어떻게 견딜지 모르겠다고 말했다. 그 결과 딸애는 아빠에게 그 주말에 만나고 싶지 않다고 말했다. 이 어머니는 풀이 죽어 있을 뿐 자기 딸을 조종하는 것은 아니다. 그러나 어떤 부모는 자녀가 다른 편 부모와 만나는 것을 막기 위해 아이가 절대적으로 필요하다고 표현한다.

이해와 대응 방안

당신이 우울함에 사로잡혀 있다면 다른 성인의 도움을 얻거나 필요한 교제를 하라. 자녀에게 보호자의 역할을 맡기지 말라. 부모의 정서적 욕구를 우려하는 대부분의 자녀들은 건전하게 성장하지 못한다.

특별한 상황에 따른 반응

여섯 살짜리 오웬은 이혼한 지 얼마 되지 않은 아버지의 재혼을 받아들일 만한 정서적 준비가 되어 있지 않았다. 오웬은 새엄마의 존재를 매우 불안하게 느꼈다. 그래서 새엄마를 피하기로 결정했다. 그 결과 오웬은 아버지 집에서 잠자기를 거부했다. 오웬의 행동은 문제였고 어쩌면 엄마가 새엄마를 경멸하는 데 영향을 받았을 수도 있지만 따돌림은 아니었다. 오웬은 정기적으로 아빠를 레스토랑에서 만났고, 아빠와 함께 테니스를 쳤다. 그러나 새엄마는 끼지 말아야 한다고 주장했다. 이는 계속해서 아이의 요구를 들어주기보다는 해결해야 할 문제였지만 따돌림은 아니었다.

이해와 대응 방안

새엄마에 대한 아이의 불안감은 집에서 멀리 나와 휴가를 보냄으로써 줄어들 수 있다. 일상에서 벗어난 낯선 환경에서 새로운 경험을 함께 함으로써 새엄마와 아이의 유대감이 커질 수 있다.

열네 살짜리 필립은 거처를 아버지 집으로 옮겨달라고 요구했다. 필립은 낮 동안에는 엄마 집에서 지낼 수 있지만 잠은 아빠 집에서 자고 싶다고 말했다. 필립이 이런 결정을 한 이유를 명확히 말하지 못했기 때문에 어머니는 전남편이 자신을 싫어하도록 아들에게 해독을 끼쳤다고 생각했다. 그러나 필립은 이혼의 해독의 희생자는 아니었고 어머니에 대한 따돌림에 빠진 것도 아니었다. 필립은 아직도 어머니를 사랑했고 어머니와 만나기를 원했다. 그러나 밤을 함께 지내는 수많은 어머니의 남자친구들이 지긋지긋했다. 필립은 자신을 불안하게 만드는 것이 무엇인지 충분히 알지는 못했지만 그런 상황에서 벗어나고 싶었던 것이다.

오웬과 필립의 사례는 '특별한 상황에 따른 반응', 즉 아이들은 따돌림에 빠지지 않더라도 특별한 환경에서는 부모 중 한쪽 편에 반항할 수 있다는 것을 보여준다.

사고방식의 공유

부모가 양육권 분쟁에 휘말려 있거나 아이의 애정을 놓고 다투고 있을 때는 아이가 상대방과 친밀한 관계를 가지는 것이 자신에 대한 따돌림의 징조가 아닌가 우려할 수도 있다. 그러나 이러한 우려는 입증되지 않았다. 손상되지 않은 가족에서도 부모 중 한쪽 편을 다른 편보다 더 친숙하고 편안하게 느낄 수 있다. 그리고 보다 긴밀하다고 느끼는 쪽은 아이가 자라면서 여러 차례 바뀔 수 있다.

이해와 대응 방안

아이가 전 배우자와 같은 사고방식을 갖고 있다고 해서 이를 당신에 대한 따돌림과 혼동하지는 말라. 아이가 당신을 사랑하고 당신과 시간을 보내는 한 걱정할 만한 현상은 아니다. 다른 편 부모와 경쟁하기보다는 자신과 아이 관계의 긍정적 측면에 집중하라. 부모와 자녀가 잘 지내는 것은 정상이며 때에 따라 달라질 수 있다. 당신 아이의 자연스러운 경향을 받아들이면 당신에 대한 유대감이 강화될 것이다. 그러나 이러한 경향에 거부감을 보이면 아이와의 관계에 불필요한 긴장감이 생길 것이다.

부모 중 한쪽 편과 훨씬 더 잘 지내게 되는 데는 몇 가지 이유가 있다.

한쪽 부모와 자녀가 유사한 바이오리듬, 활동수준, 흥미, 기질을 공유하고 있을 수도 있다. 경우에 따라서는 아이가 동성同性 부모를 동일시할 수도 있다. 이런 종류의 선호를 드러내는 아이들은 따돌림에 빠진 아이들과는 구분된다. 그들은 부모 양편 모두에 대해 계속해서 긍정적 관심을 표현하고 접촉하려고 한다. 덜 선호하는 것과 싫어하는 것은 커다란 차이가 있다.

부모와 자녀의 협력

아이가 부모 중 한쪽 편과 친밀한 것이 앞에서 언급한 사고방식의 공유수준을 넘는 경우도 있다. 열다섯 살 된 롤란다의 아버지는 비서와 결혼하기 위해 아내와 이혼했다. 아버지는 그 비서와 오랫동안 일을 함께 하고 있었다. 딸애는 아버지의 행동에 상처를 입었고 화가 났다. 딸애는 쫓겨난 여자라는 어머니의 입장에 공감했다. 그래서 어머니가 자신의 충실한 지지를 받아야만 하고, 또 그럴 필요가 있다고 느꼈다.

롤란다는 어머니와 사는 것을 훨씬 더 좋아한다고 말하고, 아버지와 어머니가 금전적 분쟁을 할 때도 어머니 편을 들었다. 그러면서도 아버지에게 계속해서 사랑을 표현했고 긍정적으로 대했다. 이혼이 마무리되고 시간이 흐른 뒤에도 롤란다는 여전히 어머니와 더 친하다고 느꼈지만 아버지 및 아버지의 새 아내와 시간을 보내는 것도 즐거워했다. 이혼문제 전문가인 조안 켈리 박사와 자넷 존스톤 박사는 어머니와 딸이 이런 형태로 협력하는 것을 '제휴alignment'라고 부른다.

샘은 아버지와 제휴했다고 할 수 있는 유치원 학생이다. 샘은 분명히 아빠와 지내는 것을 더 좋아했지만 자신의 시간을 정확히 둘로 나누어 양편 부모의 집에서 보냈다. 샘의 아버지는 아들에게 조용하지만 확고한 권위를 행사했다. 아버지는 샘의 놀이에 허용범위를 더 넓힐 수 있으며, 필요하면 통제를 할 수도 있고, 아들이 그런 제한에 동의할 것이라고 믿었다. 샘은 이런 아버지의 통제를 마음 든든히 생각했고 더 큰 자유를 느꼈다. 아버지와 아들은 긴밀한 유대 관계를 공유했으며 자주 포옹하거나 말로 애정을 표현했다.

이와는 대조적으로 샘의 어머니는 아들이 너무 활동적이라고 우려했다. 그녀는 소리를 친다든지 자주 제약을 한다든지 지나치게 엄격하게 대하는 등 비효율적인 방식으로 아들을 대했다. 문제를 더욱 복잡하게 만든 것은 샘이 아빠와 너무 비슷하게 보였다는 점이다. 아빠와 샘은 같은 얼굴 표정을 지었으며 같은 버릇을 가졌다. 아버지와 아들이 닮았다는 사실은 어머니가 샘에게 애정을 갖는 데 장애가 되었다. 어머니는 샘의 행동이 자신이 싫어하는 전남편을 떠올리게 할 때마다 날카로운 거부반응을 일으켰다. 그 결과 함께 있을 때 자주 실망을 주고받음으로써 좌절을 겪었다.

아버지와 함께 있다가 어머니에게 돌아갈 시간이 되면 샘은 눈에 띄게 불안해했다. 흐느끼거나 소리치면서 격렬하게 대들거나 아빠에게 매달리기도 했고, 우울해하거나 머리를 아빠의 어깨에 넌지시 기대기도 했다. 이는 정상적인 분리불안의 징후는 아니었다. 샘은 언제나 어머니와 떨어져서 아버지와 함께 있기를 갈망했기 때문이다.

샘의 어머니는 샘을 따돌림에 빠지게 했다고 전남편을 고소했다. 그녀는 샘이 자신에게 오기 전에 아이 아버지가 샘과 재미있는 놀이를 하다가 갑자기 끝내고 이제 엄마 집에 가야 한다고 말하는 것이 아닐까 의심했다. 실제로는 샘의 아버지는 아들이 불안해하는 것을 보고 샘이 어머니와 즐겁게 지낼 수 있도록 하기 위해 가능한 모든 것을 했다. 샘은 명백히 아버지의 보살핌을 더 좋아했다. 이런 의미에서 샘은 아버지와 제휴했다고 볼 수 있지만 엄마를 따돌린 것은 아니었다. 샘은 확실히 엄마를 사랑했고 엄마에게도 유대감을 느꼈다. 그리고 일단 힘든 집 바꾸기 절차가 마무리된 다음에는 엄마의 관심을 끌기에 애썼다.

이해와 대응 방안

아이와 함께 지낼 부모를 바꾸는 일이 너무 힘들다면 아이와 함께 집에 돌아오기 전에 저녁을 먹는다든지 심부름을 보낸다든지 해서 잠시 동안 집 밖에서 어떤 일을 하도록 계획을 짜보라. 집 밖의 활동은 완충 작용을 할 수 있으며 한 거주지에서 다른 거주지로 옮기는 데서 비롯되는 정서적 충격을 완화시킬 수 있다.

극단적인 제휴와 온건한 따돌림 사이의 경계는 매우 모호하다. 롤란다의 경우, 어머니의 대처 방식이 롤란다가 따돌림에 빠지는 것을 막은 핵심요인이다. 롤란다의 어머니는 전남편의 외도를 용서할 수는 없지만 자신들의 결혼생활은 오랫동안 문제가 있었으며 결국은 이혼이 최선의 선택이었다는 점을 딸에게 납득시켰다. 샘의 경우는 아버지가 어머니에 대한 아들의 사랑을 계속해서 지지했으며 아들이 어머니에 대해 이야기하는 것을 인정했다. 어떤 부모들은 아이가 더욱 건강하게 적응할 수 있도록 격려하거나 북돋우지 않고 상대방에 대해 완전히 부정적인 관점을 갖도록 적극적으로 조장하거나 상대방에 대한 아이의 거부감을 수동적으로 받아들임으로써 자식의 제휴를 악용한다. 이런 가정의 아이들은 특히 따돌림에 빠지기가 쉽다.

이해와 대응 방안

아이가 당신에 대해 적개심이나 거부하는 태도를 보인다고 해서 따돌림에 빠졌다거나 이혼의 해독에 중독되어 있다고 가정하지 말라. 당신 자신의 행동이나 환경이 따돌림에 영향을 주지 않았는지 솔직한 눈으로 살펴보라. 상황을 개선하기 위해 다른 편 부모에게 도움을 요청하라. 다른 편 부모가 기꺼이 협조한다면 아이가 따돌림에 빠지지 않을 가능성이 높을 것이다. 다른 편 부모가 돕기를 거절한다면 그는 당신에 대한 아이의 거부감에 만족을 느끼고 아이의 부정적 행동을 허용함으로써 적극적이지는 않더라도 수동적으로는 따돌림을 조장하고 있을 가능성이 높을 것이다.

앞에서 언급한 조건들은 따돌림과 구분될 수 있다. 그러나 상황에 부적절하게 대처한다면 이 또한 따돌림의 전조가 될 수 있다. 거부당하는 부모들은 76쪽에서 제시한 7가지 지침에 따라야 한다. 그리고 아이가 좋아하는 부모는 아이의 행복을 위해 아이가 양쪽 부모 모두와 건강한 관계를 유지하도록 노력해야 한다.

아이가 따돌림에 빠져 있느냐 아니냐, 그리고 따돌림에 빠져 있다면 이혼의 해독이 따돌림에 빠지게 된 하나의 원인이냐 아니냐는, 문제에 대응하는 방법을 결정해야 하는 법원, 심리치료사, 부모에게는 중심적인 논쟁거리이다.

허위고소 2: 부모 따돌림 증후군

2장에서 우리는 티나라는 여성에 대해 언급한 적이 있다. 그녀의 남편인 웨즐리는 티나가 아들 빈스를 세뇌시켰다고 고소했다. 티나의 사례는 실제로는 PAS와 관계가 없다. 우선 빈스는 아버지를 거부하지 않았다. 오히려 빈스는 아버지와 더 좋은 관계를 갖고 싶어했다. 그런데 웨즐리는 빈스와 함께 지내는 시간에 대한 소유욕이 강해서 빈스가 정기적으로 자신과 만나는 주말에는 친구의 생일파티에 가는 것도 일체 허락하지 않았다. 웨즐리는 서로의 만남이 너무 적어서 빈스가 자신하고만 시간을 보내고 싶어할 것이라고 생각했다. 그 결과 빈스는 아버지와 만나는 주말을 기다리지 않게 되었다. 그렇지만 빈스가 따돌림에 빠져 있는 것은 아니었다. 그리고 그 어머니도 빈스를 세뇌시키지 않았다.

법원이 지명한 심리학자는 이 가정을 조사한 다음 빈스가 PAS의 어떤 징후도 가지고 있지 않다고 결론 내렸다. 그는 웨즐리가 아이의 욕구를 더 잘 이해하고, 아이와 함께하는 시간을 탄탄한 관계를 만드는 데 기초가 될 수 있도록 심리치료사에게 상담을 받으라고 권고했다.

PAS라고 고소하는 부모들은 자신이 상황을 정확히 파악하고 있는지 확인할 필요가 있다. 아이의 난처한 행동을 다른 편 부모의 탓이라고 잘못 비난한다면 아이와의 관계를 개선할 수 있는 기회를 놓쳐버릴 것이다. 실로 자신의 책임을 부인하는 것은 아이의 마음을 멀어지게 만드는 결과를 가져올 수도 있다.

티나처럼 세뇌를 시켰다고 허위고소를 당하는 부모들은 스스로를 방어하기 위해 PAS에 대한 정보가 필요하다. 티나의 변호인은 판사에게 빈스의 행동은 아버지를 싫어하게끔 해독을 입은 아이의 징후가 아니라는 것을 보여줄 필요가 있었다. 따돌림이 쟁점이 되는 소송에 휘말린 부모들은 자신의 변호인이 PAS에 능통하며, PAS 증언에 잘 대처할 수 있다고 법정에서 주장해야 한다. 이러한 정보를 무시하면 양육권을 잃을 염려가 있다.

부모 따돌림 증후군의 오진 바로잡기

당신이 아이에게 PAS를 퍼뜨렸다고 허위고소를 당한다면, '부모 따돌림 증후군'이라고 잘못 진단될 수 있는 다음과 같은 일련의 상황들을 체크해보라. 만약 이 중 어떤 것이 당신의 가족에 해당한다면 변호인과 당신의 사례에 관여하고 있는 정신건강 전문가에게 이를 주목하게 하라.

☐ 당신의 아이는 종종 당신의 전 배우자를 비난하지만 모독 캠페인에는 참여하지 않는다. 또 그와 같이 지내는 것을 거부하지도 않는다.

☐ 당신의 아이는 당신과 전 배우자 양쪽에 모두 적대적이다.

☐ 당신은 종종 전 배우자를 비난한다. 그러나 가혹하게 모독하는 캠페인을 하지는 않는다. 일부 전문가들은 비교적 온건한 간헐적인 헐뜯기와 사랑하는 부모에게 등을 돌리게 만들기 위한 체계적인 노력을 정확히 구분하지 못한다.

☐ 당신이 아이로 하여금 부모 중 다른 편에 등을 돌리게 만들려고 했지만 아이는 다른 편 부모를 모독하는 일에 참여하지 않으며 3장에서 언급한 PAS의 다른 징후도 보이지 않는다. 가드너 박사에 따르면, "PAS의 진단은 조종하는 사람의 노력에 달린 것이 아니라, 각각의 아이들에게서 나타나는 '성공' 정도에 달려 있다."

☐ 당신 아이의 따돌림은 다른 편 부모에게 받는 가혹하고 잘못된 대우에 대한 현실적이고 적절한 대응이다.

☐ 당신은 공공연하게든 은연중에든 아이의 따돌림을 부추기거나, 영향을 미치거나, 지지하지 않았다. 그리고 전 배우자와 아이의 건강한 관계를 촉진시키기 위해 상당한 노력을 했다.

□ 당신 아이가 상대편 부모와 함께 있거나 그의 집으로 옮기는 것에 대해 보이는 저항과 거부감은 일시적이거나 간헐적으로 나타날 뿐이다.

□ 당신 아이는 새 파트너가 나타나는 것과 같은 어떤 특정 상황에서만 다른 편 부모와 함께 있기를 거부한다.

이제 이혼의 해독이 아이들에 미치는 영향을 알게 되었다. 그러나 아이들은 어떻게 해서 이런 방향으로 나아가게 되는 것일까? 어떻게, 왜, 언제 해독이 침투하는 것일까? 다음 장에서는 이 문제를 다룰 것이다. "부모가 자신의 자식에게 어떻게 그렇게 할 수 있을까?"라는 가장 어려운 문제에서 시작해보자.

제4장

악의적 동기들

집단 압력에 굴복하지 않기 위해서는 용기를 가져야 한다는 것을
아이들에게 강조하라. 증오 캠페인에 가담하는 것보다는 모든 부모에 대한
사랑과 존중심을 유지하는 것이 더 건전하다는 것을 아이들이 알게 하라.

본 법관은 아버지에 대한 아이의 맹목적이고 편협한 호전성의 원인이
어머니가 양분과 물을 주고 경작한 토양에서 자라났다는 것을
추호도 의심하지 않는다. 본 법관은 어머니가 아버지에 대한 사랑,
존중하는 마음, 감정을 아이에게 불어넣는 등과 같은 양육권자로서
비양육권자인 부모에게 져야 할 모든 의무를 어겼다고 확신했다.
더욱이 자녀들에게 해독을 천천히 주입시킴으로써,
본 법관의 능력으로는 해독제를 찾을 수 없을 것 같다.
— 리처드 페더Richard Yale Feder, 플로리다 법원 판사

당신은 아기가 태어날 때부터, 아니 임신 중에도 아이의 안전과 건강을 위해 온갖 노력을 다했다. 음식을 주고, 옷을 입히고, 소아과에 데려가고, 기저귀를 갈고, 자동차 시트에 앉히고, 채소와 비타민을 공급하고, 자장가를 불러주고, 잠자리에서 이야기를 들려주었다. 아이를 돌보는 데 시간과 에너지와 돈을 기꺼이 바쳤다. 당신의 전 배우자도 아마 그렇게 했을 것이다.

그런데 어떻게 이처럼 아이를 사랑하는 부모가 자기 아이에게 해독을 불어넣을 수 있을까? 이혼에 따르는 분노와 실망감으로 간헐적인 헐뜯기를 설명할 수는 있다. 그러나 그 이상의 악의적인 행동인 깎아내리기와 세뇌를 이해하려면 좀더 깊이 있는 검토가 필요하다. 사랑하는 부모가 어떻게 그토록 명백히 아이의 신뢰감을 혼란시키고, 아이의 정신적 건강에 타격을 입히는 일을 할 수 있을까? 어떤 종류의 사람들이 자신의 아이에게 그렇게 하는 것일까? 그들은 왜 그렇게 할까? 이에 대해 효과적으로 대처하는 방법은 무엇일까?

희미한 경계선 |

이혼의 해독 뒤에 깔려 있는 동기를 추적할 때에
는 한 가지 점을 유념해야 한다. 어떤 동기는 아이의 애정을 뜯어 고치려
는 충동을 설명할 뿐이다. 그러나 하나의 충동이 하나의 행동은 아니다.
부모들은 때때로 충동을 따르기보다는 아이를 향한 행동을 억제한다. 예
를 들어 아이를 때리고 싶을 때마다 때리지는 않는다. 대부분의 이혼한
부모들은 전 배우자를 헐뜯고 싶은 만성적인 충동을 느끼는 시기를 경험
한다. 그러나 아이가 있을 때는 종종 이러한 충동을 억누른다.

자녀를 사랑하는 부모가 자신의 행동을 억제하기보다는 아이의 보호자
라는 역할을 중지하고(기본적인 부모의 책임을 저버리고) 아이에게 해가 될
행동을 하게 되는 이유는 무엇일까? 많은 사례에서 그 대답은 간단하다.
부모들은 그런 행동이 아이에게 해가 된다고 생각하지 않는다는 것이다.
헐뜯는 행위를 하는 많은 부모들은 전 배우자에게 상처를 입혀야 한다는
충동에 사로잡혀서 그것이 아이에게 미칠 충격에 대해서는 생각하지 않
는다. 또 다른 부모들은 그들 자신의 생각이나 감정이 아이와 일치하지
않을 수도 있다는 것을 깨닫지 못한다. 이런 부모들은 종종 자신과 아이
는 단일한 구성체라고 말한다. 별거를 결정한 한 어머니가 남편에게 말했
다. "우리는 당신을 보고 싶지 않아요. 당신이 필요 없어요. 왜 당신은 따
로 나가려고 하지 않죠?" 이 여성은 자신과 아이들의 감정은 다르다고 생
각하지 않는다.

부모-자녀의 심리적 경계가 희미해지면 부모는 전 배우자를 깎아내리

려는 자신의 목적을 달성해야겠다고 진심으로 결정하게 된다. 이런 행동이 아이들을 당혹스럽게 만들 때도, 혼란스럽게 만들 때도, 놀라게 할 때도 그렇게 한다.

특히 심각했던 사례가 기억난다. 아이와 어머니를 성공적으로 이간시킨 한 회계사가 있었다. 그는 아내가 양육권 심리의 연기를 거부하자 격분했다. 법원이 지명한 심리치료에 아이들이 보내지고 있는 동안 그는 전에도 여러 번 그렇게 했듯이 아이의 어머니를 비방했다. 그러나 이번에는 아이들에게 어머니가 심리의 연기를 거부하는 것은 자신의 암세포를 온몸으로 퍼뜨려 죽게 만들려는 것이라고 말했다. 그는 실제로 암에 걸려 있었다. 그러나 담당의사는 그의 상태는 치료 가능성이 90퍼센트 이상이라고 증언했다. 더구나 그 남자가 죽음에 직면해 있다는 생각은 전적으로 조작된 것이었고 의학적인 근거가 전혀 없는 것이었다. 아버지는 이를 알고 있었다. 그러나 아이들은 알지 못했다.

그는 아내에 대한 분노, 아이들을 자기편으로 만들어 엄마에게 맞서게 하려는 갈망, 그리고 자신의 감정을 조절하려는 의지의 결여로 아이들에게 가학적으로 행동하기에 이르렀다. 그는 아이들로 하여금 아빠가 죽음의 문턱에 이르렀으며 아빠를 죽음으로 떠밀고 있는 것은 엄마라고 생각하게 만들었다. 문제가 더욱 악화된 것은, 그가 자신의 임박한 죽음을 양육권을 둘러싼 분쟁과 연결시켰기 때문이었다. 아이들은 자신들이 법적 분쟁의 대상이라는 것을 알았다. 그러므로 아빠의 '임박한 죽음'에 자신들도 어느 정도 책임이 있다고 느낀 것은 그리 놀라운 일이 아니었다. 불행히도 이 아이들은 몇 년이 지난 다음에도 어머니에 대한 사랑을 회복하지 못하고 있었다.

아이와 표적부모의 관계를 손상시키겠다고 결정을 하는 부모들은 자신의 관심보다 아이들에게 더 중요한 것은 없다는 듯 행동한다. 어머니와 아들 사이에 이루어진 전화 대화의 사례를 보도록 하자. 대화는 주로 일방적인 비방이었고, 아이는 듣지 않으려고 애를 썼지만 성공하지 못했다. 어머니는 양육권 분쟁에서 아이가 자신의 '동지'가 되기를 기대했다. 어머니는 아이에게 아빠는 정신병으로 고통을 겪고 있으며 어느 순간 갑자기 화를 벌컥 낸다고 말했다(이 말은 사실이 아니다). 아이는 전혀 그렇지 않은데도, 이 어머니는 자신은 네가 아빠를 무서워한다는 것을 알고 있다고 말했다. 그리고 만나는 사람들에게 아빠를 두려워한다고 말하라고 시켰다. 또 911에 전화를 걸어서 아빠가 무서우니까 경찰을 보내달라고 이야기하라고 했다. 그리고 경찰이 도착하면, 네가 아빠를 무서워하며 엄마와 함께 살아야 한다고 이야기하라고 말했다. 아이는 통화 내내 아버지가 무시무시한 사람이라는 것에 동의하는 대신 주제를 바꾸려고 애썼다. 자신이 학교에서 하고 있는 프로젝트와 아버지 집에서 있었던 재미있는 일에 대해 이야기하려고 했다. 그러나 어머니는 아이의 말을 무시하고 아들이 마침내 포기할 때까지 자기가 의도했던 대로 이야기를 했다. 대화의 나머지는 아버지에 대한 어머니의 반복된 경고와 "예, 엄마"라는 아들의 밋밋하고 변화 없는 톤의 반복적인 대답으로 이루어졌다. 자신의 의도가 성공했다고 믿은 어머니는 전화를 끊었다. 실제로 아들은 911에 전화를 걸어 어머니가 이야기하라고 시킨 말을 줄여서 되풀이했다. 몇 년이 지난 다음에도 이 아이는 여전히 아버지와 이야기하기를 거부하고 있다.

이 어머니는 아이를 양육권 분쟁의 동료로 여기고 지지를 요구함으로써 자신과 아이들 사이에 존재하는 심리적인 경계선을 지워버리고 있었다. 아이들은 부모의 지지와 안내를 받을 수 있어야 한다. 다른 방식으로 이용되어서는 안 된다. 부모의 정서적 필요에 자신을 희생하는 아이들은 아동기의 일부를 일찍 포기해야만 한다.

이해와 대응 방안

부모-자녀 간의 심리적 경계선이 희미해졌거나 희미해질 위험이 있으면 아이들과 사람들의 유사성과 차이점에 대한 대화를 시작하라. 먼저, 겉모양이나 좋아하는 음식, 색, 음악, TV 쇼 등의 유사성과 차이점 같이 상대적으로 중립적인 주제에 대해 이야기하라. 아이는 부모 양편과 얼마나 비슷하고, 얼마나 다른가? 대화 속에서 아이가 흥미를 느끼는 것 세 가지를 열거하고, 이 중 엄마와 아빠도 마찬가지로 흥미를 느끼는 것 세 가지와, 엄마와 아빠는 달리 생각하는 것 세 가지를 맞추어 보게 하라.

다음으로, 이야기를 감정의 영역으로 옮겨라. 부모와 자식이 언제나 동일하게 느끼는 것은 아니다. 화내는 것이 아닌 다른 감정부터 시작하라. 자신을 행복하게 만드는 것에서 당신과 아이는 무엇이 같고, 무엇이 다른가? 두려운 것은? 예를 들어 아이는 만화영화를 좋아하지만 당신은 애정영화를 좋아할 수 있다. 아이는 어둠을 두려워하지만 당신은 그렇지 않을 수 있다. 당신은 뱀을 두려워하는 반면, 아이는 그것을 가지고 노는 것을 즐거워할 수 있다. 다시 한번, 아이에게 앞에서와 같은 식으로 문제를 맞춰보게 하라.

일단 서로 다른 감정의 원리를 배운 다음에는, 화내는 것을 포함하는 하나의 사례를 활용하라. 여동생에게 화가 난 소년은 그 애를 싫어한다고 말한다. 그러나 당신은 계속해서 두 남매를 모두 사랑한다. 이런 사례는 따돌림을 하고 있는 부모의 증오심을 공유할 필요가 없다는 것을 아이에게 보여주는 데 이용할 수 있다.

"아빠는 엄마에게 굉장히 화가 났기 때문에 너도 엄마에게 화를 냈으면 한단다. 그러나 그렇게 할 필요는 없어. 네가 모든 걸 아빠와 똑같이 느낄 필요는 없다는 거지. 너 자신만의 감정을 가질 수도 있단다."

자녀들이 부모의 악영향에서 벗어나게 하는 것은 중요하다. 그러나 보통 이것만으로는 충분하지 않다. 이혼의 해독을 멈추게 하기 위해서는 가해자로 내모는 상대방의 구체적인 동기, 감정, 개인적 특성, 상황을 확인해야 한다. 동기가 다르면 대응도 달라져야 한다. 어떤 부모에게는 헐뜯기를 끝내는 전략이 다른 부모에게는 헐뜯기를 강화시키는 전략이 될 수도 있다.

복수심

헐뜯거나 깎아내리는 부모들은 화가 난 사람들이다. 거부당했다고 느끼는 사람도 있고, 배신당했다고 느끼는 사람도 있고, 자신이 부당한 대우를 받아왔다고 믿는 사람도 있을 것이다.

아내가 이혼 이야기를 꺼내자, 남편이 아내에게 말한다. "당신이 나와 헤어져 다른 남자에게 가면 당신이 어떤 여자인지를 아이들이 알게 될 것이다. 나와 헤어지려면 아이들을 포기해야 한다." 법원은 일반적으로 이것이 아이들이 엄마를 잃어야 하는 충분한 이유라는 데 동의하지 않기 때문에, 남편의 다음 행동은 엄마에 대한 아이들의 애정에 손상을 입혀서 보고 싶지 않게 만드는 것이다.

이혼의 해독이 보복에 의해 밀어닥칠 때 가장 효과적인 해독제는 분노를 없애는 것이다. 스스로에게 물어보라. "그(또는 그녀)는 왜 그렇게 화가 났을까? 내가 할 수 있는 일은 없을까?"

샘은 전처가 아이들에게 자신을 헐뜯고 있다는 것을 확실히 알았다. 12년간의 결혼생활 끝에 아내 트리쉬가 자신과 헤어지기로 결정하자 샘은 이혼협상 중에 아내가 부정직하다고 말함으로써 응징하고자 했다. 샘은 금융재산의 많은 부분을 아내에게 숨겼다. 그 결과 트리쉬는 매우 부당한 합의금을 받았으며 둘 다 그 사실을 알고 있었다. 트리쉬는 아이들 앞에서 샘을 거짓말쟁이에 사기꾼이라고 헐뜯음으로써 앙갚음했다. 아이들이 헐뜯음 때문에 힘들어하고, 자신이 이혼에 대해 가졌던 분노가 가라앉자 샘은 쉽지 않은 결정을 내렸다. 그는 변호인에게 원래의 이혼합의금을 수정하게 했다. 이 일은 트리쉬를 놀라게 했다. 샘에게 감사하지는 않았지만(처음부터 그래야 했던 것을 얻었을 뿐이므로) 샘에 대해 화가 좀 풀렸고, 헐뜯는 것도 자제했다. 이것이 공동 부모 관계에 더욱 신뢰를 가지게 한 출발점이었다. 모든 사람이 이익을 얻었다.

대부분의 경우 이혼의 해독 뒤에 깔려 있는 분노라는 현상은 현실적이거나 인지된 공격에 대한 피할 수 없는 대응이다. 당신이 할 수 있는 모든 것은 분노를 줄이는 것이다. 일반적인 사례는 부부간의 불신이다. 당신이 결혼생활에 충실하지 않았고, 당신의 배우자가 아이들로 하여금 당신에게 등을 돌리게 만들어서 앙갚음하려고 한다면 분노를 피할 수 없다. 그러나 당신이 자신의 잘못을 인정할 수는 있다. 당신으로 인해 생겨난 고통에 대해 사과를 할 수도 있다. 유감을 표현할 수도 있고, 당신의 잘못을 아이들이 변상하지 않게 해줄 것을 부탁할 수도 있다. 또 상대방의 분노를 이해할 수 있으며 배신에 대한 타당한 반응이었다는 생각을 전달함으로써 치료의 과정을 가속화할 수 있다.

당신은 또한 공동치료joint therapy를 고려해야 한다. 그것은 분노와 실망을 표현할 수 있는 안전하고 중립적인 환경을 제공한다. 그리고 사회적 의사소통을 위한 토론의 장을 마련해준다. 화가 나서 맹목적이 된 헐뜯는 부모는 자신을 화나게 만든 상대방의 말보다는 선입견을 가지고 있지 않은 정신건강 전문가(또는 종교 지도자)의 권고를 더 잘 받아들인다. 공동치료를 받는 데는 동의했지만 서로에 대한 적개심과 불신이 워낙 커서 심리치료사를 결정하는 데 합의하지 못할 수도 있다. 당신이 이런 상황에 놓인다해도 포기하지 말라. 변호인들끼리 의논하게 하라. 그리고 양측 변호인들이 모두 존중하는 심리치료사를 한 사람 선택하라. 그렇지 않으면 한쪽 편에서 심리치료사를 세 사람 추천하고, 다른 편에서 그 중 한 사람을 선택할 수도 있다. 심리치료사가 경험이 많고, 능력이 있고, 편견이 없으면 모든 사람의 이해관계에 맞는다. 8장 '전문가의 도움 받기'를 참고하면 심리치료사를 잘 선택하는 비결을 알 수 있으며, 치료 효과를 극대화할 수 있다.

이해와 대응 방안

이혼의 해독이 보복에 의해 밀어닥칠 때 가장 효과적인 해독제는 분노를 없애는 것이다. 스스로에게 물어보라. "그(또는 그녀)는 왜 그렇게 화가 났을까? 내가 할 수 있는 일은 없을까?"

- 가능하면 흥분을 없애라. 그것을 유발시킨 데 대해 당신 편에서도 책임이 있다는 태도를 보여서 분노를 줄여라.
- 평화를 요청하는 편지를 보내서 당신이 입힌 상처에 대해 사과하고, 당신의

잘못으로 아이들이 벌 받는 일은 없게 해달라고 부탁할 수 있다.
- ■ 공동치료를 받으라.

자아도취증

헐뜯는 부모들은 자신이 뛰어난 사람인 것처럼 행동한다. 그러나 실제로는 많은 사람이 부모로서 열등감을 느낀다. 그들은 자신이 더 좋은 부모이며, 아이의 사랑을 더 많이 받을 만하다는 것을 자기 자신과 아이들, 그리고 세상에 확인시키기 위해 다른 편 부모를 깎아내린다. 이들은 부모로서 자신의 이미지를 강화하기 위해 상대방을 헐뜯고 깎아내리는 것이 정반대의 결과를 가져온다는 것을 알아차리지 못한다. 그리고 모든 사람이 보기에 부모로서는 중대한 결점을 드러낸다. 자기 자신의 나약한 자아ego를 부양하기 위해 아이들의 필요를 희생시키려고 한다는 점이다.

『양육권 혁명』에서 나는 과도한 자아도취가 어떻게 일부 부모들을 양육권 분쟁으로 이끄는지 서술했다. 독자들은 나로 하여금 그것이 또한 이혼의 해독으로 이어진다는 것을 알게 해주었다. 아이들로 하여금 당신에게 등을 돌리게 하려는 노력의 배후에 자아도취증이 깔려 있을 때 그것을 어떻게 알 수 있는가? 다음과 같은 몇 가지 특성이 나타나는지를 찾아보라.

- 자기 자신의 중요성을 지나치게 부풀리는 시각(진정한 긍정적 자존심과 혼동하지 말라)
- 자신이 성취한 것을 과장하는 경향

- 칭찬을 받으려는 과도한 욕구
- 공감의 현저한 결여(자기 자신을 타인의 입장에 놓아보려 하지 않는다)
- 과도한 질투
- 다른 사람이 자신을 질투한다는 부단한 믿음
- 전제적이면서도 겸손한 체하는 태도
- 대인 관계에서 지나치게 직함을 의식

나는 위에 열거한 기준에 딱 들어맞는 한 남자의 사례를 상담한 적이 있다. 뉴욕에 사는 빈센트는 그 지역사회에서는 아이들이 소속된 거의 모든 과외활동에서 권위를 가지려는 아버지로 알려져 있었다. 그는 스카우트의 리더, 축구와 야구의 수석 코치, 일요학교 교사, 자택소유자 협회의 안전위원회 의장 등의 직함을 가지고 있었다. 그는 한 사람의 부모로서 이력서에 쓸 수 있는 모든 것을 했다.

처음에 빈센트는 이웃 사람들을 감명시켰다. 그러나 이웃 사람들은 점차 그에 대한 환상을 버리기 시작했다. 사람들은 그에 대해 마치 다른 사람들의 지지를 받을 권리와 자격을 가진 것처럼 행동했던 사람이라고 말했다. 빈센트는 이웃 사람들을 이용했다. 사람들은 또한 그가 언제나 다른 사람의 관심을 끌려 했다고 말했다. 그는 자신이 지역사회에서 얼마나 커다란 명성과 영향력을 가지고 있으며, 아들을 위해 얼마나 많은 것을 하고, 얼마나 신앙심이 깊은지 들으려고 하는 사람이라면 누구에게나 말했다.

이혼을 한 다음 그는 딸을 양육하고 있는 한 여자와 재혼했다. 그는 곧바로 두 가지 별개의 양육권 분쟁을 시작했다. 첫째, 그는 새 딸의 아버지를 딸의 생애에서 지워버리려고 했다. 둘째, 아들의 생활에서 어머니의 역할을 줄이려고 했다. 두 사례에서 모두 그는 자신과 현재의 아내가 유일한 합법적 부모라는 것을 받아들이도록 아이들(그리고 법원)을 설득시키기 위한 사명감에 불타고 있는 듯했다. 그러나 법원은 두 사건에서 모두 빈센트의 주장을 기각했다. 그리고 그가 자신으로 인해 초래된 손상을 깨닫지 못하는 데 대해 우려를 표했다.

과도한 자아도취는 남자들에게만 나타나는 현상은 아니다. 완다는 자녀들의 감정은 거의 고려하지 않은 채 두 아들 앞에서 계속해서 남편을 깎아내렸다. 그녀는 다른 사람의 관심을 받기를 갈망했고, 더 좋은 생활을 꿈꾸었다. 그녀는 마침내 자신이 더 많은 것을 받을 만한 가치가 있다고 결론을 내렸다. 그녀는 남편에게 이혼하자고 말했으며 아이들은 매주 번갈아 맡는다는 데 동의했다.

완다는 아이들이 교회에서 다른 아이들과 함께 여행을 간 사이 다른 학군의 아파트로 이사했다. 함께 어울리고 싶은 친구들과 가까이에 살기 위해서였다. 그녀는 아이들 옷 거의 전부(더 이상 어울리지 않는 낡은 옷을 제외하고는)와 대부분의 가구를 가지고 갔다. 그녀의 아파트는 이 모든 것을 들여놓기에는 너무 좁았다. 그래서 창고 하나를 임대했다. 다른 가족에 대한 배려 없이 어마어마한 짐을 가져온 것으로도 부족해서 완다는 자기 어머니가 준 냉장고를 가져와서 창고로 옮겼다. 아파트에는 이미 냉장고가 하나 있었기 때문이다. 완다는 자신이 정착하기 위해서는 시간이 필요하다며 남편에게 아이들은 첫째 주에 아빠와 함께 있어야 한다고 말했다. 그래서 아이들은 휴가가 끝나자 빈 집으로 돌아왔다.

십대인 아들은 어머니에게 화가 났다. 학교에 입고 갈 만한 깨끗한 옷도, 친숙한 물건도 남아 있지 않았던 것이다. 다음 주에 어머니의 아파트에 온 아들은 자신의 방이 동물우리 같으며 아무런 프라이버시도 지켜지지 않는다는 것을 알았다. 아들은 불평하면서 아버지 집에서 더 많이 자겠다고 했다. 완다는 자신의 이기적인 행동이 아들을 화나게 했다는 것을 깨닫지 못했다. 작은 아들도 이사 때문에 당황스럽기는 마찬가지였다. 그러나 불평을 억제함으로써 부모 양편을 모두 기쁘게 하려고 했다.

부모 따돌림 증후군이라고 허위고소를 하는 부모들 중에는 종종 자아도취적 특성을 가지고 있는 경우가 있다. 그들의 자기중심적 행동은 아이들의 반감을 사지만 그들은 그 결과로 일어나는 문제들을 다른 편 부모의 탓으로 돌려버린다. 자아도취자들은 자신 때문에 자식들과의 관계에서 일어나는 파괴에 대해 거의 책임을 지려고 하지 않는다.

이해와 대응 방안

자아도취적인 전 배우자에 의해 날조된 이혼의 해독에 대한 비난을 막기 위해서는 아이와 부모의 관계에 문제를 일으킨 전 배우자의 행동목록을 가지고 있어야 한다. 반복적으로 지키지 않는 약속, 아이들 앞에서 당신을 헐뜯기, 아이들의 타당한 요구를 무시하기 등과 같은 행동이 여기에 포함된다.

전 배우자에 대한 아이들의 사랑과 존중을 계속 지지하라. 아이들이 전 배우자의 긍정적 특성을 깨닫게 하고, 자아도취적인 행동을 아이가 좋아하지 않는 것에 대해 공감하라. 당신이 아이를 따돌림에 빠지게 했다고 고소를 당하면 다음과 같은 사실을 보여주는 것이 중요하다.

1. 아이들은 당신을 매우 좋아하지만 당신은 다른 편 부모에 대해 균형 잡힌 시각을 가지고 있으며 따돌림에 빠져 있지 않다.
2. 다른 편 부모와의 관계에 대한 아이의 어려움은 아이들이 그 부모에게서 받는 대우에 대한 직접적이고 현실적인 대응이다.
3. 전 배우자에게서 아이들의 등을 돌리게 만드는 불평을 악용하기

보다는 전 배우자와 아이들의 관계가 계속되도록 격려하라.

많은 사례에서 보면 부모가 중대한 심리적 문제를 가지고 있다 하더라도 아이들은 어떤 형태의 결합을 잘 유지할 수 있다. 결국 아이들은 당신이 자기들로 하여금 이를 성취할 수 있게 해준 데 대해 감사할 것이다.

자아도취적 성향이 있는 어떤 부모들은 아이를 조종해서 자기편으로 끌어들여 다른 부모와 대립하게 한다. 아이들은 진정으로 서로 사랑하는 능력이 제한되어 있는 부모의 환심을 사기 위해 다른 편 부모를 모독하는 캠페인에 가담할 수도 있다. 아이들은 자기도취에 빠진 부모의 얄팍한 정서적 투자를 의식한다. 그리고 이런 부모와 자신의 약한 끈을 유지하기 위해서 할 수 있는 모든 일을 한다. 특히 자아도취증이 공격성과 결합될 때, 아이들은 자기 자신이 표적이 될 수도 있다는 위험 때문이라기보다는 그냥 겁이 나서 부모의 증오 캠페인에 동참할 수도 있다. 이에 대해서는 다음 장에서 좀더 다루기로 하자.

역설적으로, 자기도취에 빠진 사람들은 타인의 추종으로 욕구가 충족되었을 때는 다른 사람에게 카리스마가 있으며 매력적일 수 있다. 그들은 흥분된 분위기, 특별한 취급방법, 자신을 치장하고 있는 성공을 과시함으로써 성공적으로 아이들의 충성을 끌어낼 수 있다.

양쪽 부모가 다 매우 자아도취적인 불행한 아이에 대해 생각해보자. 이런 부모들은 툭하면 서로 싸우고 이혼의 해독을 놓고 맞고소한다. 그러는 동안 자신들의 싸움이 아이들에게 미치는 영향에 대해서는 완전히 잊어버리고 스스로 만족하고는 한다.

빈센트나 완다와 같이 자아도취적인 부모들에 대해서는 치료나 중재를 하기가 어렵다. 이들은 다른 사람의 감정을 이해하지 못하므로 타협의 필요성이나 자신의 행동이 아이들에게 주는 영향을 이해하지 못한다. 당신이 선택할 수 있는 첫 번째 길은 치료겠지만, 불행히도 그런 부모들에게는 양육권을 잃을 수도 있다는 경고와 같은 법적 제재의 위협이 가장 효과적인 치료제일 때가 많다.

자아도취자들은 부모로서의 열등감을 보완하는 데 이혼의 해독을 이용하기 때문에 합리적 방식으로 그들의 자아를 만족시켜줌으로써 당신을 깎아내리려는 욕구를 줄일 수 있다. 예를 들어, 아이의 생활에 그들만이 할 수 있는 어떤 기여를 하도록 격려하라. 그들은 그 기여를 자랑스럽게 떠벌일 것이다. 이는 스카우트에 참여한다든지, 특별한 학교 프로젝트를 도와주는 것이 될 수도 있다. 자아도취자들은 외형에 민감하다. 아이들이 자신들의 보호 아래에서 지내는 시간이 거의 없고, 다른 편 부모가 대부분의 결정권을 가지고 있더라도 그들에게 공동 양육권자라는 법률적 직함을 주는 것이 도움이 된다. 그러나 법원이 이러한 직함을 빼앗는다면, 그것이 가져오는 체면 손실은 세뇌를 더욱 심하게 할 수도 있다.

이해와 대응 방안

자아도취증에 대응하는 방법

- 자아도취자들이 아이의 생활에 의미 있게 기여할 수 있는 기회를 제공함으로써 그들의 자존심을 지지하라.
- 상담을 시도하라.
- 이혼의 해독이 계속된다면 법적 행동을 고려하라.

죄책감

모든 부모들은 자신이 아이를 위해 한 일이나 하지 못한 일들을 후회한다. 이혼을 한 부모들 중에는 자신의 잘못은 거의 인정하지 않은 채 다른 편 부모가 얼마나 나쁜지에 초점을 맞춤으로써 자신의 잘못에서 눈을 돌리려고 하는 사람들도 있다. 예를 들어, 자녀와 시간을 거의 보내지 못한 어떤 남자는, 자신이 이제는 부모로서 가장 바람직하지 못한 모습의 화신이라고 여기는 애 엄마로부터 아이를 구함으로써 지난날의 행위를 보상하기로 결심한다.

죄책감은 또한 다른 쪽 부모를 세뇌한다고 허위고소하게 만들 수도 있다. 언젠가 한 여성으로부터 전화를 받았는데, 그녀의 전남편은 7년 동안 딸을 버려두고 있는 상태였다. 그는 두 번째 결혼에 실패한 다음 아이와 다시 만나겠다고 결심했다. 그의 딸은 아빠와 함께 지내는 것을 거부했다. 딸에게 있어 아빠는 이방인이나 다름없었다. 딸애는 아빠를 만나는 것을 주저했고, 아빠 앞에서 말을 하지 않았다. 그런데 이 아버지는 상황을 이렇게 만든 책임을 인정하고 좀더 합리적인 방법으로 딸과의 관계를 점차 회복시키려고 하기는커녕, 전처가 딸과 자기를 이간질했다고 고소했다. 그는 즉시 완전한 양육권을 되찾음으로써 이를 해결하려고 들었다. 그렇지만 그의 시도는 성공하지 못했다.

이해와 대응 방안

죄책감이 헐뜯거나 세뇌를 한다는 허위고소의 주된 동기일 때는 치료가 효과적이다. 죄책감을 가진 부모에게는, 아이의 현재 욕구에 초점을 맞추는 것이 지난날의 잘못을 보상하는 가장 좋은 방법이라는 점을 깨닫도록 해야 한다. 헐뜯기, 깎아내리기, 세뇌는 아이의 문제를 커지게 할 뿐이며, 오히려 가해자의 죄를 증가시킬 것이다.

불안

어떤 부모들은 자신이 아이들의 사랑과 애정을 유지시킬 능력이 없는 것이 아닌가 의심한다. 그들은 다른 편 부모를 아이의 사랑에 대한 경쟁상대로 여기고 결과적으로 그 경쟁에서 패할까봐 두려워한다. 그래서 이런 불안과 맞서기 위해 아이들과 다른 편 부모 사이에 쐐기를 박으려고 한다. 그들은 이런 조치가 자신과 아이의 관계를 굳게 결합시켜 줄 것으로 믿는다.

프란세스는 이혼 직후부터 어린 아들과 만나게 해달라는 전남편의 모든 부탁을 거절했다. 적대감이 점점 커져가자 프란세스의 친정아버지가 화해를 위한 만남을 주선했다. 남편과 만난 자리에서 프란세스는 아이를 거의 매 주말마다 탁아모에게 맡겼으며 주중에는 종일반 탁아소를 이용했다고 말했다. 프란세스의 친정아버지는 아이 아빠와 조부모가 이 시간 중 일부에 아이를 돌보는 게 어떠냐고 제안했다. 프란세스는 분노를 폭발시켰다. 그녀는 반은 소리치고, 반은 울면서 말했다. "내가 왜 그렇게 해야 하죠? 나는 내 아들이 나보다 아빠와 더 가깝게 지내게 하고 싶지 않아요." 프란세스는 전남편이 아이에게 더 많은 관심과 애정을 줄 수 있으며, 아들도 결국은 아버지를 가깝게 느낄 것이라는 사실을 잘 알고 있었던 것이다.

그녀는 부모가 각각 약점이 있더라도 아이는 양편 부모 모두를 사랑할 수 있는 마음의 공간을 가지고 있다는 것을 깨닫지 못했다. 이런 형태의 불안은 수많은 헐뜯기와 깎아내리기의 사례에서 찾아볼 수 있다.

이해와 대응 방안

아이에게는 부모 양편이 다 중요하다는 것을 전 배우자에게 확인시켜라. 아이의 호감을 얻으려는 경쟁으로 보일 수 있는 행동을 삼가라. 아이가 다른 편 부모와 특별한 활동을 즐긴다면 당신의 집에서는 그 활동을 하지 말라. 부모 양편과 각각 고유한 즐거움을 가질 수 있다는 것을 아이가 알게 하라.

정당성을 인정받으려고 하기

어떤 부모들은 전 배우자를 모독하는 일이 단지 즐겁기 때문에 그렇게 한다. 그런 부모들은 다른 사람을 모독함으로써 자신의 화를 배출할 통로를 찾는다. 그리고 청중이 자신의 평가에 동의하기를 바란다. 그 청중은 그의 말을 듣는 모든 사람 즉, 직장 동료, 친척, 친구, 그리고 언제나 그런 것은 아니지만 때때로 아이들이다. 의도적으로 듣는 것이 아니라 하더라도 아이들이 부모의 말을 들을 수 있는 거리에 있을 때 그 말을 아이들이 어떻게 받아들일지 무시해버린다면 아이들은 상처를 입을 것이다.

이런 경우에 따돌림이 일어난다면 그것은 의도하지는 않았지만 부모 중 한쪽 편이 다른 편에 대해 반복적으로 헐뜯는 것을 아이들이 엿들어서 생기는 결과일 수 있다. 그러나 때로는 다른 편 부모를 비판하는 부모의 말을 아이들이 듣게 되는 것이 우연이 아닐 수도 있다. 부모는 (의식적이건 아니건 간에) 표적으로 삼은 부모에 대해 자신이 가지고 있는 부정적인 관점을 아이들이 공유했으면 한다.

이해와 대응 방안

아이들이 당신에 대해 나쁘게 말하는 것을 들었다고 해서 전 배우자가 아이들에게 의도적으로 해독을 끼친 것이라고 가정하지 말라. 당신을 헐뜯은 전 배우자에게, 아이들이 듣고서 반복했던 말이 무엇인지를 이야기하라. 비난하는 투가 섞이지 않은 어조로 말하라. 전 배우자가 당신이 하는 말을 전혀 수용하려고 하지 않는다면 가족 중의 다른 사람에게 그 말을 해달라고 부탁하라.

특히 분노와 고통이 최고조에 달하는 이혼 초기 단계에서는 객관적인 입장에 있는 제삼자에게 이야기를 전하게 하는 것이 좋다. 그렇게 하면 부주의하게 다른 편 부모에 대한 해로운 비판을 아이들에게 엿듣게 한 당사자가 자신의 잘못을 공격하려는 것이 아니라고 받아들이고 행동을 바꿀 수도 있다.

증오심과 결합된 집착

최근에 이혼한 한 남자가 새로운 여자와 처음 만나는 자리에 나가서 대부분의 시간을 전처에 대한 불만을 이야기하는 데 보냈다. 여자는 이 남자가 아직 새로운 관계를 맺을 만큼 정서적으로 준비가 되어 있지 않다는 것을 알았다. 그는 결혼과 이혼에 대한 생각과 감정에 사로잡혀 있다. 그리고 이는 그 남자가 여전히 어떤 방식으로 전처와 연결되어 있다는 것을 말해준다.

이런 현상은 놀라운 일이 아니다. 두 사람이 만나서 사랑에 빠지고, 결혼하고, 아이를 낳아서 함께 기르고, 함께 휴가를 떠나고, 삶의 즐거움과 슬픔을 공유한다. 이처럼 오랜 시간 많은 경험을 공유함으로써 두 사람 사이에는 강한 정서적 유대감이 형성된다. 결혼이 실패해서 판사가 이혼장에 서명을 해도 이는 법률적 관계의 단절일 뿐 정서적 연결까지 곧바로 완전하게 사라지는 것은 아니다.

어느 정도 시간이 지나면 대부분의 사람들은 이전의 결혼과 이혼 경험에서 벗어난다. 이들은 점차 이전의 배우자에 대해 덜 생각하게 되고, 정서의 강도가 약해진다. 전 배우자의 잘못에 집착하기보다는 시간을 즐겁게 보낼 더 좋은 일을 찾는다. 전 배우자와 접촉을 확대하려고 하지도 않고 원하지도 않는다.

그러나 어떤 사람들은 그렇게 하려고 하지 않는다. 이런 사람들이 반드시 버려진 배우자인 것은 아니다. 종종 이혼을 요구한 편이 관계가 끝난 것을 받아들이는 데 더 큰 어려움을 겪는다는 것은 놀랍고 아이러니하다. 그들은 가능한 모든 방법을 써서 열정적 관계를 유지하자고 결심한다. 그러나 낭만적 열정을 일깨울 수 없게 되었을 때는 마음속에 분노가 자리잡게 된다. 그들은 잘못된 행동으로 관심을 끌려는 아이처럼 고도로 충전된 증오심으로 관계 유지에 집착한다.

상대방을 모독하는 잔인하고 악의적인 캠페인은 지속적인 접촉을 보증한다. 그 목적은 다른 편 부모와 아이들의 관계를 끝내는 것이 아니라 전 배우자와 얽혀 있는 관계를 유지하는 것이다. 이들이 공격하고 고소를 하는 것은 어떤 반응을 간절히 기대하는 것일 수도 있다. 마치 다음과 같이 말하는 것처럼. "나는 네가 항복하는 것을 받아들이지 않는다. 너의 사랑을 받을 수 없다면 너를 계속 증오할 것이다. 네가 좋아하건 아니건 그런 상태에 빠져 있게 할 것이다. 우리는 계속해서 서로의 사고를 지배할 것이다. 우리는 계속해서 서로 간에 강한 감정을 자극할 것이다."

이런 부모들은 삶의 주된 목적이 전 배우자를 비참하게 만드는 데 있는 것처럼 행동한다. 그리고 때로는 성공을 거두기도 한다. 상대편을 따돌림 당하게 하고 밀쳐내는 데 성공할 수도 있다. 표적부모는 아이들과의 관계를 개선시키려는 노력을 포기한다. 그러나 공격하는 부모는 모독을 하면서도 표적부모와의 관계를 완전히 단절하려고 하지는 않는다. 접촉을 확보할 수 있는 다른 방식을 찾을 뿐이다. 그 흥미로운 장이 법정이다.

소송은 적대적 싸움을 불러일으킬 수 있는 많은 기회를 제공해준다. 이 중 대부분은 공판에 앞서, 조사discovery, 심문조서interrogatories, 선서증언depositions의 형태로 나타난다. 이러한 법적 전술은 깎아내리기와 세뇌를 하는 부모에게 전 배우자의 세세한 사생활을 엿볼 수 있는 좋은 기회를 준다.

조사요구requests for discovery는 소송에 참여한 상대방에게 특정 문서를 제시하라는 공식적 요구이다. 이들 문서에는 일기나 은행 명세서처럼 매우 개인적인 자료도 포함될 수 있다. 심문은 한쪽 편이 다른 편에 하는 사전질문인데, 이에 대해서는 서면으로 답변해야 한다. 예를 들어 심문조서에는 때때로 성적 접촉 횟수에 대한 질문 같은 지극히 사적인 질문이 포함된다. 선서증언은 증언에 대한 사전조사로서 판사는 배석하지 않고 변호사가 진행한다. 증인은 법정에서와 마찬가지로 진실을 말할 것을 선서하며 법원서기가 증언을 기록한다. 상대방 변호인이 반대심문을 할 수 있지만 이의를 판단하는 판사가 없기 때문에 증인이 부적절하고 도발적이고 강압적인 질문을 받을 수도 있다. 최근에 코네티컷 주에서 있었던 선서증언에 법정 자문가trial consultant로 참가했는데 한 남자가 자위행위에 대한 질문을 받았다. 그는 당황했지만(그 방에는 여덟 명이 있었으며 그중 세 명은 여자였다) 곧 질문에 답했다. 이 사례가 법정에서 진행되어 판사가 이의를 받아들인다면 답변은 공식적 증언의 한 부분이 되지 않을 것이다. 이러한 점 때문에 종종 피해가 생겨나기도 한다.

불쾌한 소송을 겪은 한 어머니는 마치 '심리적 고기분쇄기'를 통과한 것 같다고 표현했다. 대부분의 사람들이 이와 같이 느낀다. 양육권 소송에 휘말린 사람들은 그것을 몇 달, 때로는 몇 년 동안 자신의 생활을 좌지우지하는 심각한 위기로 체험한다. 그러나 전 배우자를 떠나보내지 않으려는 사람은 그 위기를 환영한다. 소송은 전 배우자와의 관계를 주로 다룬다. 한 남자는 양육권을 바꿔달라는 소송을 반복적으로 제기해서 전처를 혼란스럽게 만들었다. 판사가 모든 소송을 2년간 유예하라고 명령했지만 그 남자는 6개월도 지나지 않아서 그 명령을 어겼다. 그 남자는 단지 전처를 소송의 소란 속으로 끌어들이려는 유혹을 거부할 수 없었던 것이다.

이런 사람의 친구나 친척들은 결국 지원을 철회하고, 자신의 삶을 살라고 충고한다. 이는 틀림없이 상황에 도움을 줄 수 있다. 증오 캠페인 뒤에는 증오를 지속시키려는 욕망이 도사리고 있을 수 있다. 나는 따돌림 당하는 부모들에게 따돌림에서 벗어나는 최선의 길은 전 배우자가 새로운 사람을 사랑하게 되는 것일 수 있다고 말하곤 한다. 증오에 사로잡힌 사람들은 그런 다음에야 비로소 이전의 결혼에 대한 기억을 덮을 것이다.

당신의 전 배우자가 증오심을 고수하고 있는가?

증오심을 고수하고 있는 전 배우자의 두드러진 특징은 당신과 매우 빈번히 접촉한다는 것이다. 이와는 달리 정말로 당신과의 관계를 끝내고 싶어서 아이들을 세뇌시키는 배우자는 접촉을 최소화한다. 그의 모든 행동은 당신을 자신과 아이들의 삶에서 지워버리려는 목적과 일치한다.

당신이 떠나가 버리기를 거부하는 전 배우자에 의해 깎아내리기와 세뇌의 표적이 되었다고 생각한다면 다음과 같은 행동이 나타나는지를 찾아보라.

☐ 이웃이나 친구들에게 당신에 대한 정보를 끈질기게 캐묻는다.

☐ 당신과 자주 접촉하려고 시도한다. 이는 스토킹의 형태를 띨 수도 있고, 빈번한 전화나 장문의 음성 메일 메시지, 고소위협 등의 형태로 나타날 수도 있다.

☐ 전 배우자의 오래된 불만을 재탕한 주장 속으로 당신을 끌고 들어가려 한다.

☐ 당신이 주변에 없을 때조차도 당신에 대한 증오심을 표현하는 데 사로잡혀 있다.

☐ 계속해서 당신이 있을 것이 확실한 장소에 나타난다.

☐ 대중 앞에서 적대적 행위의 교환을 방지하려는 어떠한 시도도 하지 않는다. 아이들 학교나 운동시합에서 난처한 장면을 유발시킨다.

☐ 적대적 만남을 즐기는 것처럼 보인다. 예를 들면, 자신이 만들어낸 소란에 대해 이야기할 때 즐거운 미소를 감추지 못한다.

☐ 당신을 적이며 무가치하다고 비난하면서도 주기적으로 화해의 가능성을 제기한다. 또는 당신에게 자신이 화해를 원한다는 명확한 인상을 준다.

편집증

편집증으로 고통을 겪는 사람들은 모든 사람을 '자기 편'

이 아니면 '적'이라고 범주화하는 두드러진 경향을 보인다. 생활에서 일어나는 모든 스트레스는 이런 성향을 부추긴다. 이런 기질을 가진 사람들이 이혼이라는 상황에 부딪히면 친척, 친구, 심지어는 아이들의 충성에 대해서까지 우려한다. 자신이 알고 있는 어느 누구도 중립적이지 않다. 자신과 무조건적인 관계에 있지 않는 사람들은 자신에게서 등을 돌리는 것이다. 그 결과 아이들은 다른 편 부모에 대한 모독 캠페인에 참여하라는 압력을 느낀다.

편집증이 있는 사람들은 사소한 것에도 극히 예민하다. 그들이 의심을 품는 데는 별다른 것이 필요하지 않다. 한 아버지는 정해져 있는 전화가 단 한 번 오지 않았을 뿐인데도 공황 상태에 빠져 딸과의 전화접촉이 영원히 단절될지 모른다고 생각했다. 딸은 하던 일을 끝내고 전화를 걸었다. 그러나 전화가 통화 중이어서 일찍 잠자리에 들었다. 아이들이 순종적이지 않고 짜증을 내고 호전적인 태도를 보이면 이들 부모는 비약해서 아이들이 따돌림에 빠져 있다고 결론을 내리고 다른 편 부모를 비난한다. 그러나 모든 아이들이 때때로 이런 식으로 행동한다. 아이들은 부부간의 소란에 노출되어 왔을 때 특히 부정적이고 반항적이 될 가능성이 높다. 편집증 증세가 있는 부모는 이런 점을 고려하지 않는다. 이런 부모는 일반적으로 그런 행동에 대한 친절하고 개연성 높은 설명을 무시하고, 억지스러우면서도 악의적인 해석을 지지한다. 이들은 예견되는 따돌림을 방지하기 위해 선제공격을 벌인다. 상대방이 아이들을 세뇌시키고 있다고 허위고소하고, 아이들이 그에게 등을 돌리게 만들려고 한다.

전처가 재혼한 직후, 스티브는 전처가 자신과 네 살짜리 아들이 만나는 시간을 줄이려고 할지도 모른다고 염려하기 시작했다. 그런 염려가 커져감에 따라 스티브는 전처가 자신에 대한 소송을 준비하고 있다고 확신했다. 아들이 새 아버지에 대해 긍정적으로 말하자 그의 우려는 더욱 높아졌다. 스티브는 자신의 우려를 결과적으로 세뇌 캠페인이 되어버릴 곳으로 돌렸다. 그는 아들이 어머니 집에서 돌아올 때마다 매번 상처가 없는지 확인했다. 아이는 아버지가 어머니의 집은 안전하지 않다고 생각한다는 메시지를 받았다. 스티브에게는 부딪히고 까지는 것과 같은 일상적인 사건들도 학대의 증거로 보였다. 아이는 자전거에서 떨어졌다거나 구두끈에 걸려 넘어졌다는 식으로 상처가 나쁜 일 때문에 생긴 게 아니라고 설명하려고 했다. 그러나 스티브는 그런 설명을 아이가 너무 두려워서 새 아버지가 상처를 입힌 것을 밝히지 못하는 것이라고 생각했다. 아이가 새 아버지를 두둔할수록 아이가 그 남자를 두려워하고 있다는 확신이 깊어졌다. 시간이 지나면서 나타나기 시작한 아이의 몇몇 행동들은 스티브에게 학대를 받았다는 표시가 되었다. 아이가 몇 가지 악몽을 꾸자 스티브는 이를 그 나이 또래의 아이에게 일어나는 정상적인 것으로 받아들이지 않고 정신적 상처의 징후라고 추정했다.

스티브는 아이의 복지를 놓고 여러 차례 고소를 했다. 각각의 고소는 충실하게 조사되었다. 결과는 언제나 마찬가지였다. 어머니의 집에서 학대를 받았다고 의심할 만한 합당한 근거는 없었다. 결국 스티브의 따돌리려는 행동이 너무 잦아지자 전처는 이를 무시할 수 없게 되었다. 그래서 스티브가 원래 두려워했던 것을 그대로 하게 되었다. 그녀는 전남편의 편집증적 행동에서 아들을 보호하기 위해 양육권 협약을 개정해달라는 소송을 제기했다.

스티브의 사례가 보여주듯이, 편집증을 가진 사람들은 의심을 토대로 행동함으로써 자신이 무엇보다도 우려했던 바로 그 상황을 초래하게 된다. 결정적으로, 판사는 당연히 이혼의 해독이라는 비판을 먼저 제기했던 부모가 희생물이 아니라 오히려 가해자라는 것을 알게 된다. 그러나 그렇지 않을 경우 판사가 건강한 부모의 양육권을 박탈해버릴 수도 있다. 이런 식으로 편집증세를 가진 부모의 노력은 가끔 성공을 거두기도 한다.

그러나 대개의 경우 그들의 노력은 역효과를 가져온다. 그들은 아이를 혼란스럽고 두렵게 만들어 궁극적으로는 따돌림을 불러들인다. 그러나 이런 일이 일어나도 당사자는 대부분 자신이 문제의 원인이라는 것을 깨닫지 못한다. 그 대신 원래 가지고 있던 편집증적인 믿음으로 자신을 변호하려 한다. 그래서 자기 자신과 자기 이야기를 듣는 모든 사람들에게 다음과 같이 말한다. "나는 아이들이 언제나 내게 등을 돌리고 있었다는 것을 알고 있었어."

편집증세가 있는 부모들은 정의를 추구해서 법원을 찾는다. 따라서 그들의 파괴적인 행동에 대응하기 위해서는 법적인 구제책을 쓰는 것 외에는 달리 선택할 길이 없다. 법정 다툼은 필연적으로 성가시고 실망스럽다. 이는 불행한 일이다. 법정 다툼은 학대에 대한 편집증적 부모의 우려를 줄여주기보다는 오히려 악화시킨다. 일부 심리치료사들은 판사가 편집증세를 가진 부모에게 가족치료에 참여하라고 명령했을 때의 성공사례를 보고했다.

이해와 대응 방안

편집증이 이혼의 해독에 불을 지핀다면 가해자를 다루는 방법을 잘 생각해야 한다. 편집증세가 있는 사람들은 중요한 정보가 알려지고 있지 않거나 일이 불확실하다고 느끼면 화를 낸다. 그들의 화는 분노와 격분으로 이어진다. 이런 사람들은 자신들이 위협을 받고 있다고 느끼면

겁에 질린 개처럼 위험해질 수 있다. 불확실성이 적을수록 그들이 정보의 부족을 의심이나 왜곡으로 채우는 일이 줄어든다.

- 편집증세가 있는 전 배우자로 하여금 관련된 문제를 알게 하라.
- 냉정하고 정중한 목소리로 명확히 의사를 전달하라. 숨기고 있는 것이 튀어나오는 것을 피하라.
- 편집증세가 있는 부모에게 어떤 제안을 할 때는 반응을 기대하기에 앞서 충분히 생각할 시간을 주라.
- 명확하고 합리적인 한계를 설정하라. 그런 다음 거기에 충실하라.
- 가능한 합의사항을 토대로 반론을 제기하고 예측가능한 방법으로 행동하라.

재연

몇 년 전 따돌림을 촉진시키는 부모의 배경을 검토하면서 한 가지 사실을 발견했다. 자신의 부모 중 한쪽과의 관계가 빈약하거나 전혀 없었던 경우가 매우 높은 비율을 차지하고 있었다. 이러한 현상은 따돌림과 관련 있는 것으로 생각된다.

지그문트 프로이트Sigmund Freud는 '과거의 불쾌했던 경험을 반복하고 싶은 충동'에 대해 언급한 바 있다. 그리고 현대의 심리학적 연구는 이러한 경향을 확인했다. 플래쉬백flashback*이나 꿈의 경우처럼 재현이 마음속에서 일어나는 경우도 있지만, 때로는 현실에서도 재연이 일어난다. 아동학대의 희생자들이 자신의 아이들을 유사하게 학대하는 것이 바로

---

* 영화나 TV에서 중간에 삽입된 과거 회상 장면이나 그와 같은 기법을 말한다.

그것이다.

재연의 심리적 목적은 명확하지 않다. 한 가지 이론에 따르면 다른 사람에게 정신적 상처를 입혀서 무기력했던 희생자가 힘 있는 가해자가 되었다는 지배감을 획득한다는 것이다. 이러한 이론은 왜 어떤 부모들은 어린 시절 자신이 당했던 것과 같은 방법으로 아이들을 학대하는지, 그리고 부모 중 한쪽 편이 없어서 고통을 겪었던 부모들이 아이들을 비슷한 운명으로부터 보호하기는커녕 자신도 이혼을 해서 아이들에게 같은 고통을 주는지를 설명해준다. 이러한 역학 관계가 언제 세뇌의 기저에 놓이게 되는지 알 수 있다면 파괴적인 행동을 중단하도록 설득하는 데 그 정보를 활용할 수 있다.

샌프란시스코에 사는 한 여성은 아버지가 죽기 전 9년 동안 한 번도 말을 하지 않았다. 그녀는 아버지가 자신의 사랑을 받을 만한 가치가 없는 범죄자라고 믿게끔 세뇌되어 있었다. 그럭저럭 그녀는 나무랄 데 없는 성품을 가진 한 남자와 결혼을 하게 되었다. 그는 열심히 일하고, 헌신적인 아버지였으며, 참을성 많고, 마음씨 따뜻하고, 낙관적인 사람이었다. 어느 날 오후, 이 여성이 점심에 술을 몇 잔 마신 상태로 집에 돌아왔다. 그녀는 순간적으로 흥분해서 크게 화를 냈는데 남편의 입장에서는 상상을 넘어선 일이었다. 그녀는 아들이 집에 있는데도 남편에게 욕을 하면서 소리치고 얼굴을 손톱으로 할퀴었다. 그런 다음 남편의 머리를 금속제 쓰레기통으로 내리쳐 9인치나 움푹 들어가게 만들었다(머리가 아니라 깡통이). 그녀가 남편의 옷을 찢고 목을 조르기까지 했으므로 남편은 그녀의 팔을 잡아서 제지하려고 했다. 그래도 멈추지 않자 남편은 경찰을 불렀고 경찰이 와서 사태를 진정시켰다.

며칠 후 남편은 아내가 자신을 형사고발했다는 서류를 받고 충격을 받았다. 그녀는 아들들과 자신의 말을 들어주는 모든 사람들에게 남편을 폭력적인 사람이라고 말했다. 그녀는 자신을 '폭행당한 여성battered woman'이라고 부르기 시작했다. 그리고 남편이 악당임을 밝히고 감옥에 보내는 것이 자신의 임무라고 여겼다. 진짜로 폭행을 당한 대부분의 여성과는 달리 그녀는 남편에 대해 어떤 두려움도 보이지 않았다. 오히려 정반대였다. 그녀는 전화를 걸어 비웃고 위협하는 등 반복적으로 남편을 괴롭혔다. 그녀를 상담한 가정폭력 전문가(모두 여자였다) 중 어느 누구도 그녀가 폭행을 당했다는 데 동의하지 않았다. 대신에 그들은 그녀가 자신의 격렬한 충동을 통제하는 데 어려움을 겪는다고 생각했다. 그녀는 이 사람 저 사람 심리치료사들을 찾아다니다가 마침내 자신이 호소하는 이야기에 반응을 보인 한 심리치료사를 찾아냈는데, 자신의 변호사가 선택해준 사람이었다. 그 심리치료사는 그녀가 희생자였던 시절의 이야기를 믿었으며, 기꺼이 그녀의 편에 서서 증언하기로 했다.

이 여자는 이혼을 위해 자료를 모으고, 전남편이 아들들에게 접근하지 못하게끔 하려고 했다. 그러나 법원이 동의하지 않자 아들들이 아버지를 두려워하도록 만들기 위한 행동에 착수했다. 그녀는 아이들에게 자라서 아버지 같은 사람이 되지 않기를 바란다고 말했다. 아버지는 악하기 때문이라는 것이었다. 그리고 자신이 친정아버지를 거부하는 것과 똑같이, 아이들도 그들의 아버지를 범죄자로 여겨 거부하게 만들려고 했다. 법관은 그녀에게 계속해서 세뇌를 시키려고 한다면 양육권을 박탈당할 수도 있다고 경고했다. 그러나 자신이 아버지에 대해 경험했던 따돌림을 아이들에게 재생산하려는 충동이 너무 강해서 그녀는 번번히 그 충동에 굴복하고 말았다. 결국 그녀는 양육권을 상실했다.

부모에게 학대를 당한 어떤 아이들의 경우, 자라서 자신들의 부모를 학대한다는 것은 잘 알려져 있다. 양육권 평가자는 이와 관련된 현상을 안다. 아동학대의 희생자였던 이혼당한 부모들은 자신의 아이를 그런 운명에서 보호하려고 애쓴다. 그래서 전 배우자에 대한 분노와 불신 때문에 그가 아이를 학대했다고 성급한 결론을 내릴 수도 있다. 악몽, 작은 상처, 가랑이 만지기처럼 흔히 일어나게 마련인 어린 시절의 사소한 사건들이 학대를 의심하는 토대가 된다. 학대가 있었을 것이라고 생각하는 부모들은 이런 사건들에 대한 선의적인 설명을 무시한다. 이런 부모들은 전 배우자가 아이를 학대했다고 확신할 때 아이들이 전 배우자를 증오해야 한다고 믿기 때문에 헐뜯기나 깎아내리기를 중단해야겠다고 생각하기가 어렵다. 반복되는 문제제기를 통해서 결국 아이가 자신이 학대를 당했다는 잘못된 믿음을 가지게 되는 것도 이에 덧붙여지는 위험성이다. 3장에서 살펴보았듯이 이런 잘못된 믿음은 지목된 학대자에 대한 따돌림뿐 아니라 심각한 심리적 문제를 일으킨다.

이해와 대응 방안

전 배우자가 어린 시절의 결핍이나 정신적 상처를 재연한다면 전 배우자의 남매나 가까운 친척 중 한 사람에게 그 상황에 대해 전 배우자와 이야기를 나눠달라고 요청하라. 무엇보다도 전 배우자가 결핍과 연계되어 있는 유쾌하지 않은 감정을 떠올릴 수 있도록 도와서 아이들이 비슷한 운명에 처하지 않도록 해야 한다.

어린 시절의 상처를 재연하는 사람들은 그런 행동을 하게 만드는 것이 무엇인지 충분히 알지 못한다. 그들은 이혼의 해독의 표적부모보다는 신뢰하는 친척이 이런 형태의 분석을 한다면 더 잘 받아들일 것이다. 그러나 당신이 친척에게 이야기했다는 것을 안다면 아마도 화를 낼 것이다. 이 점이 대응을 하기에 앞서 고려해야 할 점이다.

자녀를 향한 적개심

심리적 경계선이 취약한 부모들은 자신이 아이들에게 입히는 손상에 대해 충분히 알지 못한다. 아마도 그것을 알게 된다면 파괴적인 행동을 멈출 것이다. 그러나 세뇌시키는 일부 부모들은 실제로 아이들에게도 실질적인 적개심을 품는다. 어떤 경우에는 아이들이 전 배우자에게 받는 관심을 시기한다. 그리고 그런 감정을 감추기 위해 자신이 아이들을 사랑한다는 증거로 다른 부모로부터 아이들을 '보호'하기 위한 과장된 노력을 하는 경향이 있다. 이런 부모들은 보호라는 허울을 쓰고 아이와 표적부모 사이를 이간시키기 위해 불안감을 조성한다. 부모를 사랑하는 것은 아이들의 정서적 안정감을 높여준다. 잔인하고 정서적으로 사나운 부모들은 아이들의 두려움과 불안감을 강화시킨다.

나는 양육권을 가지고 있는 어머니가 주말 동안 딸과 더 많은 시간을 보냈으면 하는 아버지의 바람을 거절하는 어떤 사례를 다루었다. 네 살 된 딸은 아버지와 더 많은 시간을 보내고 싶어했다. 어머니는 아이가 정해진 날짜보다 더 많이 아빠와 지내는 것을 감당할 수 없을 것이라고 주장했다. 그리고 자신의 주장을 지지하는 두 사람의 심리치료사를 찾아냈다(덧붙여 말하면 부모들이 편견이나 과학적 근거가 없는 의견을 기꺼이 이야기하는 정신건강 전문가들을 증언대에 쉽게 내세울 수 있다는 것이 법정심리학의 입장에서는 안타까운 일이다).

이 사례를 검토해보니까, 이 어머니는 가혹하고 융통성 없는 방법으로 아이를 양육했음을 알 수 있었다. 그녀는 체벌을 통상의 훈육방식으로 사용했으며 이를 자랑스럽게 여기는 듯했다. 아이의 아버지는 매일 오후 딸을 돌보는 데 시간을 낼 수 있고 또 그렇게 하기를 절실히 원했지만 아이 어머니는 아이를 매주 5일씩 10시간짜리 보육 프로그램에 보내겠다고 주장했다. 주말이면 그녀는 보통 딸애를 탁아모에게 맡기고 자신은 바에 갔다. 그녀에 대한 심리검사 자료는 그녀가 딸의 마음을 공감하기에는 심각한 한계가 있으며 미숙하고 자기중심적인 성격을 가졌다는 몇 가지 징조를 보여주었다. 나는 다음과 같이 결론지었다. 그녀는 딸을 보호해야 한다는 강박관념에 사로잡혀 있는 것처럼 보였지만 실제로는 자신이 그런 체하는 것보다는 훨씬 덜 사랑했던 것이다.

뒤이은 사건들은 나의 인상을 확인시켜 주었다. 판사는 아이가 아버지와 더 많은 시간을 보낼 수 있어야 한다고 결정하고, 아버지와 함께 보내는 주말을 목요일 오후부터 월요일 오전까지로 확대했다. 또한 판사는 아이 아버지에게 여름휴가 동안 딸을 30일간 접촉할 수 있는 권리를 부여했다. 나의 권고에 따라, 아이 아버지는 30일간의 접견권을 연속적으로 행사하지 않겠다는 안을 제시했다. 나는 30일이라는 기간은 네 살짜리 아이가 부모 중 어느 한쪽 편과 떨어져 있기에는 너무 길다고 생각했다. 기억하라. 아이의 어머니는 원래 딱 3일 계속되는 주말도 딸이 자신과 떨어져 있기에는 너무 길다고 불평했다. 3일에 대한 그녀의 불평이 진정이라면 (비록 오도된 것이기는 하지만) 30일을 몇 개의 짧은 기간으로 나눌 수 있는 기회에 응해야 했다. 그러나 그녀는 아버지의 제안을 거부하고 30일 전체를 연속적으로 지내라고 주장함으로써 본색을 드러냈다.

이해와 대응 방안

전 배우자가 당신과 함께 있는 것이 안전하다는 아이의 생각을 깨뜨리려고 한다면 다른 편 부모의 두려움이 정당한 것인지를 아이 스스로 판단하게 하라. 예를 들어, 당신과 같이 있을 때 아이가 아버지에게 전화하는 것을 허락하지 않았다고 진술한다면 이러한 진술이 그동안 있었던 수많은 전화 통화와 어떻게 모순되는지를 지적하라. 다른 편 부모가 때때로 과장해서 두려워하고 우려한다는 것을 아이가 이해하게 하라. 그래서 아이가 이러한 우려를 공유하지 않게 하라. 이혼의 해독이 아이에 대한 커다란 적개심을 생겨나게 한 경우 아이가 따돌리는 부모의 방어적 행동을 합리적으로 평가할 수 있도록 돕는 데 집중한다면 효과를 볼 수 있다. 이는 아이들의 우려를 세심하게 고려하면서 부드러운 방법으로 이루어져야 한다. 제삼자로 하여금 설명하게 하는 방안도 고려하라. 이는 아이들로 하여금 한쪽 편을 들도록 요구받고 있다는 생각을 가지지 않게 해줄 것이다.

깎아내리기나 세뇌에는 보통 몇 가지 요인들이 작용한다. 그러나 다음과 같은 두 가지 상황이 악의적인 비난을 하게 만들 가능성이 가장 높다. 하나는 양육권 분쟁이고, 다른 하나는 재혼이다. 이 두 가지 상황은 부모들의 관계를 최악의 상태에 빠뜨린다. 내가 조사한 바로는 모든 세뇌 사례의 절반 이상이 양육권 분쟁의 상황에서 일어난다.

이와 더불어 한쪽 편 전 배우자가 재혼을 할 경우 역시 극도의 분노와 적개심이 불붙어 이혼의 해독으로까지 이를 수 있다. 종종 이 두 가지 상황이 결합된다. 변화를 수반하는 재혼은 아이들이 살아갈 터전에 새로운 전쟁을 일으킨다.

양육권 분쟁과 재혼이 어떻게 해서 당신의 가족을 이혼의 해독에 빠뜨릴 극도의 위험으로 몰아넣는지, 그리고 당신 자신과 아이를 보호하기 위해 무엇을 할 수 있는지 알아보자.

양육권 소송

제니퍼가 이혼하겠다고 말하자 칼은 크게 화가 났다. 설상가상으로 제니퍼는 자신이 다른 주로 이사를 갈 예정이며 아이들을 데려가겠다고 말했다. 칼은 흥분해서 분노를 터뜨렸다. 그는 잔인한 '몰살전법'으로 유명한 한 변호사를 고용해서 즉시 단독 양육권을 주장하는 소송을 냈다. 소송이 심리 중인 동안 칼은 기회가 있을 때마다 아이들에게 너희들 어머니는 악하고 이기적이라고 말했다. 그는 결혼 초기 아내가 자신에게 털어놓은 비밀을 아이들에게 말했다. 예를 들면 아내가 대학에 다닐 때 잠시 레즈비언과 만났다는 것과 같은 이야기였다. 화가 나서 이성을 잃은 칼은 제니퍼에 대한 아이들의 신망을 무너뜨리는 데 전력을 기울였다. 제니퍼는 가끔 온건한 헐뜯기로 이에 맞섰다.

양육권 소송은 적대적인 과정이다. 적대감은 우선 논쟁을 불러일으킨다. 논쟁 그 자체(스트레스, 불이행, 책략)는 또 다른 적개심을 생겨나게 한다. 그리고 이러한 모든 적개심을 표현하는 한 가지 방법은 다른 편 부모와 아이들의 관계를 파괴하는 것이다. 그래서 당신이 양육권 분쟁에 끌려들어가고 아이들이 헐뜯기에 노출되어 있다면 깎아내리기와 세뇌도 그 뒤를 이을 수 있다.

그러나 양육권 다툼에서 발생하는 이혼의 해독은 단순한 적개심의 표현 이상의 구체적인 목적을 가지고 있다. 제니퍼에 대한 칼의 깎아내리기는 분노를 밖으로 배출하는 통로로 시작되었다. 그러나 소송이 달아오르자 칼은 아이들과 어머니를 이간시키기 위한 체계적이고 집중적인 캠페인을 시작했다. 그는 아이들을 세뇌시키기 시작했다. 이제는 단지 제니퍼를 응징한다는 차원이 아니었다. 칼은 법정 다툼에서 전략적 이점을 얻고자 했다. 다른 많은 부모들과 마찬가지로 칼은 아이들의 애정을 성공적으로 조종한다면 자신이 양육권 소송에서 이길 것이라고 믿었다. 어떤 사례의 경우는 실제로 그렇게 전개된다.

허위 인상 만들기

아이들이 당신에게서 등을 돌린다면 당신의 결백을 입증하는 책임은 당신에게 있다. 당신은 이전에 아이들과 좋은 관계를 유지했다는 증거를 제시할 필요가 있다. 그리고 아이들의 거부감을 정당화시킬 만한 어떤 일도 없었다는 것을 제시할 필요가 있다. 그것은 어려운 일이다. 당신이 불행하게도 특정 유형의 판사나 양육권에 대한 권고를 얻기 위해 판사가 지명한 정신건강 전문가를 만나게 된다면 더욱 어려울 것이다. 그런 전문가들은 부모가 아이들의 정서에 영향을 미친다는 것을 안다. 그러나 그들은 아이들은 완벽하게 좋은 부모에게서도 등을 돌리도록 조종될 수 있다는 것을 알지 못한다. 그들은 '아니 땐 굴뚝에서는 연기가 나지 않는다' 고 믿는다. 그리고 아이들이 당신을 증오하거나 두려워한다면 당신이 그런 일을 당할 만한 어떤 일을 했음이 틀림없다고 가정한다. 그래서 당신은 양육권을 잃게 될 것이다.

아이들이 세뇌당할 수 있다고 믿는 판사라면 자신을 방어할 좋은 기회를 가질 수 있다. 그러나 이런 경우에도 아이에 대한 조종이 교묘해서 발견되지 않는 경우가 많다. 아이들의 따돌림이 조종에 의해 유도된 것이 아니라 실제에 토대를 둔 것이라고 판사가 믿는다면 양육권을 박탈당할 것이다. 아이들과의 관계를 지속하기 위해서는 전 배우자가 어떤 동기를 가졌고, 어떻게 조종했는지를 밝힐 필요가 있다. 앞에서 논의한 해로운 심리적 동인들과 다음 장에서 살펴볼 자료들을 재검토하라. 그러면 불합리한 따돌림이 얼마나 광범위하게 조종되었는지 정확히 설명할 수 있을 것이다.

따돌림 당하는 부모들은 아이들이 조종당해왔다는 것을 입증해야 할 뿐 아니라 그 조종이 따돌림의 직접적인 원인이라는 것을 판사가 믿게 해야 한다. 판사는 종종 따돌림을 초래한 것이 무엇인지에 대해 확신하지 못한다. 모든 부모들은 때때로 이치에 맞지 않게 행동해서 아이들로 하여금 놀라거나 화나게 한다. 이는 특히 가정이 붕괴되는 시점을 즈음해서 일어나는데, 부모들이 스트레스를 많이 받는 때이기 때문이다. 아이의 정서에 해독을 퍼뜨리는 데 전념하는 부모는 따돌림 캠페인을 위한 기초 작업을 할 것이다. 부모의 전형적인 행동이 결코 아니었는데도, 이전에는 사랑했던 부모를 거부하는 아이의 행동을 정당화했던 몇 가지 사례를 인용해보자.

괴로움을 당하고 있는 한 어머니가 내게 도움을 요청했다. 그녀의 아들은 법원이 지명한 상담가를 믿고 있었는데, 그 상담가는 어머니와 간단한 접촉을 했을 뿐이었다. 아들은 어머니가 자신과 너무 많은 시간을 함께하기를 원하며, 그로 인해 친구들과 만날 시간이 충분하지 않다고 불평했다. 그리고 화를 참지 못하고 자신을 때린다고 비난했다. 아들은 어머니와 단둘이 있는 게 두렵다고 말했다. 어머니와 함께 있어야 하는 때가 다가오면 흠칫 놀라는 몸짓을 했다.

어머니는 상담가에게 아들을 세 차례 때렸다고 인정했다. 그리고 어쩌면 자신이 대부분의 어머니들보다 아들의 자유를 더 많이 제약했을 수 있으며, 이 점에서는 개선할 여지가 있다고 말했다. 그러나 그녀는 아들의 현재 태도는 자신의 양육에 대한 현실적인 반응은 아니라고 주장했다. 그것은 아버지가 조종을 해온 결과라는 것이다.

상담가는 아버지가 아들로 하여금 어머니에게 등을 돌리게 하려고 힘쓰고 있다는 데 동의했다. 그러나 아들의 따돌림에는 어머니의 책임도 있다고 결론을 내렸다. 이런 이유로 상담가는 어머니를 만나고 싶어하지 않는 아들의 희망이 존중되어야 한다는 의견을 밝혔다. 나는 이것은 희생자에게 잘못을 덮어씌우는 전형적인 사례라고 생각했다.

나는 이 상담가의 결론은 빈약한 상식을 보여주는 것이라고 생각한다. 이 상담가는 모든 부모는 잘못을 한다는 것을 헤아리지 못했다. 아이들에게 후회할 행동이나 말을 하지 않는 부모는 없다. 표적부모에 대한 따돌림에 빠진 아이들의 불평에는 어느 정도 옳은 점이 있다. 그러나 체계적인 조종이 없다면 이런 행동은 결코 부모에 대한 따돌림으로 이어지지 않을 것이다. 그리고 이것이 아이에 대한 어머니의 접견권을 박탈하는 것을 정당화할 수는 없다.

이 상담가는 정신적 강제의 힘을 충분히 깨닫지 못했다. 그래서 아이의 따돌림이 실제로 어떤 확실한 근거도 가지고 있지 않다는 것을 믿기 어려웠다. 상담가의 공감은 아이가 겁을 먹고 있다는 데서 나온 것이었다. 그가 가장 우선시했던 것은 아이를 두려운 상황이라고 생각되는 것에서 보호하는 일이었다.

당신이 양육권 분쟁 중이고 아이와 사이가 멀어지게 된 데 책임이 있다는 비난을 받는다면 무엇을 해야만 할 것인가? 두 가지 일이 있다. 우선 조종의 본질을 폭로해야 하는데, 이는 5장과 6장에서 다룰 주제의 하나이다. 그리고 깎아내리기와 세뇌가 있기 이전에 아이와의 관계가 좋았다는 증거를 제시해야 한다.

이해와 대응 방안

법원에서 지명한 평가자에게 이전에는 아이와 좋은 관계였다는 것을 보여주는 객관적 증거를 제시하라. 당신에 대한 아이의 애정을 보여줄 수 있는 비디오테이프, 사진, 선물, 안부 카드 등을 제출하라. 평가자에게 당신과 아이를 함께 관찰해온 성인들의 명단과 전화번호를 제출하라. 그 목록에 당신 편을 들어 사실을 왜곡하지 않을 사람들이 포함되어 있다는 것을 확인시켜라. 어머니는 부모로서 당신을 적극적으로 보증할 수 있다. 그러나 법관은 어머니를 공정한 보고자로 보지 않을 것이다. 명단에는 과외활동에서 당신을 보아온 교사, 코치, 부모들이 포함되어야 한다. 평가자에게 이 사람들을 만날 것을 요청하라. 왜냐하면 평가자는 현실과 크게 모순되는 해석을 듣게 될 것이기 때문이다.

　당신의 아이가 따돌림에 빠져 있다면 아이들의 두려움과 불평은 매우 설득력이 있어 보일 것이다. 평가자와 법관에게 지난날 아이와 당신의 관계가 긍정적이었다는 증거를 제시한다면 아이들의 부정적 태도가 이혼의 해독 때문에 생겨난 반응이라는 것을 입증하기가 쉬울 것이다.

어떤 아버지는 전 장모에게 자신과 아들의 관계가 친밀했다는 것을 증언해달라고 부탁했다. 이 증언은 가장 신뢰할 만한 것이었다. 만약 외할머니가 어느 한쪽 편을 든다면 당연히 자기 딸 편일 것이기 때문이다. 어머니와 한 번도 즐거운 시간을 보낸 적이 없다고 주장하는 아이들의 어머니는 자신과 아이들이 함께 즐겁게 놀고 있는 모습이 담긴 비디오테이프를 가져왔다. 이 테이프는 법원이 지명한 평가자에게 아이들의 불평이 최근의 태도 변화에 의한 것이지, 지난날 어머니와 아이들의 관계가 나빴기 때문이 아님을 보여주었다.

판사가 아이에게 두려움의 대상인 당신을 만나라는 판결을 내릴 거라고 믿기에 앞서, 아이의 두려움이 당신의 부당한 대우에 대한 실제적인 반응이 아니라는 것을 믿게 할 필요가 있다. 당신의 도움을 얻어서 변호사가 해야 할 일은 아이를 당신에게서 등 돌리게 만든 구체적인 수단을 판사에게 알리는 것이다. 경우에 따라서는 아이가 너무 두려워하고 단호해서 세뇌의 명백한 증거만으로 표적부모의 양육능력에 대한 의심을 없애기에는 충분하지 않을 수 있다. 특히 진술이 심각한 부당 대우나 학대에 대한 것일 경우, 판사가 경고에 치중하거나 배척당하는 부모와 아이의 접촉을 제한하는 것이 좋겠다고 판단할 수도 있다. 이러한 문제해결 방식의 문제점은 따돌림을 더욱 굳건하게 만든다는 것이다. 아이를 해악으로부터 보호하기 위해 표적부모와의 사랑하는 관계를 아이에게서 박탈하는 판사는 자신도 모르는 사이에 정서적 학대에 합류하는 것이다.

이해와 대응 방안

당신에 대한 아이의 모독과 불안이 깎아내리기와 세뇌의 징후라는 것을 판사가 알지 못한다면 당신은 아이에 대한 양육권을 잃을 수도 있다. 이런 일은 세 가지 이유 때문에 일어난다.

  1. 판사가 아이들이 부모 중 한편에 등을 돌리도록 조종될 수 있다는 것을 믿지 않는다.

자녀의 선호

판사가 아이의 거부에 대한 책임이 당신의 행동에 있다고 믿는다면 이혼의 해독이 당신의 양육권을 빼앗을 수 있음을 논의했다. 그러나 어떤 사례에서는 아이를 교묘히 다루는 부모가 아이로 하여금 자신과 함께 사는 것이 더 좋다고 표현하게끔 설득하는 것만으로 양육권 소송에서 우위에 설 수 있다. 대부분의 주에서는 판사에게 아이가 선호하는 편에 비중을 두는 것을 인정하고 있는데 이는 아이의 연령에 달려 있다. 예를 들어, 텍사스 주에서는 10세 이상 아동의 경우 자신을 양육할 부모를 지명할 수 있다. 아이들의 선택을 자동적으로 따르는 것은 아니다. 그것은 판사의 승인에 달려 있다. 그러나 주 의회에서 10세 이상이라면 아이의 희망을 적극적으로 고려해주기를 원하기 때문에 그 법은 실행에 옮겨지고 있다.

누가 양육하는 것이 좋겠는지에 대한 아이의 선호가 결정적으로 작용한다면 부모는 그러한 선호를 만들어내고 싶은 강한 욕구를 갖게 된다. 어떤 부모는 이러한 목적을 달성하기 위해 세뇌에 의존한다. 아이들에게 한쪽 부모를 선택하도록 강요할 수 있다면 비용이 많이 드는 양육권 소송을 피할 수 있다. 더구나 법원은 일반적으로 형제들이 함께 지내는 것을 선호하기 때문에 맏이로 하여금 자기 편을 들도록 설득하는 부모는 모든 아이에 대한 양육권을 획득할 수 있다.

여기에 일반적인 시나리오가 있다. 부모들은 아이로 하여금 다른 편 부모에게 등을 돌리게 하는 캠페인을 시작한다. 아이가 성공적으로 조종되면 아이를 변호사에게 데려간다. 변호사는 아이가 표적부모에 대해 불평하는 이야기를 들은 후 진술서를 작성하고, 아이가 거기에 서명한다. 아이는 자신이 변호사 사무실에 가서 진술서를 작성했다는 사실을 달가워하지 않을 부모에게 그 이야기를 하지 않을 수 있다. 그러면 표적부모는 법적 문서로 제시된 다음에야 진술서에 대해 알게 된다.

이해와 대응 방안

전 배우자가 아이에게 당신을 힐뜯고, 어느 부모가 양육하기를 원하는지 표현하라는 압력을 넣는다고 믿을 만한 이유가 있으면 자신과 아이를 보호하기 위한 조처를 취해야 한다. 아이에게 부모 양편을 모두 사랑하고 있으며, 분쟁에서 어느 한편을 들지 않을 것임을 안다고 이야기하라. 누군가 그렇게 하라고 요구한다면 분쟁의 한가운데 놓이고 싶지 않다고 말하면 된다고 알려주라. 아이가 선호하는 부모를 말할 때까지 기다리는 것은 너무 늦은 대응일 수 있다. 한쪽 편 부모에 대한 충성을 공적으로 선언하는 바로 그 행위가 다른 편 부모에 대한 따돌림을 굳히는 계기가 될 수 있다.

린은 전남편이 아들에게 선호하는 부모를 언급한 진술서에 서명을 요구할 가능성에 대비해서 아들을 도왔다. 그녀는 이렇게 설명했다. "아빠는 학기 중에 너와 함께 살았으면 해. 나도 그렇단다. 아빠와 내가 이 문제를 해결하지 못하면 법정에 가서 판사의 결정에 맡기게 될 거야. 하지만 그 결정은 어른들에 의해 이루어지는 거니까 너는 선택할 필요가 없단다. 엄마는 네가 나도 사랑하고, 또 아빠도 사랑한다는 걸 알아. 그래서 엄마는 네게 결정하라고 요구하지 않을 거야. 아빠도 그랬으면 좋겠고. 아이들은 어느 편 부모와 살 것인지 선택해야 하는 것을 좋아하지 않으니까 말이야."

린은 덧붙였다. "아빠가 엄마에 대해 나쁘게 이야기했다는 걸 안단다. 그리고 아빠가 너한테 아빠와 살기를 원한다고 적은 종이에 서명하라고 하더라도 네가 원하지 않으면 그렇게 할 필요가 없다는 걸 알아두렴. 아빠에게 네가 엄마, 아빠를 모두 사랑하며, 이 싸움에 휘말리고 싶지 않다는 것을 이야기해라. 엄마나 판사와 문제를 해결하고 너는 내버려두라고 말이야. 그렇게 할 수 있겠니?"

아이가 당신과 떨어져 살고 싶다고 말하라는 압력을 받을 수도 있다는 생각이 들자마자 행동을 하는 것이 중요하다. 아이가 이런 결정을 할 때까지 기다린다면 그것은 너무 늦다. 아이의 선호가 조종의 결과라는 것에 판사가 동의했을 때조차도, 아이의 선호가 양육권 소송의 결과에 영향을 미쳤다는 것을 안 부모들은 큰 충격을 받는다. 다음은 미주리 주에서 있었던 사례이다. 11세 소녀인 마샤는 더 이상 아버지를 보고 싶지 않다고 말했다. 오랫동안 좋은 관계를 유지했지만 마샤는 아버지를 싫어한다고 말했다. 어머니는 딸을 지지해서 아버지가 딸과 만나는 것을 일체 거부했다. 그리고 마샤를 만날 수 있는 아버지의 권리를 박탈해달라고 법원에 조정신청을 했다.

마샤가 아버지와 만날 수 있게 하라고 판사가 명령을 내리자 어머니와 마샤는 아버지가 딸을 성적으로 학대했다고 고소하는 것으로 대응했다. 고소는 완전히 사실이 아닌 것으로 결론 내려졌다. 판사는 어머니에게 다시 마샤가 아버지와 만날 수 있게 하라고 명령을 내렸다. 또한 마샤가 너무 많은 소란에 노출되는 것을 피하기 위해 마샤를 대리해서 소송에 참여할 변호인을 지명했다. 이 변호인은 글자 그대로 '보호자guardian ad litem'를 뜻하는 G. A. L.로 불린다.

G. A. L.은 조사에 착수할 권한을 가지고 있으며, 이 경우에 실제로 그렇게 했다. G. A. L.은 아버지에 대한 마샤의 부정적 태도가 전적으로 어머니의 끈질긴 조종의 결과이며, 이는 딸을 자신의 동맹자로 만들려는 어머니의 희망과 결부되어 있다는 것을 알았다. 아버지는 안도했다. 그는 이 악몽이 하루 빨리 끝나기를 기대했다.

다음 공판이 열리자 G. A. L.은 판사에게 마샤가 아버지와 함께 지내도 전적으로 안전하다는 것을 확신한다고 말했다. 그러나 이어지는 진술은 아버지를 절망에 빠뜨렸다. 마샤의 두려움이 너무 강해서, G. A. L.은 '법원이 판결을 강제집행하지 말아야 한다'고 생각한다는 것이었다. 그 대신 마샤를 엄격한 감독하에서 짧은 시간 동안 아버지와 만나게 할 것을 권고했다. 이렇게 해서 양육권자에 대한 마샤의 선호는 이 양육권 분쟁의 판결을 결정했다. G. A. L.도 판사도 마샤의 선호가 어머니의 주입에 의한 것이라는 사실을 알았지만 판결은 그렇게 나고야 말았다. 법관은 때때로 결정을 강제집행하는 것이 표적부모와의 관계를 정상화할 수 있는 유일한 희망이라는 것을 알 필요가 있다. 8장 '전문가의 도움 받기'에서는 마샤와 같은 아이를 돕는 데 법관이 어떻게 더욱 능동적인 역할을 할 수 있을 것인지에 대해 설명할 것이다.

자녀의 반대 견디기

마샤의 아버지는 결국 포기했다. 이러한 시련 때문에 감당해야 하는 신체적·정신적·경제적 부담을 더 이상 감당할 수 없었다. 너무도 많은 양육권 소송이 이렇게 끝난다. 그는 육체적·정신적 건강을 해치고, 경제적 비용을 부담해야 하는 이 고된 싸움을 더 이상 감당할 여유가 없었다. 조정을 하는 것이 바람직하다는 것은 법관이 표적부모가 나쁘다는 것을 믿거나 어느 연령 이상에서는 아이들의 양육권자 선호를 자동적으로 받아들이기 때문이 아니다. 조정이라는 제도가 없다면 아이의 반대를 견뎌내야만 양육권을 획득할 수 있기 때문이다.

효율적인 깎아내리기와 세뇌 캠페인의 표적이 되는 부모들은 때때로 이런 과정을 되돌리기에는 자신이 너무 무력하다고 느낀다. 이치에 따라 아이들을 설득하려는 그들의 초기 시도는 실패한다. 그들은 자기 자신을 보호할 수 있는 그 밖의 방법을 알지 못한다. 그들은 자원이 줄어드는 것을 보게 된다. 그래서 전투를 계속하기보다는 불가피한 것을 받아들이고 손실을 잘라내고 다시 시작하는 고통에서 벗어나는 것이 최선이라고 결정한다.

이러한 결정은 적어도 상당 기간 동안 아이를 만날 희망을 포기한다는 것을 뜻한다. 그러나 떨어짐이 언제나 영원한 것은 아니다. 특히 세뇌를 시키는 부모의 주된 목적이 양육권을 획득하는 것일 때 표적부모의 포기는 기대하지 않았던 결과를 가져올 수도 있다. 일단 양육권 상실에 대한 위험이 없어지면 세뇌를 시키는 부모는 조종의 강도를 약하게 한다. 그리고 아이들이 증오하라고 가르쳤던 부모에 대해 긍정적인 감정을 다시 가지는 것을 허용할 수도 있다.

어느 누구도 당신에게 이제 할 만큼 했다거나 그만두라고 말할 수 없다. 이것이 당신이 결정하는 것이라면 그 무엇으로도 아이를 잃는 아픔을 지울 수는 없을 것이다. 그러나 9장 '떠나보내기'를 읽어보라. 당신의 결정을 아이들에게 어떻게 전할 것인지, 아이들을 잃은 것을 어떻게 극복할 것인지, 미래의 화해를 어떻게 준비할 것인지에 대한 조심스런 조언을 들을 수 있을 것이다.

자승자박

양육권을 얻기 위해 아이의 애정에 해독을 퍼뜨리는 부모들은 법관이 자신들의 해독에 공감해주리라고 기대한다. 이런 부모 중 일부는 자신이 따돌림을 키우는 죄를 범하고 있다는 것을 거의 알지 못한다. 그러나 어떤 부모들은 그러한 문제에 대한 법정의 순진함을 정확히 알고 있으며, 거기에 승부를 건다. 그들은 판사의 눈을 속일 수 있다고 생각한다.

과거에는 그렇게 하는 것이 가능했을지도 모른다. 그러나 이 책과 같은 책들이 그런 풍조를 바꿀 수 있으리라고 기대한다. *정신건강 전문가들과 가정법원의 법관들이 헐뜯기, 깎아내리기, 세뇌와 같은 현상과 그것이 아동에게 미치는 해로운 영향에 대해 잘 알게 되면 그런 행동을 하는 부모들이 자녀의 양육권을 상실할 가능성이 점점 높아진다.*

먼저, 전문가들과 판사들은 아이들의 태도와 양육권자 선호가 조종의 결과라고 이해하게 되면 이를 무시할 것이다. 그러나 파괴적인 비난을 하는 부모는 그 이상의 불이익을 초래할 수 있다. 그런 부모들은 자녀의 정신적 건강을 위태롭게 만들 우려가 있기 때문에 훨씬 더 부정적으로 판단된다. 법관들은 자녀와 다른 편 부모의 애정을 깨려는 부모를 너그럽게 보아 넘기지 않는다. 그러므로 양육권을 얻기 위해 사례를 보강하는 것은 도움이 되지 못할 뿐만 아니라 오히려 불리한 결과를 가져올 수도 있다. 법원은 아이의 따돌림을 표적부모에게 결함이 있다는 증거로 보는 대신 아이를 조종하는 부모의 행위가 적절하지 못하다는 증거로 볼 것이다.

그러나 현명한 부모는 그런 조종을 찾아내는 법관의 능력만 믿지는 않는다. 당신 자신이 법관을 도와야 한다. 아이들이 어떻게 조종되고 있는지 가능한 모든 것을 알아야 한다. 당신은 이 정보를 심리에 참여하고 있는 정신건강 전문가에게 전해야 한다. 그리고 당신의 변호사는 이 정보를 판사에게 효과적으로 전달해야 한다.

양육권 소송 중의 따돌림 방지하기

양육권 다툼에서 깎아내리기나 세뇌가 일어나는 것을 줄이기 위해 당신이 할 수 있는 몇 가지 일이 있다. 가장 중요한 것은 소송의 요인을 제거하는 것이다. 먼저 양육권 소송을 피하기 위한 모든 수단을 강구하라. 소송의 결말이 어떻게 날지 확실하다면 부모들은 아이의 애정을 흔들어놓을 필요를 덜 느낀다. 따라서 당신이 이혼의 해독에 직면할 위험도 적어진다.

우선 당신이 양육권을 얻으려는 이유가 무엇인지 검토하라. 그 이유가 적절하지 않다면 양육권을 얻겠다는 위협을 그만둠으로써 따돌림 캠페인을 방지하거나 되돌릴 수도 있다. 양육권이 전 배우자를 응징하거나, 자신의 죄책감을 경감하거나 당신이 괜찮은 사람임을 입증하는 수단이 되어서는 안 된다. 나는 『양육권 혁명』에서 이 문제를 자세히 다루었다.

당신과 배우자가 양육권을 어떻게 정리하는 것이 아이에게 가장 좋은지 끝까지 합의에 이를 수 없다면, 이를 법정으로 가져가기 전에 양육권 자문가custody consultant에게 독립적 의견을 구하라. 양육권 자문가는 아동발달과 양육문제를 전문적으로 다루는 정신건강 전문가이다. 나도 이런 일을 맡는데, 부모들이 아이의 욕구를 정확히 파악하고 자신의 여러 가지 양육 계획이 이러한 욕구를 어느 정도 충족시킬 수 있는지 이해할 수 있도록 돕는다. 일단 부모 양편이 관련된 문제들을 파악한다면 어떻게 하는 것이 가장 바람직한지 명확해질 수 있다. 그렇지 않으면 부모 양편 중 누구에게도 떠오르지 않았던 합리적 대안을 생각할 수도 있다. 또한 부모의 양육권 다툼과 아이들의 정서에 미칠 해독에 개입해서 부모들의 적개심을 누그러뜨리고 합의에 도달하게 할 수도 있다. 뿐만 아니라 양육권 자문가의 통찰과 권고는 전투에서 패한 한쪽 부모의 상실감을 극소화할 수 있는 중재나 협상에서 중요한 역할을 할 수 있다.

당신의 배우자가 양육 문제를 논의하려고 하지 않거나 합의에 실패한다면 이혼으로 인한 적개심을 억제하거나 줄일 수 있는 다른 방법을 찾으라. 만일 배우자에게 상처를 입혔다면 당신이 초래한 손상을 인정하고 그에 대한 책임을 지라. 배우자에게 진정으로 사과하고 가능하다면 바로잡으라. 예를 들어 그동안의 금전적 해결이 불공정했다면 당신의 태도를 다시 검토하라. 당신이 상대방의 화를 줄이기 위해 하는 노력은 상대방으로 하여금 당신을 헐뜯으려는 마음을 줄여줄 것이다.

양육권을 다투어야 한다면 타협적인 해결에 힘쓰는 변호인을 선임하라. 일부 법률가들은 '협력가족법collaborative family law'이라고 알려져 있는 실천모델에 서명한다.

이러한 법률가들은 법정에까지 가지 않고 화해에 도달할 수 있도록 가능한 모든 방법에 전력을 기울인다. 실제로 그들은 이러한 노력이 성공을 거두지 못하면 그 사건에서 물러나기로 미리 동의한다. 그들은 양편 변호인이 이러한 동의를 이끌어냈을 때, 더욱 건설적이고 창조적인 협상을 촉진시킬 수 있는 구조가 만들어진다고 믿는다.

일부 법률가들은 법원에서 화해를 이끌어내고 적개심을 줄이는 것을 장려하고 뒷받침하는 노력을 실천하는 것으로 알려져 있다. 이런 노력으로 유명한 법률가를 찾으라. 그런 변호사들은 협상이 성공적이지 않을 때 중재를 권고할 것이다. 어떤 변호사들은 중재에 반대한다. 특히 반대편을 깨부수는 것으로 이름 높은 변호사를 피하라. 그런 변호사들은 전투에서 승리를 가져다줄 수 있다. 그러나 그들의 전술은 보복을 초래하며, 이는 헐뜯기라는 더 큰 위험을 의미한다. 뉴욕의 한 유명한 변호사는 양육권 다툼에서 이기는 방법은 상대방보다 돈을 더 많이 쓰는 것이라고 말했다. 그가 맡은 사례들은 불쾌할 정도로 넘쳐나는 서류와 복잡한 법정심문 때문에 생겨나는 엄청난 비용으로 널리 알려져 있는데, 이러한 비용은 결국 상대방으로 하여금 굴복을 이끌어낸다. 이는 의뢰인이 이혼 후 적개심으로 가득 찬 상황을 맞이하게 만든다.

이해와 대응 방안

양육권 분쟁에서 따돌림을 방지하는 방법

- 양육권 소송을 제기하겠다는 위협을 그만둘 것을 고려하라. 옳지 않은 이유로 양육권을 얻으려고 하지 말라.
- 배우자를 화나게 만든 데 대해 책임감을 가지라. 그리고 배우자의 적개심을 줄이기 위해 할 수 있는 모든 일을 하라.
- 양육권 자문가로부터 독립적 의견을 얻으라.
- 승률이 아니라 우호적인 해결책으로 이름 높은 변호사를 선택하라.
- 불필요한 갈등과 적개심을 불러일으키는 변호사를 피하라.

재혼

양육권 소송이 끝난 후 당신이나 전 배우자가 재혼을 했을 때, 헐뜯기, 깎아내리기, 세뇌의 위험성이 가장 높아진다. 이혼 후 상당히 잘 지내던 사람들도 전 배우자 중 한 사람이 재혼을 하면 새로운 긴장 관계를 맞이하게 된다.

질투심

사람들은 종종 전 배우자가 재혼 계획을 세우고 있다는 소식에 격렬하게 반응하는 자신을 보고 놀란다. 그런 일에 영향을 받을 거라고 생각하지 않았기 때문이다. 그러나 이혼에 수반했던 상처와 분노 중 많은 부분을 이때 다시 경험하는 자신을 발견한다. 전 배우자에 대한 감정이 조금이라도 남아 있거나 화해할 생각을 조금이라도 가지고 있던 사람들은 파괴적으로 반응하기 쉽다. 그들은 전 배우자의 재혼으로 생겨난 질투심과 자존심의 상처를 처리하는 데 커다란 어려움을 겪는다. 자신들이 원하지 않거나 부적절한 것으로 생각하는 감정의 진정한 근원을 인정하기보다는 이를 여러 가지 방어막 뒤에 감춘다.

일반적으로 나타나는 한 가지 대응방식은 상대방의 재혼으로 고통 받고 있다는 것을 부인하는 대신 그것이 아이들에게 주는 충격에 커다란 관심을 나타내는 것이다. 심리분석가인 빌헬름 라이히Wilhelm Reich는 이를 '가공의pretended' 동기라고 불렀다. 한 남자가 전처의 약혼 소식을 듣고는 이렇게 말했다. "당신이 어떻게 생활하기를 원하건 나는 신경 쓰지 않는다. 그러나 아이들은 매우 혼란스러워한다." 그가 이 말을 했을 때 아이들은 어떤 고민의 징후도 보이지 않았다.

전 배우자의 재혼 자체에 대한 생각 때문에 혼란스러운 것이 아니라 새 부모의 개인적 성격이나 새 부모와 아이들의 관계 때문에 혼란을 느낀다는 주장은 또 다른 합리화이다. 전 배우자가 당신의 재혼 때문에 생겨난 원하지도, 유쾌하지도 않은 감정을 당신과 당신 새 배우자의 부당한 모독 탓으로 돌릴 때 이혼의 해독이 작용한다.

이해와 대응 방안

당신의 재혼을 질투하는 전 배우자에 대응하는 방법

■ 함께 아이를 낳았기 때문에 둘 사이에 항상 존재할 수밖에 없는 관계를 재확인하라.

■ 당신의 재혼이 아이를 기르는 데 협력할 필요성을 감소시키지는 않을 것이라는 점을 강조하라.

■ 재혼은 모든 사람을 위한 하나의 적응임을 이해시켜라. 아이들은 전학과 같은 생애의 다른 전환에서와 마찬가지로 이혼한 부모의 재혼이라는 전환에 대처하는 데도 부모 양편의 도움을 받아야 한다.

■ 전 배우자에게 입장을 바꿔서 생각해달라고 요청하라. 그리고 전 배우자가 재혼 계획을 발표했을 때 당신과 아이들이 이를 어떻게 처리하기를 원할지 생각해보라.

전 배우자의 재혼 계획을 알게 된 부모의 입장에서 보면 질투가 이런 상황에서 이혼의 해독을 일으킬 수 있는 유일한 동기는 아니다. 재혼한 배우자와 그의 새 배우자에게서 파괴적 행동이 나올 수 있으며, 어쩌면 그 가능성에 대한 염려가 전 배우자의 질투보다 더 클 수도 있다. 재혼한 가족들과의 상담에서, 나는 아이들을 따돌림에 빠지게 하려는 시도를 유발하는 다음과 같은 세 가지 핵심요소를 확인했다.

첫째, 새 배우자에게 자리를 내주기 위해 아이의 삶에서 전 배우자를 지워버리려는 욕구

둘째, 전 배우자와 새 배우자 사이의 경쟁 감정

셋째, 공동의 적에 대해 힘을 합하려는 새로운 부부의 시도

제발 사라져주기를 바란다

재혼을 하는 부모들은 때때로 이제 자신들이 자녀를 기를 수 있는 완전한 가정환경을 이루었다고 믿는다. 그러나 한 가지가 이러한 이미지를 거북하게 만든다. 바로 전 배우자이다. 많은 재혼한 부모들을 이런 공상을 품는다. "전 배우자가 무대에서 사라져주기만 한다면……." 이러한 바람을 충족시키는 한 가지 방법은 아이와 다른 편 부모 사이에 쐐기를 박는 것이다.

특히 이혼 당시 자녀가 아주 어리거나 부모가 정식으로 결혼한 상태가 아닐 때 부모 중 한쪽 편은 다른 편을 없어도 좋다고 여길 것이다. 그리고 곧바로 재혼을 할 것이다. 이럴 경우 부모 양쪽은 자녀가 상대방과 함께 지내는 것을 관찰할 기회가 거의 없다. 어머니가 아이들이 생부를 알아야 한다고 추상적인 수준에서 믿을 수는 있다. 그러나 아이가 생부와 시간을 보내는 것이 어떻게 도움이 되는지를 눈으로 보지는 못한다. 한 살짜리 아이가 어머니에게 아빠를 만나고 싶다고 말할 수 없다는 것은 분명하다.

어머니, 아버지, 아이를 포함한 가족 구성원들이 상호 작용한 역사가 없다면 어머니가 아이의 생애에서 아버지의 역할을 깨닫기는 더욱 어렵다. 재혼을 할 때 어머니는 그러한 가족이 자신과 새 남편을 중심으로 이루어졌으면 한다. 전남편의 개입은 상황을 복잡하게 만든다. 본질적으로 어머니는 자신과 전남편의 관계를 없었던 것으로 생각하고 싶어한다. 점

잖게 손을 떼지 않을 경우 전남편은 행복한 가정을 꾸밀 수 있는 두 번째 기회를 방해하는 것으로 간주된다. 한 재혼한 여자가 전남편에게 말했다. "내 딸은 집에 어머니와 아버지가 각각 한 명씩 있어요. 딸애에게는 당신이 필요하지 않아요."(세뇌시키는 부모는 아이들을 가리킬 때, '우리의'보다는 '나의'라고 말하는 경향이 있다.) 전 배우자를 지워버리고 싶은 마음은 재혼한 아버지보다 재혼한 어머니에게서 생겨날 가능성이 크다. 이는 얼마 전까지만 해도 이혼 후에는 어머니가 자식을 양육하고 아버지와는 가끔씩 만나야 한다는 인식이 보편적이었기 때문일 것이다. 아이에게 아버지가 중요하다는 연구보고가 나오고 이러한 연구 결과를 반영하는 방향으로 양육법이 개정되었지만, 아직까지도 아버지를 덜 중요한 부모로 여기는 사람들이 많다.

어떤 사람들은 자녀가 친아버지와 접촉하는 시간이 적을수록 새 아버지가 친아버지를 대신할 때 잃는 것이 적을 것이라고 믿는다. 이런 생각은 어느 정도 맞다. 일반적으로 말하면, 어린 아동들은 새 아버지와의 관계를 부모-자녀의 유대 관계와 거의 비슷하게까지 발전시키며, 이런 관계가 도움이 된다는 것을 발견한다. 그러나 아이들이 둘 중 하나를 선택해야 할 이유는 없다. 아이들은 아버지와 새 아버지에게 모두 강한 유대감을 가질 수 있다.

아이가 어려서 새 아버지가 친아버지를 적절하게 대체할 수 있다 해도 친아버지의 관여는 여전히 필요하다. 아이가 커가면서 친아버지를 알고 싶어할 수도 있다. 많은 아이들은 이혼한 부모가 자기에게 상관하지 않을 때 버림받았다는 느낌을 받는다. 『양육권 혁명』에서 나는 부모의 결손이 자녀에게 미치는 영향에 대해 서술했다. 그 책에서는 이혼 후 부모 중 한쪽 편과의 관계가 단절된 아동들은 대인 관계에 문제가 있거나 자아존중감이 낮을 수도 있다는 점을 지적했다. 이러한 문제점은 다시 재혼한 부모와 새 배우자의 관계에 손상을 입힐 수도 있다.

어머니의 두 번째 결혼이 실패한다면(두 번째 결혼은 첫 번째보다 이혼할 가능성이 높기 때문에 이런 일이 일어나지 말라는 보장은 없다) 어떤 일이 일어날지 생각해볼 필요도 있다. 새 아버지가 아이들의 성장과정에서 중요한 역할을 했다 하더라도 재혼한 부부가 이혼할 경우에는 대부분 아이들과 새 아버지의 관계는 완전히 끊어진다. 친아버지와 긴밀한 관계를 유지하는 것은 이러한 상황에 대비한 좋은 안전장치이다. 일어날 가능성은 이보다 훨씬 덜 하지만 어머니가 죽거나 생활능력을 상실할 수도 있다. 이런 경우 양육권은 보통 아버지에게 옮겨간다. 아버지와 좋은 관계를 지속하는 것은 이와 같이 어려운 시기에 도움이 될 수 있다. 아버지를 따돌린 일이 있다면 비극이 더욱 심해질 수도 있다.

이해와 대응 방안

당신을 자녀의 삶에서 떼어놓으려는 전처에 대응하는 방법

- 당신의 관여가 전처의 새 남편과 아이들이 친밀한 관계를 형성하는 데 방해가 되지 않을 것이라는 점을 재확인시켜라. 실제로 당신은 능동적으로 새 아버지에 대한 자녀의 사랑과 존중심을 높이려는 의도를 가져야 한다.
- 생부(또는 양부)이자 법적 부모로서, 자녀와 당신의 관계는 평생 지속된다는 사실을 강조하라. 이런 확신을 심어줄 수 있는 계부는 거의 없다.
- 자녀로 하여금 당신을 따돌리게 만드는 것이 무엇을 파괴하는 행위인지 전처에게 이해시켜라. 일상, 놀이, 상호 애정표현, 진지한 이야기, 자녀의 장래에 대한 당신의 희망 등, 당신의 생활을 자녀와 함께 이야기하라.
- 자녀가 아직 아기라면 당신과 자녀가 함께 있는 것을 아이 어머니가 지켜보

는 것을 몇 차례 허용하라. 그래서 당신의 관심이 아이에게 좋을 것이라는 생각을 갖고 안심하게 하라.
- 확실한 한계를 설정하라. 당신은 결코 자녀를 버리지 않을 것이라는 말을 하라. 그것은 선택이 아니라 필수이다. 당신은 아이가 당신의 사랑을 받을지 아닐지에 대해 의문을 품는 것을 원하지 않는다.

경쟁심

새 부모들은 때때로 다른 편 부모에 대한 파괴적인 비난을 부추기거나 적어도 그런 행동을 적극적으로 지지한다. 사랑, 성, 결혼에서 새 배우자의 전 배우자에 대한 경쟁심은 자연스러운 것이다. 온건한 형태라면 이러한 감정은 문제가 되지 않는다. 실제로 그런 감정은 새 부모로 하여금 의붓자식들의 사기를 북돋기 위해 가능한 최선의 노력을 하게 만듦으로써 아이들에게 도움이 될 수 있다. 그럴 경우 아이들은 자신의 관심사를 지켜주고 뒷받침해줄 부모를 추가로 얻게 된다.

경쟁심이 강렬하면 새 부모는 아이들의 애정을 다른 편 부모와 공유하기를 거부할 수도 있다. 대부분의 경우에 새 부모는 아이들의 존중을 덜 받으며 과도하게 경쟁적일 수 있다. 그렇지 않으면 새 부모가 특히 부모로서 결함이 있다고 느끼거나 다른 편 부모보다 자신이 우월하다는 것을 입증할 필요를 느낄 수도 있다. 복합가족stepfamily* 에 관한 권위자인 에밀리 비셔Emily Visher 박사와 존 비셔John Visher 박사는 첫 번째 결혼에

---

* 이혼, 재혼 등으로 혈연관계가 없는 사람이 가족에 포함되어 있는 가족, 혼합가족이라고 한다.

서 아버지로서 실패했다고 느끼는 한 남자가 어떻게 두 번째 결혼을 이전의 실패를 만회할 기회라고 생각할 수 있는지를 다루었다. 새 아버지가 자신의 친자식과 정례적이고 의미 있는 관계를 유지하지 못했다면 실패감에 특히 민감할 수 있다.

어떤 새 부모들은 아이들의 가슴속에 있는 다른 편 부모를 자신으로 대체하려고 함으로써 이러한 실패감에 대처한다. 이들은 헐뜯기, 깎아내리기, 세뇌를 통해 그렇게 한다.

일부 새 아버지는 자신이 새로운 가족들을 아버지로부터 구제하고 있는 것처럼 행동한다. 특히 새 아버지가 첫 번째 결혼일 때 가족이 어떻게 행동할 것인지에 대해 특별한 기대를 가지며 친아버지에 대해 극도로 비판적일 수 있다.

경쟁심은 새 부모가 자신들의 자식이 없을 경우, 그리고 원해서든 아니든 자신들의 자식을 기대하지 않을 경우에 일어나기 쉽다. 이런 현상은 새 아버지뿐 아니라 새어머니에게서도 나타난다.

넬다와 오필리아는 좋은 친구였다. 넬다는 오필리아의 남편과 함께 일을 했는데, 오필리아가 이혼하자 곧 그녀의 남편과 결혼했다. 넬다는 이전 결혼생활에서 아이가 없었으며 임신을 할 수도 없었다. 그리고 아이를 갖기를 원하지도 않았다. 오필리아의 딸은 넬다가 어머니가 될 수 있는 유일한 기회였다.

이전에는 다정했던 친구에게 강렬한 경쟁심을 느끼게 된 넬다는 남편에게 압력을 넣어 자동차로 네 시간 걸리고 주변에는 비행장이 없는 새로운 도시로 이사했다. 동시에 남편의 협조를 얻어서 딸이 하고 싶은 것을 마음대로 하게 하거나, 터무니없는 약속을 하거나, 오필리아를 과도하게 헐뜯는 등 여러 가지 방법(이에 대해서는 6장 '현실의 훼손'에서 다룰 것이다)

을 동원해 새 딸이 함께 이사하겠다고 요청하도록 조종했다. 오필리아는 그때서야 저항했다. 그러나 딸은 정말로 이사를 가고 싶으며, 어머니가 그것을 어렵게 만들고 있다면서 화를 냈다. 오필리아는 더 좋은 판단을 하지 못하고 법적인 조치도 하지 못한 채 압력에 굴복해서 이사에 동의하고 말았다.

크리스마스 휴가 직전에 오필리아는 딸의 편지를 받았다. 딸은 편지에서 크리스마스 휴가 동안 어머니를 억지로 보고 싶지는 않다고 썼다. 아빠, 넬다와 함께 디즈니랜드로 여행을 가기로 계획을 세웠는데 어머니와 함께 휴가를 보낸다면 갈 수가 없기 때문이라는 것이었다. 편지는 딸의 필체였지만 어휘나 문장구조는 성인이 쓴 것임이 명백했다. 넬다의 쪽지도 동봉되어 있었다. 쪽지에서 넬다는 오필리아에게 자기 자신보다 먼저 딸의 입장을 생각해보라고 독단적으로 충고했다. 그리고 딸에게 만날 것을 강요하기에 앞서서 자신들이 하나의 가족으로 자리를 잡을 수 있게 해달라고 간청했다. 오필리아는 넬다가 생각한 것이 순탄한 길이라고 여겼다. 그래서 딸이 자신을 만나는 대신 디즈니랜드로 여행을 가는 것을 허락했다.

오필리아가 다음번 딸을 만나기로 한 날은 딸의 생일이었는데 또 다른 편지를 받았다. 이 편지에서 딸은 이제는 '강요된 방문'이라고 불리는 것에 대한 거부감을 드러냈다. 그리고 어머니를 만나는 대신 가족과 생일을 보내고 싶다고 덧붙였다. 넬다와 그녀의 남편은 딸의 마음을 바꾸어서 더 이상 어머니를 가족의 일부로 생각하지 않게 만드는 데 성공했다. 내가 오필리아를 처음 만났을 때 그녀는 2년 동안 딸을 만나지 못하고 있었다.

반복해서 강조했듯이, 오필리아의 잘못은 행동을 하기에 앞서 너무 오래 기다렸다는 점이다. 수동성은 이혼의 해독의 표적이 되는 부모에게서 나타나는 공통적인 현상이다. 그러나 그 대가는 크다. 다음 장에서 그 이유에 대해 명확하게 설명하겠지만, 이혼의 해독에 노출되었을 경우 반드시 아이들과의 만남을 유지해야 한다.

이해와 대응 방안

경쟁심이 강한 새 부모에게 대처하는 방법

- 아이가 새 부모와 함께 새로운 일을 하거나 새로운 곳에 갔다는 것을 알았을 때 이러한 활동 중 일부는 아이와 함께 하지 말라. 새 부모가 아이들과의 생활에서 자신만이 함께 할 수 있는 새롭고 특별한 무엇이 있다고 더 많이 느낄수록 경쟁하고 싶은 마음은 줄어든다.
- 새 부모가 아이의 복지에 기여한 데 대해 알고 있으며 아이에 대한 서로 다른 역할을 뒷받침할 수 있었으면 한다는 희망을 표현하라.
- 문제가 지속된다면 다 같이 잘 해나가기 위해 부모 세 사람이 함께 상담전문가의 상담을 받자고 제안하라. 상담전문가는 과도한 경쟁심을 일으키는 근원적인 요인 중 일부를 중점적으로 다룰 수 있다.

경쟁은 양방향으로 일어난다. 당신의 전 배우자가 아이와 새 부모의 관계를 지지할 수 있다. 또는 아이와 당신의 새 배우자 사이를 갈라놓으려고 할 수도 있다. 부모 양편이 모두 있는 가족이 이혼으로 깨어지기 이전의 가족에 더 가까운 형태이기 때문에 여전히 홀로 사는 전 배우자의 입장에서는 아이들이 당신과 새 배우자의 가정을 더 좋아하지 않을까 염려할 수도 있다. 이러한 우려 때문에 전 배우자는 재혼한 가족 내에서 아이가 느낄 수 있는 애정과 안도감을 무너뜨리려고 애쓸 수도 있다.

때때로 전 배우자는 아이가 새 부모를 더 사랑하게 되지 않을까 우려한다. 아이가 새 부모를 '엄마', '아빠'라 부르면 이러한 우려는 더욱 커진다. 어린아이일수록 새 부모와 유사 부모-자녀 관계를 추구하고 받아들이는 경향이 크기 때문에 새 부모에 대한 깎아내리기와 세뇌에 노출될 위험이 특히 많다. 또한 어린아이들은 전 배우자의 부정적인 조종에 영향 받기가 더 쉽다. 새 아버지는 악마가 보낸 사람이라는 말을 친아버지에게서 들은 어린 여자아이를 생각해보자. 이 여자아이는 친아버지의 말을 완전히 믿지는 않았지만 새 아버지가 나타나면 불안해했다.

좀더 연령이 높은 아이들은 새 부모에 대해 처음에는 판단을 미루거나 거부감을 더 많이 느낀다. 경쟁적인 부모는 아이들이 변화에 적응하도록 돕는 대신 새 부모에 대해 아이가 가지는 초기의 부정적 감정을 환영하면서 이러한 일시적 감정을 따돌림 캠페인의 토대로 이용한다. 자신들의 조종에 이의를 제기하면 이러한 부모들은 보통 다음과 비슷한 방식으로 대답한다. "나는 아이들로 하여금 새 부모에 대해 어떤 방식으로 느끼게끔 만들 수는 없다. 그러나 아이들이 자신의 감정을 표현하지 못하게 하지는 않을 것이다."

내가 사례를 맡았던 한 어머니는 어떻게 부모가 경쟁심을 극복하고 아이에게 필요한 것을 줄 수 있는지 보여주었다. 패티는 자신의 딸인 레이첼의 새어머니를 헐뜯고 싶은 강한 충동에 맞서기 위해 열심히 노력했다. 전남편의 거짓말을 믿은 부적절한 법률적 표현과 법관의 적절하지 못한 판결이 어우러져, 레이첼에 대한 패티의 권리는 급속히 줄어들었다. 이혼이 마무리된 지 일주일 후 전남편은 재혼을 하고 레이첼의 양육책임을 대부분 새 아내에게 맡겼다. 패티는 당연히 자기 뱃속에서 9개월을 기르고, 태어난 후 5년 동안을 돌보아온 자기 아이를 다른 여자가 기른다는 사실에 분개했다. 패티의 분개는 새어머니의 양육능력을 평가할 때 부정적으로 작용했다. 비난을 하기는 쉽다. 그러나 패티는 라이벌을 긍정적으로 생각하기 위해서 엄청난 노력을 했다. 레이첼이 어머니에게 새어머니가 자신을 대하는 것에 대해 불평을 했을 때, 패티는 어떤 은밀한 기쁨을 느꼈지만 그것을 비밀로 간직했다. 라이벌로서 만족을 느꼈지만 레이첼의 새어머니가 그 아이를 위해서 많은 것을 하고 있다는 것을 인정했다. 그리고 새어머니와의 관계를 나쁘게 만드는 것이 레이첼에게 이롭지 않다는 것을 알았다. 그래서 패티는 레이첼의 불평을 귀담아듣기는 했지만 적극적인 반응을 보이지는 않았다. 딸이 보기에 새어머니를 헐뜯는 것은 어머니의 마음에 드는 일이 아니었다. 패티는 딸에 대한 사랑이 파괴적인 비난을 하고 싶은 강한 충동을 이겨내게 한 고무적인 사례를 보여주었다.

이해와 대응 방안

전 배우자가 아이와 새 부모의 관계에 손상을 입히려 할 때의 대응법

- 아이와 전 배우자 관계의 토대가 된 많은 경험에 근거하여, 전 배우자에게 아이가 깊은 애정을 느끼고 있음을 재확인시켜라.
- 전 배우자와 당신이 함께 아는 사람 중 재혼 때문에 일어난 여러 문제를 잘 헤쳐나간 사람에게 그 경험을 전 배우자가 공유할 수 있게 해달라고 요청하라. 특히 아이들이 새 부모와 잘 지내면서도 원래 부모에 대한 강한 사랑을 어떻게 유지했는지를 전 배우자가 알게 해달라고 요청하라.
- 아이들이 새 부모와 전 배우자에 대해 애정을 나타내는 여러 가지 용어를 쓸 수 있게 하라. 아이들의 '아빠'나 '엄마'로서 전 배우자의 위치를 위협하지 말라.

공동의 적

재혼 가족은 깨지기 쉽다. 아이들이 새 부모를 선택한 것은 아니다. 어른들도 새 자녀를 얻기 위해 결혼하는 것은 아니다. 아이들은 단지 어른들 사이의 거래에 따라가는 것뿐이다. 새 가족이 서로에게 익숙해지고 가족이라는 느낌을 가지는 데는 시간이 필요하다. 재혼한 부부가 각각 이전의 결혼생활에서 얻은 아이들을 데리고 왔을 때는 훨씬 커다란 어려움에 처할 수도 있다. 일부에서는 이런 형태의 복합가족은 이혼할 확률이 높다고 우려한다.

가족의 결속력을 강화하는 한 가지 방법은 공동의 표적을 중심으로 결합하는 것이다. 불행하게도 당신에 대한 헐뜯기와 깎아내리기가 그 표적이 될 수도 있다. 그것은 새로운 가족을 함께 묶어주는 접착제일 수 있으며 그들에게 같은 팀원이라는 의식을 주기도 한다.

훨씬 더 중요한 것은 그들이 당신을 업신여김으로써 자신들 안에서 불가피하게 일어날 수 있는 부정적 감정을 회피하고 있다는 점이다. 그들의 화가 다른 사람에 대한 비난으로 방향을 돌림으로써, 자신들의 마음을 새롭게 형성된 가족 내의 문제로부터 다른 곳으로 돌린다. 여기에 깔려 있는 동기는 새로운 관계 안에 내재하는 갈등의 존재를 부인하는 것이다. 이는 재혼한 부부를 또 다른 이혼의 가능성으로 생겨나는 불안에서 보호해준다. 어떤 경우에는 새로운 파트너가 배우자의 환심을 사기 위해 증오 캠페인에 가담한다. 기본적인 메시지는 '너의 전쟁은 나의 전쟁이다'라는 것이다. 특히 재혼 초에는, 새로운 배우자는 전 배우자의 성격과 그들이 받아야 할 대우에 대해 다른 입장을 취하는 것이 어렵다는 것을 발견할 수 있다.

헬과 그의 두 번째 아내인 아네트는 헬의 전처인 멜린다를 험담하는 데 많은 시간을 보냈다. 그렇게 할수록 서로를 더 가깝게 느꼈다. 아네트의 아이들도 여기에 가세했다. 핼의 아들인 조쉬는 새 가족이 자신을 받아들이기를 원했다. 어머니를 비난하는 것은 이를 위해 치러야 할 비용인 것으로 생각되었다.

조쉬가 어머니를 비난한 데는 다른 이유도 있었다. 아버지와 어머니 사이의 다툼을 보면서 조쉬는 아버지가 더 힘이 세다는 것을 알았다. 조쉬는 의식적인 것은 아니지만 어머니를 변호하면 가족의 비난이 자신에게로 돌아오지 않을까 두려웠다. 대부분의 사람들처럼 조쉬는 승자의 편에 서기를 원했다. 그는 위협에 맞대응할 수 있는 위치에 있지 않았다. 그래서 가담하는 편을 선택했다. 심리학자들은 이러한 전략을 '공격자와 일체감 가지기'라고 부른다. 보다 일반적으로 알려진 표현을 쓰자면 "누를 수 없는 상대라면 손을 잡아라"라는 것이다.

공동의 적에 대항하기 위해 손을 잡는 것은 한 가지 치명적인 약점을 가지고 있다. 적이 없어지면 손을 잡은 사람들 사이에 갈등이 표면화된다는 것이다. 이런 현상은 가족 안에서도 일어난다. 멜린다는 마침내 자신을 비방하는 데 맞서려는 노력을 포기하고 다른 주로 이사를 갔다. 가족들은 사실상 멜린다와 만날 일이 없어졌다. 그들은 공동의 적을 상실했다. 얼마 지나지 않아서 자신들의 관계에서 갈등이 표면화되기 시작했다. 가족들 사이의 갈등은 이전에도 계속 존재해왔던 것이었다. 그러나 그들은 멜린다를 자신들이 가지고 있는 적개심의 공동표적으로 삼음으로써 이를 회피할 수 있었던 것이다.

조쉬의 행동은 가드너 박사가 부모 따돌림 증후군에 대해 다룬 책에서 강조한 점의 좋은 예이다. 아이들이 이혼의 해독에 굴복할 때 따돌림은 부모의 세뇌뿐 아니라 아이들 자신의 동기가 결합되어 생겨난다. 조쉬와 같은 상황에 처한 아이는 몇 가지 이유 때문에 증오 캠페인에 가담할 수 있다. 아이는 새로운 가족 내에 받아들여지기 위해 집단 압력에 항복할 수도 있다. 또한 아이는 재혼에 충성할 것인지에 대한 갈등이나 불안을 줄이기 위해 가세할 수도 있다.

이해와 대응 방안

집단 압력에 굴복하지 않기 위해서는 용기를 가져야 한다는 것을 아이들에게 강조하라. 증오 캠페인에 가담하는 것보다는 모든 부모에 대한 사랑과 존중심을 유지하는 것이 더 건전하다는 것을 아이들이 알게 하라.

두 가정 사이에서 사로잡혀 있다고 느끼는 아이는 한쪽 편과 확실한 동맹 관계를 맺음으로써 이런 갈등을 해결할 수 있다고 생각하기도 한다. 이런 동기는 한쪽 부모에 대한 따돌림을 초래한다. 부모의 재혼에 대해 불안해하거나 분노하는 아이는 재혼한 부모나 새 부모에 대해 이유 없는 증오의 감정을 가지게 된다. 그렇지 않으면 아이의 따돌림은 화해를 바라던 마음이 재혼에 의해 좌절된 것에 대한 실망감의 표현일 수도 있다. 아이의 마음에 깔려 있는 동기가 어떤 것이든 아이가 선호하는 부모가 자신에 대한 아이의 충성만을 환영해서 다른 편 부모에 대한 아이의 애정을 적극적으로 북돋우지 못한다면 아이가 이런 바람직하지 못한 해결책에 매달릴 수도 있다.

악의적 동기들

병을 치료하려면 적절한 진단이 선행되어야 하는 것과 마찬가지로 헐
뜯기와 깎아내리기에 대처하는 첫 번째 단계는 동기가 무엇인지 정확
하게 확인하는 것이다. 당신이 중상모략의 표적이 되어 왔다면, 가해
자의 동기를 확인해야 한다. 아래 열거한 환경, 감정, 개인적 특성 중
어떤 것도 당신의 상황에 해당하지 않는다면 당신은 헐뜯기와 깎아내
리기가 아닌 다른 문제를 맞이하고 있을 것이다. 또한 당신이 세뇌를
시킨다고 잘못 비난을 받아 왔다면 아래 열거한 동기가 나타나지 않는
것은 당신의 결백을 확인시키는 기회가 될 것이다.

- 희미한 경계선—부모의 생각이나 감정과 아이의 욕구를 구분하지 못함
- 복수심
- 자아도취증—자기애 다른 사람의 가치를 낮추고 자신의 중요성을 과장하
  려는 마음
- 죄책감—다른 편 부모에 대한 험담을 함으로써 자신이 부모 노릇을 못한
  것에 대한 낭패감을 다른 데로 돌리려는 마음
- 불안—아이가 다른 편 부모를 더 좋아하지 않을까 하는 걱정
- 전 배우자에 대한 분노를 터뜨리고 싶어하는 마음, 그리고 구태여 다른 편
  부모가 자신을 비난하는 것에서 아이들을 보호하는 단계를 밟지도 않으면
  서 감정적으로만 친구들에게 정당하다고 인정받고 싶어하는 마음
- 혼인 관계가 끝난 것을 받아들이지 않으려는 마음
- 편집증—다른 편 부모가 따돌림을 조장했다고 생각하는 근거 없는 믿음
- 최소한 부모 중 한쪽 편이 없었거나 관계가 좋지 않았던 가족사
- 자녀를 향한 적개심—아이를 보호한다는 과장된 노력 이면에 뿌리박혀 있
  는 적대감
- 양육권 소송
- 전 배우자 한쪽이나 양쪽 편의 재혼

검사가 피고의 죄를 입증하려고 하면 피고에게 죄를 지을 만한 동기와 수단이 있다는 것을 보여주어야만 한다. 이제까지 헐뜯기, 깎아내리기, 세뇌라고 부르는 비도덕적 행위를 하게 되는 여러 가지 동기를 밝혔다. 다음 장에서는 부모들이 어떤 방법으로 아이의 마음을 조종하는지를 밝히기로 하겠다.

제 5 장

따돌리게 하는 환경

몇 가지 조건이 헐뜯기, 깎아내리기와 복합적으로 작용하면 따돌림이
일어날 위험성이 높아진다. 이는 사이비 종교에 빠지는 것과 동일한 조건으로,
고립, 심리적 의존, 공포이다. 이런 것들은 해로운 메시지가 뿌리를 내리고
사랑하는 기억을 밀쳐낼 가능성을 높이는 토양과 자양분이다.

과거를 통제하는 자가 미래를 통제한다.
—조지 오웰

전 배우자가 의식적으로 아이들과 당신의 관계를 단절시키려고 하지 않는 경우에도 몇 가지 조건이 헐뜯기, 깎아내리기와 복합적으로 작용하면 따돌림이 일어날 위험성이 높아진다. 이는 사이비 종교에 빠지는 것과 동일한 조건으로, 고립, 심리적 의존, 공포이다. 이러한 요인들 모두가 필수적이 아닐 수도 있다. 그러나 정당하지 않은 대부분의 따돌림에서는 적어도 이러한 요인 중의 한 가지가 존재한다. 이런 것들은 해로운 메시지가 뿌리를 내리고 사랑하는 기억을 밀쳐낼 가능성을 높이는 토양과 자양분이다. 아이들과 애정 어린 만남을 유지하고 관계를 재확립하기 위해서는 이러한 환경으로부터 아이를 보호해야 한다.

이러한 조건들이 아이들의 애정을 조종하는 데 이용되는 방식을 좀더 자세히 살펴보기로 하자.

고립

모든 세뇌의 전제조건은 다른 지지의 원천으로부터 대상자를 얼마간 고립시키는 것이다. 때로는 완전히 고립시킬 수도 있다. 예를 들어 심바이어니즈 해방군*에 납치된 패티 허스트Patty Hearst는 공식적으로 교화되기에 앞서 잠겨진 방에 갇혀 있었다. 그녀는 자신을 체포한 사람을 포함해서 어느 누구와도 접촉할 수 없었다. 이는 그녀를 어리둥절하게 했을 뿐 아니라 더욱 유순하게 만들었다. 또한 그녀로 하여금 자신을 체포한 사람이 현실을 보는 관점을 받아들이게 만들었다. 어떤 사이비 종교에서는 교인들에게 친구나 친척들과 강제로 떨어져 사는 단절과정을 경험할 것을 요구한다.

이러한 현상은 표적부모와 자녀의 관계에 해독을 끼치려는 부모의 의도에 어떻게 적용될까? 고립은 아이들을 이혼의 해독에 저항하기 어렵게 만든다. 두 가지 이유 때문에 그렇다. 첫째, 고립은 방어적 성격을 키운다. 둘째, 고립은 현실을 보는 다른 관점을 접하지 못하게 한다. 고립은 아이들이 헐뜯기와 깎아내리기의 영향을 막으려고 하는 사람들의 영향을 받지 못하게 만든다.

고립을 달성하는 한 가지 공통적인 수단은 표적이 되는 부모가 자녀를 보지 못하게 하는 것이다. 표적부모가 정해진 기간 동안 함께 지내려고 자녀를 데리러 가지만 집에는 아무도 없다. 또는 표적부모와 함께 있기로 한 시간에 딱 맞추어 자녀가 활동을 하도록 스케줄을 짜기도 한다. 한 아버지는 딸이 어머니와 보내는 시간을 연장하게 되어 있을 때마다 교묘하

---

* 1970년에 결성된 미국의 극좌파 조직. 1974년 언론계 재벌 허스트 가의 딸 패티를 납치했는데, 그녀가 납치범들에 동조하여 범죄행각을 벌임으로써 더욱 유명해졌다.

게 그 기간에 맞추어 휴가 계획을 짰다. 어머니가 반대하자 딸은 어머니가 스키를 타러 가거나 디즈니랜드에 갈 기회를 방해한다고 화를 냈다.

자녀를 조종하는 부모들은 자녀가 다른 편 부모나 그 친척들과 만날 수 있는 기회를 제한하려고 한다. 예를 들어 자녀를 해독에 빠뜨려 어머니와 의절하게 만들려는 아버지는 자녀가 외할머니와 이야기하는 것을 허락하지 않는다. 아이는 외할머니와 이야기하는 동안 아버지가 주입한 부정적 메시지를 되풀이하려고 할 수도 있다. 그렇게 되면, 외할머니는 그런 메시지에 대해 반박할 것이다. 아이에게 어머니가 얼마나 사랑했는지를 생각나게 하거나, 어머니의 입장을 지지할 수 있는 증거를 제시할 수도 있다.

따돌리는 행위를 하는 부모들은 보통 전화번호를 가려내서 표적이 되는 부모에게서 오는 모든 전화에는 자동응답기가 답을 하게 만든다. 많은 경우 아이들은 전화가 온 것조차 알지 못한다. 이 방법은 따돌림을 조장하는 데 매우 효과적일 수 있다. 여섯 살짜리 한 여자아이는 자신이 아버지를 만나고 싶지 않은 주된 이유는 이혼 후 열 달 동안 아버지가 자신과 이야기를 하려는 노력을 전혀 하지 않았기 때문이라고 말했다. 그 아이는 그 기간 동안 내내 아버지를 만나지 않으려고 했지만 아버지의 말은 듣고 싶었다고 했다. 그런데 아버지가 전화를 하지 않자 아이는 아버지가 정말로 자신과의 관계에 관심이 없다고 생각했다. 이는 어머니가 의도한 바였다. 그 아버지는 자신이 딸과 통화하기 위해 무수한 노력을 했으나 전처가 매번 전화를 가로채버렸다고 말했다.

일반적으로 자녀를 만나기 위해 표적이 된 부모가 하는 모든 시도는 방해를 받는다. 편지를 자녀들에게 숨기거나 뜯지도 않은 채 되돌려 보낸다. 아이의 질병, 학업상의 문제와 성취도, 중요한 학교활동, 과외활동에 대한 정보는 전해지지 않는다. 기본적으로 아이들은 다른 편 부모의 관심이나 사랑에 대해 알지 못한다. 이는 아이들이 표적부모에게 거부당했다고 느끼게 만들며, 그래서 아이들은 헐뜯고 깎아내리는 부모에게 더욱 의존하게 된다. 아무런 카드나 선물도 받지 못한 채 생일이나 휴일이 지나가 버리면 아이들은 자신을 실망시킨 부모에게 화가 나고 필요하지 않다고 느낀다.

대부분의 심리적 문제가 그렇듯이 당신이 즉각적으로 조치를 취하면 따돌림은 완화될 수 있다. 일부 심리치료사들은 부모에게 아이들이 만날 준비가 될 때까지 참을성 있게 기다리라고 권고한다. 대부분의 경우 이는 잘못된 권고이다. 드문 경우를 제외하고는 아이가 당신에 대한 전적인 따돌림에 빠지지 않도록 막아야 한다. 단호하게 행동해야 한다. 물리적 수단을 사용하거나 위협적인 대치를 하라는 의미는 아니다. 치료를 포함한 평화적 수단이 효과를 거두지 못하면 비슷한 상황에서 부모를 대변한 경험이 있는 가족법 변호사와 상담하라. 전 배우자가 아이로 하여금 당신을 만나지 못하게 한다면 아이와 재결합하기 위해서 법원의 명령을 얻을 수도 있다. 심리학자인 메리 런드Mary Lund 박사는 이런 경우 "계속해서 만나라는 법원의 명령은 치료를 위한 초석이다"라고 단언한다.

여러 연구들이 고립 전략에 직면했을 때 능동적 자세를 취하는 것이 중요함을 지적해왔다. 부모 따돌림 증후군에 빠진 99명의 아이를 대상으로 한 연구에서 가드너 박사는 법원이 아이를 조종하는 부모와 아이가 만나는 시간을 줄인 모든 경우에 따돌림이 줄어들거나 사라지는 결과가 나타났다는 것을 발견했다. 이와는 대조적으로 법원이 조종하는 부모와 아이가 만나는 시간을 줄이지 않았을 경우 따돌림은 십중팔구 그대로 지속되었다.

미국 변호사 협회는 세뇌받은 자녀에 대한 대규모 연구를 후원했다. 남편과 아내 연구팀인 스탠리 클라워 박사와 브린 리블린 박사는 자녀와 따돌림 당하는 부모와의 만남을 늘리는 것이 따돌림을 되돌리는 가장 효과적인 방법이라는 것을 발견했다. 그들의 보고는 다음과 같다. "거의 400개나 되는 사례에서 법원이 자녀들과 표적이 되는 부모의 만남을 늘린 경우(이 중 절반은 자녀들이 거부했는데도 만남을 늘렸다) 교정 이전에 아이들이 보였던 여러 가지 사회 심리적, 교육적, 신체적 문제들이 없어지거나 줄어드는 것을 비롯하여, 아이와 표적이 되는 부모의 관계가 90퍼센트 이상 긍정적으로 변화했다."

7장 '해독의 통제'에서는 이혼의 해독에 대처하는 여러 가지 전략을 다루게 될 것이다. 그러나 이러한 전략은 대부분 아이와의 만남을 전제로 한다. 몇몇 심각한 따돌림의 경우는 다른 접근법이 필요하다. 그러나 많은 가족에서, 이혼의 해독으로 초래된 따돌림에 대한 해결은 아이와 표적이 되는 부모의 새로운 만남에서 시작된다.

이해와 대응 방안

전 배우자가 아이를 고립시키고 있거나 아이들이 계속해서 당신과 만나기를 거절하고 있다면 아이들과의 정례적 만남과 의사소통을 확실히 유지하라. 아이들과 만나려는 당신의 노력이 성공하지 못한다면 따돌림에 빠진 아이들을 돕는 데 경험이 있는 전문가에게 가족상담을 신청하라. 전 배우자나 아이들이 치료에 참가하기를 거부한다면 마지막으로 의지할 것은 법적인 조치이다.

이사

더욱 극단적인 전략은 아이들을 데리고 다른 도시나 다른 주, 다른 나라로 이사를 하는 것이다. 자녀들과 멀리 떨어져서 산다면 당연히 당신과 자녀들의 유대감은 약해진다. 전 배우자가 당신과 자녀의 관계를 애써 지지하는 경우에도 마찬가지이다. 특히 지리적으로 떨어져 있으면 전 배우자가 당신과 자녀의 관계를 방해하기가 훨씬 쉽다. 4장에서 언급한 오필리아를 생각해보라. 그녀의 딸은 아버지 및 전에는 오필리아의 가장 좋은 친구였던 새어머니와 함께 멀리 이사 갔다. 이사를 가고 난 다음 딸은 어머니와 함께 지내는 것을 피하기 위해 어머니를 비난했다.

> 곁에 없다는 것은 이혼의 해독이 더 크게 작용하게 할 뿐 아니라 아이들의 마음을 따뜻하게 만들지 못하고 따돌림을 더 깊게 만든다.

당신이 가까이에 살 때도 전 배우자는 자녀들이 당신을 만나지 못하게 할 수 있다. 그러나 이사를 하면 만남을 방해할 수 있는 힘은 더 커진다. 한쪽 부모가 다른 도시에서 올 때, 다른 편 부모가 자녀들을 공항에 데려갈 수 없거나, 늦게 도착해서 비행기 시간을 못 맞추거나, 자녀들이 집에 없을 수도 있다.

이사가 언제나 따돌림 도식의 일부인 것은 아니다. 이사를 하려는 충동은 재혼, 더 좋은 교육 기회와 직업 기회, 확대가족과 가까이 살고 싶은 마음, 난폭하고 강제적이고 지나치게 통제적인 전 배우자에게서 벗어나려는 시도 등에서 생겨날 수 있다. 그러나 많은 경우, 이사는 명백히 아이들을 다른 편 부모와 분리시키기 위해 계획된다. 그럴듯한 이유가 있어 보여도 진짜가 아닐 수 있다. 이사를 해야 하는 정당한 이유로 내세우는 새로운 직장도 아이와 표적부모의 관계를 약하게 만들려는 의도에 비하면 부차적인 것일 수 있다.

이해와 대응 방안

전 배우자가 지역에 강력한 연고가 없거나(가족, 친구, 직업을 가질 기회가 다른 곳에 있을 경우) 이사를 가고 싶어하는 강한 희망을 나타낸다면 이혼을 마무리 짓기 전에 행동해야 한다. 당신의 변호인에게 자녀를 데리고 멀리 이사 가는 것을 막기 위한 보호조치를 취해달라고 요청하라. 이는 한쪽 편 부모가 자녀를 데리고 이사할 수 있는 지리적 제한을 의미할 수도 있고, 적어도 그런 움직임이 일어나기에 앞서 당신이 그에 대한 조치를 취할 수 있도록 통보를 해야 한다는 조건을 의미할 수도 있다. 이사의 위험을 줄이기 위해 당신이 공동 양육권자가 될 수도 있다. 일반적으로 아이들이 일단 새로운 집과 학교에 뿌리를 내리고 난 다음 이를 되돌리는 것보다는 이사를 막는 것이 더 쉽다.

특별히 자녀와 다른 편 부모의 관계를 깨뜨리기 위해 획책되지 않은 이사도 있다. 이런 부모들은 실제로 다른 곳에서 사는 것을 더 좋아한다. 그러나 그것이 절대적인 이유는 아니다. 이런 부모들은 자녀를 다른 편 부모와 분리시키려고 하지 않는다. 그러나 자녀가 다른 편 부모와 떨어져 산다고 해도 별로 개의치 않는다. 본질적으로 이런 부모들은 자녀와 다른 편 부모가 관계를 유지하는 것이 얼마나 의미 있는지 알지 못한다. 그래서 이사를 가고 싶을 때 그렇게 하는 데서 생기는 문제점을 보지 못한다. 이들은 아이로 하여금 다른 편 부모를 싫어하도록 조종을 하지는 않는다.

그러나 그들의 말과 행동은 아이로 하여금 다른 편 부모와의 정례적 만남을 별로 가치가 없는 것으로 여기게 만든다.

필리스는 몇 년 동안 파리에서 사는 꿈을 꾸었다. 그녀는 자신의 야심을 달성하는 데 열중해서 아홉 살짜리 아들 피터가 이야기한 모든 단서 조건을 잊어버렸다. 필리스가 프랑스의 멋진 문화적 기회에 대해 열심히 이야기했지만 피터는 아버지와 친척들, 친구, 학교 야구팀, 이웃과 헤어져야 한다는 생각에 크게 낙담했다. 유명한 미술품들을 자세히 볼 수 있다는 것은 매주 할머니와 식사하는 즐거움을 대치하기에는 빈약했다. 야구팀 코치인 아버지는 리틀리그에는 참석하고 있지만 파리에서 열리는 게임에는 올 수 없을 것이다.

필리스는 자신이 피터로 하여금 아빠를 따돌리게 만들려는 것은 아니라고 부인했다. 그녀는 여전히 아들이 아버지를 사랑하고 존중해야 한다고 생각했다. 그렇지만 외국에서 사는 것과 같이 흥미진진한 어떤 것에 비하면 아버지가 없다는 것은 중요한 문제가 아니라는 것을 아들이 믿게 만들고 싶었다. 당연히 아버지는 동의하지 않았다.

법정에서 필리스는 솔직하게 자신이 피터와 아버지의 관계를 깨뜨리려고 하지 않았다고 증언했다. 그녀의 목적은 아이들을 아버지와 떼어놓는 것이 아니었다. 별거를 제안한 것은 단지 자신의 행복과 성취감을 추구하고자 하는 마음의 부산물일 뿐이었다. 그녀의 변호사는 그것이 아버지와 아들을 5천 마일 떨어뜨려놓을 만한 충분한 이유라고 주장했다. 행복한 엄마가 행복한 아이를 만들기 때문이라는 것이다.

심리학자의 증언이 없었다면 판사는 그런 식의 합리화를 거부했을지도 모른다. 그러나 어머니의 변호사가 동원한 전문가는 어머니의 행복이 아버지와 만나는 횟수, 안정된 생활, 친숙한 환경보다 아이의 정서적 건강에 더 중요하다고 증언했다. 그는 프랑스로 이사 가려는 희망이 좌절된다면 필리스는 풀이 죽을 수도 있으며, 이는 피터에게 더 많은 문제를 일으킬 수 있다고 진술했다. 그 심리학자가 인용한 자료는 분명 존재하지만 그 자료를 조심스럽게 읽어보면 그가 도달한 결론을 뒷받침해주지는 않는다. 불행히도 판사는 심리학자의 해석에 내포되어 있는 오류를 알지 못했다. 판사는 필리스가 피터를 데리고 다른 나라로 이사 가는 것을 승낙했다. 나는 그들이 이사를 간 후 피터와 아버지의 관계에서 어떤 일이 일어났는지 알지 못한다.

어떤 법원들은 이사가 아이의 최선의 이해관계와 갈등을 빚는다는 결론을 내리더라도 아이를 보호하고 있는 부모가 아이와 함께 해외로 이사하는 것을 승낙한다. 이러한 법원의 판사들은 아이의 필요성에 초점을 맞추는 전통적인 방식 대신 양육하는 부모의 동기에 초점을 맞춘다. 법원이 그 동기가 보복적이라고 판단하지 않을 때는 아이를 데리고 멀리 이사를 가도 좋다는 허락을 받는다. 필리스의 사례가 이러한 법원 중 하나에서 다루어졌다면, 이사를 하는 것이 피터에게 도움이 된다고 주장하지 않았더라도 소송에서 이겼을 것이다.

아이가 이사를 가게 되면 최소한 학기 중에는 자녀를 기르는 데 능동적으로 참여할 수 없다. 당신은 아이의 일상생활의 리듬이나 흐름, 협상, 조절과 멀어지게 되는데 이런 것들이야말로 갓 방문한 것과는 대조적으로 함께 살아간다는 느낌을 제공해주는 요소들이다. 당신은 아이들과 식사를 같이 하지 못한다. 아이의 숙제를 도와주지도 못하고, 리포트 카드에 서명할 수도 없고, 아이들에게 받아쓰기를 시키지도 못한다. 아이들을 축구경기나 과학박람회에도 데려가지도 못한다. 아이들에게 허드렛일을 해야 한다고 상기시킬 수도, 규칙을 지키게 할 수도 없다. 옛날이야기를 읽어주지 못할 뿐만 아니라 아이들에게 잘 자라는 입맞춤을 할 수도 없다.

학기 중에 아이를 볼지라도, 주말 3일간에 두 달 동안의 생활을 집어넣어야 할 것이다. 당신의 아이는 즐거워할 것이다. 당신도 좋은 시간을 보낼 수 있다. 그러나 두 사람 모두 좌절감을 느끼게 될 것이다. 그리고 마침내 다시 만나려면 적어도 한 달 이상이 지나야 한다는 것을 알고 마음이 상한 채로 작별인사를 하게 될 것이다.

한 아버지가 내게 말했듯이, "아이들이 가지고 있는 우정과 애정이라는 작은 즐거움은 아무 때나 불쑥불쑥 나타난다. 이는 정해진 시간에 따르는 것이 아니다. 사라는 자신의 즐거움, 걱정, 꿈 같은 것이 마음속에 불쑥 떠오르면 놀 때든 집안일을 할 때든 아침을 먹을 때든 그것을 이야기하고는 한다. 그런 일이 일어날 때 거기에 있지 않으면 무엇이 일어나고 있는지 실제로 알지 못한다."

아이를 몇 년 동안 만나지 못하면 확실히 관계의 양상이 변화한다. 당신이 아이를 어렸을 적에 만나지 못하는 불행에 직면하게 되면 그 피해는 더욱 뿌리 깊게 된다. 아동발달 전문가들은 유아 시절의 아이와 자주, 그리고 직접 만나는 것이 건강한 관계의 기초라는 데 동의한다. 부모가 되었을 때 실습에서 익힌 훈련을 대체할 수 있는 것은 없다. 그것은 아이의 분위기와 리듬을 알고 예민하게 반응하는 방법을 깨닫도록 도와준다. 그리고 당신의 아이가 당신과 있으면 안락하고 즐겁다고 연결짓게끔 도와준다.

이전에 쓴 책에서, 나는 유아와 영아는 이혼을 한 부모 양편과 각각 잠을 함께 자는 것이 중요하다고 강조했다. 잠자리 의식, 자장가, 이야기, 안아주기, 밤중의 안락함, 아침의 일상적인 일, 이런 모든 것들은 부모와 아이를 결합시키는 데 도움을 준다. 이러한 경험은 평생 관계의 기반을 형성한다. 이는 스탠퍼드 대학의 연구에서도 확인되었다. 연구자들은 밤

중에 유아를 돌보는 부모들은 아이들과 관계가 소원해지는 일이 훨씬 적다는 것을 확인했다. 이혼 전문가들도 이제 그런 정기적 만남의 가치에 동의하는 경향을 보이고 있다.

한쪽 편 부모와 멀리 떨어져 있는 어린아이는 전문가들이 굳게 뿌리내린 부모-자녀 관계의 필수조건으로 여기는 일상적인 접촉의 기회를 잃는다. 멀리 떨어져 있는 다른 편 부모와 자식의 관계를 정말로 지지하는 부모는 그 간격을 메우는 데 도움을 줄 수 있다. 남편이 군대에 가서 멀리 떨어져 있는 어머니들은 으레 그렇게 한다. 그들은 아이들에게 끊임없이 아빠에 대해 이야기한다. "아빠가 집에 오면 너희를 공원에 데리고 갈 거야. 저건 아빠가 네게 사준 인형이야. 네게 옛날이야기를 들려주는 아빠 비디오를 보자. 여기 아빠가 널 목말 태우고 가는 사진이 있네." 그들은 이런 식으로 아이들이 보지 못하는 부모에 대해 긍정적 관계를 지속할 수 있도록 돕는다. 이런 노력 없이 한쪽 편 부모를 위해 유보해둔 자녀들의 마음속에 공간을 차지할 희망은 별로 없다.

아이에게 실제적인 이방인이 된다면 나중에 오랜 시간을 함께 지낸다 하더라도 잃어버린 시간을 보충할 수는 없을 것이다. 전 배우자와 헤어지고 시간이 흐를수록 아이는 스트레스를 받을 것이며 당신과 만났던 시간을 즐거운 경험으로 연결시킬 가능성이 적어질 것이다. 아이가 더 성장할 때까지 정기적으로 만나지 않는다면 당신이 전 배우자가 사는 도시로 여행을 가야만 아이와 만나게 될 것이다.

아이의 연령이 높은 경우에도 다른 지역에서 산다는 것은 여러 가지 곤란한 문제를 일으킨다. 전 배우자가 당신이 아이에게 관여하는 것을 받아들이더라도, 장거리 관계를 유지하는 것은 만만치 않은 일이다.

당신이 아이가 사는 곳으로 여행해서 호텔에 머문다면, 아이들의 생활

리듬에 더 잘 맞춰 행동할 수 있을 것이다. 축구경기에 참가할 수도 있고, 여가활동을 하는 데 아이들을 데려다주거나 학교에서 열리는 행사에 참가할 수도 있고, 아이의 선생님을 방문할 수도 있을 것이다. 이런 경험은 축복이기는 하지만 복합적인 감정을 일으키기도 한다. 당신의 손이 미치지 않는 곳에서 일상을 꾸려 가는 아이들을 관찰함으로써 아이들과 떨어져 살기 때문에 얼마나 많은 것을 잃어버리고 있는지를 알고 괴로울 것이다.

미리암 갤퍼 코헨Miriam Galper Cohen은 뛰어난 안내서 『원거리 양육 *Long-Distance Parenting*』에서 "아이들이 살아가고 있는 가정환경에 접해 보는 것은 당신에게 매우 색다른 경험을 준다. 그것은 멀리 떨어져 사는 부모에게는 매우 슬프고 안타까운 시간일 수도 있다. 그러나 그 나름의 보람은 있는 일이다"라고 말하고 있다. 가장 불리한 점은 아이들의 일상생활 중 일부가 될 수 없다는 것이다. 당신이 재혼한다면 아이들은 당신의 전 배우자, 이복형제나 자매와 가까운 관계를 형성할 기회를 잃을 것이다.

이해와 대응 방안

아이들을 보러 갈 때는 아이들을 만날 수 있는 권리가 기록된 법적 문서를 가지고 가라. 전 배우자가 만남을 거절한다면 이것을 사법기관에 보여주라.

아이들이 당신 집에 온다면 그 만남은 방학기간에 한정될 것이며 아이들에게는 일상적인 환경에서 벗어나는 일이 될 것이다. 아이들이 친구들과 어울려지내다 보면 다른 편 부모를 만나기 위해 사는 곳을 떠나 멀리 여행하는 것에 거부감을 느낄 수도 있다. 아이들은 당신의 집에 오는 것을 사회활동이나 여가활동을 방해하는 달갑지 않은 강요라고 여길 수도 있다. 아이들은 사회화를 하거나 우정을 다질 수 있는 운동경기, 파티나 그 밖의 다른 기회를 놓치게 된다. 이사는 아이들에게 못 만나던 부모를 보는 것과 통상적인 또래활동을 하는 것 사이에서 갈등을 일으킨다. 이것은 부모가 가까이 산다면 일어나지 않을 갈등이다. 성장한 아이들의 경우에는 이혼의 해독이 한쪽 편 부모와 지내는 것에 대한 거부감과 그 부모에 대한 애정에 얼마나 많은 영향을 미쳤는지를 결정하기가 어렵다. 아이들이 당신의 집으로 여행을 올 때는 아이와의 관계가 계속해서 같이 살던 때와는 다른 양상을 띠게 될 것이다. 당신은 일상생활이나 통상적인 일에 몰두하지는 않을 것이다. 숙제나 집안일을 감독하지 않을 것이며, 하지 말아야 할 일을 정해서 억지로 지키게 하지도 않을 것이다. 또 친구들과 어울리는 것을 통제하고 감독하지 않을 것이며, 갈등을 빚지도 않을 것이다. 한 이혼 연구에서 표현했듯이 당신은 '풀 서비스full service'부모는 되지 못할 것이다.

학교활동에 참여하지 못하는 것은 아이의 학업성취에 지장을 줄 수도 있다. 미국 교육성에서 실시한 대규모 연구에 따르면, 1학년부터 12학년까지 거의 A를 받고, 학교생활을 즐기며, 과외활동에 참여하는 아이들의 아버지는 보통 부모-교사 회의나 연주회 같은 대표적인 학교행사에 참여하고 있었다. 이러한 유익 외에도 학교행사에 적극 참여하는 아버지를 가진 6학년부터 12학년의 아이들은 정학이나 퇴학, 유급을 당하는 비율이 적었다.

위에서 언급한 결과까지 나타나지는 않더라도 이사는 보통 부모와 자녀 관계의 깊이와 다양성을 줄인다. 우리는 이러한 경향을 상징적으로 드러내기 위하여, 아이들이 이혼 후 자신과 함께 살지 않는 부모와 만나는 것을 '방문'이라고 이름 붙였다. 이 용어는 어떤 사람이 같은 지역에 있는 다른 사람들과는 근본적인 방식에서 다르다는 것을 뜻한다. 방문자는 집에 온 손님이다. 이 용어는 많은 경우 이혼이 한쪽 부모와의 관계를 정상적인 부모-자녀 관계보다 못한 어떤 관계로 바꾸어버리는 현실을 반영한다. 아이들이 손님이 됨에 따라, 방문을 받은 부모는 대접을 하는 주인이 된다. 그래서 이혼한 많은 아버지와 아이의 달라진 관계를 설명하기 위해 흔히 '디즈니랜드 아빠'라는 말이 사용된다.

의도적이든 아니든 전 배우자가 아이를 당신에게서 멀리 이사시키는 것은 아이에게 강력한 메시지를 전달하는 것이다. 그것은 아이에게 당신과의 관계는 함께 이사를 가는 부모와의 관계보다 아래 순위라는 것을 말한다. 그 의도가 아이로 하여금 당신에게서 등 돌리게 하기 위한 것이라면 아이와 떨어져 사는 것은 전 배우자의 목적을 거의 달성시켜 준다. 이사를 하게 되면 당신은 아이에게서 부차적인 존재가 된다. 그리고 아이의 세뇌를 막아줄 수 있는 당신과의 호의적인 접촉을 하지 못하게 만든다. 이혼의 해독이 작용하고 있을 때 아이를 만나지 않는 것은 좋은 감정을 가지지 못하게 하고 따돌림을 더욱 굳히게 만든다는 것을 기억하라.

이해와 대응 방안

당신에게 이사를 막을 만한 힘이 없고 전 배우자가 아이와 당신의 만남을 막을 우려가 있다고 생각한다면 법원에 아이와 당신의 의사소통 라인을 보장해달라는 명령을 신청하라. 아이와 함께 사는 부모에게 아

납치

자녀를 표적부모와 의절시키는 극단적인 전략은 자녀를 감추는 것이다. 미국 내에서만 매년 35만 명 이상, 하루에 거의 1천 명 가까운 숫자의 아이들이 한쪽 편 부모에 의해 납치된다. '행방불명되거나 착취당하는 아동을 위한 전국센터'의 웹사이트에는 매일 3백만 명 이상의 사람들이 방문한다.

세뇌는 거의 언제나 납치를 동반한다. 어머니는 필사적으로 아들을 찾지만 아이를 감춘 부모는 아들에게 엄마가 전화를 하지 않는 이유는 더 이상 관심이 없기 때문이라고 말한다. 납치를 한 부모들은 아이들에게 휴가를 지내고 있는 중이라고 말하곤 한다. 그 휴가는 계속해서 연장된다. 한 어머니가 아버지에게 납치당한 아이들을 18년 만에 찾아냈다는 소식이 헤드라인 뉴스로 보도되었다. 딸들은 어머니가 이미 죽었다는 이야기를 들어왔다. 어머니가 마침내 딸들을 찾았지만 성인이 된 아이들은 어머니와의 관계를 일체 거부했다.

납치된 아이들은 종종 아버지는 위험한 사람이므로 자신과 엄마가 안전하기 위해서는 아버지로부터 숨어야 한다고 믿도록 조종된다. 이런 범주에 속하는 부모들 중 일부는 정말로 아이들이 다른 편 부모의 손에 들어가면 신체적이나 성적인 학대를 받을 염려가 있다고 믿는다. 그래서 법관이 그런 위험을 믿어주지 않으면 법을 무시하고 제멋대로 자신의 아이를 납치해서 숨긴다. 한 연구에 따르면 어머니들은 양육권 판결이 난 후 아이를 납치하는 경우가 많으며, 아버지들은 양육권 판결이 내려지지 않았을 때 아이를 납치하는 경향이 많다.

불행하게도 그러한 극적인 시도를 조장하고, 동조하고, 촉진시키는 집단이 존재한다. 그들은 새로운 신분증을 만들어주고 숨을 장소를 제공한다. 부모들은 보통 현실을 보는 자신의 관점에 초점을 맞추기 때문에 이러한 행동이 아이들에게 얼마나 큰 상처를 입히는지 알지 못한다. 『양육권 혁명』에서 언급했듯이 납치는 언제나 마음에 상처를 입힌다. 부모가 아이의 복지에 합당한 관심을 가질 때조차도 납치는 공포로 가득 찬 체험이므로 부모들은 좀더 온건한 해결책을 찾아야 한다.

나는 자신과 자녀가 어설픈 양육권 결정의 희생물이 된 것을 괴로워하는 아버지나 어머니에게서 많은 전화를 받는다. 자녀들에게 아무리 문제가 있다고 하더라도(한 사례에서는 두 명의 아이들이 진지하게 자살하고 싶은 충동이 생긴다고 말했다) 부모가 아이를 납치하는 것은 결코 바람직하지 못하다. 그것은 아이들의 짐을 가중시키는 것뿐이다. 다행히 부모는 필요한 변화를 위한 법률절차를 밟을 수 있다.

전 배우자가 아이를 납치하려고 한다는 생각이 들면 이를 막기 위한 수단을 강구하라. 그러나 당신의 우려가 사실인지를 먼저 확인하라. 미연방 최고재판소의 후원을 받은 연구에서, 자넷 존스톤 박사와 린다 거드너 Linda Girdner 박사는 아이를 납치할 위험성을 높이는 일련의 요인들을 확인했다. 다음의 요소 중 어떤 것이 전 배우자에게 해당하는가?

• 과거에도 아이들을 납치한 적이 있다.

- 아이를 납치하겠다고 한 번 이상 심각하게 위협했다.
- 결혼하지 않은 상태에서 잠시 당신과 관계를 맺었다.
- 다른 나라에서 왔다.
- 당신의 지역사회와 강력한 정서적·금전적 연계성을 전혀 가지고 있지 않다.
- 최근에 모든 재산을 현금으로 바꾸거나 거액의 돈을 빌린 적이 있다.
- 당신이 아이를 학대한다고 믿는다.
- 지난날의 극단적인 사건 때문에 당신을 두려워한다.
- 법률체계를 신뢰하지 않으며 그 때문에 희생을 당했다고 느낀다.
- 폭력의 역사, 실제적인 학대나 심각한 정신적 질환을 수반하는 학대를 받는다는 심리적 망상으로 고통을 겪는다.
- 배신감과 복수심에 사로잡혀 있다.
- 화해의 필요성 때문에 괴로워한다.
- 기관이나 법에 대한 강한 경멸감 때문에 극도로 자기중심적이 된다.
- 신체적·정서적·도덕적으로 납치를 지원해줄 친척이나 친구가 있다.
- 아이가 너무 어려 말을 할 수 없든지 혹은 충분히 세뇌되어서 아이가 납치를 폭로하지 않을 것이라고 믿는다.

이러한 요인 중 어느 것도 당신의 전 배우자에게 해당되지 않는다면 납치가 일어나는 일은 거의 없을 것이다. 하나 이상의 요소가 해당된다면, 납치의 위험성은 높아지지만 그렇다고 반드시 납치가 일어난다는 의미는 아니다. 하지만 경계할 필요는 있다.

전 배우자가 이전에 납치를 한 적이 있거나 법원의 명령을 위배했을 경우, 그리고 납치의 결과가 매우 심각했을 경우, 아이와 전 배우자의 만남은 엄격히 제한된 상황에서 감독을 받으면서 이루어질 필요가 있다. 이는 심각한 정신적 혼란으로 고통을 받거나, 폭력이나 학대의 역사를 가지고 있거나, 이전에 만난 경험이 없기 때문에 아이들에게는 사실상 이방인인 전 배우자의 경우도 마찬가지이다.

전 배우자가 정말로 당신이 아이에게 위험한 사람이라거나 아이를 학대했다고 믿는다면 충분히 조사할 수 있도록 협력하는 것이 그러한 우려를 가라앉히고 납치가 유일한 수단이라고 생각할 가능성을 줄이는 최선의 방책일 것이다.

흔적 없애기

고립은 물리적인 이별을 가져온다. 그러나 세뇌는 상징적이고 정서적인 관계를 파괴할 것을 요구한다. 이는 사이비 종교 연구자들이 '흔적 없애기stripping'라고 부르는 과정을 통해 이루어진다. 예를 들어 사이비 종파에 속한 사람들은 종종 매우 특이한 방식으로 머리를 손질하거나 기르라는 요구를 받는다. 더 넓은 문화와 접촉할 수 있는 책, 음악, 미술 등은 금지된다.

아이로 하여금 다른 편 부모를 따돌리게 만들려는 부모는 흔적 없애기 과정에 착수한다. 이들은 자신의 가정에서 상대편 부모를 생각나게 하는 모든 것을 깨끗이 없애버린다. 상대편 부모가 들어 있는 사진을 전부 없앤다. 심지어 어떤 사람들은 가족사진에서 전 배우자를 오려내기도 한다. 다른 편 부모에 대해 이야기하는 것이 자연스러울 때도 언급을 피한다. 그리고 아이들에게 다른 편 부모에 대해 긍정적으로 이야기하지 않도록 한다. 이는 보통 교묘한 방법으로 행해진다. 아이가 아버지에 대해 이야기하기 시작하면 어머니는 아이의 관심을 다른 데로 돌리거나 주제를 바꾸어버린다. 얼마 지나지 않아 아이는 "엄마는 내가 아빠에 대해 생각하고 있다는 것을 알고 싶어하지 않는다"라고 이해한다.

세뇌를 했다는 의심을 받는 부모(아버지라고 하자)를 평가해야 할 때에는 그에게 "아이들이 당신에게 엄마에 대해 무슨 이야기를 하지요?"라고 묻는다. 그 아버지가 "아이들은 자기 엄마에 대해 아무 말도 하지 않는다"라고 대답한다면, 그런 이야기를 하지 못하도록 제지하고 있을 가능성을 보여주는 것이다. 물론 어머니가 아이들에게 자신의 집에서 어떤 일이 있었는지 말하지 말라고 했을 수도 있다. 그러나 아버지가 아이들이 어머니와 함께 했던 일에 대해 정말로 관심이 없다고 한다면 이는 의심스러운 일이다.

아버지가 정말로 아이와 어머니 관계의 중요성을 존중한다면 아이들이 어머니와 함께 한 일에 관심을 가지게 된다. 아버지의 태도에 따라 아이들은 엄마에 대한 이야기가 환영받을 것이라는 사실을 알게 된다. 아이들은 아빠의 집에 들어가기 전에는 문 앞에서 엄마에 대한 생각을 감추어야 한다고 느끼지 않는다.

이해와 대응 방안

전 배우자의 사진을 그대로 두거나 다른 편 부모의 생활에 대한 관심을 보여줌으로써 아이들에게 좋은 모범을 보여주라. 전 배우자가 집에서 당신의 흔적을 없애버렸다면 아이에게 당신과 전 배우자가 함께 찍은 사진을 주어 갖고 가게 하라. 전 배우자가 그림을 없애버렸다면 아이가 간직할 수 있을 만한 작은 그림을 주라. 이렇게 하면 아이들은 흔적을 없애는 것의 불합리성을 더 쉽게 깨달을 수 있을 것이다. 또한 이런 태도를 본 아이들은 다른 편 부모에 대한 긍정적 감정을 숨기지 않아도 당신이 자신들을 받아들일 것이라는 것을 알게 된다.

때때로 흔적을 없애는 과정은 매우 치밀하다. 어린 아들이 아버지의 집에서 돌아올 때마다 문밖에 나가서 맞이하는 한 어머니가 있었다. 어머니는 매번 같은 절차를 반복했다. 아이의 옷을 모두 벗긴 다음 쓰레기를 담는 초록색 자루에 넣어서 현관 앞쪽에 내버려두었다. 아버지가 싸준 점심 중 남은 것이 있으면 그것도 옷과 함께 자루에 그대로 넣어버렸다. 며칠 후 아버지가 가방을 돌려받았을 때, 자루 안에 든 음식은 썩어 있었고 옷에서는 고약한 냄새가 났다. 이러한 절차를 거치는 동안 아들은 어머니의 집에서는 아버지와 관련된 것은 무엇이든 환영을 받지 못한다는 사실을 깨닫게 되었다.

두려움

행동이 매우 극단적이어서 아들을 두렵게 만드는 어머니가 있었다. 이로 인해 아들은 아버지에 대한 어머니의 왜곡을 더욱 쉽게 수용하게 되었다. 일반적으로 두려움은 세뇌의 전제조건이다. 고립과 마찬가지로 두려움은 헐뜯고 깎아내리는 부모에 대한 심리적 의존을 강화시킨다.

어머니가 분별없고 통제되지 않은 방식으로 분노를 배출하는 것을 보게 되는 아이들의 주된 관심은 어떻게 하면 어머니의 다음 표적이 되지 않느냐 하는 것이다. 아이는 어머니가 '적의 적은 우군이다'라는 격언을 따를 것이라는 희망을 가지고 어머니의 호감을 사는 대가로 아버지를 공격할 것이다. 그렇게 하지 않으면 어머니의 노여움이 아이에게 돌아올 위험성도 있다.

어느 날 오후 질은 유치원에서 아들을 데려왔다. 그때까지도 그날 오전 아이의 친할머니와의 사이에서 일어났던 사건에 대한 분노가 풀리지 않은 상태였다. 그녀는 전 시어머니에게 분명히 자신이 가질 자격이 있는 물건을 자기 가족에게 달라고 요구했다. 시어머니는 손자에 대해서는 시간이나 돈에 극히 너그러웠지만 이 요구에는 동의하지 않았다. 질은 아이를 데리고 집으로 돌아오면서 핸드폰으로 전 시어머니에게 전화를 했다. 어린 아들이 옆에 앉아 있었지만 그녀는 고래고래 소리를 질렀다. 질은 아이의 할머니를 "탐욕스러운 노파"라고 부르면서 전화에 대고 소리쳤다. "난 당신이 외로운 노인네로 죽어 갔으면 좋겠어요." 격렬한 비난을 하고 난 다음 질은 아들을 보며 말했다. "네 할머니는 비열하고 추한 노파야, 그렇지?"

아이가 어떤 반응을 보였겠는가? 아이는 어머니가 통제력을 상실했다는 것을 정확히 알아차렸다. 그리고 자신의 방식으로 사물을 보지 않는 어른에게 말로 맹렬한 공격을 퍼부어대는 모습을 막 목격했다. 아이는 할머니를 좋아했지만 어머니가 이런 상태에 있는 한, 거스르지 않으려고 할 것이 확실하다. 아이가 취할 수 있는 가장 안전한 길은 어머니의 증오에 가담하는 것이다.

질은 성숙하지 못했으며 자녀들의 행복에도 별다른 관심이 없었다. 그래서 자신이 이렇게 벌컥 화를 내는 것이 아이들에게 어떤 영향을 미칠 것인지를 고려하지 못했다. 그녀는 자신이 화를 내는 것과 그것이 아이들에게 미치는 영향 사이의 관계를 알지 못했지만 대부분의 사람들은 이 사건이 일어나고 얼마 지나지 않아서 그녀의 아들이 무례한 행동을 하고 불끈불끈 화를 내기 시작하는 이유나, 그녀의 딸이 통상적인 학교과제를 하려고 할 때 딜레마에 직면하는 이유를 어렵지 않게 이해한다. 딸이 문장을 완성하는 숙제를 하는데 '가장 사랑하는 사람은 _____이다'로 시작되는 문형이 제시되었다. 딸애는 자연스럽게 '할머니'라는 말을 집어넣어서 문장을 완성하기 시작했다. 그러다 마음을 바꿔 할머니 대신 '아빠와 엄마'라고 써넣었다.

우리는 이 간단한 과제를 하면서 어린아이가 겪은 정신적 혼란과 그 궤적을 상상할 수 있다. 딸에게는 어머니가 싫어하는 할머니에 대한 긍정적인 감정을 밝힘으로써 어머니를 따돌릴 만한 여유가 없었다.

그러나 아버지보다 어머니를 더 좋아한다는 것을 보이고 싶지는 않았다. 그래서 그 순간에 자신이 생각할 수 있는 가장 안전한 대응을 시도한 것이다. 이는 다른 사람에 대한 아이들의 애정을 멀어지게 하려는 부모의 시도가 아이들의 생활에 어떻게 침투하는지를 보여주는 대표적인 사례이다.

다섯 살 된 여자아이가 같은 딜레마에 직면했다. 아이는 어머니에게 충성을 보여주고 싶은 마음과 할머니에 대한 사랑 사이에서 일어나는 갈등을 해결하는 자신만의 방법을 생각했다. 아이가 할머니에게 말했다.

"전 할머니를 싫어해요."

그런 다음 자신이 말한 것은 무엇이든지 진실과는 반대라고 덧붙였다. 이 현명한 책략으로 아이는 어머니와 제휴하고 싶은 마음과 할머니에 대한 사랑을 표현하고 싶은 마음을 동시에 만족시킬 수 있었다.

이해와 대응 방안

아이들이 직접 당신을 헐뜯는 부모에게 자기들 앞에서 그렇게 하지 말아 달라고 요청하도록 권하는 방법을 생각해보라. 다른 편 부모가 냉정을 되찾고, 기분이 괜찮을 때는 이 방법이 가장 좋다. 그러나 아이가 지나치게 걱정하고 두려워한다면 당신은 그렇게 하고 싶지 않을 것이다. 전 배우자가 이처럼 온건한 자기주장에 대해서까지 아이를 벌줄 것 같으면 당신에게 성 내는 것을 보면서도 그냥 침묵하고 있을 수밖에 없는 이유를 이해한다는 것을 아이에게 알려주라. 헐뜯는 부모 중의 일부는 자신의 파괴적인 행동이 아이들을 얼마나 힘들게 하는지 직접 듣고 난 후에는 비난을 중지하기도 한다. 이처럼 자신의 감정을 확실히 표현하는 것은 아이들의 자존감을 강화시킬 것이다.

자녀가 심리적으로 당신에게 앙심을 품고 있는 전 배우자에게 의존하고 있고, 당신은 물리적으로 멀리 떨어져 있다면 따돌림을 막거나 이를 되돌리는 일은 쉽지 않다. 깎아내리기나 세뇌에 대응하려는 시도는 무엇보다도 먼저 아이들을 멀어진 부모와 물리적으로 재결합시키는 데에서 시작되어야 한다. 이는 아이의 복지를 최우선으로 고려해서 주도면밀하고 조심스럽게 행해져야 한다. 그러나 아이들이 헐뜯고 깎아내리는 부모에게 배타적으로 의존하고 있다면 이제까지 검토한 정신조종 책략에 대처할 수 있는 희망은 별로 없다.

제6장

현실의 훼손

지난날의 잘못이 아이의 총체적인 거부감을 정당화해 주지는 않지만
현명한 반응은 부모로서의 양육능력을 향상시키기 위해 가능한 모든 것을 하는
것이다. 아이를 돌보는 데 상대적으로 덜 참여하거나, 아이를 자주 보모에게
맡기거나, 관심이나 인내심을 덜 가지고 아이를 대했을 수도 있다. 이러한
결함을 바로잡으라. 아이들이 당신과 재결합했을 때 과거의 당신이
아니라 더 나아진 당신을 경험하게 하라.

고립, 심리적 방어, 공포는 심리적 조종이 일어나는 토대를 만든다. 부모들은 이런 환경에서 아이들이 사랑하는 사람에게서 마음을 완전히 돌리게 만들 구체적인 전략과 기술을 활용한다. 이러한 술책을 이해하는 것은 헐뜯기, 깎아내리기, 세뇌에 대한 효과적인 대응을 설계하는 열쇠이다. 이 장에서는 아이들로 하여금 부모와 조부모를 거부하도록 강요하는 데 이용되는 일반적인 책략들을 설명하기로 한다.

이름 게임

부모들은 아이들이 표적부모와 아이 자신을 동일시하는 것을 깨뜨리기 위해 흔히 특정방식으로 이름을 조작한다. 나는 여기에 세 가지 전략이 활용되는 것을 보았다.

이 세 가지 전략에서 공통되는 것은, 그것이 성공했을 때 아이들이 부모를 대하는 방식을 바꾸어놓는다는 것이다.

경멸하는 이름 붙이기

사이비 종교 지도자들은 언어의 힘을 잘 알고 있다. 그들은 '내야infields'
와 같은 경멸하는 용어로 더 넓은 문화에 대해 언급한다. 그래서 '우리 대
그들'이라는 의식을 강화시킨다. 인종적 증오심도 같은 방법으로 확산된
다. 조롱하는 톤으로 조롱하는 상황에서 쓰인 모멸적 명칭은 '저 사람들'
은 나쁘고 열등하며 피해야 한다는 메시지를 전달한다. 충분한 시간을 두
고 인종적 비방을 반복하면 아이들은 곧 이를 따라한다. 공격적인 말은
그들이 구사하는 어휘의 한 부분이 된다. 그리고 별다른 생각 없이 이 명
칭과 연결된 증오심을 흡수한다. 이것이 아이들을 인종주의자로 바꾸는
방법이다. 이 방법은 아이들을 이전에는 사랑했던 부모 및 그 가족들에게
등 돌리게 만드는 데에도 적용된다.

　복수심을 가진 부모들은 아이들로 하여금 표적부모나 조부모에 대해
경멸하는 용어로 이야기하는 것을 엿듣게 하는 것으로 이러한 과정을 시
작한다. 예를 들어, 한 어머니가 이전의 시어머니, 즉 아이의 친할머니를
'마귀할멈'이라고 부를 수 있다. 다음에는 아이들 스스로도 그 말을 쓰도
록 조종한다. 아이들이 그 말을 따라 쓰면 부모는 동의를 표한다. 이렇게
되면 아이들은 결과적으로 이 용어를 자주 입에 올리게 된다. 아이들은
부모의 수용을 갈망하기 때문이다. 시간이 흐르면 이러한 조롱이 자연스
럽고 정당하다고 생각될 것이다. 할머니를 경멸하는 호칭으로 부르는 것
을 듣고, 또 자기도 그렇게 부르라고 격려를 받거나 그렇게 불러도 아무
런 제지를 받지 않는다면, 아이들은 할머니를 더 이상 존중하지 않게 될
것이다. 존경 대신 경멸이 자리를 잡을 것이다. 할머니에 대해 '마귀할멈'

이라는 용어를 연상하게 하면 언젠가는 아이들 스스로 할머니가 나쁘다고 단정하게 될 것이다. 아이들은 애초에 자신이 왜 할머니를 그렇게 생각하게 되었는지를 잊어버린다. 그리고 그것이 할머니에 대한 실제적인 평가에 의한 것이 아니라 할머니에게 비합리적인 분노를 가진 어머니의 표현일 뿐이었다는 것을 잊어버린다.

5장에서 언급했던 질은 약 1년 동안 할머니에 대한 아이들의 사랑을 약화시키는 데 성공했다. 아이들은 할머니에 대해 서먹서먹하게 되었고 애정이 적어졌다. 아이들이 실제로 할머니가 마귀할멈이라고 믿은 것은 결코 아니었다. 욕심 많고, 까다로우며, 피해야 할 사람이라고 생각했던 것이다. 그러나 아이들은 이전에 사랑했던 사람이 악의 화신이 되었다고 믿는 경우도 있다.

다음은 미국 중부 지역의 한 가정에서 일어난 일이다. 광적으로 종교를 믿는 한 아버지가 자녀들에게 어머니는 악마라는 자신의 믿음을 세뇌시키는 데 성공했다. 다음은 아버지가 어머니에 대한 자신의 얼토당토않은 편견을 스스로 합리화한 방법이다.

정신장애가 있는 이 남자에게서 이러한 일은 그야말로 '악마'에 대한 방어일 뿐이었다. 결혼생활을 못 견딘 아내가 마침내 그에게서 돌아서자 이 남자는 아내가 자녀들을 만나는 것을 허락하지 않았다(불행하게도 그 주의 법은 이 문제에 관한 한 그 남자의 편이었다). 아이들은 아버지의 관점을 중화시킬 수 있는 어머니의 이야기를 듣지 못한 채 세뇌에 굴복해서 어머니를 악마로 여기게 되었다. 엄청난 노력을 한 후에야 어머니는 자녀들의 생각을 되돌리는 데 성공했다. 시간이 흐른 다음 자녀들은 어머니가 악마라는 생각을 버렸다. 그러나 불신의 유산은 상당 기간 동안 계속되었다.

이해와 대응 방안

당신이 멸시하는 호칭의 희생자라면 자녀들에게 당신이 그런 행동을 지지하지 않는다는 것을 똑바로 알게 하라. 그것이 중상모략이라는 것을 알게 하라. 그리고 언제나 다른 사람을 공손히 대해야 한다는 가르침은 부모와 그 밖의 친척들에게도 적용된다는 것을 상기시켜라. 한 어머니가 자신의 아이에게 말했다. "아빠는 나한테 화가 나서 욕을 하는 거야. 그러나 화가 나더라도 부부가 욕하는 것은 잘못이라는 걸 너도 잘 알 거야. 아빠가 그렇게 하는 것을 막을 수는 없어. 하지만 그렇게 하는 것은 큰 잘못이라는 걸 네가 가슴에 새겼으면 해. 아빠와 나는 항상 너에게 윗사람을 존중하고 욕하지 말라고 가르쳤다는 것을 기억해라."

아이들은 따돌리는 부모의 행동이 잘못이라는 것을 안다. 당신은 욕하는 것에 대해 직접적으로 문제를 제기함으로써 아이들의 판단을 확인하고, 아이들이 그에 대처하는 데 도움을 주며, 욕으로 인해 일어날 수 있는 잠재적인 파괴 가능성을 중화시킬 수 있다. 아이들은 멸시하는 호칭에 세뇌되는 대신에 욕을 자신의 감정을 조종하려는 부모의 시도라고 치부해버릴 수 있을 것이다.

호칭 대신 이름으로 부르기

멸시하는 용어를 쓰는 것은 부모에 대한 아이의 존중심을 무너뜨리는 가시적이면서도 고압적인 방식이다. 많은 이혼 부모들은 더 교묘한 방법을 찾아낸다. 아이들에게 말할 때 상대방의 이름만 간단히 부르는 것이다. 아버지가 아이들에게 "네 엄마가 전화를 했다"라고 말하는 대신에, "글로리아가 너와 전화하고 싶어한다"거나, "에이미가 네 야구시합에 올 거다"

라고 말하는 것이다.

　이런 책략이 처음 시도되면 아이들은 당황해한다. 대부분의 가정에서는 아이들에게 '엄마', '아빠' 같은 호칭을 쓸 것을 장려한다. 아이들은 유년시절 초기에 잠시, 다른 사람이 엄마를 이름만으로 부른다는 것을 알게되었을 때 보통은 장난으로 자신도 그렇게 부르는 경험을 거친다. 그러나 곧바로 부모들을 부르는 친숙한 호칭으로 되돌아간다(나는 어떤 가정에서는 아이들이 일상적으로 부모의 이름을 부른다는 것을 안다. 이는 잘못된 평등주의라고 확신한다. 그러나 이어지는 논의는 이러한 가족에 해당하는 것이 아님을 명백히 해두고자 한다).

　우리가 사람을 부르는 방식은 그들과 어떤 관계인지, 그리고 어떤 관계를 맺고 싶은지에 따라 달라진다. 같은 사람이라도 사촌에게는 '수지'이지만 고용인에게는 '수잔'이고, 선거운동원에게는 '미스 로젠버그'이다.

　그렇다면 아버지가 아이들에게 이야기하면서 어머니의 이름을 부르기 시작할 때 어떤 일이 일어날까? 이는 우선 아버지는 마음속으로 어머니가 부모의 지위를 가지고 있지 않다고 생각한다는 것을 알리는 것이다. 아버지와 어머니의 관계는 의미 있는 방식으로 변화한 것이다. 본질적으로 그 메시지는 "엄마와 나의 관계가 변했으니 너희도 그래야 한다"라는 것이다. 이는 정신건강 전문가들이 권고하는 것과는 정반대이다. 이혼하는 부모들은 아이들에게 이혼은 어른들 사이의 문제이지 부모와 아이들 사이의 문제가 아니라는 점을 강조하라는 권고를 받는다.

　둘째로, 아버지는 아이와 자신의 관계에서도 변화를 꾀하고 있다. 부모중 한쪽 편과 아이의 부모-자녀로서의 심리적 경계선을 흐리게 만들려는 것이다. 그래서 아이들에게 엄마에 대해 이야기할 때도 성인 친구에게 하는 것과 같은 방식으로 한다. 이는 전처에 대해 이야기할 때는 아이들과 자신은 동료라는 의미를 함축한다.

아이들은 이런 동료의식과 은연중에 높아진 자신의 지위를 즐길 수도 있지만 값비싼 대가를 치러야 한다.

셋째로, '엄마'라는 호칭 대신 이름을 부르는 것은 '엄마'라는 호칭에 내포되어 있는 존중심이 더 이상 발휘될 수 없음을 의미한다. 이러한 존중심의 상실은 권위의 상실을 가져온다. 아무래도 엄마보다는 에이미에게 말대꾸하는 것이 더 쉽다. '새로운 이름 부르기'를 받아들이는 아이들은 그렇게 함으로써 많은 것을 잃는다.

어떤 부모들은 아이들로 하여금 '엄마'나 '아빠'라는 호칭을 버리도록 교묘하게 조장하지 않는다. 단순히 그렇게 부르도록 조장하는 것이 아니라 직접적으로 강요하는 것이다. 재혼한 부모들 중에 이런 경우가 많다. 이들은 아이에게 전 배우자를 부를 때 이름을 사용하라고 요구한다. 엄마나 아빠라는 좀더 친숙한 호칭은 새 부모를 위해 남겨두어야 하기 때문이다.

한 여자아이는 새 아버지를 아빠라고 부르지 않거나, 친아버지를 부를 때 이름을 사용하지 않으면 엄마가 저녁을 주지 않는다고 말했다. 또 한 남자아이는 새어머니를 부를 때 깜빡 잊고서 엄마라고 부르지 않으면 새어머니가 못 들은 체한다고 말했다. 아버지는 이것을 가정교육이라고 확신했다. 아버지는 이것이 이치에 맞는다고 확신하고서, 새 아내의 아들도 엄마라고 부르는데 자신의 아들이 그렇게 하지 않으면 어색하고 곤란하지 않겠느냐고 말했다. 이러한 설명은 어느 정도 그럴듯해 보인다. 하지만 같은 문제에 직면한 많은 재혼한 아버지들은 아이들에게 어머니와의 관계를 끊기를 요구하지 않으면서도 해결책을 발견한다.

이해와 대응 방안

자녀가 당신을 이름으로 부르기 시작한다면 즉시 그렇게 하지 못하게 하라. 이혼의 해독에 빠진 아이가 간헐적으로 당신의 이름을 부르는 것을 너그럽게 넘어간다면 결국은 습관으로 굳어질 것이다. 이제까지 언제나 그렇게 불러왔고, 다른 친구들이 부모를 그렇게 부르듯이 너도 엄마나 아빠라고 불렀으면 한다고 이야기하라. 친구들이 부모를 보통 어떻게 부르는지 아이에게 상기시키는 것은 당신의 이름을 부르는 것이 적절하지 않다는 것을 깨닫게 하는 데 도움이 된다. 또한 그것은 아이들이 당신의 말을 따르게 하는 동기를 부여할 수 있다. 대부분의 아이들은 또래와 같은 행동을 하려고 하기 때문이다. 전 배우자가 계속해서 이런 식으로 당신의 지위를 손상시키려 든다면 자발적으로건 법원의 명령에 의해서건 간에 당신의 전 배우자를 치료에 참여시켜라.

자녀 이름 바꾸기

한쪽 편 부모의 이름을 달리 부르는 것이 당황스러운 일이라면 자기 자신을 다른 이름으로 부르라는 말을 들었을 때 아이들이 얼마나 혼란스러울지 짐작할 수 있을 것이다. 이는 부모 따돌림의 경우 놀랄 만큼 자주 일어난다.

아이를 납치하는 부모들은 체포당하지 않기 위해 종종 아이의 이름을 바꾼다. 그러나 일부 이혼한 부모들은 숨길 이유가 없는데도 아이의 이름을 바꾼다. 대부분의 경우 어머니는 아이가 자신의 성姓을 공유하기를 원한다. 그래서 재혼을 한 후에는 아이들이 새 아버지의 성을 따랐으면 하고, 재혼을 하지 않았을 때는 자신의 처녀 때 성을 사용했으면 한다.

나는 이런 사례를 여러 번 접할 기회가 있었는데 어떤 어머니도 아이들에게 이름을 바꿀 것이라거나 이름을 바꾸는 이유가 무엇이라는 설명을 하지 않았다. 이후의 모든 상황에서 다짜고짜 자신이 선호하는 성을 쓰기 시작할 뿐이다. 병원의 접수원들은 성을 바꿨다는 말을 듣는다. 학적부도 새로운 성으로 만들어진다. 좀더 큰 아이들은 등교 첫날 선생님이 새로운 성으로 부르거나 자신이 쓰는 성과 선생님의 기록에 나타나 있는 이름이 서로 다르다는 사실에 맞닥뜨리고 나서야 성이 바뀌었다는 것을 알 수도 있다.

이런 행위를 하는 부모들은 그것이 아이들에게 주는 영향을 무시한다. 그들의 주된 관심은 자기 자신과 전 배우자의 관계가 남긴 흔적을 지워버리는 데 있다. 이름을 바꾸는 것은 아이와 다른 편 부모의 관계를 끊는다는 것을 뜻한다. 이런 부모들은 아버지와 성을 공유하는 모든 친구들과 달라야 하는 데 대한 아이들의 감정을 고려하지 못한다.

성뿐 아니라 이름까지 바꾸는 경우도 있다. 어머니뿐 아니라 아버지도 새로운 형태의 이름 게임에 참가한다. 나는 아이의 이름에서 아이 어머니나 그 가족이 연상되지 못하게 하는 아버지들을 본 적이 있다. 한 가지 사례를 들어보자. 어머니는 고급 기숙학교인 성 안느 아카데미의 졸업생이었다. 이 학교의 학생들은 '애니'라는 사랑스러운 이름으로 불린다. 아버지와 어머니는 매년 열리는 애니무도회에서 처음 만났기 때문에 첫 아이를 갖자 '애니'라는 이름을 붙였다. 몇 년 후 결혼생활이 깨어지자 전처와 모든 관계를 끊고 싶었던 아버지는 딸의 이름을 애니 대신 가운데 이름으로 부르기 시작했다. 아버지는 맹세코 그렇게 하지 않았다고 부인했지만 어머니의 변호사가 가져온 딸의 그림에는 딸의 가운데 이름과 성만 써 있었다. 아버지가 그렇게 한 것이었다. 더욱 결정적인 것은 아버지의 소득세 환불 사본이었는데, 거기에서 아버지는 법적 이름인 아이의 맨앞 이름을 쓰지 않았다.

나는 부모 양편이 다 아이를 다른 이름으로 불러서 어린아이들이 혼란을 겪고 있는 몇몇 가족을 알고 있다. 이 아이들은 한쪽 부모의 집을 떠나서 다른 편 부모의 집으로 가게 되면 달라진 이름에 익숙해지는 데 어느 정도 시간이 걸린다. 어떤 부모들은 전 배우자와의 전투에 빠져서 자신이 선호하는 이름을 부를 때 아이들이 대답하지 않으면 인내심을 잃는다.

이해와 대응 방안

당신의 자녀가 다른 이름을 쓰는 데 반대한다면 가능한 빨리 당신의 반대를 나타내라. 당신의 변호인이 아이의 학교와 의사에게 정확한 법적 이름을 사용할 필요성을 설명하는 편지를 보내야 할 수도 있다. 다른 이름을 사용한 기간이 길어지면 법관은 그 이름을 계속 사용하라고 할 가능성이 높다. 다른 이름을 쓰는 것은 보통 아이들의 생각이 아니기 때문에 아이들에게 편을 들라는 압력을 가하지 말고 어른들끼리 논의해서 문제를 해결하는 것이 가장 좋다. 대부분의 경우 아이의 이름을 둘러싼 갈등은 다른 어떤 갈등보다도 해롭다. 실제의 문제는 이름이 아니라 그것이 부모 각자에게 상징하는 것이다. 아이가 고통 받지 않게 하려면 부모 양편의 성을 같이 쓰는 것과 같은 방식으로 화해를 모색하라.

따돌림에 빠진 십대 캐나다 소녀인 스테파니는 모든 관계를 단절하겠다는 것으로 아버지에 대한 증오심을 표현했다. 스테파니와 어머니는 집에서 아버지의 모든 흔적을 없애버렸다. 스테파니는 자신의 성을 어머니의 결혼 전 성으로 바꾸었다. 어머니가 딸에게 스테파니는 원래 아버지가 좋아했던 이름이라고 말하자 딸은 이름을 바꾸었다. 그녀는 자신을 레인

보우라고 부르기 시작했다.

아버지와 의절하겠다는 내담자의 권리를 적극 옹호했던 이 소녀의 심리치료사는 이러한 행동을 지지했다. 심리치료사는 소녀가 독립했다고 주장하자 이를 축하했다. 소녀는 모든 공공문서와 보고서에 새로운 이름과 성을 사용했다. 그리고 앞뒤 가리지 않고 공격적으로 아버지와 편지를 주고받으면서 스테파니 대신 바꾼 이름을 사용함으로써 아버지에게 모욕을 주었다. 이는 자신이 이름을 바꾼 것은 아버지와의 인연을 끊기 위한 것이라는 사실을 확실히 알리기 위해서였다.

이것은 이혼의 해독을 제대로 이해하지 못한 채 처치를 한다면 제삼자가 심리치료사일지라도 따돌림을 부추길 수 있다는 것을 보여주는 사례이다.

스테파니의 현실인식은 심리치료사가 계속해서 지지를 함에 따라 빗나가 버렸다. 스테파니는 이치에 맞지 않는 따돌림과 직접적으로 연결된 망상으로 고통 받기 시작했으며 결국 정신치료를 받기 위해 입원해야 했다. 마침내 따돌림에 빠진 스테파니는 정신적이고 정서적인 대가뿐 아니라 경제적 대가까지 치러야 했다. 딸이 자신과 모든 관계를 끊으려 한다는 것이 확실해지자 부유하지만 비탄에 젖은 아버지는 딸에 대한 지원을 끊겠다는 편지를 썼다.

반복

질의 아이들은 처음에는 어머니가 할머니를 마귀할멈이라는 경멸스러운 이름으로 불러도 그 말을 따라 쓰지 않았다. 그러나 그 말을 여러 차례 듣자 자연스러워졌다.

원하는 메시지를 반복하는 것은 모든 형태의 주입에 공통적으로 나타나는 현상이다. 어떤 생각이나 단어를 자주 들으면 들을수록 점점 더 거기에 친숙해진다. 할머니가 마귀할멈이라고 불리는 것을 몇 달 동안 들으면 할머니가 정말 나쁘고 바람직하지 못한 사람이라고 생각하기 쉽다. 우리는 그것이 자주 반복되었다는 이유만으로 어떤 아이디어 뒤에 어느 정도 진실이 존재한다고 가정하게 된다. 이것은 정치가나 선동가들이 쓰는 일반적인 전략이다. *실제로 부모에 의한 세뇌는 가정에서 일어나는 선동이라고 생각할 수 있다.*

반복은 메시지를 기억에 새기는 데도 도움이 된다. 이는 기계적 훈련의 원리이다. 여러 차례 곱셈표를 반복하라. 그것은 제2의 천성이 될 것이다. 잘못된 인상, 예컨대 부모 중 한쪽 편이나 조부모에 대한 정당하지 않은 모독이 반복된다면 그것도 역시 제2의 천성이 될 수 있다. 그리고 궁극적으로는 실제에 기초한 믿음과 구별되지 않을 수 있다.

3장에서 논의한 연구, 즉 아이들에게 잘못된 기억을 심어주는 것이 얼마나 쉬운지를 제시했던 코넬 대학의 연구 결과를 떠올려보라. 그들은 반복이 아이들로 하여금 실제로는 일어나지도 않은 나쁜 일들을 자신이 경험했다고 믿게끔 만드는 핵심요소라는 것을 발견했다. 아이들에게 부모 중 한쪽 편이 자신들을 심히 잘못 대우했다고 믿게 할 수 있다면 따돌림은 예측할 수 있는 결과이다.

이해와 대응 방안

전 배우자가 당신에 대해 날조된 부정적 메시지를 반복한다면 그 메시지가 뿌리를 내리기 전에 행동하라. 반복이 잘못된 인식을 만들어내는 데 어떻게 작용하는지를 명확히 확인함으로써 아이가 세뇌로부터 자기 자신을 지킬 수 있도록 도와라. 반복은 강력한 조종전략이다. 아이가 반복되는 말에 대해 경계심을 가지면 그것이 미치는 영향에 보다 잘 대처할 수 있을 것이다.

한 아버지가 아들에게 말했다. "때때로 부모 중 한쪽 편에 대해 나쁜 이야기를 되풀이해서 들으면 아이들은 그 말이 사실이라고 잘못 생각하게 된단다. 처음에는 그 말이 사실이 아니라는 것을 알고 있었다 해도 그래. 나는 엄마가 계속해서 내가 비열하고 너를 걱정하지 않는다고 말하는 걸 알고 있단다. 하지만 엄마가 그렇게 말하는 것일 뿐 대부분은 사실이 아니야. 그러니 속지 마라."

선택적 주의집중

언뜻 생각하기에 부모 중 한쪽 편에 대한 아이의 사랑을 증오와 비웃음으로 바꾸는 것은 만만치 않은 일로 보인다. 결국 자녀와 부모 사이의 사랑보다 더 큰 사랑이 어디 있겠는가? 그럼에도 그런 격렬한 변화가 일어나게 만드는 것은 무엇인가? 그것은 한마디로 양가감정이다. 애정의 따돌림을 육성하는 데 열중하는 부모들은 자녀들의 양가감정을 강력한 동맹자로 삼는다.

자녀와 부모의 모든 관계는 양가감정, 복합적인 감정, 갈등을 내포하고 있다. 자녀를 아주 잘 키우고 만족감을 느끼는 부모라도 종종 자신의 자녀에 대해 실망한다. 자녀들에게 얼마나 자주 원하는 것을 가지거나 할 수 없다고 말하고 있는지 생각해보라. 자녀들의 눈에는 우리가 안심하고 만족하는 것처럼 보일 것이다. 그러나 부모도 때때로 좌절하고, 박탈감을 느끼고, 어떤 때는 놀라기도 한다.

따돌림을 부추기는 부모들은 이런 양가감정을 이용한다. 양가감정은 이런 부모들의 부추김을 더욱 쉽게 만든다. 이상형으로 여기던 부모에 대한 존경심을 없애려면 존경심에 내재되어 있는 틈을 부각시키기만 하면 된다. 그 틈은 지난날의 실망이 쌓여 형성된 것이다. 그들은 아이들의 관심을 아이들이 싫어하는 다른 편 부모의 특성과 행동에 집중하도록 모든 노력을 다한다. 그들은 표적부모의 긍정적인 측면에 대해서는 어떤 것도 언급하지 않는다. 결국 부정적 인식과 감정, 기억이 긍정적인 것들을 몰아낸다.

아이들은 표적부모가 전적으로 나쁘거나 주로 나쁜 것처럼 반응한다. 아이의 생각에 균형을 잡아줄 좋은 기억과 인식이 없다면 아이들은 따돌림에 굴복하게 된다. 양가적이기는 하지만 이전에는 사랑했던 부모가 이제는 증오의 대상이 된다.

> 선택적 주의집중은 이미지 형성의 잠재적 도구이다. 아이가 부모를 나쁘게 보이게 하는 것에만 관심을 쏟는다면, 결국 부정적 인식과 부정적 감정, 부정적 기억이 긍정적 인식, 감정, 기억을 몰아낼 것이다.

영화 〈후크 선장Hook〉은 이러한 과정을 보여주는 좋은 예이다. 해적선장 후크는 어린아이에게 아버지가 사무실에서 일하느라고 중요한 야구게임을 보러 오지 않았다는 사실을 떠올리게 한다. 후크는 모든 아이의 분노와 환멸감을 자극해서 아버지가 자신을 진정으로 사랑하지 않았다고 믿게 한다.

심리학자들은 이러한 기법을 '선택적 주의집중selective attention'이라고 부른다. 그것은 유능한 마술사, 세일즈맨, 정치가, 변호사들이 주로 쓰는 수단이다. 마술사는 우리의 관심을 자신의 왼손에 쏠게 만들면서 자신의 오른손을 주머니에 집어넣는다. 우리는 마술사가 보도록 유도하는 것을 볼 뿐이다. 세일즈맨은 상품의 장점을 극찬하는 반면 결점은 대충 넘어간다. 정치가는 상대방 후보의 최악의 잘못에 관심을 집중시켜서, 상대방의 이미지가 대중들에게 최악의 상태로 굳어지기를 희망한다.

양육권 재판의 관계자로서 나는 옆 좌석에 앉은 변호인이 선택적 주의집중의 기법을 활용하는 것을 여러 차례 보았다. 그들은 자기 의뢰인의 입장을 지지하는 사실만을 끌어들였다. 그들은 '총체적 진실'을 추구하는 것이 아니라 자신이 맡은 사례를 유리하게 이끌 부분적인 진실만을 추구한다. 나를 반대심문하던 한 변호사는 내 증언을 통제해서 자신이 주장하는 입장을 뒷받침할 수 있는 것만을 말하게 하고자 했다. 그렇게 하기 위해 변호사들은 대답을 '예'와 '아니오'로 한정시키려고 한다. 내가 스스로 설명을 하거나 자세한 대답을 하려고 하면 말을 가로막는다. "이의 있습니다. 증인은 제대로 대답하고 있지 않습니다." 실제로 변호인들은 소송에서 예상할 수 없는 답이 나올 수 있는 질문을 해서는 안 된다고 배운다. 이렇게 하는 이유는 판사가 간과하기를 바라는 사실에 판사의 주의를 집중시킬 수 있는 증언이 나올 가능성을 피하기 위한 것이다.

선택적 주의집중은 이미지 형성의 잠재적 도구이다. 그것은 인종차별주의자들이 자신의 편협한 생각을 고수하게 만든다. 예를 들어 인종차별주의자들은 저녁 뉴스를 들을 때 자신들이 싫어하는 인종의 사람이 저지른 범죄에만 관심을 갖는다. 자신들이 미리 가지고 있던 생각을 뒷받침하지 않는 말에는 어떤 관심도 두지 않는다. 증오하는 인종에 속하는 사람이 이룬 의미 있는 성과나 자신과 같은 인종의 사람이 저지른 범죄는 전혀 의식하지 못한다. 그 결과 왜곡을 바로잡을 수 있는 모든 정보가 원천적으로 제거된다.

참으로 선택적 주의집중은 프로그램에 맞는 재료만을 의식에 들어가도록 허락하는 문지기이다. 프로그램이 '다른 편 부모를 사랑하지 말라'라면 그 부모를 나쁘게 보이도록 만드는 모든 것을 환영한다. 그러나 프로그램에 맞지 않는 것은 모두 거부한다.

이해와 대응 방안

당신의 아이에게 선택적 주의집중이 생각을 조종하는 데 어떻게 이용되는지 가르쳐라.

■ 이혼의 해독과는 멀리 떨어진 익숙한 상황에서 시작하라. 텔레비전의 장난감 광고방송이 목적에 적합하다. 그 광고가 장난감을 가능한 최상의 것으로 보이게 하기 위해 어떤 방법들을 쓰고 있는지 지적하라. 장난감을 실제보다 정교하게 보이도록 만들기 위해 광고방송은 특별한 노력과 추가적인 받침대를 이용한다. 반면 스크린 바닥의 미세한 자취는 장난감의 움직임이 꾸며진 것임을 밝혀준다. 아나운서는 조립부품이 필요하다거나 배터리는 포함되지 않았다는 것은 빨리 말하고 넘어간다. 아이들에게 어떤 물건을 샀는데 나중에 실망했던 경우에 대해 말할 수 있다. 결점에 신경을 쓰지 못했기 때문이다. 아이들과 함께 광고 속에서 선택적 주의집중의 사례를 찾는 게임을 하라.
■ 다음으로 선택적 주의집중이 사람을 평가절하하는 데 어떻게 이용될 수 있는지를 보여주라. 스포츠처럼 아이에게 친숙한 사례를 활용하라. 에러만 가지고 야구선수를 판단한다면 그 선수의 능력에 대해 왜곡된 상을 가지게 될 것이다.
■ 사전 정지작업 후에, 선택적 주의집중을 개인적으로 당신 아이들과 연결시

켜라. 교사가 가장 낮은 점수만 가지고 평가한다면 어떻게 생각할 것인지 아이들에게 물어보라. 아이들에게 나쁘거나, 보잘것없거나, 잔인한 어떤 것을 했을 때를 떠올리게 하라. 그런 행동만을 근거로 판단한다면 아이들의 좋은 점은 무시하고 부정적 관점만 갖게 될 것임을 설명하라.

나의 첫째 손자 아론은 이틀 동안 두 개의 유리잔을 깬 다음 스스로를 '꼴사나운 놈'이라고 불렀다. 나는 손자에게 아기와 어린아이로서 더 많은 사고가 일어날 수 있었던 때에 아무것도 깨지 않았다는 사실을 생각하게 했다. 손자는 실제로 굉장한 기록을 가지고 있다. 3년 동안 겨우 유리잔을 2개 깼을 뿐이었다. 손자가 최근의 사고에만 관심을 기울인다면 자기 자신에 대해 왜곡된 관점을 가지게 될 것이다. 여기에 깔려 있는 메시지는 '어느 누구도 완전하지 않다'라는 것이다. 이는 모든 아이가 알아야 할 훌륭한 원리이다.

- 마지막으로 선택적 주의집중에 대한 아이의 이해를 전 배우자의 헐뜯기나 깎아내리기와 연결시켜라. 당신의 나쁜 점과 잘못에 대해서만 듣고 생각한다면 당신의 좋은 점을 모두 잊게 될 것이라는 우려를 설명하라.
- 이러한 단계를 밟는 데는 좋은 타이밍을 선택하는 것이 중요하다. 보통 한꺼번에 하는 것보다는 몇 차례의 대화를 거쳐 전개시키는 것이 좋다. 이러한 형태의 대화와 아이와 당신의 즐거운 상호 작용 사이에 균형을 잡도록 하라.

아이가 표적부모의 부정적 특성에만 초점을 맞춤에 따라 그 부모의 긍정적 특성에 대해서는 전혀 관심을 두지 않는다. 아이는 엄마가 자신을 위해 해준 어떤 것을 이야기하려고 하는데 아버지는 그때마다 주제를 다른 데로 돌려버린다. 한 어머니는 아이들을 조부모와 의절시키기 위해 아이들의 행복을 위해 친조부모가 한 모든 것을 깎아내렸다. 어머니는 조부모의 노력을 적극적으로 헐뜯지는 않았지만 간단하게 무시해버렸다. 예를 들어 조부모는 아이들에게 음악에 대한 사랑을 심어주려고 했다. 그들은 악기를 빌리거나 사주었고, 좋은 음악교사를 알아보고, 스케줄을 잡고, 비용을 지불했으며 아이들을 레슨에 데려다주었다. 어머니는 이런 것들에 대해 알고 있다는 표시를 일체 하지 않았다. 아이들에게 음악 공부가 어떻게 되어가고 있는지 한 번도 물어보지 않았고, 아이들이 악기를 배우고 있다는 사실에 대해서는 언급조차도 하지 않았다.

한번은 아이들이 학교에서 연주를 하게 되었는데 그 소식을 알려주지 않음으로써 조부모가 노력의 결실을 볼 수 있는 기쁨을 빼앗아버렸다. 이 어머니는 이런 행동으로 아이들의 기억에서 조부모의 수많은 친절과 보살핌을 떠올릴 수 없게 만들고자 했다. 다행스럽게도 이 책에서 제시한 몇 가지 전략을 활용해서 조부모는 아이들이 이혼의 해독을 이해하고 이에 맞서게 할 수 있었다. 마침내 아이들은 어머니가 예상했던 것보다 분별력을 갖게 되었고 어머니의 노력은 실패하고 말았다.

어떤 부모들은 매우 교묘한 방법으로 선택적 주의집중을 사용해서 아이들이 무엇이 일어나고 있는지 알아채기 힘들게 만든다. 다른 편 부모에 대해 부정적으로 말하는 대신, 다른 편 부모의 잘못에 주의를 돌리게끔 계산된 질문을 하는 것이다. 딸의 머리를 땋아주면서 어머니가 딸에게 물었다. "아빠가 너를 위해 이런 일을 해주니?" 이 어머니는 이와 유사한 질문들을 반복적으로 해서 딸의 관심을 아버지가 자신을 위해 해주지 않은 것으로만 돌렸다. 이윽고 딸애는 아빠가 엄마만큼 자신에게 신경을 쓰지 않는다고 믿게 되었다. 물론 어머니는 아버지가 딸을 위해 또는 딸과 함께 무엇을 했는지에 대해서는 결코 묻지 않았다. 또 다른 사례를 들어보자. 전처가 금전적으로 어려움을 겪고 있다는 것을 아는 한 아버지가 있었다. 그는 아이들에게 용돈을 주면서 짐짓 물었다. "엄마도 너희들에게 용돈을 주니?"

이러한 비교는 헐뜯기와 깎아내리기를 하는 부모로부터 지속적으로 이루어진다. 그것은 선택적 주의집중의 경박한 측면이다. 표적부모는 부정적 시각을 통해서만 보게 되는 반면, 아이들의 관심은 헐뜯는 부모의 긍정적 측면으로 향하게 된다. 인터뷰를 해보면 이런 아이들은 대부분 부모에 대한 편협된 시각을 갖고 있었다. 이런 아이들은 한쪽 편 부모에 대해서는 나쁘게 말할 거리를, 다른 편 부모에 대해서는 좋게 말할 거리를 찾지 못했다. 양가감정의 결여는 따돌림의 두드러진 특징이다. 나는 가끔 깎아내리기를 하는 부모들은 자신들이 결점을 덮을 만한 자질을 전혀 갖지 못한 사람과 사랑에 빠지고, 결혼하고, 함께 아이를 낳았다는 사실을 어떻게 설명하는지 궁금할 때가 있다.

그들은 어떤 배우자를 선택했는지를 보면 그 사람의 성격과 정서적 욕구에 대해 많은 것을 알 수 있다는 일반적인 상식을 알지 못한다.

이해와 대응 방안

자녀가 전 배우자는 전적으로 좋게 생각하고, 당신은 전적으로 나쁘게만 생각한다면, 부모-자녀 관계에서는 양가감정이 보통이라는 것을 이해시켜라. 사람은 누구나 좋은 점과 나쁜 점을 갖고 있으며, 부모-자식이라 해서 언제나 완전히 좋은 관계만 유지하기는 힘들다는 것, 그러나 그렇다고 해서 서로간의 사랑이 멈추는 것은 아니라는 것을 설명하라. 아이들에게 부모가 저지를 수 있는 좋지 않은 일 중 몇 가지를 자상하게 설명하라. 그리고 이것이 부모가 한 좋은 행위를 완전히 없애지는 않는다는 것을 설명하라. 화가 난다고 해서 전 배우자의 좋은 점을 무시하려고 하지는 말라. 대부분의 경우, 따돌리는 행위를 하는 부모들은 아이들을 위해 많은 일을 해왔다. 아이들이 어느 누구도 완전하지 않으며, 사랑하는 사람에 대해 복합적인 감정을 가질 수도 있다는 것을 알게 되면 당신을 전적으로 부정적인 관점에서만 보지는 않게 될 것이다.

정신건강 전문가들은 흔히 한쪽 편을 드는 경향이 있다. 법원이 지명한 경우에도 그렇다. 양육권 평가자가 보고서를 쓸 때 변호인들은 양쪽 부모들의 비난에 대해 옳고 그름이 균형 있게 다루어졌는지를 유의해서 본다. 한쪽 편 부모에 대해 좋은 점(아이를 사랑한다는 것 이상의 어떤 점)을 언급하지 않는 보고서는 왜곡되었다는 의심을 받는다. 양육권 평가에 2차적 의견을 내달라는 요청을 받을 경우 자주 선택적 주의집중의 증거를 발견하고는 한다. 예를 들어 어떤 평가자는 자신의 의견을 뒷받침하는 심리검사 결과만을 인용하고 그와 상반되는 검사 결과는 무시한다.

맥락을 무시하기

프로이트는 사물이 언제나 현재 보이는 것과 같지는 않다는 것을 밝혔다. 이것은 특히 우리가 그 맥락을 충분히 이해하지 못하고 어떤 사람의 행동을 판단할 때 사실이다. 잘못된 결론을 이끌어내기는 쉽다. 아이를 세뇌시키는 부모는 다른 편 부모가 아이의 복지에는 아무 관심도 갖지 않고 행동해왔다고 아이를 설득시키는 데 이 점을 이용한다.

한 가지 일반적인 책략은 아이들이 보는 앞에서 돈이나 그 밖의 요구를 함으로써 전 배우자를 곤란하게 만드는 것이다. 전 배우자가 이 요구를 거절하면 그는 나쁜 것으로 보이게 된다. 아이들은 이런 말을 듣는다. "미안하다. 그걸 사줄 수가 없어. 아빠가 내게 돈을 주지 않기 때문이야", "우린 서커스에 갈 수 없어. 엄마가 널 내버려두지 않기 때문이야." 아이들이 그런 요구가 나온 맥락을 충분히 안다면 왜 거절당했는지를 이해할 수 있을 것이다. 어머니가 실제 비용 이상으로 과도한 양육비를 요구하는 것일 수도 있다. 어머니의 계획에 차질이 빚어지는 날에 아버지가 아이에게 서커스에 데려가겠다고 말했을 수도 있다. 그러나 그런 말이 나온 배경을 생각하지 못한다면 부모의 행동이 극히 무관심하거나 제약을 하는 것으로 보일 수도 있다.

주디와 켄트는 가족이 이사해서 켄트가 먼저 공부를 하고, 그 다음 주디가 대학원 과정을 계속할 수 있도록 다시 이사한다는 데 동의했다. 자신의 차례가 오자 주디는 공부를 시작하기 위해 새로운 도시로 먼저 이사했다. 그리고 가족과 함께 살 집을 정했다. 나머지 가족과는 곧 결합할 것이라고 생각했다. 그러는 동안 켄트는 주디로 하여금 결혼생활을 끝내야 한다고 믿게 만드는 일련의 행동을 했다. 주디가 이혼을 제기하자 켄트는 세 아이를 자기 혼자 양육하겠다고 요구하는 서류를 제출했다.

소송이 진행되는 동안 켄트는 아이들이 어머니를 따돌리게 만들기 위해 조직적인 행동에 착수했다. 켄트는 아이들로 하여금 어머니가 자신들을 버렸으며, 어머니가 공부하는 것은 자신들보다는 어머니에게 중요하다고 믿게 만들기 위한 프로그램을 실행에 옮겼다. 켄트는 주디가 이사를 한 맥락이나 이유는 제시하지 않고 그 행동만을 이야기함으로써 그렇게 믿도록 만들었다.

먼저 상황설정. "엄마는 멀리 이사를 가지 않았니?", 그리고 "엄마는 너희를 데리고 가지 않았지?" 아이들은 동의했다. 다음으로 맥락 말하기. "그건 엄마가 우리보다 자기 공부에 더 관심이 많다는 거야. 나도 참 미안하다. 그러나 엄마는 자기 자신을 위해 멀리 이사를 가버렸고, 가족을 버렸어." 더 이상의 정보가 없었기 때문에 아이들은 아버지의 설명에 대해 달리 생각할 수는 없었다.

주디는 자신이 이런 비난을 받고 있다는 것을 알고 방어하려 했지만 아이들은 받아들이지 않았다. 때가 너무 늦었던 것이다. 아이들은 이미 충분히 조종되어 있었다. 아이들은 주디에게 이혼의 책임이 있다고 비난했으며 화가 나서 주디를 따돌렸다. 가드너가 관찰한 바와 같이 아이들은 어떤 동기가 있으면 부모를 따돌린다.

시간이 좀더 지나자 켄트 역시 자신의 허위진술을 믿게 되었다. 그런 입장에 있는 많은 사람들처럼 켄트는 자신의 교묘한 이야기가 아이들에게는 통했지만 판사에게는 영향을 주지 못하게 되자 놀랐다. 법정에서 이길 수 없다는 것을 깨달은 켄트는 양육권 분쟁의 조정을 신청했다. 두 어린 자녀들은 어머니와 충분한 시간을 보내게 되었으며 주디는 따돌림을 되돌리기 위해 다음 장에 제시한 몇 가지 제안을 실행에 옮겼다. 그러나 불행히도 큰아들은 아버지와의 일체감이 너무 강해서 따돌림이 완전히 굳어져버렸고 아직도 어머니에 대한 애정을 회복하지 못했다.

맥락을 잘라낸 그럴듯한 시나리오는 때때로 법관들이나 전문적인 평가자들을 잘못 판단하게 만든다. 이런 상황에 처한 표적부모는 어떻게 손쓸 새도 없이 아이들과의 틈새가 넓어짐에 따라 상황을 호전시킬 수 없다는 무력감에 냉정을 잃고 완전한 좌절에 빠지게 된다. 그래서 아이에게 소리를 지르거나 아이 앞에서 다른 편 부모를 욕하거나 비인격적인 행동을 한다. 이런 일이 일어나면 세뇌시키는 부모들은 이 사건이 표적부모의 일반적인 행동방식을 보여주는 것이라고 주장하면서 아이들의 따돌림을 합리화한다. 그들은 따돌림이 이 사건보다 먼저 있었으며, 따돌림이 표적부모의 행동 때문에 일어난 것이 아니라 따돌림 때문에 그런 행동을 하게 되었다는 것을 무시한다.

아이에게 저질러지는 신체적 폭력이나 성적 학대, 반복적인 가정폭력 등을 다룰 때 법률 전문가와 정신건강 전문가들은 이 문제에 대한 일차적인 책임을 가해부모에게 돌린다. 배우자는 더 단호히 대처하고 자녀를 보호해야 한다는 것을 배울 필요가 있다. 그러나 배우자가 학대에 똑같은 책임이 있다고 할 수는 없다. 이와 마찬가지로 이혼의 해독에 효과적으로 대응하지 못했다고 해서 거부당하는 부모에게 너무 빨리 책임을 돌려서는 안 된다. 그리고 확실히 따돌림에 대한 이러한 대응과 따돌림의 초기 원인을 혼동해서는 안 된다. 불행하게도 이런 형태의 혼동은 법률 전문가와 정신건강 전문가들에게서 흔히 일어난다.

요하나의 아홉 살짜리 아들과 열한 살짜리 딸이 호전적으로 행동하면서 엄마를 억지로 보고 싶지는 않다고 말하기 시작했다. 아이들의 아버지는 숙제나 가사일 등에서 엄격하지 않게 대하고, 권위적이고 엄격한 어머니의 양육방식에 대한 아이들의 불평에 동조함으로써 아이들의 충성을 얻어냈다. 자녀들과 관계가 악화되자 요하나는 풀이 죽었다. 그녀는 심리치료사를 찾아가 조언을 구했는데 불행히도 부모-자녀 관계를 이해하지 못하는 사람이었다. 심리치료사는 처음부터 자녀들이 거부를 하는 데는 그럴 만한 근거가 있을 것이라고 가정하고 양육능력을 판정했다. 설상가상으로 요하나의 전남편은 가족평가 결과가 나올 때까지 요하나와 아이들의 만남을 잠정적으로 중지시켜 줄 것을 법원에 요청했다. 그는 또 요하나가 아이들의 양육비를 지불하기를 원했다.

법원이 지명한 사회사업가와 첫 번째 인터뷰를 한 요하나는 절망적이고 괴로웠다. 인내가 한계를 넘어 화가 나고 신경질적이 되었으며 안정을 찾지 못했다. 그녀는 자신에게서 아이를 빼앗겠다고 위협하는 전남편과 사법체제를 욕했다. 그녀는 평가자에게 좋은 인상을 주지 못했다. 요하나의 입장에서 생각하지 못한 사회사업가는 "이 아이들이 그녀를 원하지 않는 것은 틀림없다"라고 생각했다. 그는 최종 보고서에서 법원이 요하나와 아이들이 만나도록 허락하기 전에 요하나에게 양육능력을 높이기 위한 치료를 받을 것을 권고해야 한다는 의견을 제시했다.

요하나와 같은 경험을 한 사람들은 얼마든지 있다. 이와 비슷한 처지에 처하는 것을 막기 위해서는 따돌리는 행위를 하는 아이들은 물론 당신이 어떻게 대응하는 것이 최선인지에 대해 가능한 모든 것을 알아야 한다.

이해와 대응 방안

표적부모들은 자신을 통제해야 한다. 전 배우자가 당신을 나쁘게 보이게 만들려고 한다는 것을 알았을 때 즉시 그렇게 하지 못하도록 하라. 당신이 증오 캠페인의 목표가 되었다면 어떠한 자비도 기대하지 말라. 당신이 분노와 좌절에 굴복해서 경우에 벗어나는 행동을 하게 되면 이는 증오 캠페인에 실탄을 제공하는 결과가 될 것이다. 당신의 전 배우자는 그 잘못에 초점을 맞추어, 그것이 당신의 전형적인 행동방식이라고 주장하고, 아이들이 당신을 따돌리는 근거로 이용할 수도 있다. 그렇게 되면 따돌림에 미친 전 배우자의 영향은 간과되거나 극소화된다.

아이들의 거부에 대해 냉정함을 잃는 것은 곧 전 배우자의 계략에 빠지는 것임을 명심하라. 그 대신 당신의 분노를 세뇌에 효율적으로 대응하는 방법을 궁리하는 데 쏟으라. 울분을 분출할 통로가 필요하다면 전 배우자나 아이들이 아니라 당신 이야기를 들어줄 친구를 만나라. 기억하라. 어느 부모라도 아이에게 거칠게 대해서는 아이의 마음을 누그러뜨릴 수 없다.

어떤 부모는 양육권 소송에 활용할 수 있는 증거를 만들기 위해 꼼꼼하게 상황을 유도한다. 소송에 출석할 증인에게 현장을 보게 하거나 비디오 카메라로 촬영을 하기도 한다.

단은 그러한 계획의 희생자이다. 그의 전처 마샤는 여덟 살, 열 살짜리 두 아들과 단의 만남을 원천적으로 제한하기 위해 다른 주로 이사를 갔다. 법원은 단과 아이들의 만남을 허락하면서 단에게는 일정을 잡고 항공료를 지불할 책임을, 마샤에게는 아이들을 데리고 공항에 가서 비행기를 태울 책임을 부과했다.

단은 두 차례나 아들들과 시간을 보낼 수 있으리라고 기대하고 직장을 쉰 채 비행기 편을 예약하고 스케줄을 잡았다. 그런데 마샤는 두 번 다 아이들을 공항에 데려오지 않음으로써 단의 계획을 고의로 방해했다. 마샤는 단에게 통보를 하지 않음으로써 그가 공항에 나가 기대에 차서 기다리게 만들었다. 단은 마지막 여행객이 끊길 때까지 아이들이 나타나지 않자 맥이 빠졌다. 단이 일하는 회사에서는 직원들이 휴가를 미리 신청해야 했으며 막판에 이를 변경하는 것은 일체 불가능했다. 그래서 단은 아들들과 함께 시간을 보내지도 못한 채 두 번의 휴가를 써버리고 말았다. 또 항공권을 변경하는 비용을 지불해야 했다.

단이 여행 계획을 다시 잡기 위해 마샤에게 전화를 걸자 마샤는 애들이 너무 어려서 어른이 동반하지 않고 비행기를 타는 것은 무리일 것 같으니 아이들을 보려면 직접 오는 것이 좋겠다고 말했다. 단은 어떤 선택을 할 것인지를 숙고했다. 마샤가 법원명령을 무시한 데 대해 조정신청을 할 수도 있었다. 그러나 이 방법은 비용과 시간이 많이 들지도 모르는 일이었다. 소송이 진행되는 동안에는 아이들을 못 보게 될 수도 있었다. 그리고 소송에서 이길 거라는 보장도 없었다. 결국 그는 소송 대신 마샤의 요구에 응하는 것이 손쉬우면서 비용이 적게 드는 일이라고 결정했다. 단은 비용도 줄여야겠고, 또 이제는 자기가 아이들을 직접 데리고 올 수 있을 것이라고 확신했기 때문에 반환이나 교환이 되지 않는 항공권을 구입했다. 단은 근무를 빼서 아들들이 살고 있는 주로 날아갔다. 단이 마샤의 집에 도착하자 마샤가 문간에 나와서 말했다. "미안해. 아이들은 몸이 좋지가 않아서 여행을 할 수 없어. 다음에 다시 와야겠어." 그런 다음 면전에서 문을 쾅 닫고 들어가 버렸다.

단은 격분했다. 그래서 문을 탕탕 치면서 아이들을 보게 해줄 것을 요구했다. 그 과정에서 문에 붙은 작은 유리창이 깨졌다. 마샤는 비명을 지르기 시작했으며, 이 비명은 마샤가 일부러 열어놓은 옆 창문을 통해 이웃집에까지 들렸다.

이에 앞서 마샤는 자신을 신용하는 이웃에게 난폭한 전남편이 이날 오후에 아이들을 빼앗아가겠다는 위협을 했다고 말했다. 그녀는 이웃에게 어떤 소란이 일어나는지 관심을 가졌다가 필요하면 911에 전화를 해달라고 부탁했다. 이웃은 그렇게 했다. 경찰이 출동해서 단을 연행했다.

마샤는 이 사건을 아이들에게 아버지가 위험한 사람이라는 것을 믿게 하는 데 이용했다. 또한 법정 다툼에서 단의 친권에 더 제한을 두게 하는 데도 이용했다. 단은 법원이 자신의 이야기에 공감할 것이라고 생각했다. 그러나 단은 마샤가 사람을 시켜서 그 장면을 촬영했다는 사실을 몰랐다.

테이프는 먼저 이를 악문 단이 문을 탕탕 치면서 소리를 지르는 장면을 보여주었다. 단조차도 자신이 험상궂다는 것을 인정해야 했다.

당신은 텔레비전에서 재판을 본 적이 있을 것이다. 그리고 변호인이 사진은 편파적이기 때문에 증거로 택하는 데 반대한다고 말하는 것을 들은 적이 있을 것이다. 이제 그 이유를 알 것이다. 사진은 거기에 나타난 장면의 맥락을 보여주지 못한다. 그래서 객관적인 평가를 방해하는 강렬한 감정을 불러일으킬 수도 있다.

이웃들은 법원에서 모두 마샤의 편을 들었다. 자신이 증언하고 있는 그 장면 외에는 단에 대해 아무것도 알지 못했으므로, 아이들을 단과 같은 남자에게만 맡겨두어서는 안 될 것 같다고 솔직하게 말했다.

마샤는 법정에 깨진 유리창이 아니라 깨진 유리조각이 가득 담겨 있는 플라스틱 사발을 가지고 와서 그게 단이 한주먹에 박살낸 유리라고 주장했다. 마샤는 하나님께 감사하게도 날아간 유리조각이 아이들의 눈에 들어가지는 않았다고 증언했다.

자신을 방어하려는 단의 시도는 실패로 돌아가고 말았다. 그 사건은 단이 자신의 감정을 최대한 억제한 게 그 정도였던 것처럼 보이게 만들었기 때문이다. 단은 자신이 보통은 참을성 많고 친절한 남자이며 폭력을 행사한 적도 없다고 설명했다. 현명한 재판관이 볼 때 이 사건은 주체할 수 없는 분노 때문에 발생한 단순하면서도 우발적인 실수였다. 그리고 창유리는 문을 치는 진동 때문에 우연히 깨진 것이었다. 단이 유리를 칠 만큼 감정을 통제하지 못했던 것은 아니었다.

그러나 테이프, 목격자의 증언, 깨진 유리조각, 마샤의 증언, 형사고발 등 모든 것이 단에게 결정적으로 불리한 증거가 되었다. 아이들의 복지를 염려한 판사는 최선보다는 안전한 편을 택했다. 그는 판결에서 마샤의 손을 들어주고 단은 엄격한 감독 아래에서만 아이들을 만날 수 있다는 명령을 내렸다. 감독관 아래에서만 만날 수 있다는 것은 판사가 아버지는 아이들을 보살피기에는 너무 위험하다는 어머니의 주장에 동의한다는 메시지였다. 유감스럽게도 나는 이 사례가 어떻게 마무리되었는지 알지 못한다. 내가 마지막으로 단에게 전화를 했을 때 단은 아이들과의 관계를 회복할 수 있을지에 대해 절망하고 있었다.

때때로 표적부모들은 아이들을 즐겁게 함으로써 비방 캠페인에 대응한다. 아이들의 거부감을 피하기 위해서 아이들과 함께하는 시간을 가능한 보람 있게 만들려고 한다. 아이들에 대한 통상적인 규칙을 완화하고, 어쩌면 아이들의 요구에 굴복해서 준 성인영화R-rated movie*를 관람하고, 늦게까지 안 자겠다는 요구를 허용하고, 꼭 필요하지 않은 위험한 행동을 하기도 한다. 이에 대해 다른 편 부모는 아이에 대한 과도한 허용은 부모로서의 자질이 부족한 증거라고 주장한다. 나는 표적부모들은 자신이 할 일에 대해 맹목적이 될 수도 있다는 것을 전문가들이 알아차리지 못하는 사례를 많이 보았다. 표적부모들이 처한 상황을 염두에 둔다면 때때로 아이를 멋대로 하게 내버려두는 행동은 충분히 이해할 수 있으며 병적 증세도 아니다. 거부당하는 부모의 행동이 아이들의 따돌림에 직접적으로 책임이 있다고 성급한 판단을 내리기 전에, 이 문제를 다음과 같은 맥락에서 살펴보아야 한다. 대개의 경우 부모나 조부모로서 실수를 한다고 해서 (총체적인 무관심이나 학대가 아니라면) 아이가 증오심을 가지게 되지는 않으며, 또 그것이 아이의 애정이나 친근감을 받을 만한 가치가 없다는 것을 뜻하지는 않는다는 것이다. 냉정함을 잃거나 아이 멋대로 하게 내버려

---

* 원래는 18세 이상 관람가지만, 17세 이하라도 성인과 함께라면 볼 수 있다.

두는 부모는 모두 부적절한 부모라고 판단한다면 모든 아이들이 지방자치단체의 보호를 받아야 할 것이다.

과장

선택적 주의집중과 맥락의 무시는 실제의 어떤 측면에 초점을 맞추는 대신 다른 측면을 배제시키는 것을 포함한다. 많은 경우 부모들은 실제와는 다르게 표적부모의 행위를 과장한다. 아이의 양육비를 사흘 늦게 지불한 아버지는 '돈을 떼어먹은' 사람이 된다. 업무 스케줄 때문에 아들의 경기를 관람하지 못한 아버지는 다른 모든 행동을 아들과 함께 했더라도 '무관심'하다는 말을 듣는다. 데이트를 하는 어머니는 종종 남자에게 마음을 뺏긴 것으로 호도된다.

이러한 전략이 반복적이고 선택적인 주의집중과 결합되면 이에 반박하기는 어렵다. 반복을 하게 되면 과장을 참된 해석이라고 받아들일 가능성이 높아진다. 선택적주의집중에 유도 되면 아이들은 과장을 통해 만들어지는 인상을 완화시켜 줄 긍정적 특징을 인식하지 못한다. 한 가지 핵심에서는 사실이므로 표적부모들이 자신을 방어하는 것은 종종 어렵다. 이런 상황에서는 부모 양편 모두 마리화나의 경험이 있더라도 표적부모만 약물중독이라고 낙인찍힐 수 있다. 어머니가 약물중독이라는 말을 자주 들으면 아이들은 그것이 사실이라고 믿게 된다. 자녀를 세뇌시키는 부모는 정기적, 부정기적으로 다음과 같이 말한다. "음, 너도 알겠지만 엄마는 또 술에 취했을걸. 그래서 늦는 거야." 세뇌시키려는 부모는 이를 사실이라고 말한다. 그러면 결과적으로 아이는 이러한 왜곡을 사실로 받아들이게 된다.

이해와 대응 방안

당신이 증오 캠페인의 희생자라면 부모로서 지난날의 결함이 전후상황과는 관계없이 다루어지고, 선택적 주의집중의 대상이 되고, 과장된 것은 아닌지 알아보라. 지난날의 잘못이 아이의 총체적인 거부감을 정당화해 주지는 않지만 현명한 반응은 부모로서의 양육능력을 향상시키기 위해 가능한 모든 것을 하는 것이다. 예를 들어 아이를 돌보는 데 상대적으로 덜 참여하거나, 아이를 자주 보모에게 맡기거나, 관심이나 인내심을 덜 가지고 아이를 대했을 수도 있다. 이러한 결함을 바로잡으라. 아이들이 당신과 재결합했을 때 과거의 당신이 아니라 더 나아진 당신을 경험하게 하라. 왜냐하면 조종된 아이들이 예상했던 것과 당신의 행동이 다르면 다를수록 당신에 대한 잘못된 판단을 바꾸기가 쉬울 것이기 때문이다. 또한 상대방의 불공정하고 거친 비난을 자기향상을 위한 자극으로 삼으면, 당신 스스로를 수동적인 희생자의 역할에서 구하고 의기소침에서도 벗어날 수 있다. 부모로서 자기존중과 믿음이 커지고, 그 결과로 당신이 다른 사람들과의 관계에서도 유능해졌다는 것을 알게 될 것이다.

거짓말

일반적으로 선택적 주의집중과 맥락의 무시, 과장 정도로도 표적부모나 조부모를 깎아내리기에 충분하다. 그러나 그 이상의 것이 필요할 경우 다음 단계는 사실로부터 좀더 벗어나는 것, 즉 완전한 거짓말을 하는 것이다. 그런 거짓말은 실제 사건을 심각하게 왜곡시킨다. 때로는 느닷없이 거짓말이 날조되기도 한다. 그런 행동은 일반적으로 현실과 접촉이 부족한 정신이상 증세가 있는 부모들에게서 나타나지만 정신 장애가 없는 부모들에게서도 일어날 수 있다.

루이즈와 게리는 최근에 헤어졌다. 그들은 이혼조건을 협상하기 위해 한 레스토랑에서 만났다. 루이즈는 아홉 살 된 아들 제프리를 데리고 다른 도시로 이사하겠다고 말했다. 게리는 반대했다. 제프리는 우수한 초등학교에 다니고 있었다. 아이는 이제까지 내내 근처에서 살았으며 집 근처에 많은 친구들이 있었다. 아이는 몇 차례 단체 경기에도 참가했다. 다른 도시로 이사를 가면 게리가 아들을 만날 기회는 크게 줄어들 것이다. 제프리의 부모는 둘 다 일을 했으므로 방과 후에는 아이를 보모에게 맡겼다. 제프리는 태어났을 때부터 계속 적어도 일주일에 한 번은 조부모와 함께 잤고 제프리도 조부모와의 만남을 즐거워했다. 실제로 루이즈와 게리가 만나고 있는 그 순간에도 제프리는 조부모의 집에 있었다.

루이즈는 학교에 가기 전이나 학교가 끝난 다음 제프리를 주간 보모에게 맡기거나 집에 혼자 있게 할 수 있다고 대응했다. 게리는 그런 합의는 받아들일 수 없다고 말했다. 게리가 반대하리라고는 추호도 예상하지 못했던 루이즈는 게리가 방해한다고 생각해서 펄쩍 뛰었다. 루이즈는 레스토랑을 뛰쳐나가 시부모의 집으로 달려갔다. 그리고 문 앞에서 소리를 질렀다. "제프리, 어서 나와라. 여기서 나가자." 시부모는 제프리가 저녁을 다 먹을 때까지 기다려달라고 했다. 루이즈는 아들을 이 집에 잠시라도 더 있게 하고 싶지 않다고 말했다. 제프리는 왈칵 울음을 터뜨리고 겁이 나서 자신의 물건을 급히 모았다. 조부모는 제프리가 재킷 입는 것을 도와준 다음 꼭 안고 입을 맞췄다. 루이즈는 제프리를 시부모의 팔에서 낚아채서 집 밖으로 데리고 나왔다.

나중에 제프리의 조부모는 루이즈가 이 일에 대해 말하는 것을 듣고 충격을 받았다. 루이즈는 조부모가 강제로 제프리를 붙들었으며, 제프리가 집에서 떠나지 못하게 하려고 했다고 말했다. 루이즈는 집에 돌아와서 여러 차례 그렇게 말했고, 그 결과 제프리는 그 말을 믿게 되었다. 그 후 이 일은 제프리로 하여금 조부모는 흥분을 잘하고 신뢰할 수 없다고 믿게끔 세뇌시키는 작전에 이용되었다. 제프리는 조부모가 부모 중 누구보다도 참을성이 많다는 것을 계속 경험했지만 어머니를 즐겁게 하고, 어머니가 화내는 것을 피하는 방법은 조부모를 더 이상 보고 싶지 않다고 말하는 것이라는 사실을 알게 되었다.

한 아버지는 실제 사건을 왜곡해서 아이로 하여금 어머니가 자신을 납치했다고 믿게 하는 데 성공했다. 실제로는 어머니가 아이들에 대한 일시적 양육권을 부여받아서 방학 동안 아이들을 데려간 것이었다. 그 당시 아이들은 바닷가에서 휴가를 즐겼다. 그러나 나중에 아버지는 아이들로 하여금 방학 때의 일을 아버지와 연락을 하지 못하게 한 위험한 체험이라고 생각하게끔 만들었다. 아버지는 주기적으로 다음과 같은 말을 함으로써 그 프로그램을 보강했다. "엄마가 너희를 납치했을 때를 기억해라. 너희는 몰랐겠지만 나를 다시 보지 못할 수도 있었어." 아이들은 그 사건을 '기억했을' 뿐 아니라 자기들 나름대로 윤색했다. 이 이야기는 부모가 아이들의 지각력과 기억을 어떻게 바꾸어놓을 수 있는지를 보여주는 단적인 사례이다.

부모들은 왜곡에 이용할 수 있는 사건이 전혀 없더라도 단념하지 않는다. 그럴 경우 사실을 날조한다. 가드너 박사는 아들이 근처에 있는 동안 아버지의 전화를 받은 한 어머니에 대해 서술했다. 그녀는 아이 아버지의 악의 없는 진술을 오랫동안 무덤덤하게 들었다. 그리고 말했다. "그건 당신 생각이에요. 내가 생각하기에는 아주 '좋은 소년'이에요." 이런 식으로

소년의 어머니는 마치 아버지가 소년을 나쁘게 이야기하고, 자신이 이를 방어하고 있는 것과 같은 인상을 만들어냈다. 이런 식의 책략은 매우 효과가 있어서 아이로 하여금 마치 공격적인 대화를 실제로 들은 것처럼 믿게 만들 수도 있다. 이렇게 된 다음에는 결백한 부모가 이를 부인해도 아무 소용이 없게 된다.

이해와 대응 방안

거짓말에 대해서는 가급적 빨리 대응해야 한다. 반복적인 거짓말은 아이들에게 지우기 힘든 잘못된 기억을 만들어내기 때문이다. 아이들이 계속해서 당신에 대한 거짓말을 듣고 있다면 아이들로 하여금 그 이야기를 스스로 생각해보게 하라. 아이들이 들은 이야기는 당신이 어떻게 행동하는지에 대해 아이들이 알고 있는 것과 일치하는가? 당신 스스로 왜곡된 이야기를 바로잡으려고 하기보다는 신뢰를 받는 제삼자에게 그렇게 하도록 하는 것이 더 좋다. 아이들은 당신이 부인해도 믿으려고 하지 않을 것이다. 자신이 잘못 알고 있다고 깨닫게 하는 데는 제삼자가 성공할 가능성이 훨씬 높다.

역사를 왜곡하기

소련의 공산주의 지도자들은 선전에 능숙했다. 그들은 이전에 존경받던 지도자가 실제로는 악한 사람이라고 대중에게 믿게 하려면 표적이 되는 사람에 대한 잘못된 믿음을 주입시키는 것 이상이 필요하다는 것을 알았다. '실제reality'를 왜곡시키기 위해서는 시간을 거슬러 올라가야만 했다. 새로운 정당의 노선과 갈등을 빚을 수 있는 개인에 대한 호의적인 기억을 말살시켜야 했다. "이 사람(예를 들면 스탈린)이 과도한 칭찬을 들을 만큼 위대하고 가치 있는 인물이라는 말을 오랫동안 들었을 때는 이처럼 나쁘다고 생각할 수 있었겠는가?"라고 반대할 수 있는 잠재적 비판자들을 침묵하게 해야만 했다.

그래서 그들은 역사를 다시 썼다. 그들이 사용한 한 가지 전략은 "이전의 판단은 잘못되었다"라고 말하는 것이었다. 다른 전략은 그가 전에는 매우 존경을 받았다는 사실을 직접적으로 부인하는 것이었다. 교과서는 새로운 학설에 맞추어 개정되었다. 개인의 이름을 따서 붙여진 제도나 장소의 이름도 바뀌었다. 초상화도 공공장소에서 제거되었다. 공식적인 단체사진에서는 그의 얼굴이 삭제되었다.

한 개인의 평판을 떨어뜨리기 위해 과거를 편집하는 것은 지적 운동이나 이혼가정에서 공통적인 현상이다. 1968년 유명한 소설가이자 철학자인 아인 랜드Ayn Land*는 자신과 가장 가까운 관계였던 심리학자 너대니얼 브랜든**과의 모든 관계를 끊었다. 관계를 끊기 전까지 랜드는 브랜든

---

* 1905~1982. 러시아 출신의 자본주의 철학자이자 소설가. 원래 이름은 앨리스 로젠봄 Alice Rosenbaum. 1926년 미국으로 이주했으며, 이름은 아인 랜드로 고쳤다. 러시아 혁명으로 개인의 재산이 몰수되는 것을 보고, 국가주의를 반대하고 자본주의에 대한 열렬한 지지자가 되었다. 객관주의objectivisim의 창시자이며, 자유방임 자본주의의 지지자이다. 탐욕은 전체의 번영을 촉진할 수 있고, 또 실제로 그러한 현상이 일어나고 있다고 주장했다.

** 1930~현재. 미국의 심리학자. 『자아존중감의 심리학*The Psychology of Self-Esteem*』에서 자부심과 생산성 사이에 직접적인 연관이 있음을 주장했다. "자신에 대한 평가는 인간이 사고하는 과정, 감정, 소망, 가치, 목표에 영향을 미치게 되고 행동하는 데 가장 중요한 열쇠이다"라고 말했다. 자신을 좋게 생각할수록 더욱 생산적이 되며, 생산적일수록 더욱더 자신을 좋게 생각한다는 것이다.

을 날카롭고, 영웅적이며, 지적인 창의성을 가진 천재라고 칭찬했다. 자신의 대작 『아틀라스Atlas Shrugged』*를 그에게 바쳤으며, 소설의 끝부분에서는 브랜든을 자신의 지적 후계자라고 불렀다. 랜드를 추종하는 많은 사람들은 랜드와 브랜든을 열렬히 존경했다. 그러나 브랜든에 대한 랜드의 호감이 사라지자 랜드의 새로운 입장을 따르기 위해 과거를 새로 써야만 했다.

랜드와 그녀의 가까운 제자들은 브랜든이 '해커hacker'라고 주장하기 시작했다. 브랜든의 논문은 독창적이지 않았다. 그는 랜드의 아이디어를 자신의 것인 양 행세했다(당시 브랜든은 자신의 개척적인 연구인 『자아존중감의 심리학』을 완성했다. 이 책은 현재 35쇄를 발간했으며, 30년이 지난 현재까지도 활발하게 팔리고 있다. 브랜든은 이후 자신의 혁신적인 심리학 이론과 심리치료 기법을 제시한 20권 이상의 책을 썼다). 랜드는 이후 발행된 자기 소설의 감사의 글에서 브랜든의 이름을 빼버렸다. 그리고 그녀의 추종자들은 소련 사진 속의 잃어버린 얼굴들을 회상하는 영화에서, 브랜든의 목소리를 지우고, 원래 그의 목소리로 읽었던 말들은 다른 사람의 목소리로 더빙해버렸다.

자녀를 세뇌시키는 부모들도 같은 원리를 따른다. 그들은 역사를 고쳐서 표적부모에 대한 긍정적 기억을 없앤다. 아이들의 어머니는 이혼을 한 후에야 바깥일을 시작했을 뿐인데도 아버지는 아이들에게 어머니는 언제나 자식들보다는 자신의 일에만 더 관심을 가졌다고 말한다고 하자. 부모

---

* 1957년 출간된 아인 랜드의 소설. '오늘날 성경 다음으로 미국인들에게 가장 영향력 있는 책'이라는 찬사를 받은 작품. 정부의 포퓰리즘(일반 대중의 인기에 영합하는 정치 형태) 때문에 생산 없는 분배, 발전 없는 평등주의가 지배하면서 의욕 있는 기업인들이 파업을 선언하고 그 사회를 떠나게 된다는 내용이 나온다.

양편이 함께 계획하고 즐겼던 지난날의 휴가에 대해 어머니가 "그때 아빠는 휴가 기간 동안 너희를 떼놓자고 주장했단다"라고 바꿔 말했다고 하자. 여기에서 아이들과 표적부모가 가졌던 종전의 긍정적인 관계는 극소화되거나 부정된다. 반증을 보여주는 상세한 증거는 없애거나 숨긴다. 어떤 남편이 결혼 기간 동안 수차례 아내에게 참을성이 많고 아이들에게 신경을 많이 쓴다고 칭찬하는 글을 썼다.

양육권 분쟁이 진행되는 동안, 그는 이 글들을 빼앗아서 없애버리고 아내가 항상 아이들에게 불충실했다고 주장했다. 이런 주장의 밑바탕에 깔려 있는 잠재적인 메시지는 표적부모에게는 어떠한 좋은 점도 없으며 과거에도 없었다는 것이다.

배우자가 이혼의 과정을 거치면서 상대방을 평가절하하는 것은 드문 일이 아니다. 자신이 잃게 될 긍정적 측면보다는 벗어나게 될 부부 관계의 부정적 측면에 초점을 맞추는 것이 이혼의 부담을 덜어주기 때문이다. 그러나 이혼의 해독에 영향을 주는 부모의 의도는 이러한 과정을 극단적으로 몰고가서 아이들까지 자신처럼 생각하도록 조장하거나 조종한다. 스탠리 클라워 박사와 브린 리블린 박사에 따르면, "아이들의 눈에는 부모가 높이 존중해야 하며 엄청난 힘을 가진 존재이므로 현실에 대한 자신의 인식을 의심하는 혼란에 빠지게 하기는 매우 쉽다."

이혼의 해독에 희생물이 된 아이들과 인터뷰를 해보면 그 아이들은 보통 자신이 거부하는 부모와의 지난날의 관계에 대해 잘못 알고 있다. 과거에는 표적부모와 잘 지냈던 아이들이 이제는 자신들이 결코 그 부모와 즐겁게 지낸 적이 없다고 주장한다. 자신이 따돌리고 있는 부모를 깊이 사랑한 적이 있었음을 보여주는 가족의 휴일이나 휴가 사진, 비디오테이프를 보여주고 질문하면, 아이들은 여러 가지 변명으로 이를 넘겨버린다.

가장 흔한 변명은 이런 것이다.

"그때는 그냥 즐겁게 지내는 체했을 뿐이에요", "엄마가 나를 그렇게 행동하게 했어요. 그러나 나는 실제로 그렇게 느끼지는 않았어요", "나는 정말로 좋아하는 부모가 거기에 있었기 때문에 행복했을 뿐이에요", "선생님은 무얼 기대하세요? 누구나 방학 때는 행복해하지 않나요? 그렇다고 그게 내가 엄마와 함께 있는 걸 즐겼다는 뜻은 아니잖아요", "그 비디오를 찍었을 때가 내가 엄마와 즐겁게 지낸 유일한 때예요. 나머지 생활은 지긋지긋했어요."

따돌림에 빠진 아이들은 자신이 과거에 표적부모에게 준 카드나 선물의 의미도 마찬가지로 일축해버린다. 그 아이들은 종종 다른 편 부모가 자신들에게 카드를 주거나 '세상에서 가장 좋은 아빠에게'라고 글을 쓰게 했다고 주장한다. 한 소년은 자신이 어머니날에 엄마에게 선물을 준 유일한 이유는 학급 아이들 모두가 무엇인가를 만들었으며, 자신은 친구들과 다른 행동을 하고 싶지 않았기 때문이라고 주장했다. 그러나 이 말이 그 소년이 손으로 만든 카드에 '사랑과 키스'라는 사인을 한 이유를 설명해주지는 않는다.

가장 나쁜 사례 중 하나는 민디라는 소녀의 사례였다. 민디는 어머니가 매일 아침 자신을 깨우는 데 사용했던 뮤직 박스를 전혀 기억하지 못한다고 주장했다. 어머니가 그 뮤직 박스를 따돌림에 빠진 딸과 만나는 자리에 가져왔다. "이걸 기억하니?" 어머니가 물었다. 딸애가 손잡이를 돌려서 뚜껑을 열자 소리가 났다. "당신은 내 인생의 태양입니다!" 어머니는 딸과 잘 지냈던 때가 생각나서 눈물이 나는 것을 억지로 참았다.

그러나 민디는 돌처럼 차가운 얼굴로 말했다. "확실히 그 노래를 들은 적이 있어요. 하지만 그 뮤직 박스를 본 적은 없어요." 어머니는 아연실색

했다. 딸이 어떻게 8년 동안 살면서 함께 했던 아침 의식을 기억하지 못할 수 있을까? 민디가 거짓말을 하고 있는 것일 수도 있다. 그렇지 않으면 엄마에 대한 차가운 거부감을 유지하는 동안 이런 기억을 지워버린 것일 수도 있다.

　민디의 어머니는 반대되는 명백한 증거를 제시함으로써 지난날 자신과의 관계에 대한 딸의 잘못된 인식을 바로잡을 수 있으리라고 기대했다. 그녀는 세뇌받은 아이가 가진 왜곡된 인식은 완강하다는 것을 고려하지 않았다. 근거를 세심하게 제시하지 않으면 '사실'과 따돌리는 행위를 하는 부모의 '왜곡' 사이에 일어나는 불일치에서는 보통 왜곡이 승리한다. 아이의 마음이 이치를 받아들일 만큼 열리기 전까지는 따돌림에 빠진 아이를 설득할 수 없다.

이해와 대응 방안

사실을 제시함으로써 세뇌를 바로잡을 수 있을 것이라고 순진하게 가정함으로써 소중한 기회를 헛되이 하지 말라. 과거에 대한 아이의 관점이 왜곡되었다는 강력한 증거를 가지고 있어도 즉시 증거를 제시하기보다는 아이가 생각을 열게 될 좋은 기회가 올 때까지 기다려라. 이 과정에서는 심리치료사의 도움을 받는 것이 좋다. 적절한 시기를 택하면 그 증거는 이혼의 해독을 푸는 좋은 해독제가 될 수 있다. 그러나 시기가 적절하지 못하면 실제나 합리성에 대해 닫힌 마음이라는 커다란 장벽에 부딪힐 것이다. 그리고 따돌림과의 싸움에서 중요한 무기를 낭비하게 될 것이다.

완전히 달라졌다는 주장

때때로 표적부모와 아이의 과거 관계가 너무 긍정적이고 만족스러우면서도 기억할 만한 순간들로 가득 차서, 그 좋은 기억을 없애려는 시도가 먹혀들지 않을 수 있다. 이런 경우에는 과거가 아니라 현재에 대한 평가를 바꾸기도 한다.

한 어머니가 딸이 아빠와의 관계를 유지하도록 도와주는 것을 완강하게 거부했다. 이 어머니는 상담자에게 자신의 전남편이 매우 친절하고 사랑스러운 아버지였다는 것을 인정했다. 그러나 그녀는 이혼 후 자신의 전남편이 전적으로 달라졌다고 주장했다. 그는 더 이상 예전의 그 사람이 아니다. 그는 너무도 완전히 달라져서, 딸에게 아무런 긍정적인 역할도 할 수 없다. 따돌리는 행위를 하는 부모들은 때때로 최근에 이혼한 사람들에게서 공통적으로 나타나는 외적인 변화를 강조함으로써 이런 책략을 쓴다. 이혼 후 전 배우자가 머리를 길게 기르기 시작한다. 옷을 바꾸고, 다른 음악을 듣고, 스포츠카를 탄다. 그는 결혼의 실패를 젊음이나 새로운 시작의 기회로 받아들임으로써 보상받으려고 한다. 그러나 아이에 대한 헌신은 그대로 남아 있다. 원래 성격 역시 변하지 않았다.

일반적으로 아이들이 표적부모와 의미 있는 접촉을 통해 자신들이 배워온 것의 실체를 검증할 수 있는 기회를 갖지 못할 때 이혼의 해독의 영향을 가장 받기 쉽다.

이해와 대응 방안

전 배우자가 아이들에게 당신이 변했다고 불평한다면, 아이들에게 다음과 같은 점들을 이야기하라.

- 변화는 살아가는 데 있어서 하나의 사실이다.
- 중요한 것은 아이들에 대한 당신의 사랑이 변하지 않는다는 것이다.
- 어떤 변화가 일어나도 아이들의 복지를 위한 당신의 헌신은 변하지 않을 것이다.
- 아이들도 시간이 지나면 변하게 된다. 그래도 당신은 결코 아이들을 거부하지 않을 것이다.

암시와 빈정대기

부모들은 거짓말을 전혀 하지 않거나, 심지어 비판조차 하지 않고도 표적부모에 대한 부정적 메시지를 전달할 수 있다. 다음과 같은 일반적인 시나리오를 생각해보라. 아이들이 아버지의 집에서 만화영화를 보거나 놀이를 하고 있다. 그런데 어머니가 전화를 걸어서 아이들과 이야기하겠다고 말한다.

한 가정에서 아버지가 말한다. "엄마 전화구나. 와서 엄마와 이야기하렴. 누가 먼저 하겠니?" "지금은 싫어요. 우린 바빠요"라고 아이들이 대답하자, 아버지는 말한다. "너희가 바쁜 건 나도 알아. 그러나 지금은 엄마와 이야기할 때야." 아버지는 본질적으로 이 문제를 이혼 전에 했던 방식으로 다룬다. 그의 태도는 엄마와 이야기하는 것이 우선이며 협상의 여지가 없는 것이라는 믿음을 전달한다. 여기에 깔려 있는 메시지는 어머니는 자녀들의 존중을 받아야 한다는 것이다.

또 다른 가정에서는 아버지가 경멸하는 어투로 말한다. "너희 어머니가 전화를 했다. 어머니 전화를 받고 싶니?" 그의 태도는 어머니의 전화를 환영하지 않으며, 아이들도 그럴 필요가 없다는 것을 보여준다. 여기에 깔려 있는 메시지는 어머니는 존중할 만한 가치가 없다는 것이다. 이 메시지는 넌지시 전달되지만 아이들에게 영향을 준다. 아이들은 자신들이 어머니를 냉대하면 아버지가 좋아할 거라고 느낀다. 사실 그 아버지는 그렇게 하라고 명백히 말하지는 않았지만 아이들이 어머니의 전화를 거부한다면 아마도 좋아할 것이다.

가장 영향력이 큰 이혼의 해독은 때때로 이런 형태를 띤다. 그것은 암시, 빈정대기에 의존한다. 이는 직접적인 거짓말이나 거짓진술보다도 은밀하고 치밀하기 때문에 밝히기가 더욱 어렵다.

한 어머니가 조부모 집에 있는 아이들에게 전화를 했다. 딸이 자신과 오빠가 발명해서 즐겁게 하고 있는 레슬링 놀이를 열심히 설명했다. 어머니의 반응은 단지 염려를 표하는 것뿐이었다. "난 너희가 다치지 않았으면 해." 이 말은 조부모가 아이들이 위험한 놀이를 하지 못하도록 돌보아주리라는 것을 신뢰하지 않는다는 인상을 준다. 여기에 감추어진 또 다른 메시지는 어머니는 딸이 조부모와 즐거운 시간을 보내고 있다는 이야기에는 관심이 없다는 것이다. 전화를 바꾼 아들이 마찬가지로 그 게임에 대해 재미있게 말하자 어머니가 물었다. "재미있는 거니, 아니면 멍청한 거니?" 그녀의 억양은 어떤 대답을 원하는지 명백했다. 아들은 즐거운 시간을 보내고 있었지만 즐겁다는 말을 꺼내지 않고 그냥 짧게 대답했다. "알았어요."

이 소년은 아빠와 아빠의 가족에 대한 어머니의 부정적 태도 때문에 매우 괴로웠다. 소년은 어머니를 기쁘게 해줌으로써 이에 대처하고자 했다. 그래서 자신의 의견을 솔직히 말하는 대신 엄마가 원하는 대로 말하곤 했다. 그러나 이렇게 하는 과정에서 자신의 감정이 바뀌었다. '너는 조부모와 함께 있는 것을 즐거워하지 않는다'라는 형태로 주입된 작은 양의 독이 소기의 목적을 충분히 달성했다. 전화면담을 한 결과 아들은 무엇이 만족스러운 행위인지에 대해 매우 복합적인 감정을 가지고 있었다.

아이의 현실관점을 바꾸는 암시의 힘에 대한 사례는 내가 이 책을 쓰는 동안 우리 집에서도 일어났다. 내 손자들이 우리집에서 밤을 보내고 있었는데, 제일 어린 손자인 숀이 우리가 좋아하는 동네 피자집보다는 잘 알려진 체인망을 가진 피자집에 가자고 말했다. 피자는 윗부분이 탔고, 빵은 너무 물렁했으며, 소스는 양이 적었을 뿐 아니라 오래된 깡통에 들어 있었다.

아내와 나는 실망감을 감출 수 없었다. 우리는 그저 의견을 말함으로써 아홉 살 된 아이에게 어떤 것이 더 좋은지 알게 하려고 했던 것뿐인데 뜻하지 않게 숀으로 하여금 피자를 싫어하게 만들었다. 아이는 그 피자를 좋아했지만 이제는 두 번째로 밀려나버렸다. 그런 변화를 설명하기 위해 아이가 말할 수 있는 것은, 이 체인점은 동네 피자집보다 나쁜 밀가루를 쓴다는 것이었다. 나중에 아들이 우리가 먹은 피자는 사람들이 흔히 먹으며, 아이가 좋아하는 것과 완전히 똑같다는 것을 입증해주었다. 우리는 음식에 대해 부정적인 의견을 반복함으로써 무심코 손자가 평소 좋아하는 음식을 바꿔놓고 말았다.

이혼한 부모가 갖는 가장 흔한 불평 중 하나는 아이를 데리러 왔을 때 전 배우자가 쌀쌀맞게 대한다는 것이다. 한 어머니가 아들을 데리러 몇 분 일찍 도착한다. 밖에는 비가 내리고 있다. 어머니는 벨을 누르지만 아무런 반응이 없다. 소년은 코트를 입고 있으며 따라나설 채비가 다 되어 있다. 소년은 창문으로 어머니를 본다. 그러나 새어머니는 시간이 다 될 때까지 소년을 집에 머무르게 한다. 이런 일이 반복되자 어머니는 날씨가 어떻든 간에 자신이 아이를 데려가기로 되어 있는 시간이 될 때까지는 기다려야만 한다는 것을 알게 되었다.

친부모를 그렇게 대하는 것을 본 아이는 어떤 영향을 받게 될까? 위 사례의 소년은 새어머니의 행동에서 두 가지 메시지를 받았다. 첫째, 자신과 함께 있고 싶어하는 어머니의 희망은 성가신 것으로 여겨진다. 어머니와 함께 시간을 보내는 것은 아무런 가치가 없다는 듯 어머니는 가능한 한 배제된다. 둘째, 어머니는 동정심이나 통상적인 예의를 갖추어 대할 필요가 없다. 방문판매원보다도 배려할 가치가 없다.

한쪽 편 부모가 무시를 당하면 아이들은 보통 불안감을 느끼게 된다. 무시하는 사람이 아이들이 사랑하는 사람일 경우 특히 그렇다. 아이는 어느 편에 충성할 것인가 하는 갈등에서 벗어나기 위해 부모를 무시하는 데 가담할 수도 있다. 그리고 그 부모는 무시를 당할 만하다고 스스로 확신함으로써 죄의식에서 벗어난다.

어린아이들은 암시에 가장 영향을 받기 쉽다. 아이들이 표적부모에게서 위협을 받고 있다고 당신이 생각하는 것처럼 행동한다면 아이들은 두려워하는 반응을 보일 것이다. 한 어머니가 이혼을 하고 얼마 지나지 않아서 딸에게 말했다. "아빠가 너를 데리러 오고 있어. 그러나 두려워할 필요는 없어." 이 말을 듣기 전까지는 소녀가 아버지와 함께 있는 것을 두려워할 아무런 이유가 없었다. 소녀는 보통 아버지를 만나는 것을 즐거워했다. 그런데 이제 어머니가 소녀에게 아버지를 만날 때 두려워하는 반응을 보일 것이라는 기대를 드러낸 것이다. 불안감의 작은 씨앗이 뿌려졌다. 아버지가 도착한 후에도 이 조종은 계속 진행되었다. 어머니가 소녀의 앞에서 말한다. "애가 당신과 함께 가는 것에 대해 조금 불안해해요." 그런 다음 딸을 보고 말한다. "자, 기억해라. 두려워할 필요가 없다고 했지. 겁내지 마라." 씨앗은 이러한 말을 반복함으로써 뿌리를 내렸다. 소녀는 어머니 곁을 떠나지 않으려 했다. 어머니는 승리감을 느꼈고 아버지는 당황했다.

암시는 아무런 말도 하지 않은 채 전달될 때 더 강력할 수 있다. 행동과 제스처는 속임수가 되기도 한다. 아버지와 새어머니는 아이들이 친어머니와 함께 있었을 때의 이야기를 하면 언제나 눈을 부라리고 능글맞게 웃는다. 좋아하지 않는 표정이 역력하다. 이런 일이 반복됨에 따라 아이들도 어머니에 대해 마찬가지로 비판적인 태도를 취하거나 아버지의 집에서는 어머니에 대해 이야기하는 것을 피하게 된다.

어린아이나 유아는 부모가 사람들 앞에서 어떻게 행동하는지를 보는 것만으로도 어떤 사람에 대한 두려움을 배울 수 있다. 친할머니가 아이를 데리러 왔을 때 어머니가 울면서 아이를 꼭 붙잡기 시작한다면 어머니는 딸에게 우려를 감염시키는 것이다. 짐작컨대 어린 딸은 울거나 매달리는 행동을 할 것이다.

나이를 좀더 먹은 아이들은 일반적으로 영향을 덜 받지만 면역성을 가지고 있는 것은 아니다. 한 아버지가 열두 살 된 딸에게 주의를 시킨다. "수영장에서 새 아버지에게 너무 가까이 가지 마라." 몇 차례 그런 경고를 듣고 딸이 새 아버지를 달리 보지 않기는 어렵다. 슬쩍 신체적인 접촉이 있게 되면, 그것은 우려를 입증해주는 근거가 된다. 소녀는 새 아버지가 성적인 가해자가 될 수 있다는 아버지의 암시에 넘어가게 된다.

이해와 대응 방안

말로 하지는 않지만 암시나 빈정거림 속에 내포되어 있는 의미를 확인하라. 그리고 사실이 무엇인지 명확히 함으로써 이런 형태의 해독이 가져오는 영향을 중화시킬 수 있도록 도와라. "엄마는 너와 즐겁게 지내지 못할까 염려돼. 그러나 우리는 함께 즐거운 시간을 보내고 있지 않니?"라든가, "우리가 함께 무엇을 했는지 이야기하면 아빠가 눈살을 찌푸린다는 걸 알아. 그런 걸 보면 불안하지. 아마도 아빠는 우리가 여기서 하고 있는 일들은 거의 모두 좋아하지 않을거야. 사실 그게 우리가 이혼을 한 이유 중 하나란다. 하지만 이 집에서 우리가 생활하는 방식 중 절대적으로 잘못된 건 없다는 걸 너도 알지 않니?"

이혼의 해독에 대해 이야기할 경우에는 당신과 아이가 좋은 관계일 때를 택하는 것이 좋다. 어린아이일 경우에는 암시가 전달하고자 하는 메시지를 간단히 확인시켜 주고 실제가 무엇인지를 명확히 하라. 암시나 빈정댐은 그것이 전달하고자 하는 메시지가 겉으로 드러나면 그 효력을 잃는다.

악용

부모 중 한쪽 편이 다른 편 부모가 아이의 생활에 관여하는 것은 바람직하지 못한 것처럼 행동하는 것은 매우 좋지 않다. 더욱 좋지 않은 것은 한쪽 편 부모가 아이에게 다른 편 부모를 이용할 수도 있으며, 심지어 그것이 바람직하다고 말하는 것이다.

부모들이 다른 편 부모에 대한 아이의 거부감을 옹호하는 한편, 아이로 하여금 싫어하는 부모에게 돈과 호의를 요구하게끔 조장하는 일은 매우 흔하다. 아이들은 다른 일로는 만나지 않는 부모에게서 돈과 서비스를 받을 권리가 있다는 생각을 가지라고 배운다.

이러한 권리 의식은 때때로 그 부모를 더욱 경시하게 만든다. 한 십대는 아버지가 자신에게 새로운 자동차를 사줄 것을 기대하면서도 아버지가 자신과 함께 그 자동차에 앉는 것은 결코 받아들이지 않았다. 한 대학생은 아버지가 자신이 쓰는 추가 비용을 충당할 수 있을 만큼의 용돈을 보내줄 것을 바랐다. 그러나 아버지가 졸업식에 참석하는 것은 환영하지 않았다. 한 고등학생은 어머니에게 자기 여자친구가 무도회에 입고 갈 옷을 골라서 값을 치르고 배달해줄 것을 요구했다. 그러나 어머니가 자신의 야구시합에 오는 것은 환영하지 않았으며, 그 밖의 다른 모든 생활에서는 어머니를 배제시켰다. 어머니는 무도회 복장을 한 아들과 여자친구의 사진을 보는 즐거움도 누릴 수 없었다. 이런 뻔뻔스러움의 극치는 아버지나 아버지 가족 중 어느 누구도 결혼식에 초대하지 않으면서 아버지가 자신의 결혼 비용을 대주리라고 기대하는 젊은 숙녀에게서도 찾아볼 수 있을 것이다.

이와 같은 악용은 아이에게는 따돌림의 또 다른 표현이다. 그리고 이런 행동을 조장하거나 찬성하는 부모에게는 이혼의 해독의 한 가지 형태인 동시에 표적부모에게 아이가 가졌던 건강하고 애정 어린 관점을 무너뜨리는 한 수단이다. 따돌리는 행위를 하는 부모는 아이의 악용에 반대하지 않음으로써 표적부모는 경멸당할 만하며 예의나 품위를 갖추어 대할 필요가 없다는 생각을 조장한다.

이런 전략은 특히 해롭다. 따돌리는 부모를 착취할 자격이 있다는 생각은 아이와 부모의 관계뿐 아니라 아이의 성격까지 파괴시킨다. 따돌리는 행위를 하는 부모는 아이에게 통상적인 도덕률을 중지하라고 가르치는 것이다. 이러한 부모들이 깨닫지 못하는 것은 자신의 아이가 다른 사람을 이용할 대상물로 여기는 데 익숙해질 수 있다는 점이다. 착취가 다른 사람을 대하는 지속적인 방식이 되면 정서적으로 만족스러운 관계를 만들고 유지하는 데 지장을 줄 수 있다. 따라서 이런 식으로 따돌리는 행위를 하는 부모는 사랑이 결핍된 아이로 만들 뿐 아니라 아이의 정신을 타락시키는 잘못을 범하는 것이다.

투사

한 사람이 아무 근거 없이 다른 사람에 대해 반복해서 비난을 한다면 그 비난은 자신에 대한 묘사인 경우가 매우 많다. 루이스가 그런 경우였다. 루이스는 자신이 종종 격분 상태에 빠질 때 새 아버지가 부글부글 끓는다고 비난했다.

인정받을 수 없는 자신의 감정이나 충동, 사고를 거짓으로 다른 사람의 탓으로 돌리는 행위를 '투사projection'라고 한다. 이런 현상은 양육권 분쟁에서 많이 일어나므로, 나는 종종 부모들에게 일어날 가능성이 있는 투사의 목록을 작성해놓으라고 충고한다. 전 배우자가 행한 행동이라고 비난하는 바로 그 일이 실제로는 비난하는 부모가 행한 일인 경우가 그렇게까지 많다는 것은 신기한 일이다.

투사는 흔히 부모가 감추려고 하는 행동이나 의도를 밝혀주는 단서가 된다. 한 여자가 전남편이 자신에게 전화 대화를 녹음한다며 비난한다고 말했다. 나는 그녀에게 전남편이 녹음을 하고 있을 것이라고 충고했다. 이는 사실로 입증되었다. 4장에서 살펴보았듯이, 세뇌를 한다고 먼저 비난하는 부모가 이미 세뇌를 시작한 사람인 경우가 매우 많다.

투사의 가능성을 탐색할 때에는 다음과 같은 절차를 따르라. 첫째, 당신의 탓으로 돌려지는 모든 것에 대해 당신의 잘못이 아니라는 것을 확신하

라. 그런 다음 자신에게 질문하라. 그는 왜 그런 말을 할까? 그런 생각은 어디에서 비롯되었을까? 그건 사실이 아니므로 그가 생각하거나, 느끼거나, 행한 일이거나, 어쩌면 그가 마음속에서 심사숙고하는 행위일 것이다.

모든 잘못된 비난이 투사의 결과는 아니다. 그것은 하나의 가능한 설명일 수도 있다. 그러나 투사가 존재한다면 그것에 대해 알 필요가 있다. 투사에 대해 알게 되면 비난자 쪽에서 할 수 있는 잠재적이고 실제적인 파괴 행위에 주의를 기울일 수 있고, 적절할 때 아이들에게 상황을 설명할 수 있다. 투사에 대해 아는 것은 법정에서 방어를 하는 데 필수적이다.

투사: 내가 아니라 당신!

다음은 이혼 소송에서 투사를 이용하는 몇 가지 사례이다. 각 경우에 볼 수 있듯이 사람들은 자신의 생각이나 감정, 행동을 다른 사람의 것인 양 이야기한다.

- 한 남자가 아이들과 더 많은 시간을 보내려는 전처의 노력을 자신이 제안한 이혼에 대한 보복이라고 말한다. 실제로 전처는 행복하게 재혼을 했고, 첫 번째 남편과 이혼한 것을 감사하고 있다. 이에 반해 그 남자는 일련의 성공적이지 못한 관계를 겪었고, 이혼을 후회한다. 전처가 새롭게 찾은 행복에 대한 질투심이 전처의 요구에 대한 거부감에 기름을 붓는다. 그는 이혼에 대한 자신의 불행한 선입견과 내적 동기를 전처에게 투사한다.
- 남자가 딸에 대한 공동양육권을 주장한다. 전처는 그것이 아이의 양육비를 내지 않기 위한 것이라고 비난한다. 그러나 그 아버지는 딸이 자신의 집에서 더 많은 시간을 보내고 비용이 늘어나더라도 양육비를 적게 주려고 생각하지는 않았다. 그러나 그 어머니는 자신이 딸에게 실제로 쓰는 비용보다 많은 양육비를 받고 있으면서도 더 많은 양육비를 요구했다. 그녀는 돈에 대한 자신의 선입견을 전남편에게 투사한다.

■ 아버지가 양육하고 있는 한 소녀가 어머니와 함께 살겠다고 요구한다. 아버지가 어머니를 계속해서 비난하고, 아빠와 밤을 지내는 여자친구가 지나치게 자기과시를 하는 데 불안감을 느낀다. 아버지는 딸이 어머니를 택한 것은 자신의 행동 때문이라는 것을 깨닫거나 받아들이지 못한다. 오히려 딸의 요구를 '초록은 동색' 현상으로 돌려버린다. 사실상 그는 항상 행복의 열쇠는 다른 곳에 있다는 기대감에 따라 행동했으며, 전처와의 이혼도 한 여자에게 정착하지 못하는 그의 성향에서 초래되었다. 그런데도 그는 '초록은 동색'이라는 자신의 믿음을 딸에게 투사한다.

■ 한 어머니가 이전의 결혼생활에서 낳은 세 아들의 양육권을 아버지에게 넘겨주었다. 그녀가 두 번째 이혼을 겪고 있을 때 남편은 딸에게 어머니가 다른 아이들을 버렸다고 말한다. 사실 어머니는 많은 고민 끝에 그런 결정을 했던 것이다. 그녀는 아들들과 긴밀하게 지냈고, 좋은 관계를 유지하고 있다. 그러나 현재의 남편은 아일랜드로 이사를 가서 딸을 다시 보지 않겠다고 위협했다. 남편은 아이를 포기하려는 자신의 생각을 아내에게 투사한다.

■ 한 여자가 남편이 난폭하다고 비난한다. 그녀는 남편이 아이를 성적으로 학대한다고 중상모략함으로써 아들에게 여러 차례 불필요한 조사를 받게 했다. 또한 아이들이 잘못 대우받고 있다는 근거 없는 불평을 조사하도록 경찰을 보냄으로써 가족의 재결합을 무너뜨렸다. 그녀는 남편이 자신과 아이들에게 난폭하다는 헛소문을 지역사회에 퍼뜨렸다. 그리고 남편의 고용주에게 남편을 해고하라는 전화를 했다. 그녀는 자신의 난폭성을 자신의 배우자에게 투사한다.

사람들은 보통 자신이 투사를 하고 있다는 것을 알지 못한다. 투사는 자기 묘사만은 아니다. 그것은 자기기만이다. 실제로 심리학자들은 투사를 사람들이 유쾌하지 않은 생각이나 감정에 직면하는 것에서 자신을 보호하기 위해 활용하는 방어기제라고 여긴다.

위의 마지막 사례에서 남편을 난폭하다고 비판하는 것은 양육권 다툼에서 이기기 위한 것만은 아니었다. 실제로 그녀는 남편이 극악무도한 사람이라고 확신했다. 이와 같은 사실의 왜곡 혹은 훼손은 그녀가 느낀 난폭성이 실은 자신에게서 나왔다는 혼란스러운 진실에서 벗어나기 위해 지불한 비용이었다. 투사가 가진 방어적 기능 때문에 그녀를 투사와 맞서게 하려는 노력은 실패로 돌아갔다. 법원이 지명한 심리학자가 그녀가 아이들을 세뇌시키려 한다는 의견을 제출하자 그녀는 격분했다. 그녀는 자신이 무시무시한 불의의 희생물이라고 믿었다. 그녀의 마음속에서는 자신이 하는 모든 것이 아이를 난폭한 아버지에게서 보호하기 위한 노력이었다.

합리화

이 장을 집필하는 동안 나는 또 다른 맥락이기는 하지만 헐뜯거나 깎아내리는 부모에 의해 옹호되는 현실 훼손과 유사한 뉴스를 접했다. 1학년에서 12학년까지 전체 학생 수가 2,600명인 앨라배마의 한 학교에서 유일한 유대인 고등학생이 계속되는 괴롭힘을 견디다 못해 고소했다. 그는 교감 선생님이 "왜 예수님은 나를 사랑하시는가?"에 대한 에세이를 쓰라고 했다든가, 어떤 교사가 다윗의 별을 떼라고 했다는 등의 사례를 제시했다. 교장은 학생의 진술을 인정했지만 그 교사가 다윗의 별을 갱의 상징이라고 생각했을 뿐이라는 식으로 설명했다.

이런 식의 변명을 '합리화rationalization'라고 한다. 그것은 그럴듯하게 보이려는 의도를 가진 거짓말이다. 이 경우 교장은 명백히 그 일이 매스컴에서 대대적으로 다룰 충분한 이유가 있다고 생각했다.

아내를 때리고 위협하는 남자들은 궤변을 둘러대서 자신의 수치스러운 행동을 합리화한다. 한 남자가 자신은 아내를 언어적으로 학대하지 않았다고 증언했다. 반대심문을 받는 동안 이 남자는 자신이 아내를 자주 음탕한 여자, 거짓말쟁이, 매춘부, 마귀할멈 또는 욕설이 들어간 나쁜 이름으로 불렀다는 것을 인정했다. 그런 행동과 아내를 언어적으로 학대하지 않았다는 이전의 증언이 어떻게 양립될 수 있는지 질문하자, 그는 자신이 한 모욕이나 욕설은 사실이기 때문에 학대가 아니라고 주장했다. 물론 판사는 그런 왜곡된 논리를 믿지 않았다.

한 여자가 남편에게 이혼에 대한 자신의 요구를 모두 수용하지 않는다면 그의 고용주에게 말해서 그를 해고하게 만들겠다고 말했다. 증언을 하는 동안 그녀는 자신이 그런 위협을 했다는 것을 부인했다. 추가 질문에서 그녀는 "그를 해고하라고 넌지시 말했을 수도 있다"라는 것을 인정했다. 그러나 이를 위협행위로 여기지는 않았다. 단어의 정확한 의미를 모호하게 흐리는 것은 대통령도 사용하는 합리화의 공통적 형태이다.

잘못된 행동을 했다는 증거에 부딪힐 때 가장 일반적으로 나타나는 합리화는 장난이었다고 얼버무리는 것이다. 자신을 '엄마'라고 부르지 않으면 의붓아들의 말을 못 들은 체했던 한 여자는 법정에서 아이에게 장난을 했을 뿐이라고 말했다. 판사는 이러한 합리화를 기각했다. 그런 행동이 오랫동안 계속되었고, 그 여자가 행한 다른 형태의 '이름 게임'과도 일맥상통하는 것이기 때문이었다. 그녀는 의붓아들과 이야기할 때는 아들의 친어머니를 성을 빼고 이름만으로 불렀으며, 자신의 아들에게는 새 아버지를 '아빠'라고 부르라고 요구했다.

이혼의 해독을 주입시키는 부모들은 두 가지 방식으로 합리화를 꾀한다. 가장 흔한 것은 앨라배마 학교의 예에서 본 것같이 자신의 행동을 옹호하기 위해 합리화를 하는 것이다. 그들은 자신과 다른 사람들에게 자신들은 잘못된 행동을 하지 않았다고 믿게끔 하려고 한다. 합리화는 자신들의 실제 동기를 감추기 위한 일종의 은폐공작이다. 둘째, 표적부모의 행동을 나쁘게 보이도록 만들기 위해 합리화를 이용할 수 있다.

양육권을 갖지 않은 한 어머니는 자신이 거듭해서 요구를 해도 전남편과 그의 새 아내가 여섯 살짜리 딸이 학교에서 받아오는 성적표를 비롯한 어떤 전달물도 보여주지 않는다고 호소했다. 아버지와 아이의 새어머니는 자신들이 자료를 의도적으로 보여주지 않는 것은 아니라고 대답했다. 자신들은 단지 딸의 선택을 존중하고 있을 뿐이라는 것이었다. 딸이 어머니에게 학교활동에 대해 보여주기를 원했다면 어머니를 만나는 주말에 자료들을 가져갔을 것이라는 주장이었다.

이런 설명은 일견 이치에 맞는 것처럼 들린다. 그러나 이는 딸과 어머니의 관계를 유지시키지 않으려는 행위를 정당화하기 위한 합리화였다. 우리는 보통 여섯 살짜리 아이가 학교 전달물을 잘 챙길 수 있을 것이라고 생각하지 않는다. 더군다나 아이가 학교 전달물을 못 챙겼다고 해서 그것을 어머니에게 보이고 싶지 않은 마음 때문이라고 생각하지는 않는다. 마지막으로, 대부분의 사람들은 그런 결정을 아이에게 맡기려고 하지도 않는다. 주말에 아이와 함께 어머니에게 보내지는 그 밖의 것들은 모두 새어머니가 챙겨주었다. 결국 아버지와 새어머니가 딸의 어머니에게 학교 전달물을 보여주고 싶지 않았기 때문에 그런 일이 일어났을 것이다.

아버지와 새어머니는 그들 자신의 행동을 변명하기 위해 딸이 학교 전달물을 어머니에게 보여주고 싶어하지 않는다는 식으로 합리화를 했던 것이다. 또한 그들은 이를 딸이 엄마와 가깝게 느끼지 않는다는 증거로 제시했다.

많은 합리화와 같이 이것은 드러나기 쉬운 것이었다. 특히 딸의 생활에 어머니를 배제시키려는 광범위한 캠페인의 일부였기 때문이다. 이 부부는 딸에게 새어머니를 엄마라고 부르고, 친어머니를 성을 뺀 이름만으로 부르게 하는 이름 게임을 했다. 이 부부가 보여준 '아이의 선택에 대한 존중'은 세뇌의 후기 단계에서 흔히 이용되는 또 다른 합리화이다. 일단 아이를 부모에 대한 따돌림에 빠지게 만드는 데 성공하면, 아이를 조종한 부모는 뒷자리에 물러나 앉아서 그 갈등에 어떤 역할도 하지 않았다고 부인한다. 아이가 어머니와의 만남을 거부하면 아버지는 이렇게 말한다. "그것은 딸애의 선택이다." 그는 진보적인 부모로서 딸의 자율성을 존중한다. 그 아버지는 아이와 어머니의 만남을 도우려 하지 않는다.

그러나 신기하게도 아버지의 관대함은 오로지 이 영역에서만 작용한다. 그는 딸이 집에 있고 싶어할 때도 학교에 보낸다. 딸이 의사를 두려워해서 건강진단을 받지 않으려 해도 절대로 허락하지 않는다. 그리고 이혼하기 전에는 딸이 엄마와 어디에 가지 않으려고 하면 시키는 대로 하라고 강요했다. 그러나 몇 달간의 조종을 거쳐 딸이 어머니와 주말을 지내지 않으려고 하자 딸의 선택을 마치 신성불가침의 금언인 듯 여겼다.

'나는 아이의 자율성을 존중한다'라는 방어기법을 쓰는 부모들은 아이가 따돌림에 빠진 책임을 표적부모에게 돌림으로써 문제를 더욱 악화시킨다. 이는 언제나 "당신이 잘못 대했기 때문에 아이가 당신을 만나고 싶어하지 않는 것이다"라는 말의 변형이다. 가해자는 결코 아이와 표적부모 사이의 불화를 조장했다는 책임을 인정하지 않는다.

노마는 최선의 노력을 했지만 다섯 살 된 딸 메건이 아버지 집에 가지 않으려고 하는 것을 되돌릴 수 없었다고 증언했다. 그녀는 메건이 아버지와 조부모를 두려워한다고 주장했다. 이는 아버지가 메건에게 소리를 지르고 약속을 지키지 않았으며, 조부모가 손녀를 무시하고 괴롭혔기 때문이라고 비난했다. 법원이 임명한 정신과 의사는 메건이 아버지를 두려워한다는 것을 뒷받침할 아무런 증거도 찾지 못했다. 그리고 어머니에게서받는 예민한 압력이 어머니를 기쁘게 하고 어머니의 노여움을 피하려는마음과 결합하여 메건이 아버지를 만나지 않으려고 하는 것이라는 결론을 내렸다. 따돌림에 빠진 많은 아이들과 마찬가지로 메건은 아버지를 만나지 않으려는 것은 자신의 선택이고 어머니와는 아무런 관계가 없다고주장했다. 실제로 어머니는 딸이 아빠를 만나기를 원했다. 다음의 대화는이러한 얄팍한 합리화를 밝혀준다.

> 의사: 목욕을 하고 싶지 않을 때는 엄마가 어떻게 하니?
> 메건: 목욕을 시켜요.
> 의사: 자고 싶지 않을 때는 엄마가 어떻게 하니?
> 메건: 자게 해요.
> 의사: 아빠를 보고 싶지 않을 때는 엄마가 어떻게 하니?
> 메건: 아빠를 보고 싶지 않으면 볼 필요가 없고, 아빠도 제 감정을 존중해야
>   한다고 했어요.

반대심문을 할 때, 변호사는 노마가 따돌림을 능동적으로 유발시켰다고 비난했다. 그녀는 분개했다. 그녀는 메건에게 두려워하는 아버지를 만나도록 설득시키기 위해 가능한 모든 것을 해오고 있었다. 그런데 영웅적인 노력에 대해 칭찬을 듣는 대신에 나쁜 사람으로 묘사되었다. 노마는자신이 아이의 양육권을 청구하고 있다는 점을 고려하지 못했다. 그녀의증언을 믿는다면 역설적으로 판사는 노마가 다섯 살 된 딸에게도 적절한권위를 가지지 못하는 나약한 부모라는 결론을 내릴 수 있다.

이해와 대응 방안

전 배우자의 합리화에도 불구하고 당신에 대한 거부가 다른 편 부모의 욕구를 어떻게 충족시키는지를 아이들에게 보여주기 위해서는 정신과 의사와 메건 사이에 나누었던 것과 유사한 대화를 시작하라. 대부분의 아이들은 한쪽 편 부모가 자신들이 다른 편 부모를 만나는 것을 실제로 원한다면 계속해서 그렇게 하라고 말하고, 벌을 주겠다는 위협으로 그 말을 뒷받침했으리라는 사실을 안다. 이러한 합리화를 밝히는 것은 한쪽 편 부모가 아이에게 간접적으로 어떻게 영향을 미칠 수 있는지를 보여준다. 그리고 따돌림을 되돌리려는 다른 편 부모가 노력할 수 있는 길을 열어준다.

당신보다는 순결하다

노마가 보인 것과 같은 격분은 세뇌를 시키는 사람들에게서 공통적으로 나타나는 현상이다. 노마의 경우 그것은 세뇌를 시킨다고 비난받는 데 대한 반작용이었다. 이와 같은 방어적인 태도를 넘어선 독선은 '교조화indoctrination'를 조장한다. 그 목적은 도덕적 격분을 확실한 믿음과 결합시킴으로써, 조종을 하는 사람의 현실왜곡에 대한 꼼꼼한 검토를 막는 데 있다. 노골적인 말투는 하나의 논법이다.

소송 변호사들은 이러한 전략을 지지한다. 그들은 그런 책략에 속아 넘어갈 것 같지 않은 판사 앞에서는 신중한 태도를 견지함으로써 자신들의 입장을 옹호하는 한편 감정의 억제력을 보여준다. 그러나 배심원들이 법정에 들어서면 감정의 과장이 시작된다. 변호사들은 도도하고 거들먹거리고 책망하는 듯한 태도로 배심원들의 비판적 능력을 무시하려고 한다. 이는 배심원들이 '변호사가 자신의 주장을 저렇게 확신하고 있는 것으로 보아 그 주장은 정당한 게 틀림없다'라고 믿게 하려는 것이다.

배심원들이 언제나 이런 전략에 말려드는 것은 아니다. 양측으로부터 모두 이런 전략을 접했을 때는 특히 그렇다. 그러나 아이들은 여기에 넘어가기 쉽다. 부모의 어조는 들리는 단어보다 훨씬 더 비중 있게 다가온다. 헐뜯는 부모의 독선적인 목소리는 표적부모는 비난을 받을 만하다는 뜻을 전달한다.

비난의 사례를 들자면 한이 없다. 한 남자가 아이들에게 소홀히 한다고 전 배우자를 비난한다. 전처가 직장 일에만 열정적으로 매달려서 자녀들을 너무 자주 보모에게 맡긴다는 것이다. 아내가 남편을 지독한 아버지라고 비난한다. 자신이 보기에는 위험한 일을 아이들이 하도록 내버려둔다는 것이다. 아버지가 자녀들에게 어머니는 이혼이 확정되기 전부터 새 아버지와 데이트를 했으므로 거짓말쟁이이며 '도덕적 파탄자'라고 말한다. '당신보다는 순결하다'라는 태도는 "그것이 바로 내가 그녀에게서 기대하는 바이다"라든가, "나는 그가 그런 일을 했다는 것을 믿을 수 없다"와 같은 말로 표현된다. '그것'이 무엇이든 간에, 아이는 그것이 매우 나쁜 것이라고 생각하게 된다.

이해와 대응 방안

이혼과 함께 전 배우자가 아이들에게 당신을 매도하기 위해 독선적인 목소리로 말을 한다면 이를 아이들이 당신에게서 등을 돌리도록 압력을 받고 있다는 초기 경고신호로 간주하라. 아이들은 독선에 쉽게 영향을 받는다. 그러므로 말투가 단호하다고 해서 그 생각이 사리에 맞는 것은 아니라는 점을 가르침으로써 아이들을 보호하라. 아이들은 말에서 전달되는 정서가 아니라 옳고 그름에 따라 판단하는 법을 배워야 한다. 아이들은 다른 편 부모에 대한 한쪽 편 부모의 강력한 비난이 진실을 의미하는 것이 아니라 적개심을 표현하는 것이라는 점을 깨달을 필요가 있다.

종교와 결합된 독선

독선은 광신과 짝을 이룰 때 가장 강력한 힘을 발휘한다. 아빠가 비난한다. "네 엄마는 나쁜 부모일 뿐 아니라 죄인이다." 왜 이런 말을 할까? 보통 세 가지 이유 중 하나이다. 가장 흔한 경우는 다른 남자와 잠을 잤기 때문이다. 어떤 경우에는 이혼하자는 말을 꺼냈기 때문일 수도 있다. 또 다른 경우에는 어머니가 단지 아버지의 새로운 종교적 믿음을 받아들이지 않았기 때문일 수도 있다. 아이들은 어머니가 신의 법을 어겼기 때문에 사악하며, 비난받아 마땅하다는 고통스러운 이야기를 반복해서 듣는다. 어머니의 가슴속에는 사탄이 깃들어 있다. 신을 사랑하지 않는 대가로 아마겟돈에서 파멸당할 것이다.

이 전략은 아이들이 여러 해 동안 받은 종교적 가르침을 이용하기 때문에 특히 효과적이다. 아이들은 처음부터 믿음을 가지고 교리를 받아들이라고 배운다. 십계명이 바로 그런 계율이다. 받아들이기 전에 면밀히 평가하라는 제시는 하지 않는다. 종교는 정통과 절대적 권위라는 외피를 좋아한다. 그래서 어머니에 대한 아버지의 고발이 종교적 교리에 가려 있을 때, 아이들은 종교적 가르침을 받아들일 때와 마찬가지로 이를 의심 없이 받아들일 채비가 되어 있다. 그것이 상식과 맞지 않을 경우에도 그렇다.

이혼하기 전이건, 이혼수속 중이건, 이혼 후이건 간에, 아내가 다른 남자와 잠을 자면 전남편의 종교적 분노는 거의 언제나 개인적인 감정을 교묘히 숨기는 역할을 한다. 실제 문제는 신의 은총을 잃어버릴 수 있는 아내의 행동이 아니라 남편 자신의 상처, 분노, 시기심, 굴욕감이다. 우리는 남편이 왜 이런 감정을 가질 수 있는지 이해할 수 있다. 그러나 이런 감정에 빠져서 어머니를 거부하도록 압력을 가하는 것과 같은 행동을 한다면 개인적 복수를 위해 아이를 희생시키고 있는 것이다. 그러나 아이들은 엄마가 아빠의 마음을 상하게 했기 때문이 아니라 신의 뜻을 거슬렀기 때문에 엄마를 비난하기를 바란다는 메시지를 받는다. 또 아빠에 대한 충성심의 증거로 어머니를 따돌리라는 압력을 받는다. 많은 경우 아버지는 경건한 체하는 자신의 태도가 겉치레라는 것을 충분히 알지 못한다.

그러나 이에 대해 어떤 오해도 하지 말라. 아버지는 단지 종교적 믿음만을 표현하는 것이 아니다. 정말로 아이들에게 도덕교육을 시키려는 것도 아니다. 어머니에 대해 언급하지 않고서도 얼마든지 아이들을 가르칠 수 있다. 아버지는 확실히 아이들로 하여금 어머니에게서 등 돌리게 만들려고 하고 있다. 그리고 그렇게 만들기에 적합한 선택적 주의집중과 맥락을 이용한다. 아무리 자신의 행동을 합리화시키려 해도 그는 아이들을 세뇌시키고 있는 것이다.

아버지가 취하는 전략은 어머니의 가치를 한 사람의 개인, 그리고 도덕적 파탄을 한 어떤 부모와 동일시하고 아이들도 그렇게 생각하게끔 하는 것이다. 이런 아이들에게 자신의 어머니에 대해 이야기하라고 해보라. 그러면 아이들은 "엄마는 죄인이에요"라고 말할 것이다. 마치 이것이 어머니에 대해 알아야 할 모든 것인 양. 이런 생각은 지난날 어머니와 아이들의 모든 관계를 덮어버린다. 아이들은 어머니의 죄는 어머니의 성격을 보여주는 것이며, 어머니를 사랑할 만한 가치가 없게 만드는 것이라고 믿는다.

아이들은 특히 한 개인의 성격을 총체적인 관점에서 바라보지 못한다. 모든 사람은 선한 면과 악한 면을 둘 다 가지고 있다. 다른 사람에 대해 결점과 동시에 장점도 함께 인식하고 균형 있는 이미지를 유지하는 것은 상당한 수준의 심리적 성숙을 필요로 한다. 어른들도 이런 수준의 성숙에 도달하지 못하는 경우가 많다.

아버지가 아이들에게 어머니가 잘못을 했으니까 증오하는 것은 당연하다고 부추긴다면 그는 건강하고 가치 있는 인간관계를 맺는 아이들의 능력을 제약하는 태도를 기르고 있는 것이다. 넓게 보면 아버지의 태도는 자신은 어떤 잘못도 하지 않았다는 의미를 함축하고 있다. 선택적 주의집중은 어머니의 결점은 과장하는 반면 아버지의 결점은 간과하는 방향으로 작용한다.

이해와 대응 방안

어떤 잘못을 저지른 배우자는 죄책감 때문에 아이들의 총체적인 비난을 자신의 잘못에 대한 벌로 받아들인다. 이러한 오류를 피하기 위해서는 우리의 마음은 우리가 저지른 가장 커다란 죄에 의해서만 규정되지는 않는다는 것을 명심하라. 당신의 전 배우자나 아이들이 당신의 한 측면을 당신의 모든 것인 양 대하는 것은 부당하다. 아이들로 하여금 당신과 의절하도록 허용하면 당신의 행동이 아이들에게 미친 해로운 충격은 더욱 커질 것이다. 아이들에게 속죄하는 훨씬 좋은 방법은 아이들과의 관계를 치유하기 위해 필요한 모든 일을 하는 것이다.

어떤 아버지들은 아내가 이혼을 선택했다는 이유만으로 죄인으로 취급한다. 이런 아버지는 아이들에게 이혼은 전적으로 어머니의 잘못이라고 주장하고 설득한다. 결혼의 실패에 대한 자신의 책임을 면하기 위해, 이들은 이혼을 하게 된 전후상황을 무시한다. 대부분의 경우 남편은 부부 사이에 일어난 문제에 대한 책임을 함께 갖고 있다. 도대체 어떤 종류의 남자가 아이들에게 어머니를 총체적으로 거부하라고 요구하는 극단적이고 광신적인 관점을 신봉하는 것일까? 아마 세상에서 가장 함께 살기 어려운 성격적 특성을 가지고 있는 남자일 것이다. 죄 많은 어머니들의 세 번째 범주는 아버지와 같은 종교를 갖지 않은 사람들이다. 이런 상황은 아버지가 신자가 아닌 사람들에게 관용을 베풀지 않는 종교나 종파로 바꾼 경우이다. 이보다는 적지만 어머니가 자신의 신앙을 버리기로 결정할 때까지는 부부가 이 신앙을 주시해보기로 하는 경우도 있다.

한 아버지가 별거 후에 새로운 종교적 실천을 받아들일 때 아이들은 아버지의 행동을 받아들이려고 하지 않을 가능성이 많다. 이 경우 아버지는 보통 자신의 새로운 신앙에 사로잡힌다. 그래서 고압적인 방식으로 아이들을 개종시키려고 하지만 역효과를 가져온다. 연령대가 높은 아이들은 흔히 익숙하지 않은 신앙을 받아들이라는 압력을 경멸하고, 그보다 어린 아이들은 혼란과 두려움을 느낀다. 아버지와는 달리 아이들은 변화를 좋아하지 않는다.

아버지가 별거 이전에 개종을 한다면 아이들은 그 영향을 더 쉽게 받는다. 전형적인 시나리오를 보면 아버지는 신자가 아닌 사람을 평가절하하는 광적인 종파나 사이비 종교에 빠져든다. 아버지는 자신이 삶의 의미를 최종적으로 발견했다고 느끼고, 이를 가족과 공유하고 싶어한다. 아내는 이러한 신앙을 받아들이기를 거부한다. 아마 아이들도 그럴 것이다.

아버지는 열성적으로 새로운 신앙에 매달려, 그 가르침을 배우고, 자기 스스로 세뇌되어 간다. 그런 다음 세뇌의 희생자인 아버지는 세뇌의 가해자인 아버지가 된다. 아버지는 아이들을 종교의식에 데리고 가기 시작하며 아이들은 그 종교의 신자가 된다. 아이들은 교리를 담은 주보를 받는데 거기에는 어머니가 아직 다니고 있는 교회를 포함한 기존의 교회에 대한 적개심이 담겨 있다.

어머니가 사태의 심각성을 깨달았을 때는 아이들이 이미 어머니의 영향력에서 벗어나 있을 수도 있다. 아이들은 신자가 아닌 사람들은 '적'이라고 배운다. 아이들을 '진실'과 멀어지도록 설득하려는 사람들은 악마의 하수인들이다. 아이들은 보통 아버지가 집안의 정신적 지주라고 배운다. 그런 믿음은 아버지의 의견을 받아들이라는 압력을 가중시킨다. 어머니가 일단 같은 종교를 가졌다가 변절하면 경멸해 마땅한 이교도로 간주된다.

이런 가정에서 이혼이 발생할 때는 종교적 갈등이 그 방아쇠가 되는 경우가 많다. 아내는 남편의 성격 변화를 관대히 넘기지 못한다. 남편은 정서적으로 아내에게서 멀어진다. 그리고 어떤 경우에는 새롭게 발견된 독선의 뒷받침을 받아서 가학적이 된다. 어머니는 분명 아이들이 아버지의 신앙으로부터 영향받기를 바라지 않는다. 이런 환경에서 양육권 다툼이 어떻게 일어날지는 쉽게 짐작된다. 실제로 사이비 종교들은 신자들이 양육권 다툼에서 승리하도록 돕기 위해 잘 조직된 방법을 개발한다. 그들은 심리학자나 변호사들의 문제제기에 어떻게 대응할 것인지를 가르쳐주는 소책자를 만들어 배포한다. 부모들은 아이들이 법정에서 잘못된 증언을 하도록 지도하라고 배운다. 자신들의 종교에 대해 질문을 받으면 아이들은 그 종교의 급진적이고 편협한 특성을 감추는 대답을 한다.

당신은 종교에 토대를 둔 공격에 대한 논의에서 내가 반복적으로 남자들의 행동에 대해 언급하고 있다는 것을 깨달았을지도 모른다. 여자들도 이런 방식을 이용한다. 그러나 상담과 연구를 하면서, 종교적 근거에 입각해서 자신의 세뇌를 정당화시키는 남자들을 훨씬 많이 접했다. 내 경험에 따르면 세뇌를 시키려는 어머니들은 종교적 표현보다는 도덕적 분노를 드러내는 경우가 많다. 예를 들어 어떤 어머니가 아이들을 아버지에게서 등 돌리게 만들려는 시도를 합리화하기 위해 아버지의 여자친구에게 아이들을 보이는 것을 반대할 수 있다. 그러나 아버지와 아버지의 여자친구를 가리켜 '사탄의 하수인'이라고 부르지는 않는다. 그 대신 어머니는 아버지와 여자친구의 관계가 아이들의 도덕적·정서적 발달에 미치는 영향에 대한 우려를 표한다.

물론 그동안 관찰된 남자와 여자 사이의 차이가 일반적으로 세뇌를 시키는 부모들을 대표하지 않을 수도 있다. 어쩌면 광신적 성격은 세뇌를 시키는 어머니들에게서도 마찬가지로 널리 퍼져 있을지 모른다. 만약 그렇다면 독자들이 바로잡아주기를 바란다.

이해와 대응 방안

종교 지도자를 만나서 상황을 설명하라. 그리고 부모와 자녀 관계의 신성함에 대한 종교적 입장을 물어보라. 성직자가 아이들과 당신의 만남이 중요하다는 점을 인정한다면 전 배우자와 아이들 사이에서 조정을 해달라고 요청하라. 가족치료 훈련을 받은 종교 지도자를 선택한다면 더 효과적일 수 있다. 부모가 도덕적인 잘못을 저질렀다 하더라도 사교적 성격을 띠지 않은 종교는 보통 아이들에게 부모를 존경하라고 가르친다. 전 배우자가 아이들로 하여금 당신에게 등을 돌리게 하는 데 종교를 이용하고 있다면 아이들은 당신의 말보다 존경하는 종교 지도자의 충고를 받아들이기가 더 쉽다.

'진실'

사이비 종교의 구성원들은 언제나 자신들이 진실을 독점하고 있다고 느낀다. 물론 그 진리는 자신들만의 특별한 믿음들로 규정된다. 가드너 박사는 아이들이 부모 따돌림 증후군으로 고통을 겪고 있을 때, '진실'이라는 단어가 특별한 의미로 쓰인다는 것을 발견했다. 신앙을 주입하는 동안 조종을 하는 사람은 반복해서 실제에 대한 자신들의 왜곡된 해석을 '진실truth'이라고 부른다. 시간이 지남에 따라 '진실'은 조종자가 주입시킨 시나리오와 연결된다. 아버지는 다음과 같은 말이 '진실'이라고 가르친다. "엄마의 남자친구가 너에게 소변 보는 모습을 보여준 적이 있어. 그렇지 않니? 그것은 진실이야." 자신의 잘못된 주장을 딸이 반복했으면 하고 원할 때 아버지는 단지 딸에게 진실을 말하라고 요청하면 된다.

이는 법관이나 정신건강 전문가들에 의해 조사가 진행되는 동안 효과를 발휘한다. 부모에게서 어떤 말을 하라는 이야기를 들었는지에 대한 질문을 받으면 아이는 단지 진실을 말하라는 이야기를 들었을 뿐이라고 대답한다. 그러나 아이가 말하는 '진실'은 그동안 아이가 '표적부모에 대해 들어온 모든 나쁜 것'을 의미한다. 그러나 부주의한 조사관은 아이가 표적부모의 행동에 대해 정확한 해석을 하고 있다고 믿는다.

이해와 대응 방안

아이들과 접촉하는 당신의 변호인이나 정신건강 전문가가 '진실'이라는 것이 전 배우자의 조종과 연결되어 있다는 것을 이해하는지 확인하라. 아이들에게 질문할 때, 전문가들은 "이것이 진실이라는 것을 어떻게 알게 되었니?"라거나 "그것이 정말로 일어났니?"라고 묻고자 할 것이다. 조사관이 '진실'의 의미를 탐구한다면 그것은 실제가 아니라 따돌리는 행위를 하는 부모의 허위진술이라는 것을 알게 될 수도 있다.

따돌리는 행위를 하는 부모들은 또한 '진실'을 이혼의 해독에 대한 변명으로 이용한다. 그들은 단지 아이에게 정직하게 대했을 뿐이며 정직한 것이 언제나 더 좋지 않느냐는 주장으로 자신의 헐뜯기나 깎아내리기를 변호한다. 물론 정직에 대한 그들의 말은 아이로 하여금 그들의 결점이나 상대방의 장점을 알게 하는 것으로는 확장되지 않는다.

제롬은 아들에게 어머니와 새 아버지에 대해 진실을 말했을 뿐이므로 자신이 옳다고 주장했다. 제롬은 전처와 그녀의 새 남편이 이혼 전부터 관계를 맺어 왔다고 의심했다. 그래서 아들에게 반복해서 어머니와 새 아버지는 자신들의 관계에 대해 거짓말을 했기 때문에 도덕적인 파탄자라고 말했다. 소년이 새 아버지에게 자신의 아빠를 좋은 아버지라고 생각하

느냐고 묻자 새 아버지는 "그렇단다. 그리고 네 아빠는 너를 많이 사랑한
단다"라고 말했다. 그런데 제롬은 새 아버지가 아이에게 거짓말을 했다고
비난했다. 새 아버지가 정말로 자신을 좋아하는 것이 아니므로 그의 대답
은 자신이 병적인 거짓말쟁이임을 보여주는 증거라는 것이었다. 제롬은
아이들의 정서적 건강을 위해서는 부모에 대해 긍정적 이미지를 갖게 하
는 것이 부정적 감정을 표현하는 것보다 우선한다는 점을 이해하지 못했
다. 헐뜯기를 하는 부모들은 때때로 다른 사람들도 자신처럼 행동한다고
가정한다. 자신의 아이에게 미치는 영향을 고려하지 않은 채 마음대로 파
괴적 비판을 하는 부모들은 전 배우자도 그렇게 할 것이라고 믿는다.

이해와 대응 방안

아이들과 정말로 무엇이 일어났는지에 대해 논쟁하지 말라. 그 대신에
막다른 골목에 도달했을 때 "서로 견해차를 인정하자"라는 말로 논쟁
을 피하라. 당신에 대한 아이의 거부감이 불합리하다는 것에 아이가
반드시 동의해야 당신과의 관계를 치유할 수 있는 것은 아니다. 현재
득이 되고, 매력적인 관계를 만들어내는 데 초점을 맞추는 것이 더 효
과적이다.

지나친 떠받들기

앞에서 나는 표적부모가 아이를 관용적으로
대하는 것이 아이의 거부감을 피하고, 조종하는 부모에 의해 만들어진 악
의적인 연상을 중화시키는 하나의 수단이라고 말한 바 있다. 따돌리는 행

위를 하는 부모들도 아이들을 즐겁게 해준다. 그들의 목적은 아이들과 자신의 관계를 굳건히 하는 반면, 표적부모에 대한 아이들의 따돌림을 조장하는 것이다.

떠받들기의 한 가지 형태는 아이의 나이에 걸맞지 않은 권리나 물질로 아이를 부추기는 것이다. 한쪽 편 부모가 청소년기 아이에게 감독 없이 집에서 파티를 하도록 허락한다. 대조적으로 다른 편 부모는 지나치게 아이를 구속하는 것처럼 보인다. 어떤 부모는 아들을 자기 편으로 끌어들이기 위해 새 스포츠카 같은 과도한 선물을 준다. 재력이 부족한 부모는 경쟁을 할 수 없다. 이런 부모는 아이들을 만족시켜 줄 수 없으므로 덜 너그러운 것으로 여겨진다.

떠받들기는 책임져야 할 행동에 대한 기대치를 낮추는 형태를 띨 수도 있다. 그러면 집안일, 숙제, 자질구레한 일에 느슨한 태도를 가지게 된다. 이런 부모는 숙제가 어렵거나 많은 시간과 노력을 필요로 할 경우 숙제를 대신 해준다. 당신의 전 배우자가 즉각적인 만족을 구하고 좌절을 겪지 않으려는 아이의 욕구에 영합한다면, 아이는 더욱 성숙된 행동과 좌절까지 받아들이라는 당신의 요구를 지나치게 엄격하고 얄밉다고 여길 수도 있다. 당신은 아이들에게 이를 닦고 숙제를 하게 한다. 다른 편 부모는 아이들로 하여금 이런 귀찮은 일을 강요하지 않는다. 당신의 전 배우자는 당신에 대한 아이의 불평에 수용적인 태도를 취함으로써 이런 상황을 이용할 수 있다. 예를 들어, 아이들에게 채소를 먹으라고 하는 당신의 말에 대해, 음식을 골고루 먹어야 한다는 점을 강조하는 대신, 당신이 강요하는 것은 부당하다는 아이의 말에 동의한다. 아이들의 통상적인 기대감에 영합하는 태도를 보임으로써 당신의 전 배우자는 아이들의 성숙되지 못한 행동을 방조하고, 아이들로 하여금 당신이 지나치게 불합리한 요구를 한다고 여기게끔 조장한다.

일정한 발달 수준에 도달한 아이들은 요구를 무조건 받아주는 부모가 자신들을 올바르게 이끌어야 할 책임을 회피하고 있다는 것을 느낄 것이다. 그러나 자유와 소유욕을 충족시키고자 하는 욕망은 더 좋은 판단을 할 수 없게 한다. 즉각적인 만족감을 주는 즐거움은 아이들이 조종하는 부모와 건전하지 못한 동맹을 맺도록 부추길 수 있다.

지나친 떠받들기는 역효과를 낳는다. 아이들이 부모가 자신의 충성을 사려 한다는 것을 알게 되면 그 가격은 높아진다. 아이들은 자신의 늘어난 요구가 받아들여지지 않는다면 적에게로 망명하겠다고(즉, 다른 부모에게로 옮겨가겠다고) 위협할 수도 있다. 이런 식으로 해서 조종의 희생자들은 조종자가 되고, 피착취자는 착취자가 된다.

이해와 대응 방안

아이들에게 부모의 책임은 한계를 정하고 이를 집행하는 것이며, 그것이 사랑과 보호를 보여주는 한 가지 방식임을 깨닫게 함으로써, 아이를 지나치게 방임하지 않도록 하라. 당신과 전 배우자가 다르게 행동하더라도 둘 다 아이들을 사랑하는 것이며, 부모 양편 모두와 좋은 관계를 유지할 필요가 있다는 점을 설명하라. 아이들은 책임감 있는 부모가 자신들에게 제한을 둘 수도 있다는 것을 이해한다. 아이들에게 다른 편 부모만큼 자신들을 만족시키지 않는다는 이유만으로 당신을 거부하는 것은 옳지 않다는 것을 이해시키기는 상대적으로 쉽다.

지나치게 떠받들지 않고도 아이를 기쁘게 하거나 아이와 잘 지낼 수 있는 방법을 찾으라. 따돌림에 빠진 아이들은 애정과 존중의 끈을 다시 맺고 이혼의 해독을 상쇄하기 위해 거부당하는 부모와 즐거운 시간을 가질 필요가 있다. 부모의 권위는 사랑하는 관계에 토대를 두고 있을 때 가장 잘 발휘된다. 애정을 가진 유대감을 재확립하는 데 집중하는 동안, 당신이 갖고 있는 기대감 중 일부를 일시적으로 완화시킬 줄도 알아야 한다.

잠식하기

지나친 떠받들기는 아이가 표적부모와 즐거운 시간을 보내지 않으려고 할 경우에만 따돌림의 전략이 될 수 있다. 그러나 표적부모와 아이를 만나지 못하게 하려는 노력이 실패할 경우 한 가지 방법이 남아 있다. 따돌리는 부모는 아이와 표적부모의 만남을 방해하려고 한다. 이런 목적을 달성할 수 있는 많은 방법이 있다. 그것은 아이가 표적부모와 만나는 시간이나 그들 사이의 관계를 어떤 형태로든 잠식하는 것이다.

한 가지 일반적인 책략은 아이가 표적부모의 집에 있는 동안 아이와 자주, 오랫동안 전화를 하는 것이다. 이 방법은 몇 가지 목적에 유용하다. 우선 표적부모와 아이가 상호 작용할 수 있는 시간을 줄인다. 또 아이가 세뇌시키는 부모에게 주의를 돌리게 만든다. 마지막으로 조종을 강화할 수 있는 기회를 제공한다.

이런 부모들은 아이가 얼마나 행복해 보이는지와 관계없이 전화를 할 때마다, "무슨 문제가 있니? 너 괜찮니?"라고 물을 것이다. 이런 질문은 아이들에게 전화를 한 부모가 이 만남에 문제가 있으리라고 생각한다는 메시지를 전한다. 세뇌에 충분히 굴복하지 않은 아이들은 그런 물음을 귀찮게 여길 수도 있다. 그들은 성가시다는 말투로 대답할 것이다. "아무렇지도 않아요." 그러나 종종 아이들은 표적부모에 대한 어떤 불만을 생각 해냄으로써 질문하는 부모에게 호의를 나타낸다. "엄마가 싫어하는 음식을 먹으라고 강요하고 있어요", "아빠가 TV를 보지 못하게 해요." 이런 불평은 세뇌자의 귀에는 음악과도 같다. 세뇌를 시키려는 부모는 아이의 이런 불평을 적극 수용한다. 그리고 표적부모와 함께 있어야 하는 아이들의 지긋지긋한 운명을 동정한다. 세뇌시키는 부모들은 아이가 표적부모와 즐거운 시간을 보내는 것을 효과적으로 감소시킨다.

전화의 목적이 향수병이나 죄책감을 불러일으키려는 것일 수도 있다. 그런 부모는 아이에게 네가 없어서 너무 적적하다고 말한다. 그런 부모는 아이가 집에 돌아올 때까지 기다릴 수 없다. 이런 책략을 극단적으로 쓴 어머니가 있었다. 그녀는 아들인 워드가 없어서 자신은 물론 아들의 개, 애완 돼지, 나무, 장난감 곰, 금붕어, 조부모, 집, 심지어는 그네까지 적적 해한다고 말했다. 대화가 끝날 무렵 워드는 어쩐지 자신이 아버지와 즐겁게 지내고 있는 것이 잘못이라는 느낌이 들었다. 그는 어머니와 함께 있어야 마땅했다는 느낌을 가졌다.

따돌림을 조장하는 많은 부모들이 그렇듯이 워드의 어머니는 아들이 오랫동안 자신의 영향권 밖에 있으면 걱정을 했다. 그녀는 워드가 아버지와 있을 때 자주 전화를 해서 "너는 언제나 나에 대해 생각해야 한다. 네가 나에게서 멀리 떨어져서 시간을 보내면 나를 잊을 수도 있다. 나는 너 없이 산다는 생각은 해본 적도 없다"라는 근원적인 메시지를 전달했다.

아이들이 표적부모와 즐겁게 지내는 것을 막는 또 다른 책략은 집에 곧바로 돌아오면 보상을 하겠다는 약속을 함으로써 아이들을 조종하는 것이다. 한 아버지가 어머니 집에 있는 아들에게 전화를 걸어서 집에 돌아오면 매우 놀랄 만한 일이 있다고 말했다. 당연히 소년은 기다릴 수가 없었다. 어떤 부모가 그런 흥분되는 일에 필적할 수 있을까?

전화를 하지 않고서도 아이가 표적부모와 시간을 보내는 것을 효과적으로 방해할 수 있다. 한 어머니는 아들이 아버지와 지내는 일주일 간의 휴가 동안, 아들의 관심을 사로잡을 창의적인 전략을 구상했다. 그녀는 아이의 여행가방에 일곱 개의 포장된 선물꾸러미를 넣었다. 소년에게는 매일 한 개씩 열어보라고 말했다. 각각의 꾸러미에는 조립식 장난감이 들어 있었다. 어머니는 장난감을 조립하는 데는 시간이 걸린다는 점에 착안했다. 게다가 선물의 조건은 소년이 어떤 도움도 받지 않고 혼자 힘으로 조립해야 한다는 것이었다. 이런 방법으로 어머니는 그 주 내내 아버지와 의미 있는 만남을 피할 수 있는 수단을 아들에게 주었다. 이 모든 것은 아이의 관심을 세뇌시키는 부모에게 집중시키는 반면, 표적부모와의 관계를 잠식하기 위한 것이었다.

아이가 한쪽 편 부모와 즐겁게 지내지 못하게 하는 데 흔히 사용되는 한 가지 전략은 다른 편 부모와 시간을 보낼 때 아이가 소중하게 생각하고 늘 옆에 두는 물건을 갖고 가지 못하게 하는 것이다. 한 아버지는 아들이 어머니 집으로 돌아갈 때 야구 글러브를 갖고 가지 못하게 했다. 어머니가 아들을 야구 연습에 데려가야 할 때도 있었으므로 아버지의 이런 행동은 문제가 되었다. 야구를 해본 적이 있는 독자들이라면 이것이 소년에게 얼마나 큰 문제인지 짐작할 수 있을 것이다. 야구 글러브는 잘 간수하면 시간이 지날수록 주인 손에 맞도록 길들여진다. 이는 게임을 즐기기 위해 필수적이다. 어린 시절 장난감 곰이 중요하듯이 야구를 사랑하는 아이에게는 자신의 글러브가 중요하다.

다른 부모의 집에 올 때 아이가 자신의 글러브나 그 밖의 다른 중요한 물건을 가지고 올 수 없다는 것은 무엇을 의미할까? 아이가 그것을 친구

집이나 학교 같은 다른 곳에 갖고 갈 수 있었다면, 이때 전달되는 메시지는 이런 것이다. 첫째, 그 물건은 어머니의 집에서는 더럽혀지거나 돌아오지 않을 수 있다. 둘째, 아빠는 엄마에게 매우 화가 나서 자신이 사준 물건 때문에 엄마가 이득을 보게 하고 싶지는 않다!

아들이 전달받은 또 다른 메시지는 자신이 그 물건을 정말로 소유한 것이 아니라는 점이다. 소유란 사용하고 처분할 수 있는 권리를 의미한다. 그것을 어디에 가지고 갈 것인지를 결정할 수 없다면 그 물건은 아이의 것인가, 아니면 아빠의 것인가? 물론 부모들은 아이가 장난감을 갖고 노는 데 제약을 둔다. 아이들이 장난감을 차에 싣고 가지 못하게 할 때도 많다. 그러나 그 아빠가 야구 글러브를 엄마 집에 갖고 가지 못하게 한 유일한 이유는 전 배우자에게 상처를 입히고 싶은 아빠 자신의 욕구였다. 그런 제약을 하는 부모들은 그 물건이 돌아오지 않을 수도 있다는 식으로 자신의 행동을 합리화한다. 그러나 아이는 자신의 소유물을 책임지기에 충분한 나이이다. 그리고 아이가 그 물건을 가지고 오는 것을 잊어버린다면 어머니가 언제라도 되돌려 보낼 수 있다. 이혼의 해독이 작용하지 않는다면 아이들이 글러브를 학교나 야구장에 놓고 올 때 처리하는 것과 같은 방식으로 상황을 처리할 수 있을 것이다.

아이들이 한쪽 편 부모나 친척들과 유대감을 경험하는 방식 중의 하나는 특별한 흥미나 활동을 공유하는 것이다. 그러한 연결고리를 끊거나 그것이 발전하는 것을 막으려는 부모들은 공유한 일의 의미를 희석시킬 방법을 찾는다. 예를 들어 자신의 집에서도 그 활동을 함으로써 아이가 표적부모하고만 즐거운 활동을 하지 못하게끔 한다.

새미의 외조부모는 새미가 바닷조개를 모으는 취미를 가질 수 있도록 배려했다. 그들은 새미를 위해 집에 있는 구두상자 속에 조개를 보관해

두었고 새미는 방문할 때마다 조개를 가지고 놀았다. 새미의 아빠는 외조부모에 대한 아들의 따돌림을 조장하려는 의도로 새미를 위해 더 크고 좋은 조개를 구입해서 아름다운 유리 상자에 진열하기 시작했다.

한번은 새미의 외조부모가 아이도 어른도 다 재미있어할 만한 코미디 프로그램을 발견했다. 그 쇼는 손자가 잘 시간에 방송되었기 때문에 외조부모는 쇼를 녹화했다가 새미가 방문할 때마다 지난 방송을 틀어주었다. 이 쇼를 보고 크게 웃는 것은 방문의 하이라이트였으며, 아버지의 부정적 조종에 대한 좋은 해독제였다. 이를 알게 된 새미의 아빠는 새미에게 늦게까지 자지 않고 원래 방송되는 쇼를 볼 수 있도록 허락했다. 이런 조치는 외조부모와 함께 프로그램을 보는 것에 대한 새미의 흥미를 효과적으로 소멸시켰다.

또 다른 책략은 아이가 표적부모와 함께 있도록 예정되어 있는 시간에 아이가 좋아하는 활동을 배치하는 것이다. 표적부모는 아이와 보내는 시간을 포기할지 아이가 재미있어 하는 활동을 중단시킬지 선택해야 한다. 아이들은 게임을 어설프게 끝내거나, 영화를 보다 말거나, 스케이트를 타러 갈 기회를 놓친 실망감을 표적부모와 만나는 일과 연결시키게 된다. 조종을 하는 부모가 "영화가 이렇게 한창 재미있을 때 네 어머니가 즉시 자라고 했다니! 믿을 수가 없구나"와 같은 식으로 화를 낼 때 이러한 책략의 효율성은 강화된다. 독선적인 어조와 태도는 아이가 아버지의 조종을 꿰뚫어보는 것을 어렵게 만든다.

클라워 박사와 리블린 박사는 열 살짜리 아들을 위해 아버지가 마련한 생일잔치 계획을 가로챈 한 어머니의 사례를 기술했다. 그녀는 아들의 학급친구들을 다 초청해서 사치스러운 파티를 연 다음, 파티를 두 번 여는 것은 어리석은 일이며 아버지는 결코 만족스러울 만큼 큰 파티를 열어주지 않을 것이라고 말했다. 소년은 처음에는 아버지가 몇몇 친척과 이웃 친구들을 초대해서 열어준 작은 모임이 시덥지 않았다. 그러나 나중에는 어머니가 자신이 아버지가 열어준 파티에서 즐겁게 지내는 것을 방해하려고 했다는 것을 알았다.

나에게 양육권 상담을 했던 한 어머니는 라디오 시티 뮤직홀에서 열리는 오후의 크리스마스 쇼에 아이들을 데려갈 생각에 마음이 들떠 있었다. 그녀는 제 시간에 아이들을 돌려보내달라고 하기 위해 다가오는 주에 쇼를 보러 가기로 했다고 말했다. 남편은 전처의 계획을 가로채서 전처가 계획한 바로 그날 오전에 아이들을 데리고 바로 그 공연을 보러 갔다. 그러고는 악의가 있어 그렇게 한 것은 아니라는 듯 아이들을 늦게 데려다주었는데, 아이들은 옷도 적절하지 못한 일상복을 입고 있었다. 이는 아버지가 아이들을 집에 데려가서 옷을 갈아 입혔다는 것을 의미했다. 어머니와 아이들은 어쩔 수 없이 공연에 늦게 도착했다. 그러나 어머니와의 즐거운 시간을 방해하려는 아버지의 악의적인 시도에도 불구하고 다행히 아이들은 쇼를 다시 보는 것을 재미있어했고 다음에 무엇이 일어날지 예측할 수 있어서 즐거워했다.

잠식은 그 자체로는 따돌림을 유발시키기에 충분하지 않을 수 있지만 아이들이 표적이 된 부모나 조부모와 즐거운 관계를 맺지 못하게 함으로써 계속되는 이간질에 기여한다.

이해와 대응 방안

아이들과 즐거운 시간을 보내는 것을 전 배우자가 방해하려고 한다면,

그리고 그것이 어느 정도 성공적이라면 당신은 어떤 일이 일어났는지에 대해 아이들이 이해할 수 있도록 도와야 한다. 잠식에 직면해서 수동적으로 대응한다면 아이가 이혼의 해독에 저항하는 데 아무 도움도 주지 못할 것이다.

표적부모가 다른 편 부모의 조종에 맞서고 이를 폭로하려는 의지를 가지고 있다고 인식하면 아이들이 따돌림에 저항할 가능성이 높다. 아이들에게 자신의 생각을 물어보라. 전 배우자에 의해 부정적 태도가 어떻게 형성되었는지 확인할 수 없으면 당신이 설명하라. 예를 들어, "엄마는 네가 손님이 여덟 명밖에 없는 파티는 재미없을 거라고 생각하기를 원한 거야"라고 말할 수 있다.

기억할 것: 이혼의 해독을 둘러싼 대부분의 토론은 당신과 아이가 좋은 관계에 있을 때가 가장 효과적이다.

염탐하기

어떤 부모들은 따돌림이 확고해짐에 따라 표적부모에 대한 은밀한 공작에 아이들을 공범자로 편입시킨다. 이들은 아이들에게 비밀을 지키고, 다른 편 부모를 염탐하고, 그것을 보고하라고 시킨다. 때로는 아이들에게 거짓말을 하라고 시키기도 한다. 이런 공모에 수반되는 짜릿한 흥분은 모든 연령의 아이들에게 호소력이 있다.

아이들은 아빠가 여자친구와 집에서 밤을 지냈다는 사실을 숨기라는 말을 듣는다. 또는 아빠가 모르거나 아빠의 참여 없이 자신들에게 세례를 받게 하려는 엄마의 계획을 비밀로 한다. 아이들은 집에 혼자 방치되었어도 다른 편 부모에게는 보모가 와서 돌보아주었다고 말한다. 표적부모의 집에 있을 때는 진위가 확실하지 않더라도 다른 편 부모에게 전화를 걸어 나지막한 목소리로 그 집에서 일어난 나쁜 일을 보고한다. "엄마가 부끄러운 일을 하는 중이다"라고 아버지에게 말하면 아버지는 다음과 같이 대답한다. "네가 전화하는 걸 엄마가 못 듣게 해라. 집에 와서 말하자." 요컨대 아버지가 아들에게 어머니에게는 감정을 숨기라고 말하는 것이다. 어머니는 너무 비합리적이어서 불만에 대해 함께 이야기를 나누는 것은 위험할 수 있다는 빈정거림도 덧붙여진다.

양육권 다툼이 진행 중일 때 이런 부모들은 아이에게 다른 편 부모의 집에서 서류를 훔쳐 오라고 시키기도 한다. 한 남자가 딸에게 엄마의 책상을 샅샅이 뒤져서 수표책, 일기, 편지를 가져오라고 말했다. 남편과 이혼했지만 아직까지 한 집에서 살고 있는 한 어머니가 있었다. 그 어머니는 자신의 과도한 신용카드대금 청구서를 남편이 보지 못하게 하기 위해 청소년기의 딸에게 우편물을 가로채라고 시켰다. 구입한 물건의 일부는 딸의 것이었다. 딸은 기꺼이 어머니와 결탁했다. 2년 후에도 딸은 아버지를 적으로 여겼다. 그래서 아버지와 만나는 것을 완전히 거부했다. 심지어 아버지가 자신의 숙제를 거의 도와주었는데도 고등학교 졸업식에 아버지를 초대하지 않았다.

어떤 부모는 아이들에게 선서를 한 법정에서까지 거짓말을 하라고 시킨다. 따돌림을 당한 아버지가 열두 살짜리 아들과 '건전하지 못한 의존관계unhealthy dependent relationship'를 조장했다고 아내를 고소했다. 그가 든 사례 중 하나는 아내가 정기적으로 아들과 잠을 잔다는 것이었다. 이러한 고소에 맞서서 아내는 아들에게 결코 엄마와 잠을 잔 적이 없다고 증언하게 했다. 결국 진실은 심리적 평가를 하는 동안 드러났는데, 어린 딸애들은 모두 아버지의 주장이 사실이라는 것을 확인해주었다. 이러한 증거에 직면한 다음에야 아들은 자신이 법정에서 거짓말을 했다는 것을 인정했다. 아들은 어머니가 자신에게 거짓말을 하지 않으면 아버지와 함께 나가서 살아야 할지도 모른다는 말을 했다고 털어놓았다.

은밀한 조종이 아이들의 성격을 어떻게 파탄시킬지는 쉽게 짐작할 수 있다. 따돌리는 행위를 하는 부모는 정직하지 못한 행동이나 심지어 거친 행동까지 조장하고 승인한다. 이런 식으로 행동하면 할수록 아이들은 더욱더 따돌림에 빠지게 된다. 세뇌시키는 부모의 인질노릇을 하는 아이들의 역할은 다른 편 부모에 대한 소원감을 확고하게 한다.

이해와 대응 방안

정직하지 못한 행동에 대한 한계를 명확하게 정하라. 아이의 마음속에 있는 죄책감을 일깨우라. 그리고 정직하지 못한 행동을 하는 것에 익숙해져서는 안 된다고 말함으로써 은밀한 조종에 대해 불쾌감을 갖게 하라. 부모에게 감추는 일이 없어야 한다고 배워왔으며, 이 규칙은 부모가 사이좋게 지내지 않는다 해도 변하지 않는다는 것을 아이들에게 상기시켜라. 아이들은 정직하지 않은 것이 잘못임을 안다. 아이들은 종종 행동은 그렇게 하지만 자신의 행동이 규칙에 어긋난다고 느낄 때 외부의 통제를 환영한다. 특히 권위 있는 사람이 비도덕적 행동을 허락할 때, 아이들은 적절한 기준을 확인시키고 도덕적 나침반을 제공해 줄 누군가를 필요로 한다.

이혼전문가들이 아이를 어른들의 싸움 한복판에 끌어들이지 말라고 말했으며, 당신은 그 권고를 따르고 있음을 설명하라. 아이들이 결심하도록 도우라. 아이들이 결탁하자는 전 배우자의 요구를 거부하기 위해 적절하게 자기주장을 할 수 있는 방법을 가르치라. 예를 들어 아이들에게 이런 식으로 말해주는 것이다. "넌 부모 양편을 모두 사랑하며, 어느 한쪽 편을 들고 싶지 않다고 엄마에게 말해라", "너는 부모 중 어느 한편에 비밀을 갖고 싶지 않다고 아빠에게 말해라."

부모가 무언가 잘못된 일을 하라고 요구할 때, 아이들이 이에 맞서기 위해서는 허락이 필요하다. 당신의 전 배우자가 아이들을 명백히 조종하고 있다면 법적인 개입이 필요할 수도 있다.

인지 부조화

자동차를 구입하던 순간을 돌이켜 생각해보라. 대부분의 사람들은 구입하기 이전보다 구입한 후에 자신의 선택이 정확했다는 믿음이 훨씬 확고해진다. 심리학자들은 이 과정을 '인지 부조화'의 감소라고 설명한다. 그것은 우리의 믿음을 행동과 일치시켜 가는 경향을 뜻한다.

이는 불확실성, 불일치, 갈등을 감소시키도록 돕는다. 그래서 믿음과 일치하지 않는 방식으로 행동할 때는 믿고 있는 것을 바꿀 수도 있다.

당신을 향한 아이의 증오에 가득 찬 행동을 가능한 빨리 중단시키는 것이 중요한 이유도 이 때문이다. 당신에 대해 잘못하면 할수록 아이들은 당신이 제대로 대우받지 못할 만하다고 믿게 된다. 당신을 거부하면 할수록 아이들은 당신이 나쁜 사람이며 거부해 마땅한 사람이라고 믿게 된다. 이는 오랫동안 사랑해온 사람에게 그렇게까지 증오심에 가득 찬 행동을 하는 것 때문에 생겨나는 갈등과 부조화를 감소시킨다. 이렇게 되면 아이들은 자신의 행동에 대한 내적 혼란이 줄어든다. 따돌림은 이런 방식으로 그 자체에서 자양분을 얻어 확고해져 간다.

이해와 대응 방안

아이의 따돌림이 그리 심하지 않은 경우, 전 배우자가 양육권 분쟁에서 아이를 증인으로 불러내려 한다면 변호사에게 이를 막을 방법이 있는지 물어보라. 공공연히 부모를 비난하고 난 다음에는 자신의 불충한 행동과 믿음을 조화시키기 위해 부정적 감정을 더할 수도 있기 때문이다.

공모

　　따돌림을 조장하려는 의도를 가진 부모들은 종종 이를 함께 할 다른 사람의 도움을 얻는다. 예를 들면, 한 아버지의 확대가족이 전처와 그 가족의 명예를 훼손하는 데 가담할 수도 있다. 이는 아이들에게 순응하지 않으면 조부모, 숙모, 숙부에게까지 거부당할 위험을 감수해야 한다는 압력이 된다. 표적부모를 헐뜯는 것은 일종의 가족오락이 되고, 공동의 적이 그들을 하나로 결합시킨다.

경우에 따라서는 이미 세뇌당한 손위 형제가 공동 조종자가 될 수도 있다. 이는 특히 멀리 떨어진 표적부모의 집을 방문할 때 효과적이다. 손위 형제는 대리인으로서 세뇌 캠페인을 수행하는데, 동생이 세뇌시키는 부모에게 계속해서 충성을 하는지 확인한다.

아버지에게 납치당해 어머니를 멀리하도록 세뇌받은 소년이 있었다. 법원은 어머니와 아들이 다시 만나라는 명령을 내렸고, 소년은 결국 그녀를 다시 '엄마'라고 부르기 시작했다. 그러나 심각한 따돌림에 빠진 누나와 함께 엄마의 집에서 지내게 되자 소년은 엄마를 만나기 이전으로 돌아갔다. 소년은 엄마에 대한 좋은 감정을 회복했지만 이런 감정을 누나 앞에서 드러내서는 안 된다고 느꼈다. 그렇게 하면 누나나 아빠에게 대드는 것으로 보일 수 있기 때문이었다. 사이비 종교에서 구제된 희생자들도 그 집단에 등을 돌릴 때 그러한 갈등을 느낀다. 이는 일상적인 기능에서는 탈피했지만, 그 집단에서 했던 것처럼 생각하고 느끼는 자기 자신의 한 측면이 남아 있는 것과도 같다.

이해와 대응 방안

형제들을 함께 지내게 하는 것보다 따로 지내게 하는 것이 더 나은 경우도 있다. 이 방법은 여러 가지 장점이 있다. 형제가 같이 행동할 때 한쪽 부모에 대한 증오심을 나타내는 행동을 하기 쉽다. 따돌림이 그리 심하지 않던 아이도 형제의 압력에 굴복할 수 있다. 이와는 달리 자신을 지지하는 사람이 없으면 아이가 거부하는 행위를 계속하기는 어렵다. 또 다른 형제와 떨어져 있게 되면 아이가 당신에게 더 의존하게 되고, 그에 따라 아이에 대한 당신의 영향력도 커진다.

타협 – 거부로 일관하기

세뇌는 아이들이 자신에게 주입된 것을 원상회복시키려는 모든 시도에 저항하도록 조정하는 것으로 완성된다. 이는 최면상태의 암시와 유사한 메시지를 불어넣음으로써 성취된다. 예를 들어 한 아버지가 아이들에게 아빠가 엄마에 대해 무슨 말을 했는지

문는 사람은 너희를 세뇌시키려는 것이라고 가르친다. 그리고 그런 식의 토론에는 절대 끼어들지 말라고 가르친다. 심지어 친척이나 법원이 지명한 평가자와 토론을 할 때도 마찬가지다. 클라워 박사와 리블린 박사는 이를 '폐쇄' 메시지라고 불렀다. 그 메시지가 던져지면 아이들은 의사소통의 문을 닫아버리기 때문이다.

맥락 무시하기에 관한 논의에서 예로 들었던 켄트와 주디 커플을 기억하는가? 주디는 실제로는 대학원 공부를 하기 위해 주거지를 옮겼고 아이들로 하여금 자기편을 들게 하고 싶은 것은 양쪽 부모가 다 마찬가지였는데도 켄트는 세 아이로 하여금 어머니가 자기들을 버렸다고 믿게 만들었다. 자기 자신을 지키려는 주디의 노력이 묵살된 한 가지 이유는 그녀가 사실을 밝히려고 노력하리라는 것을 켄트가 예측했기 때문이다. 그래서 켄트는 아이들에게 아마도 엄마가 자신의 행동을 변명할 것이라고 말했다. 엄마는 가족이 전부 자신과 함께 이사를 갈 거라고 생각했다고. 그렇지 않으면 아빠가 무슨 잘못을 했다고. 그리고 나서 켄트는 아이들에게 이렇게 말했다. "엄마가 너희에게 그런 말을 하려고 하면 거기에 대해서는 아빠가 옳고, 너희는 그런 변명을 원하지 않는다고 바로 말해야 한다." 물론 어머니는 이 아버지가 예측한 바와 똑같이 반응했고 아이들은 어머니의 설명을 무시했다. 그리고 어머니의 변명을 죄가 있다는 증거로 여겼다.

이해와 대응 방안

폐쇄 메시지는 유대 관계를 복구하는 데 도움이 되는 증거에 대해 아이들의 마음을 닫게 만든다. 타협-거부로 일관하기가 중립화된다면 따돌림을 되돌리기가 더 쉬워진다.

폐쇄 메시지가 주입되었는지 확인하려면 당신이 아이가 말해서는 안 되는 어떤 것을 건드린 것 같다고 아이에게 말하라. 그에 대해 스스로 말할 수 없다고 결정했거나 누군가 다른 사람이 말하지 말라고 했는지 아이에게 물어보라. 그렇다고 대답한다면 아이에게 비밀을 가질 거라고 생각하지 않는다는 점을 상기시켜라. 그 이야기에 대한 당신의 입장을 듣고 당신을 다시 좋아하게 될 것을 우려한 다른 편 부모가 아이에게 어떤 일에 대해 말하지 말라고 했으리라고 생각한다는 것을 설명하라.

폐쇄 메시지의 존재는 보통 따돌림을 되돌리기 위해서는 전문적 개입이 필요함을 말해주는 신호가 된다.

현실을 훼손시키는 것들

모독 캠페인을 효과적으로 중재하려면 현실에 대한 아이들의 관점이 어떻게 조종되고 있는지를 정확히 이해해야 한다. 다음은 표적부모에 대한 아이들의 지각, 믿음, 기억을 왜곡시키는 가장 일반적인 전략 중 몇 가지를 요약한 것이다.

- 표적부모에 대한 아이의 일체감을 혼란시키려고 이름을 조종하기
- 아이들이 사실이라고 생각해서 마음에 새길 때까지 거짓 사실을 반복해서 주입하기
- 아이들의 관심을 선택적으로 표적부모의 부정적 측면에만 향하게 하고 긍정적 측면은 무시하기
- 표적부모가 하는 행동의 맥락을 무시하기

- 표적부모의 부정적 행동을 과장하기
- 표적부모에 대해 거짓말하기
- 표적부모에 대한 긍정적 기억을 지우기 위해 역사를 고치기
- 표적부모에 대한 부정적 메시지를 은밀한 방법으로 암시하기
- 아이들에게 표적부모를 이용하라고 조장하기
- 세뇌자 자신의 생각, 감정이나 행동을 표적부모에게 투사하기
- 가해자의 실제 동기를 감추고 표적부모를 나쁘게 보이도록 만드는 것을 합리화하기
- 조종자의 현실왜곡을 세심하게 조사하는 것을 막으려는 의도가 내포된 독선적 태도
- 종교적 교리라는 외피를 쓴 위협
- 조종자가 주입한 시나리오에 '진실'이라는 이름을 연상시키기
- 충성심을 사기 위해 과도한 권리를 허용하고, 물질적으로 잘 해주고, 기대치를 낮추는 등 아이들을 방임하기
- 아이들이 표적부모와 함께 지내는 시간을 빼앗고, 특별한 활동을 즐기는 것을 방해하기
- 아이들에게 표적부모에게 비밀을 유지하고, 염탐을 하고, 거짓말을 하라고 교육하기
- 조종을 강화하기 위해 다른 사람과 공모하기
- 아이들에게 자신이 주입시킨 것을 원상태로 돌리려는 시도에 저항하도록 조종하기

제 7장

해독의 통제

당신이 책임감을 가지고 효율적으로 대응할 수 없다면 어떻게 아이들이 다르게
행동하리라고 기대하는가? 당신이 아이들과의 관계를 유지하는 데
단호한 입장을 취할 수 없다면 어떻게 아이들이 전 배우자의 조종을 견뎌내리라고
기대하는가? 아이들에게 당신이 꼭 필요하다는 현실성을 입증하지 못하면서
어떻게 아이들이 당신에 대한 긍정적인 시각과 기억을 무너뜨리려는 계획적인
공격을 받고도 계속해서 당신의 가치를 믿을 수 있으리라고 기대하는가?
당신은 행동을 통해서 아이와 당신의 관계는 싸워서 지킬 만한 가치가 있는
것이라는 확고한 믿음을 보여주어야 한다.

> *사랑은 부모로서의 부단한 노력에 의해 보완되어야 한다.*
>
> —브루노 베텔하임*Bruno Bettelbeim*

사랑만으로는 충분하지 않다. 자녀를 이혼의 해독으로부터 보호하는 것만으로는 충분하지 않다. 그리고 이혼의 유해한 영향을 되돌리는 것만으로도 충분하지 않다.

세뇌받은 모든 아이들도 전에는 지금 거부하고 있는 부모에 대해 사랑을 표현했다. 앞 장에서 논의한 그런 상황에 놓이거나 그런 대우를 받는다면 대부분의 아이들은 이혼의 해독에 굴복할 것이다. 표적부모와의 관계가 완전히 붕괴되는 것은 면한다 하더라도 다른 방식으로 고통을 겪을 것이다.

로버트 에머리Robert Emery 박사, 조안 켈리 박사, 주디스 월러슈타인 박사 등이 밝혔듯이, 최근의 이혼 연구에서 새롭게 드러난 혼란스러운 결론 중 하나는 행동평가나 수행평가, 성적표 같은 총체적인 검사에서는 아무 문제가 없다는 판정을 받은 아이들이 드러나지 않는 정신적 스트레스 때문에 고통을 받고 있을 수도 있다는 것이다. 어떤 부모들은 아이가 외

견상 잘 적응하고 있다는 점을 자녀를 다른 편 부모와 가까이 하지 못하게 하는 데 이용한다. 이런 부모의 논리는 다음과 같은 것이다. 아이가 선생님, 친구들, 한쪽 편 부모와 잘 어울려 지내고, 좋은 성적을 받고, 별 문제를 일으키지 않고, 또 행복하다고 말하는데, 왜 평지풍파를 일으키려고 하느냐? 아이가 군이 다른 편 부모와 관계를 유지할 필요가 무엇이냐? 싫어하는 부모와 강제로 만나게 하면 '잘 행동하던' 아이도 도망쳐버릴 수 있다는 경고가 덧붙여지기도 한다.

심리치료사들이 이런 잘못된 생각을 옳은 것처럼 뒷받침하는 경우가 너무 많다. 그들은 학교와 친구를 가정보다 상위에 놓는 것이 부모-자녀 관계에 대한 평가절하를 의미하고 있다는 것을 인식하지 못한다. 그들은 아이가 부모 중 한쪽 편을 잃는 것이나, 그 부모가 아이를 잃는 것에 대해 놀랄 만큼 무덤덤한 태도를 취한다. 이런 치료사들은 법원에 아이와 아이가 따돌리는 부모의 만남을 중단하라는 판결을 내리라고 권고한다. 그리고 따돌림 당하는 부모에게 자녀와 재결합하려는 노력을 중단하고 포기하라고 권고한다. 이제까지 나는 이러한 불간섭주의에 반대한다는 것을 명백히 해왔다.

이 책은 아이를 이혼의 해독에서 보호해야 한다는 믿음에서 나왔다. 단순히 당신의 전 배우자에게 책임을 돌리거나, 당신의 가엾은 상황을 애처롭게 여기거나, 희생자라는 현실을 서서히 받아들이게 하려는 것이 아니다.

당신이 책임감을 가지고 효율적으로 대응할 수 없다면 어떻게 아이들이 다르게 행동하리라고 기대하는가? 당신이 아이들과의 관계를 유지하는 데 단호한 입장을 취할 수 없다면 어떻게 아이들이 전 배우자의 조종을 견뎌내리라고 기대하는가? 아이들에게 당신이 꼭 필요하다는 현실성을 입증하지 못하면서 어떻게 아이들이 당신에 대한 긍정적인 시각과 기억을 무너뜨리려는 계획적인 공격을 받고도 계속해서 당신의 가치를 믿을 수 있으리라고 기대하는가? 당신은 행동을 통해서 아이와 당신의 관계는 싸워서 지킬 만한 가치가 있는 것이라는 확고한 믿음을 보여주어야 한다.

책임을 진다는 것은 문제가 일어난 데 대해 자책해야 한다는 의미는 아니다. 또한 당신의 노력이 언제나 성과가 있을 것이라는 의미도 아니다. 어떤 시점에서는 당신이 할 수 있는 분별 있는 행위가 계획을 철회하고 늦추는 것일 수도 있다. 9장 '떠나보내기'는 당신이 고통스러운 결정을 하는 데 도움을 줄 수 있을 것이다. 당신이 떠나보내기로 결정을 했다면 적어도 당신이 수동적으로 아이로 하여금 슬그머니 가버리게 했다고 후회하기보다는 아이를 돕기 위해 당신이 할 수 있는 모든 일을 했다고 생각하고 자부심을 가지라.

이 장에서는 앞에서 제시했던 대응방안들을 구체적으로 발전시키고, 이혼의 해독에 대한 그 밖의 해독제를 제시할 것이다. 그에 앞서 우선 자녀가 당신이 전달하고자 하는 것을 받아들일 가능성을 높여주는 몇 가지 일반적인 지침을 제시하고자 한다.

공감

최근에 작고한 아동심리학자인 기너트Haim Ginott 박사는 부모들이 아이들에게 호소력 있게 말할 수 있는 방법을 가르쳤다. 그는 정서적 연결을 이루기 위해서는 부모가 진정한 공감을 전달할 수 있어야 한다고 충고했다. 기너트 박사의 독창적인 책은 효과적인 대화법에 대한 실천적인 제안과 사례로 가득 차 있다. 오래 전에 나온 책이지만 그 충고는 특정 시기에만 해당되는 것은 아니다. 훌륭한 의사전달 기술이 가장 필요한 부모는 가슴을 단단히 닫아버린 아이를 가진 부모이다. 당신의 양육능력을 향상시키는 데 도움을 줄 만한 기너트 박사와 그 밖의 사람들이 지은 책에 대해서는 이 책의 부록을 참고하라.

당신의 자녀가 당신에 대해 경멸과 두려움을 나타낸다면 그러한 감정이 전 배우자에 의해 심어진 것이든 아니든, 그 순간에는 아이에게 실재하는 것이다. 당신이 너무 급하게 아이의 말에 대해 토론하려고 하거나 당신의 입장을 변호하려고 하면 결과적으로 의사소통이 막다른 골목에 도달하기 쉽다. 당신의 자녀들은 당신이 자신들을 소중히 여기지 않았으며, 자신들이 얼마나 불행했는지 알지 못한다고 느낄 것이다. 아이들의 부정적 감정을 무시하는 대신 아이들의 말을 확인하고, 아이들이 느끼는 것을 당신이 정확하게 이해하고 있다는 것을 알게 하라. 기너트 박사는 '공감하는 청취자가 이해하고 받아들일 때', 어떻게 강렬한 감정의 날카로운 날이 무뎌질 수 있는지 보여주었다. 이는 역설적으로 보일 수도 있다. 그러나 아이의 증오심을 없애는 방법은 무엇보다도 먼저 아이에게 그런 감정이 실제로 존재한다는 것을 당신이 인정하고 있으며, 그 감정을 존중하겠다는 것을 보여주는 것이다. 이는 당신이 아이들의 무례나 잘못된 행동을 지지한다는 의미는 아니다. 그리고 반복적인 증오의 표현을 너그럽게 보아 넘기겠다는 의미도 아니다. 그것은 아이들의 부정적 감정을 바꾸려고 하기에 앞서 그 감정 자체를 이해하고 받아들였음을 의미한다.

간접 의사소통

아이들은 어른들을 좌절에 빠뜨리는 방법을 알고 있다. 우리가 아이들을 돕고자 해도 이를 어렵게 만든다. 아이들은 침묵을 지킨다. 의사소통하기를 회피한다. 그리고 단단한 바리케이드를 치는데 많은 부모들은 이를 뚫고 나갈 수 없음을 발견한다. 감정을 묻는 질문에 대해 아이들은 어깨를 으쓱거리면서 순진한 목소리로 말한다. "나는 몰라요." 그리고 우리가 포기할 때까지 그 말을 반복한다. 이런 상황을 타파하기 위해서는 아동 심리치료사들이 주저하는 아이들과의 의사소통을 위해 개발한 특별한 기술이 필요하다.

먼저, 아이들이 반드시 의사소통을 하려는 우리의 노력을 좌절시키려고 하는 것은 아니라는 점을 알아야 한다. 대부분의 어린아이들은 자신의 감정을 정확히 확인해서 말로 표현하지 못한다. 그리고 할 수 있더라도 대부분의 아이들과 십대 청소년들은 자신의 걱정이나 두려움을 털어놓고 논의하는 것이 어렵다는 것을 알고 있다. 그리고 설교나 충고에 대해 거부감을 갖는다. 우리가 아이들의 감정에 대해 이야기하려고 하면 아이들은 밝은 불빛 아래 노출된 것처럼 느껴서 눈부신 빛을 피하려고만 한다. 그러므로 그 과정을 편안하게 만들 수 있는 방법을 찾아야만 한다.

우리는 난처하고 혼란스러운 관심사를 이야기할 때 '친구의 문제'라고 말하는 환자들을 잘 알고 있다. 아이가 이렇게 할 때 분별력 있는 치료사는 성급하게 책략을 꺼내지 않는다. 아이와 너무 서둘러 대면하는 것은 대화를 갑자기 중단시킬 수도 있다는 것을 안다. 치료사는 '친구'에 대해 이야기하는 체하면서 아이가 가장 관심 있어 하는 문제에 대한 상세한 정보를 얻을 수 있으며, 그런 다음 치료에 필요한 메시지를 전달할 수 있다.

나는 종종 부모들에게 가드너 박사가 아동들을 대상으로 쓴 『소년 소녀가 알아야 할 이혼』과 같은 책을 읽으라고 권고한다. 이런 책들을 읽으면 내 아이에 대해 쓴 것처럼 보이는 많은 구절들을 발견할 수 있을 것이다. 내 아이에게 적용되지 않는 경우라도 도움이 될 수는 있다. 때때로 이런 행동은 아이들의 감정에 대한 직접적인 토론으로 연결될 수 있다. 그 책의 각 장을 읽은 다음, 당신의 아이에게 거기 나오는 아이처럼 느끼는지를 질문해보라. 어떤 책은 진심 어린 논의의 출발점이 될 수 있다. 아이들은 자신들만 불편한 감정을 느끼는 게 아니라는 것을 알았을 때 이를 보다 쉽게 받아들일 수 있다. 만일 큰아이가 이혼에 대한 책을 읽는 것을 받아들이려고 하지 않는다면 아이들이 들을 수 있는 곳에서 책을 읽어주는 것이 좋다. 아이들은 별로 관심이 없는 체할 수도 있지만, 손위 아이가 방에 있다가 얼마 후에는 토론까지 참가하는 경우가 많다는 보고가 있다.

나이가 든 아이들이나 십대와 함께 '그들 또래의' 다른 소년·소녀들에 대해서나, 그들 연령의 아이들이 사물을 어떻게 생각하는지 '어디선가 들거나', '어디선가 읽었던' 것에 대해 이야기를 할 수 있다. 당신 자신의 생각과 감정에 대한 이야기로 대화를 시작하는 것도 도움이 된다.

한 어머니가 열네 살 된 딸과 다음과 같은 대화를 시작했다. "나는 요새 네가 나쁜 성적을 받아온 데 대해 무턱대고 소리만 질렀다고 생각한다. 내가 평정심을 잃어버리는 것이 도움이 되지 않는다는 걸 엄마도 알아. 넌 항상 성적 걱정을 많이 했지. 그래서 괴로웠을 것 같아." 소녀는 조용히 듣고 있었다. 어머니는 계속해서 말했다. "내가 어떤 글을 읽었는데, 네 나이 또래의 여자애들이 성적이 떨어지는 건 어쩌면 부모와 관련된 어떤 문제 때문에 많이 힘들기 때문일 수도 있다고 써 있더구나. 대부분의 여자애들은 전만큼 성적이 좋지 못하면 괴로워한다고도 써 있고." 연령이 좀 높은 아이들이라면 이런 간접적인 의사소통이 좀더 솔직한 논의로 이어질 수도 있다. 그러나 이 소녀는 말했다. "예, 그런데 전 별로 걱정하지 않아요." 어머니가 대답했다. "그래, 난 네가 그런 방향으로 느끼더라도 이해한다." 그런 다음 대화는 끝이 났다.

다음 날 어머니는 딸의 문제되는 행동과 관련이 있다고 생각하는 감정에 대해 확인함으로써 대화를 한 단계 진전시켰다. 어머니는 말했다. "어제 우리가 얘기한 것에 대해 생각해봤어. 대부분의 여자애들은 이혼하는 부모에 대해 미쳤다고 느끼지." 이번에는 소녀가 말했다. "그렇다고 뭐가 달라지는데요? 엄마는 이혼을 취소하지 않을 거잖아요?" 어머니가 말했다. "어떤 애들은 학교에서 나쁜 점수를 받음으로써 부모의 이혼을 되돌리려고 한다는 걸 알아. 특히 부모가 성적을 중요하게 생각한다는 걸 알 때는 더 그럴 수 있다는 것도. 네가 엄마한테 화가 나 있을 거라고 생각해왔어. 그렇다고 네게 뭐라고 할 생각은 없어. 네가 엄마 아빠의 이혼을 바라지 않았다는 걸 알아. 그렇지만 우리가 네 감정에 대해 이야기할 수 있으면 좋을 것 같아. 네가 얼마나 화가 났는지 내게 편지를 써도 되고. 왜 화가 나지 않은 체하니? 그리고 널 화나게 한 게 실제로 아빠와 엄마라면 왜 학교에서 실수를 해서 엉망이 되게 해야만 하니?" 어머니는 이런 식으로 아이가 화나는 감정에 대처하는 바람직한 방법을 제시하였다. 그 소녀는 어머니 말이 옳다고 인정하지는 않았다. 그러나 그날 밤, 어머니는 소녀가 자신의 방에서 숙제를 하고 있는 모습을 보았다.

닐 칼터Neil Kalter 박사의 『이혼과 함께 성장하기Growing up with Divorce』는 효율적인 의사소통에 대해 많은 것을 배울 수 있는 뛰어난 책이다. 칼터 박사는 간접 의사소통을 활용하는 여섯 단계의 전략을 제시하고 많은 사례를 통해 이를 설명했다. 당신이 간접 의사소통을 효과가 없거나 차선의 방책일 뿐이라고 생각한다면 다음과 같은 점을 고려하라. 예로부터 아이들에게 도덕적 원리를 가르치는 데는 동화나 옛이야기 같은 방법이 쓰여 왔다는 것이다. 아이가 인내심과 지구력의 가치를 깨닫기를 바란다면 설교를 늘어놓는 것보다는 이솝의 '토끼와 거북'을 갖고 더 많은 것을 얻게 할 수 있을 것이다.

아이들의 감시를 역이용하기

메시지를 전하는 또 다른 방법은 당신이 다른 사람에게 하는 말을 아이들에게 '우연히' 듣게 하는 것이다. 대부분의 아이들은 어른들의 개인적인 대화에 관심이 많다. 따돌림에 빠진 아이들도 예외는 아니다. 실제로 심한 따돌림 상태에 빠진 아이들은 좋아하는 부모에게 보고하기 위해 표적부모가 말하는 모든 것을 감시하려고 할 수도 있다. 이를 역이용하려면 먼저 대화 상대방에게 당신이 하는 말을 아이가 엿들었으면 한다는 이야기를 하라. 아이들은 몰래 감시하는 자로서 당신의 메시지를 듣게 될 것이다.

따돌림 당하는 부모들은 아이가 잘못 알고 있는 것을 직접적으로 바로잡으려고 할 경우 아이들이 대화를 거부한다는 것을 알게 될 것이다. 많은 아이들은 자기들이 증오하는 부모가 이야기를 시작하자마자 곧바로 귀를 닫아버린다. 그러나 이 아이들은 자신이 경멸하는 사람이 친구와 하는 이야기나 친척들과 전화하는 내용에 대해서는 귀를 쫑긋 세우고 들을 것이다. 이는 당신과 아이 사이에 일어나고 있는 일에 대한 생각을 아이에게 전할 수 있는 좋은 기회이다.

이런 대화에서는 당신과 당신 아이가 무엇을 잃고 있고, 당신이 아이들에 대해 얼마나 슬퍼하고 있고, 일이 얼마나 달라졌는지에 대해 공감하는 것이 가장 좋다. 당신과 아이들이 지난날 사랑했던 관계임을 보여주는 모든 흔적들에 대해 이야기하라.

아이들의 태도가 극적으로 달라져서 당신이 얼마나 혼란스럽고 당황스러운지에 대해서도 이야기하라. 따돌림을 이혼과 당신에 대한 전 배우자의 분노와 연결시켜라. 그러나 당신을 비방하는 전 배우자에 대한 분노에 초점을 맞추지는 않도록 유의하라. 아이들은 당신에 대해 나쁜 것을 믿도록 배웠다. 다른 편 부모에 대해 화가 나서 말하는 것을 듣는다면 아이들은 이를 헐뜯는 행위로 간주하고 당신에 대한 비난을 정당화하는 데 이용할 것이다.

두 단계 떨어지기

아이들의 감시를 역이용할 때도 우선은 아이들의 개인적 경험과는 두 단계 떨어져 있는 상황에 대한 논의에서 시작해서 정서적으로 부담이 되는 주제로 들어가는 것이 효과적이다. 세뇌된 사이비 종교 신자들과 마찬가지로 따돌림에 빠진 아이들은 자신의 감정이 조종의 결과라는 것을 깨닫지 못한다. 다른 편 부모에게 세뇌당했다는 것을 아이들에게 설명하려고 한다면 아마도 아이들은 당신의 어떤 말도 듣기를 거부할 것이다. 그 대신 아이들과 관계가 없는 다른 형태의 조종에 대해 먼저 이야기함으로써 주제에 접근하라. 예를 들면 광고가 어떻게 사람들로 하여금 특정한 면에만 주의를 집중하게 하고 다른 면은 간과하게 만드는지를 이야기할 수 있다. 그런 다음, 어떤 사람으로 하여금 남을 싫어하도록 정신적 영향력을 행사하고 있는 사람에 대해 이야기함으로써 한 단계 가까이 이동하라. 정치가들이 어떻게 정적을 중상모략하는지를 이야기할 수도 있다. 마지막으로, 아이들이 수용할 것이라는 생각이 든다면 조종에 의해 초래된 아이들의 부정적 감정이라는 주제를 끌어들임으로써, 그 상황을 당신 가족과 연결지을 수 있다.

세뇌와 같은 문제를 다룰 때는 아이들의 상황과 두 단계 떨어진 주제를 이야기함으로써 그런 이야기를 듣는 것에 대한 아이들의 거부감을 덜 수 있다. 아이들이 사람들은 보통 그런 영향을 받기 쉽다는 생각을 일단 받아들인다면 자신들이 조종되었다는 사실을 깨닫기 쉬울 것이다. 만약 이러한 기초작업 없이 아이들로 하여금 세뇌를 받아 왔다는 생각을 하게 만들려고 한다면 아이들은 이를 비난으로 받아들이고 당신이 말하는 것을 더욱더 염두에 두지 않으려고 할 것이다.

두 단계 떨어지기 기법은 간접적으로 의사를 전달할 때뿐 아니라 아이들과 직접 말할 때도 활용될 수 있다.

제삼자 활용하기

앞서도 몇 차례 다른 사람에게 아이들의 행동에 대해 말하게 하는 방법이 바람직하다는 점을 언급했다. 아이들과 접촉할 수 없다면 이런 방법이 상황을 되돌리는 유일한 길이 될 것이다. 당신이 아이들과 전혀 접촉을 할 수 없다면 다른 사람들의 도움을 받을 수 있음을 염두에 두어야 한다. 아이가 당신에 대한 따돌림에 빠져 있다면 당신이 말하는 어떤 것도 들을 가치가 없다고 무시해버릴 것이다. 그럴 때는 당신의 아이가 믿고 존경하는 어떤 사람이 당신을 대신해서 개입하게 하는 것이 좋다. 이런 역할을 할 사람은 신뢰를 받는 친척이나 성직자, 교사, 코치, 소년단장, 그 밖에 아이들이 존경하는 사람들이다.

제삼자들은 아이들의 닫힌 마음을 열기 위해 이 장에서 논의된 원리와 기법 중 어떤 것을 활용할 수 있다. 이들은 따돌림을 되돌리는 데 중추적 역할을 할 수 있으므로 개입에 앞서 준비를 많이 하는 것이 좋다. 이 책의 일부를 읽게 할 수도 있다. 아이들이 부모 중 한쪽 편에 대해 등 돌리도록 어떻게 조종될 수 있는지 그들이 명확히 이해할 필요가 있다. 또한 따돌림 당하는 부모에게 자그마한 결점이나 잘못이 있다고 하더라도 그것이 아이들과 접촉하지 못하게 하는 것을 정당화시킬 수는 없다는 것을 깨달을 필요가 있다. 그들이 이런 인식을 갖고 있지 않으면 무심코 아이들의 불평에 휘말려 오히려 따돌림을 부추길 수도 있다. 당신이 이러한 상황을 이해하는 전문가를 만나고 있다면 그와 개입할 사람을 만나게 해서 안내를 받게 하는 것이 좋다.

제삼자는 어려운 임무를 갖고 있다. 그는 아이들에게 당신에 대한 부정적 태도를 재고할 것을 권유하는 동안 아이들의 존중심과 애정을 유지해야 한다. 이 역할을 하는 데는 한결같은 인내심과 따뜻함과 관심을 보여줄 수 있는 사람이 필요하다. 이 사람이 아이에게 중요하게 되면 될수록 아이는 당신의 전 배우자에게 덜 의존하게 될 것이다.

가장 중요한 것은 인내심이다. 제삼자는 너무 일찍 아이들과 맞서거나 비판하지 말고, 아무리 사소하거나 잘못된 것이라고 해도 아이들의 불평을 들으려 해야 하고, 들을 수 있어야 한다. 너무 일찍 따돌림에 맞서려고 하면 아이들에게 접근할 수 있는 희망이 사라져버릴 수도 있다. 이것은 아이들이 6장 말미에 언급한 폐쇄 프로그램에 빠져 있을 경우 특히 그렇다. 그럴 경우 아이들은 따돌림에 대한 말이 나오자마자 곧 냉담해진다. 그러나 민감하고 적절하게 대응하면, 제삼자는 이혼의 해독으로부터 아이를 구하고 가족 관계를 치유함으로써 영원히 감사하는 마음을 얻을 수 있다.

쇠가 식었을 때 두드려라

경험 많은 심리치료사들은 타이밍이 좋지 않으면 최선의 개입이라고 하더라도 실패로 끝나고 만다는 것을 안다. 영화 〈애널라이즈 디스Analyse This〉는 이를 익살스럽게 그리고 있다. 몹스터 폴 비티(로버트 드 니로 분扮)는 정신과 의사인 벤 소블 박사(빌리 크리스탈 분扮)와 상담을 한다. 비티는 어떤 '친구'가 고통 받고 있는 문제를 말함으로써 자신에게 도움이 필요하다는 사실을 숨긴다. 그리고 소블 박사가 너무 빨리 그 '친구'는 비티 자신이라고 가정하자 화를 낸다. 그러나 몇 분 지나지 않아 이 정신과 의사는 책략을 꿰뚫어볼 만큼 충분히 현명하기 때문에 유능한 치료자라고 결론을 내린다.

같은 원리가 자녀들과의 대화에도 적용된다. 3장에서 이미 쇠가 식었을 때 때리는 기법에 대해 다룬 바 있다. 당신이 아이들에게 말하고 싶은 것이 있는데, 아이들이 이에 대해 반박하거나 들으려고 하지 않을 것 같으면 아이들이 수용할 수 있는 분위기가 될 때까지 기다리는 것이 가장 좋다. 당신과 즐겁게 지내고 있을 때라면 아이들이 당신이 말하는 것에 대해 무조건 거부할 가능성은 줄어들 것이다. 쇠가 식었을 때 두드린다는 것은 아이들이 당황스러워 할 때는 '뜨거운' 주제를 피하는 것을 의미한다. 아이들이 당신을 경멸하는 행동을 하고 있다면 아마도 당신이 설명하는 말에 어떠한 가치도 부여하려고 하지 않을 것이다. 그리고 당신이 말하는 것을 무시하거나 비난하는 것은 당신이 그런 하찮은 대우를 받을 만하다고 생각한다는 것을 의미한다. 당신과 아이들 사이에 일이 잘 진행되고 있다면, 아이들이 당신이나 당신이 하는 말에 대해 가치 있다고 느낄 가능성이 많을 것이다.

'쇠가 식었을 때 두드려라'는 기억해둘 만한 원칙이다. 특히 아이들의 적대행위로 화가 치밀어 오를 때는 더욱 그렇다. 그러나 그것이 언제나 가장 좋은 방침인 것은 아니다. 정반대의 방법을 택하는 것이 더 좋은 경우도 있다. 때로는 아이의 감정이 폭발했을 때 대화를 시작하는 것이 좋다.

이 일을 시작할 당시 나는 심각한 정서장애를 가진 아동들을 위한 임시치료센터에서 상담가로 일했다. 이런 아이들 중 다수는 자기통제를 할 수 없는 정서적 폭풍을 자주 겪는다. 때로는 상담가들이 아이들을 진정시키고 흥분상태를 불러일으킨 사건에 대한 모든 논의를 나중으로 미룸으로써 가장 효과적인 도움을 줄 수도 있다. 그러나 때로는 아이들로 하여금 자신의 행동에 대한 통찰력을 얻고 더 좋은 대처방법을 발견하도록 돕기 위해 그 순간의 위기를 이용할 수도 있다는 것을 알았다. 심리분석가인 프리츠 레들Fritz Redl 박사는 이런 기법을 '생활공간 인터뷰life space interview'라고 불렀다. 그는 아이들은 위기에 처했을 때 변화에 대해 가장 수용적이라고 믿었다.

이런 방법을 활용한다면, 따돌림 당하는 어머니는 먼저 아이가 큰 혼란에 빠져 있다는 것을 받아들이고 어머니에 대해 그렇게 화를 내는 것은 좋은 일로 느껴지지 않는다고 지적함으로써 아이의 호전적인 태도에 대응할 수 있다. 그런 다음 아이의 거부감은 합리적이지 않다는 설명을 할 수 있다. 아버지에 대한 두려움이나 미안함과 같은, 아이들에게 영향을 미치고 있을 수 있는 몇 가지 요인을 언급할 수도 있다. 어머니가 냉정을 유지하고 주의를 기울이면 그런 대화는 매우 효과적일 수 있다. 때로는 격앙된 대화를 하는 동안 돌파구가 열리기도 한다. 그러나 이런 방법에는 위험이 내포되어 있다. 이런 방법은 아이들로 하여금 현실을 보는 자신의 관점이 무시되고 있다고 느끼게 하고, 그 결과 따돌림을 강화할 수도 있다. 이런 이유 때문에 가능하면 제삼자에게 생활공간 인터뷰를 하게 하는 것이 바람직하다.

다리 놓기

제삼자들은 그 밖에도 두 가지 매우 중요한 방법으로 도움을 줄 수 있다. 나는 이미 제삼자는 아이들로 하여금 좀더 현실적인 관점을 가지도록 설득하는 역할을 할 수 있다고 언급했다. 제삼자는 또한 당신과 아이들 사이에 다리 역할을 할 수 있다. 그리고 당신을 긍정적으로 대함으로써, 아이들이 가진 배타적인 부정적 이미지를 상쇄시키는 데 도움이 되는 좋은 사례를 보일 수 있다.

따돌림 당하는 아버지의 누나가 추수감사절에 아이들(조카들)을 자기 집에 초대했다. 아버지도 올 거라고 말하자 아이들은 가고 싶지 않다고 말했다. 그녀는 아이들이 좋아하는 고모라는 자신의 지위를 이용해서 아이들이 안심하고 올 수 있도록 했다.

아버지와 직접 상호 작용을 하도록 만들기 위한 어떠한 압력도 아이들에게 가해지지 않았다. 하지만 아이들의 고모는 2년 이상 만나지 않았던 아이들과 아버지의 첫 번째 만남이 가져올 수 있는 긴장감을 완화시킬 수 있는 환경을 제공했다. 아이들은 오후 내내 대화를 하려는 아버지의 노력에 반응하지 않았다. 아이들은 음식과 미식축구 경기에 대해 이야기하고, 공휴일 모임이면 으레 오가는 일상적인 종류의 농담을 했다. 어느 누구도 장기간 계속된 만남의 단절에 대해 말하지 않았다. 그러나 적어도 얼음장 같은 분위기는 깨어졌다. 아이들의 고모는 아이들과 아버지 사이의 소원한 관계를 연결했다. 아버지와 아이들을 좀더 가깝게 만들기 위해서는 그와 같은 기회가 더욱 많이 필요했다.

가교의 역할 외에도 고모는 또 다른 교정 경험을 제공했다. 아이들은 아버지를 화를 잘 내고 완고하며, 그것을 메울 만한 장점이라고는 찾아볼 수 없는 사람이라고 여기도록 세뇌를 당해왔다. 그러나 고모의 집에서 아이들은 자기들이 존중하는 사람이 아버지를 가치 있게 여기는 것을 보았다. 이는 아이들의 현실인식과 충돌했다. 이로 인해 아이들은 자기들의 판단에 대해 약간이나마 의심을 갖게 되었다. 아버지에 대한 다른 친척들의 태도는 강력한 사회적 압력의 한 요인이다. 아이들이 '조화를 이루고' 싶다면 공손하고 따뜻해져야만 할 것이다. 그런 긍정적 행동은 다시 긍정적 태도를 일깨울 수 있다. 확실히 이와 같은 상황에서 아이들이 아버지에게 무례하게 대하기는 어려울 것이다. 엄마 집에서는 아버지를 헐뜯음으로써 조화를 이루려고 한다. 그러나 여기에서는 그런 행동이 이상해 보일 수 있다.

가능한 한 아이들이 당신을 존중하는 다른 사람들을 많이 만날 수 있게 하라. 다른 사람들은 당신에 대한 아이들이나 다른 편 부모의 견해를 공유하지 않는다는 것을 알게 하라. 이러한 형태의 경험은 당신 자신이 말할 수 있는 어떤 것보다도 강한 인상을 남길 것이다.

몇 년 전, 한 판사가 나를 지명해서 따돌림에 빠진 11세 된 소녀와 그녀의 어머니가 재결합하는 것을 돕게 했다. 소녀와 어머니는 4년 동안 서로 만나지 못했는데, 아만다(소녀)는 어머니가 난폭하고 정서가 불안한 사람이라고 믿게끔 조종되었다. 나는 아만다의 어머니를 만나던 초기에 그녀가 고전적인 레이스 수집에 열중한다는 것을 알았다. 그녀는 레이스를 만드는 방법까지도 알았다. 내 아내도 레이스를 좋아하고 요새는 수집도 하고 있다. 그런데 가까이에서 몇 년 동안이나 지켜보았지만 나는 레이스 장식의 패턴들이 어떻게 다른지 구분하기가 어려웠다. 솔직히 말하면 나는 그 일에 별다른 흥미가 없다. 내게는 차라리 아내가 오래된 재즈 레코드를 수집하는 편이 더 좋았을 것이다. 그러나 아내가 좋아하는 것은 레이스 장식이었다.

나는 어머니와 딸이 이 첫 번째 만남을 매우 두려워할 수도 있다는 것을 알았다. 내가 할 일은 두 사람이 서로에게 관용을 갖고 대하는 경험을 하도록 만드는 것이었다. 동시에 나는 어머니에 대한 아만다의 왜곡된 인식을 바로잡기 위해 한 가지 시도를 했다. 나는 그 어머니에게 레이스 장식 몇 개와 레이스 만드는 도구를 가져오라고 했다. 우리는 그것을 주제로 이야기를 할 작정이었다.

모녀가 만난 자리에서 나는 어머니에게 레이스 장식에 대해 많은 질문을 했다. 나는 그 어머니가 자신의 지식과 능력을 보여줄 수 있는 기회를 주었다. 그녀는 스스로 창작할 수 있는 재능과 시작할 때부터 끝날 때까지 인내할 수 있는 성품을 가졌다는 것을 알지 못하는 듯했다. 아만다는 딱딱한 표정을 하고 말없이 앉아 있었다. 어머니가 손잡이 장식 만드는 방법을 설명했다. 그것이 아마다의 관심을 끈 것 같았다. 나는 아만다의 취미와 관심에 대해 질문함으로써 아만다를 대화에 끌어들였다. 아만다가 그림 그리기를 좋아한다고 답했을 때 나는 아만다의 화가 풀어지고 있음을 알았다. 아만다의 어머니가 그림에 대해 물었다. 아만다는 간단하고 쌀쌀맞게 대답했다.

나는 어머니에게 우아한 아기용 끈 장식을 하나 가져도 되는지 물어보았다. 그리고 아만다에게 그것을 주어도 되는지 물어보았다. 어머니는 흔쾌히 허락했다. 나는 아만다가 거절하기 전에 얼른 그것을 건네주었다. 아만다는 흥미 없는 체했지만 끈 장식을 받아 들었다. 어머니와 아이 사이에 약한 끈이 이어지는 순간이었다. 나는 그들 사이의 고유한 끈을 넌

지시 암시하는 질문을 엮었다. "당신은 아만다를 임신했을 때 어떤 장식을 만들었지요?" 어머니는 대답을 한 다음 불쑥 덧붙였다. "아만다야, 그게 네 머리끈이었다는 걸 아니? 나는 그걸 네 아이들, 즉 내 손자들을 위해 간직하고 있단다." 여기에 깔려 있는 메시지는, 아만다와 어머니의 관계는 지금 이후에도 의미가 있다는 것이었다.

　나는 아만다에게 고개를 돌렸다. "네 머리가 예전에는 이렇게 작았다는 것을 믿을 수 있니?" 머리끈 때문에 아만다와 어머니의 예전 관계에 대한 질문들이 쉽게 이어졌다. "아만다의 생일에는 무엇을 준비했나요?", "아만다는 아기일 때 어땠나요?", "유치원에 처음 다닐 때는 어땠지요?", "여섯 살 때는 뭐를 좋아했지요?"

　나는 다시 아만다를 대화에 끌어들였다. "너도 엄마가 이야기하는 걸 모두 기억할 만큼 기억력이 좋지?", "엄마가 널 유치원에 데리고 간 것을 기억하니?" 나는 일부러 어머니를 '엄마'라고 표현했다. 나는 자신의 어머니를 이름으로 부르거나 '그 여자'라고 부르던 아만다가 '엄마'라는 말을 충분히 듣고 그 말을 자연스럽게 받아들이기를 바랐다.

　첫 번째 만남이 끝날 때가 되자 어머니는 다음번에는 아만다가 아기였을 때 만들어주었던 어떤 레이스를 가져오겠다고 말했다. 내가 아만다에게 그것을 보고 싶으냐고 묻자 아만다는 "물론이죠"라고 말했다. 시큰둥하기는 했지만 어머니를 보고 싶어하지 않던 소녀에게는 이것만으로도 커다란 진전이었다.

　그 만남은 기대했던 것 이상의 결과를 가져왔다. 아만다가 아무 말이나 행동을 하지 않았더라도 그것은 가치 있는 일이었을 것이다. 첫 번째 만남에서 나는 아만다에게 자신의 어머니가 박사를 가르치는 박식한 권위자이며, 그 박사가 어머니를 커다란 존중심을 갖고 정중히 대한다는 인상을 주어야만 했다. 아만다의 어머니는 딸이 믿고 있는 것처럼 그렇게 무가치한 사람일 리가 없었다.

학습은 레이스에 대한 것이 아니었다. 그것은 어머니의 가치, 그리고 아이들의 삶에서 어머니가 차지하는 위치에 대한 것이었다. 그 만남은 하나의 다리, 즉 두 사람이 서로를 향해 발걸음을 내디딤으로써 레이스라는 연약한 끈을 멀어진 두 사람을 지지해주기에 충분할 만큼 강하게 만드는 다리였다.

치유 경험을 공유하기

당신의 목적은 아이들과 다정한 관계를 회복하고, 아이들이 당신과 당신의 전 배우자에 대해 좀더 실제적이고 균형 잡힌 시각을 갖게 하는 것이다. 아이들이 심각한 따돌림에 빠져 있고, 따돌림이 오랫동안 굳어져 있다면 아이들에게 세뇌에 대해 가르치거나, 전문적인 도움을 받게 하지 않고는 이런 목적을 달성할 수 없을 것이다. 그러나 많은 경우 아이들에게 당신이 실제로 어떤 사람인지를 겪어보게 하고, 따뜻하고 편한 시간을 함께 보내는 것만으로도 따돌림을 어느 정도 되돌릴 수 있다.

지난 2000년도에 엘리앙 곤살레스라는 어린 쿠바 소년이 어머니가 익사한 직후 아버지와 떨어져 플로리다 주의 마이애미에 사는 친척 집에서 살게 되었다. 그 친척은 엘리앙에게 자유로운 미국에서 자랄 기회를 주고자 했다. 그래서 소년이 카메라에 손가락질하는 비디오테이프를 공개하면서, 그 소년이 집에 돌아가고 싶어하지 않는다고 주장했다. 엘리앙은 아버지에 대해 부정적 감정을 갖고 있었고 오랫동안 떨어져 지냈지만, 아버지와 짧게 만나는 것만으로도 그 감정을 되돌리기에 충분했다. 당신의 아이가 겪고 있는 이혼의 해독을 이야기하기에 앞서, 직접적이건 간접적이건 함께 누렸던 즐거운 경험을 되살리는 데 집중하라. 많은 경우 따돌림에 빠진 아이의 적개심이나 두려움은 부모와 함께 지내고 활동하는 동안 점차 줄어든다. 아이와 당신이 원래 흥미를 갖고 있었고 직접적인 상호 작용을 할 수 있는 활동을 택하라. 요리도 그 중 하나이다.

아이가 소극적으로 행동한다면 당신을 돕겠는지 여부를 묻지 말라. 아마도 그 대답은 '아니다'일 것이다. 따돌림에 빠진 아이가 자발적으로 당신과 어떤 일을 하리라고 기대하지 말라. 그저 아이에게 도움과 참여가 필요하다고 주장하라. 아이가 부정적인 태도를 보여도 따뜻하고 평범한 어조로 아이의 협력을 기대한다고 말해야 한다. 아이를 달래기 위해 당신이 할 수 있는 일을 하라. 활동하는 동안 그 시간을 즐기는 데 초점을 맞추라. 그렇게 하더라도 산뜻하거나, 정확하거나, 결정적인 결과는 일어나지 않는다. 아이의 자발성과 창의성을 북돋우라. 아이가 흥겨워해야 한다는 것을 기억하라. 가볍고 즐거운 기분을 느끼게 하는 데 최선을 다하라. 아이가 다른 아이들처럼 행동해서 당신과 함께하는 것에 대해 경계심을 늦추고 즐거워한다면, 케이크가 제대로 부풀어 올랐건 아니건, 쿠키가 탔건 아니건, 목적을 달성한 것이다.

수영장에서 함께 수영을 하는 것도 훌륭한 치료활동이다. 물 속에 있는 것은 아이들로 하여금 신체적 접촉을 촉진시키게 만든다. 그런 일이 없으면 멀리했을 부모에게도 마찬가지다.

유머는 아이들에게 해를 끼치지만 않는다면 적개심을 없애는 훌륭한 해독제이다. 한 어린 소년이 두 달 이상 아버지와 떨어져 지냈다. 그 소년은 아빠와 전화하기를 거부했으며 다시는 아빠를 만나지 않겠다고 말했다. 아버지가 정해진 날에 아들을 데리러 갔을 때, 그 소년은 울면서 30분 동안 엄마에게 돌아가게 해달라고 몸부림쳤다. 그러한 흥분은 아버지가 우연히 열쇠를 풀에 빠뜨렸을 때 끝났다. 소년은 무심결에 웃음을 터뜨렸고 아버지도 웃었다. 웃음이 나오는 순간을 공유한 것은 얼음장 같은 분위기를 깨는 데 충분했다. 소년은 화난 모습을 누그러뜨렸다. 나머지 시간 동안 아버지와 소년은 함께 정상적으로 놀았다. 그들이 함께 노는 것을 본 사람이라면 누구도 그들의 관계가 잠시 전까지도 문제가 있었다고 추측하지 못할 것이다.

나는 상담을 하면서 이런 형태의 급격한 전환을 여러 차례 보았다. 호의적인 관계는 일반적으로 아이의 나이가 어릴수록 쉽게 큰 효과를 나타낸다. 이혼전문가인 조안 켈리 박사와 자넷 존스톤 박사는 이를 어린아이의 미성숙 때문이라고 보았다. 아이는 그 순간에 사로잡혀 자신이 부모를 거부하게 되어 있다는 것을 잊는다.

급격한 전환은 좀더 나이 많은 아이에게도 일어날 수 있다. 전 배우자가 아홉 살 된 딸을 돌려보내기를 거부하고 전화호출에도 응답하지 않아서 마음이 산란한 어머니와 상담을 했다. 어머니와 떨어져서 몇 주를 지낸 딸애는 어머니나 언니와는 만나고 싶지 않다고 말했다. 법원은 아버지에게 주말에 딸을 어머니에게 보내라는 명령을 내렸다. 어머니는 전남편이 자신을 만나는 것에 거부감을 느끼도록 딸을 조종한 것이 아닐까 우려하여 나를 찾아왔다. 나는 어머니와 아이 사이에는 충분히 강한 유대감이 있으며 아마도 잠자리에 들 시간쯤에는 아이가 어머니에 대해 호감을 느끼게 될 것이라고 생각했다. 이론적으로는 내 생각이 옳았으나 시간에 대한 예측은 잘못된 것으로 판명되었다. 딸애는 처음 차에 탔을 때는 불안해했지만 곧 밝아져, 사실상 몇 분 지나지 않아 정상으로 돌아왔던 것이다.

여기서 얻은 교훈은 아이들에게 직접 이야기를 함으로써 아이들의 왜곡을 바로잡으려고 하기보다는 차라리 당신은 아이들이 믿고 있는 것처럼 나쁜 사람이 아니라는 것을 행동으로 보여주는 것이 낫다는 것이다. 이것이 효과를 발휘하면 그 다음에는 '쇠가 식었을 때 두드려라'라는 원리에 따라 따돌림에 대한 논의가 이어져야 한다. 당신과 아이 사이에 좋은 감정이 쌓일 때까지 기다리라. 그런 다음 당신의 아이가 장차 이혼의 해독에 노출되는 것을 예방하기 위해 아이의 나이에 적절한 헐뜯기, 깎아내리기, 세뇌에 대한 교육을 할 수 있다.

심각하게 따돌림에 빠진 아이들은 증오하는 부모와 조금이라도 함께 있는 것을 완강하게 거부할 수 있다. 이런 경우, 직접적이건 간접적이건 간에 아이들이 노출되어 온 조종에 맞서는 것 외에는 다른 방법이 없다. 이 장에서 제시되는 원리와 전략이 도움이 될 것이다. 그러나 따돌림에 빠진 아이들을 다룬 경험이 있는 심리치료사의 도움을 받는 것도 고려해야 한다.

긍정적인 경험을 기억에 새겨 넣기

당신이 아이의 적개심을 좀더 효과적으로 돌파해서 함께 즐거운 시간을 보낼 수 있다면 그러한 경험을 이용하라. 그것은 긍정적 유대감을 회복하는 데 상당히 유용하다. 더 나아가 그것은 앞으로 따돌리기를 조장하려는 시도가 있을 경우 아이가 거부하도록 만들 수도 있다.

그렇게 하기 위해서는 그 경험을 아이의 기억에 확실히 새겨 넣어야 한다. 우선 아이의 관심을 당신과 함께 즐겁게 지내고 있다는 것에 돌리라.

"이거 재밌지 않니?"와 같은 간단한 말을 하라. 아이가 무엇을 느끼고 있는지를 자세히 말하게 하라. "넌 우리가 하고 있는 것 중에서 무얼 가장 좋아하니?" 당신과 아이가 경험하고 있는 것에 반복적으로 관심을 갖게 하고 이름을 붙이게 하라. "우리가 함께 이렇게 많이 웃다니 좋지 않니?", 또는 "네가 여기에서 웃고 있는 걸 보니 기분이 좋다"라든가 "너 지금 정말로 킥킥댔네"처럼 긍정적 상호 작용에 반복적으로 초점을 맞춤으로써 그 순간의 현실감을 강화하고 당신과 함께 겪었던 부정적 경험을 상쇄하는 데 도움을 줄 수 있다. 그러나 더 중요한 것은 이렇게 하면 당신의 전 배우자가 그 기억을 없애기 어려워진다는 점이다.

거부당하는 부모나 조부모가 겪는 가장 일반적인 좌절은 따돌리는 행위가 일단 시작되고 난 다음에는 점차 그 주기가 짧아진다는 점이다. 이전의 만남에서 티미는 자신의 차가운 태도를 반성하고 어머니와 즐겁게 지냈다. 어머니에게는 아들과 정상적인 관계로 돌아갈 수 있을 것이라는 희망이 싹텄다. 그러나 그 희망은 좌절되고 말았다. 다음번 만나는 날이 되자 실망스럽게도 티미는 어머니에게 가는 것을 거부했다. 그리고 어머니와 만난 다음에는 즐거웠던 경험이 전혀 없었던 것처럼 행동했다.

이러한 좌절이 일어날 가능성을 줄일 수 있는 방법이 있다. 아이의 관심을 당신과 즐겁게 지내고 있는 시간으로 돌린 다음, 더욱 직접적으로 그 기억을 강화하는 데 초점을 맞추라. 그러면 따돌림의 감정이 다시 나타나는 것을 미리 막고 아이가 그에 대응하도록 도울 수 있다.

티미의 어머니는 낮은 음성으로 점잖게 말했다. "지금 우리가 얼마나 좋은지, 얼마나 서로 많이 사랑했는지 앞으로 기억했으면 한단다. 나를 다시 보고 싶지 않다는 생각이 들기 시작하면, 우리가 오늘 지냈던 즐거운 시간을 기억해라. 그렇게 할 거지?" (머리를 끄덕거리는 것만이 아니라)

말로 대답하게 하면, 그 메시지를 받아들여 마음속에 더 확실히 간직하게 할 수 있다. 아이에게 기억을 유지시키고 인정하도록 동기를 부여하기 위해, 몇 가지 과제를 제시할 수도 있다. "난 네 기억력이 좋다고 생각해. 좋은 기억력은 사람을 더 예리하게 만들고 학교 공부를 잘하게 한단다. 네 기억력으로 오늘 우리가 무얼 했고, 얼마나 재미있었는지 충분히 기억할 수 있을 것 같지 않니?" 자신의 지적 능력이 문제가 될 때 기억하기를 거부할 아이는 거의 없을 것이다.

아이와의 좋은 경험을 기억하게 만드는 또 다른 방법은 활동하는 장면을 담은 사진이나 비디오를 찍는 것이다. 아이들에게 몇 장의 스냅사진을 찍거나 잠시 동안 비디오카메라를 갖고 있게 하라. 날짜, 활동, 그 활동에 대한 각자의 생각과 감정을 기록한 일기를 함께 보관하라. 아이들이 그 일기에 활동하는 그림을 그려 넣을 수도 있다. 일기에 기록하는 바로 그 행위가 기억에 경험을 새겨 넣게 해줄 것이다. 또한 일기는 역사가 다시 써진 후에 좋은 관계였던 때가 있었다는 것을 보여주는 객관적 증거가 될 것이다.

이렇게 하는 데는 몇 가지 주의가 필요하다. 아이가 그 경험을 떠올리기를 불편해한다면 그런 경험이 있었다고 주장하지 말라. 즐거운 경험을 만들어내는 데 집중하라. 그리고 나중에 요지를 주입시키기 위해 아이들의 '몰래 엿보는 특성을' 이용할 수 있다. 아이로 하여금 당신이 전화로 다른 사람에게 얼마나 재미있었는지 이야기하는 것을 엿듣게 할 수 있을 것이다.

너무 고압적이거나 강요하는 식으로 의사를 전달하지 말라. 목소리의 톤은 평상시와 같게 하고 대화식이 좋으며, 설교조가 되어서는 안 된다. 과장하지 말라. 당신의 목적은 사실을 정확히 인식하게 하는 데 있지, 아이를 바보로 만들려는 것이 아니다. 너무 되풀이해서 말하지 말라. 기억하라. 기본적으로 이루어야 할 것은 경험이다. 그것에 대해 이야기하는 것이 긍정적 분위기를 해쳐서는 안 된다. 당신들이 보내고 있는 즐거운 시간에 대해 말할 때 아이들이 불쾌해한다면 당신이 지나치게 과장하는 것일 수 있다.

이런 권고는 지나치게 교묘한 것처럼 보일지도 모른다. 어쩌면 부모들이 아이를 따돌림에 빠지게 할 때 쓰는 전략 중 일부를 떠올리게 할 수도 있다. 결국 아이의 관심을 어떤 방향으로 적극적으로 유도해서, 아이와 당신의 긍정적 상호 작용에 대한 기억을 확실하게 만들라고 권고하고 있는 것이다. 이것이 역따돌림일까? 확실히 그렇지 않다. 세 가지 점에서 결정적인 차이가 있다.

첫째, 왜곡을 하려는 것이 아니라 왜곡을 바로잡으려는 것이다.

둘째, 아이와 전 배우자의 부정적 관계를 조장하려는 것이 아니라 아이와 당신의 긍정적 관계를 촉진시키려는 것이다.

셋째, 이런 전략이 성공하면, 아이는 한쪽 부모는 영웅이고 다른 편 부모는 악당이라는 양극화된 관점보다는 당신과 당신의 전 배우자에 대해 실제적이고 균형 잡힌 관점을 갖게 될 것이다.

긍정적인 과거 되살리기

당신은 현재 진행되고 있는 즐거운 시간을 기억하는 과정에 있지만, 아마 과거에 있었던 즐거운 시간에 대한 기억도 많을 것이다. 거기에 아이를 참여시키는 최선의 방법 중 하나는 과거의 긍정적 관계를 담은 시각자료를 보여주는 것이다. 사진, 비디오테이프, 기념품, 선물, 좋아하는 이야기책이 이에 해당된다. 과거를 기억하는 것은 역사를 뜯어 고쳐 왜곡하려는 것을 막아주는 것일 뿐 아니라 그 기억을 함께 즐기는 자체가 강력한 유대의 경험일 수 있다.

아이들에게 '즐거웠던 옛날'을 담은 비디오테이프를 즐겁게 보게 할 수 있으면, 아이와 당신의 관계를 개선하는 긴 여정을 시작한 것이다. 이것은 매우 소중한 자원이므로 너무 일찍 끌어들이거나 아이의 저항감을 불러일으키는 방식으로 낭비하지 말아야 한다. 따돌림에 빠진 아이들은 자신들의 감정을 바꾸려는 눈에 띄는 노력에 저항감을 갖는다는 것을 기억하라. 강제로 사진을 보게 한다면, 그 경험의 이익을 이미 상실한 것이다. 그러므로 평상적인 방법으로, 그리고 아이들이 받아들일 것 같다고 느껴질 때 보여주어야 한다. 이런 의미에서 따돌림에 빠진 아이를 상대하는 것은 포커 게임을 하는 것과 같다. 결정적인 순간을 위해 유리한 입장을 감추어야 한다. 그렇지 않으면 아이들은 일순간 멀리 달아날 수도 있다.

이런 일에도 제삼자를 개입시킬 수 있다. 아이가 방에 있는 동안 사진이나 비디오테이프를 가져와서 다른 사람에게 보여주라. 제삼자 앞에 늘어놓고, 아이도 보게 하라. 기념물에 담겨 있는 활동에 대한 기억에 대화를 집중시키되, 지난날 존재했던 부모와 아이의 긴밀한 유대 관계를 강조하라. "우리는 그때 휴가에서 매우 즐거웠지. 산 정상에 올라가서 뿌듯해하던 거 기억하니? 네가 너무 지쳐서 내가 널 업고 내려와야 했지." 아이가 들을 것이라는 생각이 들면, 다음과 같은 말을 덧붙여도 좋다. "그런 사랑은 사라지는 것이 아니란다. 네가 나에게 그런 사랑을 다시 보여주고, 나도 네게 보여줄 수 있으면 좋을 텐데."

열 살 이하의 아이들은 보통 생일이나 양자로 들어간 날의 이야기를 듣는 것을 좋아한다. 축복받는 사건이나 그 준비, 반응에 대한 이야기는 아이를 사로잡으며, 그것이 자신의 행복을 위해 당신이 평생 투자를 한 것임을 떠올리게 한다. 그날 당신이 얼마나 흥분상태였는지 아이에게 말하라. 당신이 집과 병원에서 했던 모든 준비를 말해주라. 분만수업, 아기용품 구입, 출산에 대한 당신의 모든 생각과 걱정, 아기가 태어났을 때 당신의 첫 번째 반응, 아이가 처음 "아빠", "엄마"라는 말을 했던 날의 기억 등.

매우 창의적인 한 할머니가 악의적인 따돌림 캠페인의 표적이 되었는데, 두 명의 손자가 그 캠페인에 빠져들기 시작했다. 할머니는 밸런타인데이에 두 개의 높은 다리가 달린 카드를 그리고, 그 위에 시를 지어 적어 넣었다. 그 시는 지난날의 사랑과 애정을 달콤하게 떠올리고, 부모의 이혼으로 인한 아이의 고통에 공감을 표했으며, 아이들에 대한 할머니의 사랑을 재확인하고, 아이들에게 위기를 극복하고 잘 살 수 있을 것이라는 영감을 불어넣었다. 다음은 그 시의 일부이다.

우린 염려한단다, 원한단다, 너희가 알기를 원한단다.
우린 보았단다, 안단다, 느낀단다, 얼마나 아픈 상처인지를.
부모와 할아버지, 할머니 사이에서 찢기고, 등 뒤로는 벽에 부딪히고.
이 세상의 모든 시련 중에서 가장 큰 시련일 수도 있지.
친구와, 이웃과, 그 밖의 모든 일상에서 멀어졌구나.
우뚝 서는 데는 용기가 필요하지. 최선을 다하렴.

할머니는 카드 전체에 걸쳐 모든 특별한 활동, 고유한 게임, 조부모와 아이들 사이에 있었던 유대 경험을 기억나는 대로 쓰고 붙였다. 거의 100가지나 되었다. 이 카드는 손자들의 관심을 끌었다. 손자들은 그 내용을 일일이 읽었다. 그런 다음 할머니가 빠뜨렸던 것을 생각해내려고 했는데,

이 과정에 할머니가 참여했다. 전체 경험은 치료효과가 매우 컸다.

아이들이 심각하게 따돌림에 빠진다면, 6장에 나오는 '역사를 왜곡하기'에서 논의한 대로 끝을 맺으라. 아이들은 자신이 당신을 사랑했다는 것을 '입증하려는' 당신의 노력에 거부감을 보일 수도 있다. 아이들은 당신이 자기에게 사진 속의 웃음을 강요했다고 주장할 것이다. 또는 비디오테이프에서 자신들이 즐겁게 보이는 유일한 이유는 그 자리에 다른 편 부모가 있었기 때문이라고 말할 수도 있다. 그렇다고 해도 단념하지 말라. 아이들이 이 순간에는 과거에 있었던 사실을 인정하지 않을 수도 있지만, 당신은 아이들이 잃어버린 것이 무엇이며, 자신들이 지금 믿고 있는 것과 과거가 얼마나 많이 다른지를 떠올리게 하는 씨앗을 뿌리고 있는 것이다. 그씨앗은 결국 열매를 맺을 것이다. 당신이 비디오테이프를 보고 있는 동안아이들이 방 안에 남아 있다면 그 내용에 최소한의 관심을 갖고 있는 것이확실하다.

마음속에 씨뿌리기

부모 따돌림 증후군을 치료하는 사람들을위한 책에서, 가드너 박사는 이런 아이들의 마음속에 씨를 뿌리는 것의중요성을 강조한다. 우리의 메시지가 아이들에게 통할지 여부는 알 수 없다. 그러나 직접적인 결과가 나타나지 않는다고 해서, 반드시 그 노력이낭비라는 것을 의미하지는 않는다. 단숨에 따돌림을 해소할 수 있다고 기대하지 말아야 한다. 그 과정은 몇 주나 몇 달이 걸릴 수 있다. 그리고 이전에는 미치지 못하는 관계를 맺는 데 만족해야 할 수도 있다.

중화가 된다고 하더라도 이혼의 해독은 흔적을 남길 수 있다. 일반적으로 줄어든 애정 가운데 얼마나 많은 부분이 이혼의 해독 탓인지, 일반적인 이혼 탓인지, 아동의 자연적 발달 탓인지 구분해내기는 어렵다. 대부분의 아이들은 십대에 들어서면 자연적으로 부모에 대한 애정과 존중이 줄어든다는 것을 명심하라. 십대 아이들은 변덕스러워지는 경향이 있으며, 부모와 시간을 덜 보내려고 한다는 것은 확실하다. 통상적인 청소년기의 행동을 따돌림으로 오해하지 않는 것도 중요하다.

휴가를 함께 보내기

시간과 비용에 여유가 있다면 따돌림에 빠진 아이와 휴가를 가는 것을 고려해보라. 아이들의 부정적 태도가 여행을 망쳐버릴 위험성도 있다. 그러나 여행이라는 환경이 당신과 아이의 관계에 긍정적으로 기여할 가능성이 더욱 크다.

이 상황에서 휴가가 줄 수 있는 긍정적인 역할은 다음과 같다. 첫째, 더 좋은 분위기를 만들 수 있는 정신적 이완과 즐거움이 있다. 휴가를 즐기는 사람들은 다른 사람을 더 너그럽게 대하는 경향이 있다. 둘째, 다른 편 부모와의 지리적 거리감이 심리적 거리감으로 확대된다. 따돌리는 행위를 하는 부모와 떨어져서 신기한 환경을 접하게 되면, 당신에 대한 아이의 의존성이 높아진다. 이는 당신에게 아이들의 욕구를 만족시키는 역할을 경험하게 해준다. 그것을 할 다른 사람은 아무도 없다. 셋째, 사람들은 일상적인 환경에서 벗어날 때 태도를 변화시키기가 더욱 쉽다. 고립이 따돌리는 행위를 하는 부모의 조종에 더욱 쉽게 빠지게 만든다는 5장의 논의를 생각해보라. 그렇다. 이 점은 표적부모를 위해서도 마찬가지이다.

열두 살짜리 소년이 주말에 아버지 집에 오는 것을 거부했다. 새어머니와 같이 지내고 싶지 않았기 때문이었다. 소년은 재혼에 대한 어머니의 거부감을 알고 있었다. 어머니는 아이가 아버지의 새 아내를 받아들인다면, 이를 자신에 대한 불충행위로 간주하겠다는 것을 명확히 했다. 아이는 아직 아버지에 대한 따돌림에 빠지지는 않았지만 그런 방향으로 나아가고 있었다.

아버지는 새 아내와 아들을 데리고 하와이로 여름휴가를 가겠다는 계획을 발표했다. 아이가 항의했지만 아버지는 확고했다. 아이는 이들과 함께하게 될 것이다(하와이에 억지로 갔다는 것이 바로 이런 아이들이 얼마나 불합리한지를 보여주는 가장 명백한 증거이다).

짐을 싸고, 공항으로 가고, 라운지에서 기다리는 동안에도 아들은 내내 기분이 좋지 않았고 아무런 말도 하지 않았다. 그러나 일단 비행기가 뜨고 나자 여행의 흥분감이 불행하다고 생각하는 마음을 뛰어넘었다. 기분이 좋아지자 아들은 휴가 계획을 짜는 데 참여하기 시작했다. 아들은 제트스키를 빌리자고 했다. 아빠는 그건 너무 위험하다고 말했다. 새어머니가 아들 편을 들었다. "그렇게 합시다. 조심해서 탈 거예요. 휴가를 망치고 싶지는 않을 테니까요."

소년은 점차 화를 내지 않음으로써 많은 것을 얻을 수 있다는 것을 분명히 알게 되었다. 아빠가 한 농담에 아이가 웃자 새어머니는 쇠가 식었을 때 두드리기로 결심했다. 새어머니가 새 아들에게 말했다. "네가 나와 가까이 지내는 게 쉽지 않다는 건 알아. 하지만 나는 네 아빠를 많이 사랑해. 그래서 결혼한 거야. 나는 우리가 친구가 되었으면 좋겠어. 적어도 이번 여행이라도 즐겁게 지내도록 최선을 다하자."

아빠와 새어머니에게서 떨어지기 어려운 상황에서 이 아이에게 필요한 것은 함께 잘 지내자는 요청이었다. 함께 새로운 것을 발견하고, 함께 결정하고, 아이가 해변에서 입은 상처에 새어머니가 관심을 쏟는 것과 같은 형태의 경험은 서로를 편안히 여길 수 있게 해주었다. 휴가는 그들의 관계를 열어준 소중한 경험이었다. 하와이 여행이 끝나자, 아이는 새어머니와 함께 지내는 것에 대해 반대하지 않았다. 실제로 새어머니는 아이에게 매우 중요한 사람이 되었으며 새어머니가 없을 때는 실망하는 눈치를 보이기도 했다.

따로따로 공략하라: 형제자매 분리시키기

형제자매를 분리시키는 것도 장점이 있다. 자신의 형제자매가 한쪽 편 부모를 향해 증오심을 보일 때 다른 아이들도 따라 하기 쉽다. 약한 따돌림에 빠진 아이가 형제자매의 압력에 굴복할 수도 있다. 이와는 반대로 다른 누군가가 자신을 지지하지 않을 때 부모를 거부하는 태도를 유지하기는 훨씬 어렵다. 형제자매를 같이 있게 하는 것보다는 따로 있게 하는 것이 아이들을 따돌림에서 되돌리기가 훨씬 쉽다. 앞에서 언급했듯이, 손위 아이 하나가 전 배우자의 대리인 역할을 하여 당신에 대한 부정적 태도를 강화시킬 수도 있다. 십대의 한 소년이 자신은 여동생이 어머니를 사랑하는 감정을 갖도록 내버려두지 않는다고 내게 직접 말했다. 이 소년은 그런 낌새가 보이면 여동생에게 어리석다고 말하기도 하고, 아빠와 엄마 중 하나를 선택해야만 한다고 말하기도 했다.

나는 먼저 상대적으로 따돌림에 덜 빠져 있는 아이와 당신의 관계를 회복하는 데 초점을 맞추라고 권하고 싶다. 이 아이와 관계를 회복하는 것은 당신에게 자신감을 줄 것이다. 또한 자기 남동생이나 여동생이 당신과 행복한 관계를 즐기고 있는 것을 다른 아이가 본다면, 자신이 잃어버리고 있는 것을 떠올려서 당신과 다시 결합하려고 할 수도 있다.

분리-공략 방법의 결점은 아이들 사이에 갈등을 불러일으킬 수도 있다는 점이다. 아이가 당신 전 배우자의 집에 돌아가면 다시 당신에 대한 부정적 감정을 가지라는 압력에 시달릴 것이다. 당신에게 긍정적인 감정을 갖고 있다는 것이 밝혀진다면 아이가 괴로움을 당하거나 거부당할 수도 있다. 아니면 아이의 다른 편 부모나 형제자매들이 아이가 세뇌당했다고 비난할 수도 있다.

당신과 아이의 유대감이 강하다면 아이가 다른 편 부모의 집으로 돌아갈 준비를 도와라. 다른 편 부모와 형제자매가 당신에 대한 아이의 사랑을 싫어할 가능성에 대해 이야기하라. 사람은 누구나 자신이 원하는 사람을 사랑할 권리가 있다는 것을 가르칠 수도 있다. 자신의 견해에 따라 행동할 수 있도록 자기 생각을 주장하라고 가르쳐라.

한 아이가 아버지에게 물었다.

"내가 엄마를 사랑하면 아빠는 날 사랑하지 않을 거야?"

아버지는 아니라고 대답할 수 밖에 없었다.

"그러면 난 아빠 엄마를 모두 사랑할 거야. 그렇게 하기로 했어."

아이가 말했다.

아버지가 양보를 했을 뿐이지만 아이의 형은 이 말에 크게 영향을 받아서 다음에 어머니를 만날 때 동생과 함께 가겠다고 말했다.

분리-공략 방법은 심하게 따돌림에 빠져 있는 아이에게도 효과적일 수 있다. 형제자매와 분리되면 아이는 당신에게 더욱 의존하게 된다. 이렇게 되면 당신의 영향력이 커지고 아이가 계속해서 따돌림을 유지하기는 더욱 어려워진다. 이 방법이 당신 아이들 모두에게 성공적이지 않을 수도 있지만 적어도 한 아이의 마음을 여는 데는 도움이 될 수 있다. 때로는 최선의 결과가 아니라 우리가 얻을 수 있는 것에 만족해야 할 때도 있다.

아이를 중립에 머무르게 하기

이혼의 해독은 가족 구성원들 간에 일종의 종족 싸움을 불러일으킨다. 분리-공략 방법이 이러한 싸움의 원인이 되는 것은 아닌지 확인하라. 분리-공략의 목적은 따돌림을 극복하는 것이지 아이들 사이의 갈등을 부추기거나 아이로 하여금 전 배우자에게 등을 돌리게 하려는 것이 아니다. 그 목적은 오로지 아직 따돌림에 빠지지 않은 아이들이 당신에게 등을 돌리라는 압력에 저항하도록 돕는 것이다.

한쪽 부모를 모독하라는 캠페인에 참여하기를 거부하는 아이들은 비난을 받을 위험이 있다. *따돌리는 행위를 하는 부모와 따돌림에 빠진 형제자매는 그 아이들이 자신들의 주장에 충성을 다할 것을 기대한다. 당신이 해야 할 일은 이러한 기대감을 좌절시키고 다른 쪽 부모를 계속해서 사랑과 존중으로 대하는 방법을 가르치는 것이다.* 이런 상황은 전쟁에 비유될 수 있다. 전쟁에서 어느 한 편과 동맹을 맺는 나라들도 있지만 어떤 나라들은 전쟁 내내 중립을 유지한다. 이런 나라들은 적대행위에 참여하지 않고 양쪽 편과 우호 관계를 지속한다. 이런 정책은 상황에 따라 최선의 정책이 될 수도 있고, 그렇지 않을 수도 있다. 그러나 가장 좋은 방법은 이혼한 가정의 아이들이 부모 양편과 관계를 지속하는 것이다.

결혼생활을 하는 동안 아이들에게 가르쳤던 가치를 강조하라. 증오 캠페인에 참여하는 것보다는 사랑과 존중을 지키는 것이 더욱 바람직하다는 입장을 분명히 밝혀라. 집단 압력 앞에서 용기를 보이는 것의 가치에 공감을 표하라.

아이들은 부모 양편에게 어른들의 갈등에 말려들고 싶지 않다고 말하는 것을 배울 필요가 있다. 아이들은 부모들이 다른 편 부모에 대해 나쁘게 말하는 것을 듣고 싶어하지 않는다. 한쪽 부모에 대한 스파이 노릇을 하고 싶어하지 않는다. 부모들 사이에 끼어서 메시지를 전달하고 싶어하지 않는다.

이런 식으로 자기주장을 할 때 따돌림을 조장하는 부모와 따돌림에 빠진 형제자매는 결국 아이의 중립적 입장을 받아들이게 된다. 따돌림에 빠진 아이들은 물론 계속해서 표적부모를 헐뜯는다. 그러나 미묘한 균열이 생기고 모순되는 태도가 나타난다. 한편으로는 표적부모가 비열하고 존중받을 만한 가치가 없다고 생각하면서도 다른 의견을 갖고 표적부모와 긍정적 관계를 유지하는 아이에 대해서는 너그럽게 대한다. 표적부모가 대화의 주제가 아닌 한 평화와 조화가 유지된다. 이러한 관용은 어쩌면 이전에 사랑했던 부모와 재결합하고 싶은 자신들의 욕구를 대리만족시키는 것일 수도 있다.

한 아이의 따돌림을 막거나 되돌리는 데 성공했다면 그 아이가 다른 아이를 설득하는 데 도움을 주기를 기대할 수도 있다. 그러나 내가 볼 때 이런 생각은 잘못이다. 아이들이 이혼의 해독에 저항하는 그 자체가 주된 성과이다. 특히 형제자매가 이혼의 해독에 빠졌을 경우라면 더욱 그렇다. 그것으로 충분하다. 그 아이에게 다른 형제자매의 생각을 바꾸라는 부담을 지우지 말라. 그런 시도는 실패로 끝나고 그 결과 형제자매의 관계가 파국에 이를 수도 있다. 이는 어느 누구에게도 도움이 되지 않는다. 나이가 적은 형제자매들에게 커다란 영향력을 갖고 있는 청소년 후기나 성인의 문턱에 서 있는 자녀들의 경우만 예외일 수 있다.

종교적 가르침을 환기시키기

앞에서는 종교적 권위가 어떻게 세뇌에 이용될 수 있는지 보았다. 종교는 세뇌를 푸는 데도 큰 역할을 할 수 있다.

아이들에게 일련의 종교적 믿음을 가르쳐왔고 아이들이 그 믿음체계를 도덕적 행위의 근본지침으로 생각하고 있다면 따돌림을 중화시키는 데 종교의 가르침을 주저 없이 활용하라. 따돌림에 빠진 아이들과 가장 커다란 관련이 있는 종교적 가르침은 십계명 중 다섯 번째 계율이다. "네 아버지와 어머니를 존경하라."

유대교는 '악마의 혀Lashon Hara'라고 해서 헐뜯는 말을 엄격하게 금지한다. 유대의 법은 악의적인 말이 입힌 해로움을 도둑질이 끼친 해로움보다 더 나쁜 것으로 여긴다. 훔친 물건은 돌려받을 수 있다. 그러나 한 번 뱉은 말은 주위 담을 수 없다. 랍비에 대해 악의적인 거짓말을 한 어떤 남자의 이야기가 있다. 그는 후회를 하고 랍비에게 가서 잘못을 바로잡을 방법을 물었다. 랍비는 그에게 베개를 가르고 그 깃털을 바람에 날리라고 말했다. 그 남자는 랍비의 말대로 한 다음 돌아왔다. 랍비가 말했다. "이제 가서 깃털을 전부 다 모으시오. 깃털을 다시 모을 수 없는 것과 마찬가지로 당신의 말 때문에 생겨난 피해는 바로잡을 수 없소."

기독교에서는 용서의 미덕을 강조한다. 그리고 전부는 아니지만 대부분의 주요 종교는 거짓말을 금한다. 당신을 대하는 아이의 태도가 종교적 가르침과 일치되지 않는다는 것을 지적하는 것은 화해의 중요성을 인식시키는 데 도움이 될 수 있다.

존경받을 만한 위치에 있는 성직자에게 도와달라고 요청하는 것을 고려해보라. 부모-자녀 관계의 신성함을 지지하고 아이들이 부모 양편에 모두 충성해야 한다고 믿는 성직자라면 당신을 도와서 아이들에게 이야기할 수 있을 것이다.

가드너 박사는 따돌림에 빠진 아이의 종교적 믿음이 아버지가 부당하게 투옥되지 않도록 하는 데 결정적 역할을 한 사례에 대해 언급했다. 그 소녀는 아버지가 상습적으로 자신의 성기를 만졌다고 거짓으로 고소했다.

딸이 형사재판에서 증언을 하기에 앞서, 아버지의 변호사는 아이에게 자기 행동의 종교적 의미를 상기시킬 수 있도록 설계된 일련의 질문을 준비했다. 소녀가 증언대에 서자 변호사는 거짓말을 하는 것은 죄이며, 사람은 자신의 아버지와 어머니를 존경해야 하며, 신은 이러한 계율을 어기는 사람에게 벌을 주며, 법정을 포함한 우주에서 일어나는 모든 일을 알고 있다는 믿음을 이끌어냈다. 이와 같은 준비를 거쳐 변호사는 소녀에게 아버지가 은밀한 곳을 만진 것이 사실인지 물었다. 소녀는 오랫동안 망설인 끝에 자신의 이전 주장을 철회하고 거짓말을 했다는 것을 인정했다. 그 소녀는 신이 지금의 자신을 보고 기뻐할 것이라고 생각했다.

거짓말을 한 이유를 묻자 아이는 처음 어머니가 소녀에게 아버지가 은밀한 곳을 만진 적이 있느냐고 물었을 때는 아니라고 대답했다고 말했다. 그러나 어머니가 계속해서 그 질문을 되풀이하자 그 상황을 피하기 위해 그렇다고 대답해버렸다. 어머니는 '그렇다'는 대답을 들은 다음 만족해하면서 딸에게 그 대답을 반복하게 했다. 얼마 후 소녀는 어쩌면 그 일이 정말로 일어났을지도 모른다고 생각했다. 하지만 소녀는 그 일이 실제로는 없었다는 것을 알았다.

어떤 사람들은 변호사의 이와 같은 전술이 아이의 죄책감을 불러일으킬 수 있다는 점에서 반대할 수도 있다. 그러나 나는 다음과 같이 생각한다. 학대를 당했다고 거짓으로 고소하는 아이는 죄책감을 느끼고 사실을 밝힐 필요가 있다. 그렇지 않으면 인생의 나머지 기간 동안 아버지를 감옥에 가게 만들었다는 더 큰 죄책감을 가진 채 살게 되거나 최악의 경우에는 자신을 사랑하는 사람들에게 이와 같은 커다란 피해를 입히고도 냉담할 수 있는 인격의 붕괴를 가져올 수도 있다.

견해의 차이를 인정하라

크레이그는 아들과 딸을 4년 동안 보지 못했다. 법원은 그에게 양육권을 주었다. 그러나 전 배우자는 두 아이를 납치해서 다른 곳으로 도망했다. 그동안 아이들은 아버지 크레이그가 자신들을 괴롭히고 아내를 때리는 사람이라고 믿도록 조종되었다.

법원은 아이들을 당분간 어머니와 함께 있도록 하고 그 가족을 맡을 심리치료사를 지명했다. 크레이그는 아이들과의 첫 번째 만남을 간절히 기다렸다. 4년 만에 처음 아이들과 직접 만나는 것이었다.

심리치료사는 크레이그에게 아이들이 화가 나 있을지 모른다고 경고했다. 그리고 아이들과 논쟁을 벌이지 말라고 충고했다. 크레이그는 사태를 낙관했다. 자신과 아이들의 강한 유대감은 모든 문제들을 극복하게 할 것이라고 생각했다. 크레이그가 소파에 앉았다. 심리치료사가 두 아이를 데리고 왔다. 크레이그는 아이들을 껴안고 울고 싶은 것을 가까스로 억제했다. 그리고 눈물을 참느라고 목이 멘 목소리로 물었다. "어떻게들 지내고 있니?"

아들이 말했다. "무서워요. 왜 우리가 여기 있어야 해요? 아빠 우리를 성적으로 학대했어요. 우린 아빠와 어떤 관계도 갖고 싶지 않아요. 우린 아빠를 경멸해요. 아빠 추잡한 치한에다 성도착자이고, 감옥에 있어야 해요." 아이는 믿기 어려울 정도로 악의에 찬 목소리로 이런 말들을 했다.

크레이그는 놀라서 입이 딱 벌어졌다. 아이들이 이런 식으로 자기에게 분노를 터뜨릴 줄은 생각도 못했던 것이다. 크레이그는 별생각 없이 불쑥 말했다. "그건 새빨간 거짓말이야. 난 결코 그런 일을 한 적이 없어. 너희는 세뇌당했어."

아들이 울부짖었다. "아빠가 날 거짓말쟁이래요. 그런 말을 듣고 있을 수 없어요. 나갈래요." 아이들은 곧바로 나가버렸다. 그리고 돌아오지 않았다.

이렇게 치료 노력이 좌절된 지 5개월 후, 또 다른 심리치료사가 도움을 주기 위해 소개되었다. 이 심리치료사는 아이들과 함께 만날 스케줄을 잡지 않은 채 크레이그하고만 몇 차례 만났다. 크레이그는 자신의 인간 됨됨이에 대한 끔찍하고 엄청난 왜곡을 바로잡고 싶다고 설명했다. 새로운 심리치료사는 모욕과 불공평에 대한 크레이그의 느낌을 이해했다. 그러나 그런 고발에 대응하려고 하기에 앞서 기다리는 것이 최선이라고 말했다. 이는 탁월한 권고였다. 심리치료사는 크레이그가 아이의 학대주장에 맞대응하지 않고 피하는 방법을 연습하게 했다. 그런 다음 재결합을 성공적으로 촉진시키기 위해 다른 기법과 결합된 분리-공략 방법을 이용했다.

아이들이 한쪽 편 부모가 아동학대, 가정폭력, 알코올 중독 같은 주요 범죄를 저지르고도 이를 완강히 부인한다고 믿게 되면 화해의 가능성은 매우 낮아진다. 부모와 아이들은 서로 자신이 진실을 말하고 있다고 주장한다. 그리고 관계를 다시 맺으려면 상대방이 자신의 말에 동의해야 한다고 생각한다.

협상전문가는 가장 어려운 문제는 협상의 마지막 순간까지 미룬다. 좀 더 작은 목표를 이룬 다음 그 성공을 이용하는 것이다. 아이들과의 화해도 이런 방식으로 모색한다.

가능한 한 당신이 비난을 받고 있는 끔찍한 일을 했는지 아닌지에 대한 논쟁을 피하라. 아이들과 처음으로 다시 만났을 때 이러한 논쟁의 결론을 요구하지 말라. 아이가 사실이라고 주장하는 것을 그대로 받아들이라는 말이 아니다. 논쟁을 잠시 보류하라. 견해의 차이를 인정하라.

이는 아주 중요한 문제이다. 경험 많은 심리치료사의 도움 없이 폭발성이 강한 문제를 섣불리 건드리는 것은 화해의 전망을 훨씬 어둡게 만들 뿐 아니라 망신만 톡톡히 당할 수도 있다.

당신 아이들에게 다음과 같이 말하라. "어떤 일이 실제로 일어났는지에 대해 너희와 내 생각은 크게 달라. 너희도 나도 지금 그 문제에 결론을 내리려는 것은 아니라는 걸 알 거야. 그러니 그 문제에 대해서는 더 이상 이야기하지 말자. 우리가 할 수 있는 한 즐거운 시간을 보내도록 하자. '견해의 차이를 인정하자'라고 할 수 있겠지. 누가 옳은지를 서로에게 믿게 하려고 시간을 보내지 말자는 뜻이야. 살다 보면 때때로 즉시 결말을 지을 수 없는 의견 차이를 겪게 된단다. 의견 차이가 있다고 해서 같이 즐거운 시간을 보낼 수 없는 것은 아니란다. 자, 오늘 그렇게 하지 않겠니?"

하고 싶은 중요한 말이 있더라도 아이의 가슴에 다른 다리를 놓고 난 다음에 하는 것이 훨씬 쉽다. 사실 일단 화해가 이루어지고 나면 그런 말을 할 필요가 거의 없다는 것을 알게 될 것이다. 물론 이런 방법은 실제로 잘못을 범한 부모들에게는 적용되지 않는다. 이런 경우 당신과 아이들이 건전한 관계를 맺기 위해서는 아마도 전문적인 상담과 지도가 필요할 것이다. 이러한 작업에는 당신이 한 잘못을 인정하고, 그것이 아이에게 준 충격을 이해하며, 다시는 그런 일이 일어나지 않도록 방지하고, 보상 방법을 찾는 것 등이 포함될 것이다.

완전한 사람은 없다

이치에 맞지 않은 따돌림에 빠져 있는 아이들의 특징 중 하나는 한쪽 편 부모는 악한으로, 다른 편 부모는 영웅으로 여긴다는 점이다. 이런 아이들에게는 부모 양편이 모두 좋은 점과 나쁜 점을 갖고 있다는 것을 가르쳐주어야 한다. 아무리 바람직한 부모라 하더라도 완전하지는 않다. 이런 생각을 하게 된다면, 그리고 사랑하는 사람에 대해 복합적인 감정을 갖는 것이 정상이라는 것을 안다면, 아이들이 당신을 전적으로 나쁘다고 여기게 될 가능성은 줄어들 것이다.

앞에서 언급한 '선택적 주의집중'에 관한 장을 다시 검토하라. 어떤 사람의 잘못이나 그의 결점에만 초점을 맞추어 부정적 견해를 갖는 경우가 얼마나 많은지 아이들에게 알려주라. 자신들도 잘못 행동한 적이 있었음을 아이들에게 상기시켜라. 어떤 부모도 나쁜 일이나, 비열한 일이나, 잔인한 일을 했다는 이유로 아이들을 사랑하지 않는 경우는 없다는 것을 지적하라. 아이들이 당신에 대한 나쁜 일만을 듣고 생각한다면 좋은 일은 전부 잊어버리게 되지 않을까 하는 당신의 우려를 설명하라. 부모가 어떤 잘못을 했다고 해서 그 때문에 그 부모를 좋지 않게 보고 관계를 끊을 이유는 없다는 것을 설명하라.

한 아버지가 앞에서 언급한 간접 기법을 이용해서 이와 같은 것을 가르쳤다. 아버지는 아들에게 말했다. "지난주에 어떤 소년에 대한 글을 읽었어. 그 소년의 엄마는 아빠에게 매우 화가 나 있어서 아빠에 대해 말할 때마다 나쁘게 말할 거리가 생각났어. 엄마는 언제나 아빠를 비난했지. 얼마 지나지 않아서 소년은 아빠도 다른 사람들처럼 좋은 면과 나쁜 면을 다 갖고 있다는 것을 잊어버렸단다. 소년은 아빠가 자신을 공중에 던졌다가 받고는 했다는 것을 잊어버렸어. 소년은 자신이 태어났을 때 아빠가 얼마나 기뻐했는지를 기억하기에는 너무 어렸지. 그렇지만 아버지는 소년을 매우 사랑했단다."

네 스스로 생각하라

"아빠는 여자친구만 알고 우린 더 이상 중요하게 생각하지 않는대요. 그게 아빠가 우릴 떠난 이유래요. 엄마가 그랬어요."

이런 종류의 이야기에 대한 최선의 대응은 "엄마 말은 틀려"가 아니라, "네 생각은 어떠니?"이다.

전자와 같이 대응하는 것은 아이들이 어머니의 주장 대신 당신의 주장을 무비판적으로 받아들일 것을 전제로 하고 있다는 점에서 바람직하지 않다. 이는 아이들에게 당신이 과거에 그렇게 말했으니 지금도 그렇게 말하는 것을 받아들이라고 가르치는 것이기 때문이다. 아이들에게 사실을 비판적으로 생각하고, 자신의 힘으로 판단할 수 있는 기회를 주어야 한다. 그래야 아이들이 당신에 대한 그릇된 주장을 들었을 때 그것을 무조건적으로 받아들이지 않고 합리적으로 판단할 수 있다.

아이들이 그 주장에 속아 넘어가지 않는다면 당신은 다음과 같이 간단하게 말할 수 있다. "넌 현명하니까 내가 널 사랑하지 않는다고 생각하지는 않을 거라는 걸 믿어." 당신은 어떤 말을 해야만 한다. 많은 부모들은 아이들을 이혼으로 발생하는 갈등과 분쟁에 끌어들이지 않으려는 선의 때문에 아이들에게 아무 말도 하지 않는다. 이런 부모들은 아이들이 한 말을 못 들은 척하거나 대화의 주제를 바꿀 수도 있다. 그러나 그렇게 해서는 아이들이 헐뜯기에 대응할 수 있도록 도울 수 없다. 이런 식으로 생각해보라. 아이들이 아무 반응도 기대하지 않는다면 자기들이 먼저 헐뜯기에 관한 말을 꺼내지는 않을 것이다.

"아빠가 그러는데 엄마는 우리에게 몸에 좋은 음식을 주지 않는대요." 음식물에 대한 태도의 차이는 갈등 관계에 있는 이혼한 부모가 자주 싸우는 문제이다. "그건 터무니없는 말이야"라고 하거나 더 나쁘게 말하는 대신, 그 말에 대해 어떻게 생각하는지 물어보라. "넌 학교에서 음식물에 대해 어떻게 배웠니? 너무 많이 먹어서 배탈이 났니? 올바로 먹고 있지 않다고 의사가 말한 적이 있니? 아빠랑 엄마랑 같이 살 때 아빠가 음식에 대해 불평을 한 적이 있니? 엄마가 지금은 전에 주었던 음식과 다른 것을 주고 있니?"

아이들이 문제점에 대해 생각하도록 하고 난 다음에는 아버지가 왜 그런 이야기를 하는지 이해시키려고 해도 괜찮다.

"아빠와 내가 좋아하는 음식 종류가 다르다는 걸 알아. 너도 나이가 들면 어떤 종류의 음식이 몸에도 좋고 먹기도 좋은지 스스로 결정할 수 있을 거야. 그렇지만 아빠가 네게 그렇게 말하는 이유는 뭘까? 정말로 네 건강을 생각해서일까? 아니면 혹시 아직도 엄마에게 화가 나서 그런 말을 한 것은 아닐까 하고 생각하진 않니?"

아이들이 전 배우자가 당신에게 한 비난을 반복하더라도 왜곡을 즉시 바로잡고 싶은 유혹에 빠지지 말라. 그 대신 아이들 스스로 판단하게 하

라. 필요하다면 그 주장을 뒷받침하는 증거와 부정하는 증거에 대해 생각해볼 기회를 주라. 그런 다음 다른 편 부모가 당신에 대해 왜 그런 말을 했는지 이해하게 하라. 이런 식으로 문제를 처리하면 아이들이 합리성의 가치를 이해하고 정신적 조종을 거부할 수 있는 능력을 강화시킬 수 있다.

세뇌에 대해 가르치기

위에서 제시한 절차가 따돌림을 방지하거나 되돌리는 데 성공적이건 아니건 간에, 부모의 싸움 한가운데 놓인 아이에게 도움이 되는 중요한 측면은 이혼의 해독에 대해 가르친다는 것이다. 이혼의 해독을 가르치면 사랑하는 감정을 되찾은 아이들은 장차 이혼의 해독에 다시 부딪히더라도 대처해 나갈 수가 있다. 그리고 아직 따돌림에서 빠져나오지 못한 아이들의 마음과 가슴을 열게 할 수 있다.

한 가지 주의할 점은 아이들에게 세뇌에 대해 가르치는 다음의 전략들은 제삼자나 앞에서 언급한 간접수단을 통해 시도할 때 더욱 효과적일 수 있다는 것이다. 따라서 심리치료사의 지도를 받으며 이러한 전략을 실행에 옮기는 것이 좋다.

전쟁포로, 사이비 종교의 신자, 따돌림에 빠진 아이들과 같은 세뇌의 희생자들은 자신이 세뇌되었다는 것을 깨닫지 못한다. 따돌림에 빠진 아이에게 세뇌되었다는 말을 해도 그 아이는 자신의 태도가 자기 자신의 것이 아니라는 의미를 깨닫지 못한다. 그리고 자신이 따돌리는 행위를 하는 부모에 의해 조종되는 꼭두각시라는 것을 받아들이지 않는다. 실로 이러한 아이들이 보이는 공통적인 특성은 자신의 독립적 판단으로 표적부모에 대한 부정적 결론에 도달했다고 주장하는 것이다.

한쪽 부모에 대한 아이의 애정을 되살리는 과정은 사이비 종교의 희생자에게 그 신앙을 버리게 하는 것과 많은 공통점을 갖고 있다. 이혼의 해독을 푸는 열쇠는 그 영향을 받아 왔다는 것을 깨닫는 데 있다. 적어도 그런 일이 일어났을 가능성을 인정한다면 이미 세뇌당해온 것이라는 사실을 아이에게 설명하기가 더 쉬울 것이다.

그러므로 첫 번째 단계는 사람들이 우리의 사고와 감정에 어떻게 영향을 미칠 수 있는지에 대한 일반적인 정보를 제공하는 것이다. 이는 점진적으로 행하는 것이 좋다. 이혼의 해독과 가장 거리가 먼 상황에서 시작하라. 텔레비전 광고나 판촉 이벤트처럼 아이에게 친숙한 것을 택하라. 이런 것들이 사람들로 하여금 특정 상품이 살 만한 가치가 있다는 것을 믿게 하기 위해 어떤 방법을 쓰는지 알려주라. 아이들이 대화에 능동적으로 참여하도록 유도하면 더욱 효과적일 것이다. 예를 들어 광고방송이 소비자에게 영향을 주기 위해 활용하는 특별한 전략을 확인하게 하라.

어느 날 나는 어린 손자들을 할인점에 데려갔다. 한 제조회사 판매원이 새로 개발된 스펀지를 선전하기 위해 진열대를 설치했다. 그는 자신의 말을 듣는 사람에게는 선물을 공짜로 주겠다고 약속했다. 손자들이 쇼핑을 중단하고 그 말을 듣자고 해서 우리는 그 매대 앞으로 갔다. 나는 그런 생각이 왜 바람직하지 않은지 말하는 대신 경험을 통해 깨닫게 하기로 했다.

그래서 우리는 기다렸다. 기다리고 또 기다렸다. 판촉 사원의 말솜씨와 선전은 능숙했다. 그 선전은 곧 끝날 것처럼 보였다. 여태까지 기다렸는데 선물을 나누어주기 직전에 떠날 이유가 무엇이겠는가? 청중들은 거기에 빠져 들었다.

마침내 그토록 기다리던 마지막 순서가 끝나고 선물을 나누어주기 시작했다. 선물은 손수건보다 약간 큰 푸른색 합성섬유 행주였다. 그 행주는 흡수성이 매우 뛰어난 것으로 이름이 높았지만 아이들은 실망했다. 아이들은 내게 진열상품인 스펀지 자루걸레를 사자고 졸랐다. 아이들은 그 물건이 슬라이스 빵 이후로 가장 뛰어난 물건이라고 믿었다. 그러나 나는 사지 않았다.

판매대에서의 열기가 수그러든 후 우리는 그 경험을 토론했다. 아이들은 자신이 쇼를 보기 위해 얼마나 많은 시간을 소비했는지를 알고 놀랐다. 나는 우리의 관심을 끌기 위해 사용된 어떤 종류의 속임수들에 대해 주의를 환기시켰다. 선물을 주겠다는 약속, 청중으로 하여금 특정 부분의 논증 결과를 추측하게 하는 것, 끝나는 순간까지 질문을 못하게 하는 것, 물건의 단점에 대해서는 아무 언급도 하지 않는 것, 마지막 순간까지 가격을 말하지 않는 것, 엄청나게 할인해주는 것처럼 보이기 위해 비싼 상품이라고 주장하는 것 등이 사용되었으며 이는 전형적인 판매전략이라고 알려주었다.

나는 인지 부조화에 대한 토론도 곁들였다. 나는 아이들에게 사람들은 선전을 지켜보는 데 그렇게 많은 시간을 보내고 난 다음에는 자신의 행위가 가치 있는 일이었다고 믿고 싶어한다고 설명했다. 사람들은 자신이 쓸데없이 시간을 보냈다고 생각하는 대신, 그처럼 엄청나게 싼 물건을 살 수 있어서 운이 좋았다고 생각하고 싶어한다. 손자들이 내 말에 결정적으로 수긍을 한 것은 내가 다음과 같은 말을 했을 때였다. "만약 그 판매원이 처음부터 그 선전이 얼마나 오랫동안 계속될지 알리고 선물이 무엇인지 보여주었어도 그 쇼를 보았겠니?" 선물로 받은 손바닥만한 푸른 행주는 알아야 할 어떤 것을 생각나게 해줄 것이다. 아이들의 낙담을 덜어주기 위해 나는 그 시간은 어떤 의미에서는 잘 보낸 것이라는 말로 용기를 주었다. 아이들은 장차 시간과 돈을 절약할 수 있는 지혜를 배운 것이다.

설득의 원리가 입증되면, 당신 가족의 상황에 대한 직접적인 토론으로 나아가라. 이 작업은 충분한 시간 동안 몇 차례에 걸친 토론으로 이루어져야 한다. 사람들로 하여금 다른 사람에 대해 어떤 방식으로 생각하게끔 설득시키려는 사람들의 이야기로 시작하라. 정치가의 연설, 선전, 광고는 좋은 사례이다. 전 배우자의 행동에 대해 이야기하기에 앞서, 이혼의 해독에 대한 일반적인 이야기를 하라. 이 책에서 당신이 읽은 것, 가능하다면 이혼한 부모들이 종종 어떻게 서로를 헐뜯는지에 대해 이야기하라. 그런 문제를 다룬 책을 읽는 데 아이들을 참여시킬 수 있으면 더욱 좋다. 가드너 박사의 『소년 소녀가 알아야 할 이혼』은 '어머니가 아버지에 대해 말할 때', 그리고 '아버지가 어머니에 대해 말할 때' 아이들에게 도움되는 충고를 담고 있다.

대화를 당신 자녀의 나이와 성숙도에 맞추는 것이 중요하다. 어린아이들도 사람들이 다른 사람을 '속인다'는 개념을 이해한다. 결과적으로 때때로 한쪽 부모가 표적부모를 응징하기 위해 자신들을 속여서 다른 편 부모에 대해 화나게 만들 수도 있다는 것을 이해할 수 있다.

한 어머니가 아들에게 말했다. "아빠가 성을 내며 아이들을 속여서 엄마가 나쁜 사람이라고 생각하게 만들면, 때때로 아이들은 자기 엄마에게 화가 나기도 해. 어떤 때는 아이가 엄마와 함께 재미있게 지냈던 모든 일을 잊어버리는 경우도 있단다. 그렇지만 그 엄마가 그렇게 나쁜 사람이었다면 처음부터 왜 아빠가 엄마와 결혼을 했겠니? 그 엄마는 아빠가 사랑에 빠질 만한 여러 가지 장점이 있고, 또 아이들도 낳았단다. 그러나 일단 이혼을 하면 부모들은 서로의 나쁜 점에 대해서만 생각하기 시작하지. 나쁜 일에 대해서만 자꾸 듣다 보면 아이들이 좋은 일을 전부 다 잊어버릴 수도 있단다."

아이들이 충분히 성장했다면 다른 상황에서 일어나는 마인드 컨트롤에 대해 이야기하라. 최면은 이러한 논의에 특히 적절한 소재이다. 사람들은 언제나 이런 화제에 매료된다. 아이들은 자신이 얼마나 영리한지 보여주고 싶어하므로 아이들로 하여금 최면에 대해 아는 것을 이야기하게 하라. 어디에서 최면을 거는 것을 보았는가? 누군가에게 최면을 걸어서 자신도 모르는 사이에 어떤 일을 하게 만드는 것이 가능하다고 생각하는가? 최면을 당한 사람은 최면술사의 암시에 따라 행동하면서도 최면술사가 그 행동에 영향을 미쳤다는 사실을 부인한다는 점을 이해하는 것이 가장 중요하다. 최면상태에서 암시에 따라 행동하는 사람은 자신이 최면에 빠졌다는 것을 알지 못한 채 행동한다는 생각을 아이들이 갖게 된다면, 자신들이 전 배우자의 영향력 때문에 당신을 거부하는 것일 수도 있다는 사실을 납득하기가 훨씬 쉬울 것이다.

좀더 나이가 많은 아이들과는 전쟁포로의 세뇌나 사람들을 사교 집단으로 끌어들이는 데 대한 이야기를 나눌 수도 있다. 이러한 이야기는 아이들 자신의 상황과는 상당한 거리가 있으므로 당신을 상대하지 않으려고 하지는 않을 것이다.

이 책의 내용 중에서 가장 논란이 될 수 있는 것은 아이들에게 자신들이 당신의 전 배우자에 의해 어떻게 조종되고 있는지를 가르치라는 권고이다. 이에 대한 사람들의 우려를 이해할 수 있다. 많은 경우 이혼한 부모들은 서로 상대방을 헐뜯는다. 이러한 부모들 중 일부는 내 권고를 자신의 책임을 회피하는 데 이용한다. 그들은 내 권고를 전 배우자를 헐뜯을 수 있는 허가증으로 이용할 것이다. 이것이 내가 건설적 비판과 파괴적 비판 사이의 세심한 균형에 대한 이야기로 이 책을 시작한 이유이다.

한쪽 편 부모가 아이들과 다른 편 부모의 관계에 어떻게 해독을 끼치는지를 아이들이 이해하게 만드는 것은 단지 헐뜯기의 사례만이 아니라 한쪽 편 부모의 물리적 학대나 성적 학대 행위를 이해할 수 있게 해준다. 이 문제에 대한 권위자들은 불합리하게 한쪽 편 부모를 거부하는 아이들을 가리키는 말로 어떤 용어가 적합한지에 대해 의견을 달리할 수도 있다. 그러나 그런 아이들이 다른 편 부모로부터 어떤 형태의 정서적 학대를 당하고 있다는 데는 대부분 동의한다.

이런 문제가 일어나게 된 데는 따돌림 당하는 부모의 책임도 있는가? 많은 경우에는 확실히 그렇다. 그러나 이러한 사실이 가해자의 기본적인 책임을 면제시켜 주지는 않는다. 다른 형태의 학대를 생각해보자. 한 어머니가 자기 남편이 아이들에게 물리적으로 잔인한 짓을 하는 것을 막지 못했다고 하자. 어떤 치료 프로그램이든 이 어머니의 수동성을 다룰 필요가 있다는 것은 분명하다. 그렇지만 이 어머니가 학대에 똑같이 책임이 있다고는 할 수 없다.

심리치료사들은 책임을 논하는 것을 좋아하지 않는다. 효율적인 치료는 보통 중립적인 자세로 환자의 문제를 받아들일 수 있는 심리치료사의 능력에 달려 있다. 그러나 세뇌의 힘을 깨닫지 못하는 심리치료사들은 이에 대해 가르치는 게 중요하다는 것을 알지 못한다. 이들은 너무 성급하게 따돌림 당하는 부모들에게 수동적으로 기다리면 언젠가는 아이들이 마음을 바꿀 것이라고 권고한다.

3장에서 따돌림 당하는 부모들이 일반적으로 범하는 잘못에 대해 언급한 바 있다. 이를 간단히 떠올려보자. 핵심적인 잘못은 이혼의 해독에 대응하는 데 너무 소극적이라는 것이다. 나는 자신들에게 무슨 일이 일어나고 있는지에 대해 아이들에게 가르치는 능동적 접근방식이 좋다고 생각한다. 이는 아이들이 극도의 갈등 상태에 있는 이혼이라는 어려운 상황을 뚫고 나가는 데 도움이 필요하다는 나의 믿음과 일치한다.

영화와 텔레비전

따돌림에 빠진 아이들과 의사소통을 하는 데 가장 효과적인 방법은 영화나 텔레비전 프로그램을 이용하는 것이다. 이야기, 동화, 우화는 전통적으로 아이들에게 삶의 중요한 교훈을 전달하는 데 이용되어 왔다. 영화와 텔레비전 쇼는 둘 다 매우 현대적인 방식으로 그런 주제를 전달한다. 다행스럽게도 영화관이나 소극장은 모두 따돌림에 빠진 아이들이 배울 필요가 있는 많은 것들과 직접적으로 관련이 있는 프로그램을 상영한다. 아이들에게 그런 프로그램을 보여주는 것은 흥미를 끌면서도 별 우려 없이 중요한 주제를 소개하는 전략이다. 어떤 프로그램은 매우 편안한 분위기에서 마인드 컨트롤, 최면술, 세뇌, 부모-자녀 관계, 심지어 이혼이라는 어려운 주제까지 도입할 수 있게 해줄 것이다. 자신들이 빠져 있는 따돌림에 대해 말하려고 하면 즉시 입을 닫아버리는 아이들도 최면에 걸린 아이나 세뇌당한 암살자에 대한 이야기에는 적극적으로 참여할 것이다.

당신과 아이들이 의사소통의 통로를 여는 데 도움을 줄 만한 영화나 프로그램의 목록을 간단히 제시하겠다. 이 밖의 다른 프로그램에 대해서도 관심을 가지라. 이런 프로그램들은 아이들이 시청할 만한 가치가 있다. 당신이 함께 본다면 적어도 아이들과 즐거운 활동을 공유하는 것이 될 것이다. 그리고 그 내용에 대한 대화로 시작해서 아이들을 이야기 속으로 끌어들일 수 있다면 효과는 더 커질 것이다. 여기에는 간접 의사소통과 순차적 노출의 원리가 적용되어야 한다. 영화를 아이들 자신의 상황과 서둘러 관런지으려고 하지 말라. 당신도 아이들의 거부감을 불러일으키고 싶지는 않을 것이다. 관련 상황에 대해 안다는 것은 앞으로의 대화를 가능하게 하는 토대가 마련된다는 의미이다. 너무 빨리 움직이려는 유혹이 생겨날 수도 있다. 거부당한 부모의 좌절감을 생각하면 충분히 이해가 가는 바이다. 그러나 그 유혹을 이겨내라. 닫힌 마음을 열기 위해서는 섬세한 접근이 필요하다. 여유를 갖고 행동해야 성공할 가능성이 높을 것이다.

처음 시작할 때 이용할 만한 프로그램들은 다음과 같다.

- 〈후크 선장〉: 소년에게 아버지와의 관계를 끊으라고 부추기는 후크 선장을 생생하게 묘사한 작품
- 〈만추리안 캔디데이트*Manchurian Candidate*〉: 연령이 높은 아이들 용으로 사람이 얼마나 쉽게 세뇌당할 수 있는지 예시해주는 흥미로운 영화
- 〈파도*The Wave*〉: 교사의 경험을 토대로 사람들이 얼마나 쉽게 증오심을 가지도록 조종될 수 있는지를 보여주는 훌륭한 비디오
- 〈스텝포드 와이프*The Stepford Wives*〉: 남편에게 자신의 의지를 박탈당한 여성들을 다룬 고전적인 영화
- 〈우주의 침입*Invasion of The Body Snatchers*〉: 자신의 의지를 통제하지 못하고 행동하는 사람들에 대한 토론을 자극할 수 있다.
- 〈잭 프로스트*Jack Frost*〉: 아버지가 죽은 후 설인雪人으로 되돌아온 소년을 다룬 영화. 아이에게 아버지가 얼마나 중요한지를 절절히 보여준다.
- 〈애정의 조건*Terms of Endearment*〉: 설사 갈등이 있더라도 딸에게 어머니가 중요하다는 것을 보여준다.

- 〈미세스 다웃파이어*Mrs. Doubtfire*〉: 아이들에게서 분리된 아빠의 고통을 묘사한 영화
- 〈5인의 식탁*Table for five*〉: 많은 결점을 가진 부모라도 아이의 가슴 속에서 고유한 공간을 차지하고 있음을 보여준다.
- 〈허니무너*The Honeymooners*〉: '최면당한 사람'과 '몽유병자'의 이야기. 랠프 크램든과 에드 노톤이 최면을 당한 사건을 다룬다.

당신이 이 프로그램들에서 많은 영감을 받게 되기를 바란다. 이제 팝콘을 꺼내고 비디오 속으로 들어가라. 그리고 아이의 가슴속으로 돌아가는 여행을 시작하라.

더 좋은 부모 되기

이 책을 읽는 부모들 중에는 자기 자신이 실제적으로 져야 하는 책임을 먼저 생각하기보다는 전 배우자가 아이들을 따돌림에 빠뜨렸다고 성급하게 비난하는 사람도 있을 것이다.

열한 살 된 한 여자아이가 격주에 한 번씩 주말에 아버지의 집에 가는 것을 싫어했다. 매번 마찬가지였다. 아버지는 늘 컴퓨터 앞에 앉아 있었고, 딸애는 텔레비전을 보았다. 그 아버지는 사회적으로 완전히 고립되어 있었고 친구나 가족들과도 만나지 않았다. 그는 딸이 주말 파티에 가거나 축구를 보러 가는 것도 허용하지 않았다. 이를 구실로 어머니를 만날까 우려했기 때문이었다. 아버지는 어머니가 법원의 이혼 명령서에 규정되어 있는 것 이상으로 딸을 만나서는 안 된다는 생각을 확고히 갖고 있었다.

딸은 아버지에 대해 불평하지 않았다. 자신이 불평을 하면, 아버지가

어머니에게 전화를 걸어 심각한 말싸움을 벌였기 때문이다. 아이는 몇 달 동안 스케줄을 따랐다. 그러나 점점 아버지와 멀어졌다. 딸의 불행을 알게 된 어머니는 양육에 대한 합의를 개정하려고 했다. 어머니는 아버지와 딸의 관계가 끊어지는 것을 원하지 않았을 뿐 아니라 그런 일이 일어날 경우 딸에 대한 통제를 강화하고자 했다. 그런데도 그 아버지는 어머니가 딸을 세뇌시켰다고 고소했다. 그는 어머니가 이 문제에 책임이 있다고 비난함으로써 상황을 개선할 수 있는 방법을 찾을 기회를 놓치고 있었다.

극히 자기중심적이거나 완고한 부모들은 아이들이 편안함을 느끼고 좋아하는 환경을 만드는 데 어려움을 겪을 수도 있다. 이런 부모들은 아이들이 무엇을 필요로 하고 무엇에 관심이 있는지, 그리고 아이들과 좀더 가깝게 지내려면 어떻게 해야 하는지 배울 필요가 있다. 자신을 개선하려는 노력은 하지 않은 채 전 배우자만 비난하는 것은 아이들을 더 멀어지게 할 뿐이다.

당신이 부족한 부모라는 비난을 받아 왔다면 무조건 방어하려 들지 말고 그럴 만한 이유가 있지 않은지 먼저 생각하라. 아이에 대한 당신의 양육태도와 행동을 객관적으로 평가하라. 믿을 만한 친척이나 친구가 당신이 아이에게 너무 엄하다거나, 너무 관대하다거나, 너무 많은 것을 기대한다거나, 관심이 너무 없다거나, 참을성이 부족하다는 말을 한다면 어쩌면 한 사람의 부모로서 자신은 알지 못하는 부족함이 있을 것이다. 당신 때문에 아이와의 관계에 어떻게 문제가 일어났는지를 심리치료사가 설명하려고 한다면 주의 깊게 들으라. 당신이 잘못을 했을 때 이를 받아들일 수 있는 지성과 용기를 보이라. 양육에 관한 책을 읽으라(부록 참조). 양육 모임에 참여하라. 당신 아이들이 갖고 있는 흥미나 개성에 더 많은 관심을 기울이라. 함께 즐길 수 있는 활동에 참여함으로써 아이들에게 다가갈 수 있는 다리를 만들라.

한 아버지는 아들이 자신을 멀리하자 아이와 함께 우표수집을 시작했다. 이는 아들이 가진 문제에 신경을 쓰지 않고 관계를 유지할 수 있는 편안한 방법이었다. 아버지는 자신이 함께 지낼 만한 가치가 있는 부모라고 말하는 대신 그 사실을 행동으로 보여주었다. 이들 부자는 함께 우표전시회에 가고, 안내책자에서 우표를 찾아보고, 수집품을 비교했다. 이런 활동은 부자간의 유대를 강화시키기에 충분했다.

가족 관계는 특히 결혼생활의 붕괴를 전후해서 폭발하기 쉽다. 부모들은 나중에 반드시 후회하게 될 말이나 행동을 한다. 당신이 그런 일을 저질렀다면 아이들에게 사과하라. 다른 편 부모에 대해 홧김에 한 말, 말하지 않았으면 좋았을 사실, 폭력, 협박, 난폭함이나 거부 행위와 같은 것이 여기에 해당한다.

전 배우자가 무조건적으로 당신의 양육능력에 결점이 있다고 여기고, 이를 과장하고, 당신의 장점을 무시하더라도 이를 당신 자신을 가장 좋은 부모로 만들 수 있는 계기로 받아들일 수 있다. 당신의 행동이 아이들이 들었던 것과 다르면 다를수록 아이들이 당신에 대해 잘못 판단했다는 것을 깨닫기가 쉬워진다. 전 배우자의 비난을 자기 향상을 위한 자극으로 이용하는 것은 수동적인 희생자의 역할에서 벗어나 보다 능동적이고 책임감 있게 행동하는 것이다. 그 결과는 한 사람의 부모로서의 자신에 대한 신뢰와 자신감의 회복일 것이다.

좋은 부모가 된다고 해서 반드시 아이들의 사랑과 존경과 신뢰를 받을 수 있는 것은 아니지만 그것이 당신에게 상처가 되지는 않을 것이다.

일반적으로 저지르는 잘못을 하지 말라

이 장에서는 아이들과 당신의 유대감을 보호하기 위한 효과적인 방안을 제시하고 있다. 이와 함께 반드시 피해야 할 행동에 대해서도 다루고 있다. 이혼의 해독의 표적이 되는 부모는 보통 문제를 악화시키는 방향으로 반응한다. 지나치게 수동적인 대응은 잘못이라는 것은 이미 강조한 바 있다. 아이들이 당신에게서 멀리 떨어져 나가는 것을 그대로 두고 볼 수는 없다. 아이들이 당신을 기꺼이 만나려고 할 때까지 기다려서는 안 된다. 그러면 나머지 인생을 내내 기다리면서 보내야 할지도 모른다.

그러나 아이들과 함께하는 것만으로는 충분하지 않다. 이혼의 해독을 푸는 데는 아이들을 대하는 태도와 방식이 가장 중요하다. 이미 언급한 전략을 실행에 옮기는 동안 다음과 같은 규칙을 따르는 데 최선을 다하라. 어쩌면 최선의 의도를 가지고 있는 부모라 해도 이것들을 다 따르기는 벅찰 수도 있다. 그러나 이 규칙들을 따르면 따를수록 아이들이 이혼의 해독에 대응할 수 있도록 성공적으로 도와줄 수 있는 가능성은 더욱 높아진다.

화내지 말라

따돌림에 빠진 아이들은 버릇없고, 밉살스럽게 굴고, 증오심에 가득 차 있다. 그들이 드러내는 극심한 적개심은 상대방의 적개심을 불러일으키기도 한다. 표적부모가 같은 방식으로 반응한다고 해서 잘못된 대응이라고 비난할 수는 없다. 그러나 이런 방식의 대응은 사태를 더욱 악화시킬 뿐이다.

아이들이 이혼의 해독에 빠져 있다면 당신의 비판에 당황할 것이다. 아이들은 전 배우자의 축복과 지지를 받으면서 행동한다. 그리고 당신의 인정을 원할 만큼 당신을 존중하지도 않는다. 이런 상황에서 아이와 싸우거나 놀라게 해서는 아이의 애정을 얻을 수 없다. 언어적인 것이든 물리적인 것이든 당신이 공격성을 드러내면 전 배우자에게 이용당할 것이다. 당신의 화나 비난은 전후 상황과는 관련 없이 다루어지고, 불균형하게 과장되고, 아이의 거부감을 정당화하는 데 쓰이고 말 것이다.

자녀를 거부하지 말라

어떤 표적부모들은 따돌림의 초기 단계에서 자녀들에 대한 거부감을 드러낸다. 이런 부모들은 아이들이 부정적인 태도를 취하는 것을 책망하고, 실제로 "노력하지 않으려면 나가!"라는 식으로 말한다. 물론 아이들이 이 말을 듣고 관계 회복을 위해 노력해주기를 바라는 마음에서 하는 말일 것이다. 자녀가 따돌림에 빠지기 전이라면 이런 말이 효과가 있을 수 있다. 그러나 자녀가 부모에 대한 존중심을 잃거나 부모가 필요 없다고 생각할 때는 역효과가 날 수 있다.

이런 전략은 대개 부모들이 문제의 본질과 심각성을 깨닫기 전에 사용된다. 이런 부모들은 자녀들이 자신과 영원히 만나지 않는 편을 선택할 가능성을 염두에 두지 않는다. 이런 경우 잘못을 깨달았을 때는 시기가 너무 늦을 수 있다.

자녀들의 태도에 대한 반작용으로 거부감을 보이는 것은 다음과 같은 몇 가지 이유에서 좋지 않다.

• 따돌림을 막거나 되돌리는 데 결정적인 요소인 자녀와의 만남을 단절시킨다. 자녀들이 전 배우자에게 전적으로 의존한다면 자신들의

힘만으로 이혼의 해독에 대응할 수 없을 수도 있다. 자녀들과 만나지 않는다는 것은 해로운 환경을 피하거나 견뎌내도록 도울 기회를 잃는 것을 의미한다.

- 명백히 적대적인 태도를 보이지만 어떤 수준에서는 당신의 사랑과 수용을 필요로 하는 자녀들에게 고통을 준다. 상처를 받은 아이들은 자포자기해서 더 큰 분노와 따돌림에 빠지는 식으로 고통을 드러낸다.
- 당신은 '따돌림을 일어나게 한 나쁜 사람'이라는 아이들의 생각을 고정시킬 것이다. 어쩌면 법원까지도 그렇게 판단할 수 있다.

자녀들을 멀리하면 화해를 할 수 없다. 부모의 입장에서는 자녀들을 멀리한 것이 온건한 대응이었을지 모르지만 자녀들과의 관계에는 치명적인 타격을 가할 수 있다.

설교하지 말라

설교는 따돌림에 빠지지 않은 아이들에게조차도 부정적 감정에 대한 유용한 대응이 되지 못한다. 대부분의 경우 설교는 거의 무시될 뿐 아니라 아이와 함께 있는 시간의 질마저 떨어뜨린다. 아이들과 갈등 없이 즐거운 경험을 만들어내는 데 집중하라. 즐거운 시간은 조심스럽게 치장된 백 마디 말보다도 아이와의 유대 관계를 더욱 증진시킬 것이다.

자녀의 감정을 무시하지 말라

"너는 실제로는 아빠를 싫어하지 않는다." 이런 식의 말로 자녀의 실제 감정을 무시하는 것은 아이를 더욱 멀어지게 만든다. 자녀들이 새롭게 갖게 된 분노나 두려움이 이혼의 해독의 산물이라고 해도 그 감정은 실제로 존재하는 것이다. 이를 무시하는 것은 아이를 더 멀어지게 만들 뿐이다. 아이들은 이를 자기 말을 듣지 않거나, 이해하지 못하거나, 자기 감정에 대해 신경 쓰지 않는다는 증거로 여긴다. 같은 이유로 자녀들의 부정적 태도가 어디에서 기인된 것인지에 대해서는 이야기하지 않는 것이 최선이다. 아이들은 당신의 전 배우자와 똑같은 말을 할 수도 있다. 그러나 당신이 아이들의 감정이 자발적이라는 점을 부인한다면 자신들이 무엇을 하고 있는지를 알고 있건 아니건 간에(많은 경우 아이들은 이를 알지 못한다) 아이들은 무시당했다고 느끼고, 자신에게 그렇게 말하라고 강요한 사람은 없다고 주장할 것이다.

이는 아이들의 부정적 감정을 오래도록 염두에 두어야 한다는 것을 의미하지는 않는다. 실제로 그런 감정이 처음 표현되었을 때 그 감정에 사로잡히지 않는 것이 가장 좋다는 것이다. 대신 이렇게 말할 수 있다. "나는 네가 여기에 있고 싶어하지 않는다는 걸 알고 있어. 그렇지만 오늘은 함께 재미있는 일을 하는 것이 좋지 않을까?"

과잉행동을 하지 말라

아이들이 전 배우자가 당신에 대해 했던 비판을 반복한다고 해서 성급하게 따돌림이 일어나는 중이라고 단정하지 말라. 실제로는 아이들이 너무 괴로워서 그런 말을 반복하는 것일 수도 있다. 아니면 당신이 도와주기를 바라서 하는 말일 수도 있다. 가능한 조용히, 당신의 전 배우자가 한 말에 대해 자녀들은 어떻게 생각하는지를 물어보라. 아이들이 그런 말을 들었을 때 얼마나 불편했을지에 대해 공감을 표현하라. 당신이 아이들의 말을 듣고도 화를 내지 않는다면 아이들은 당신에게 그런 말을 한 것을 후회할 수도 있다.

전 배우자를 헐뜯지 말라

자녀들에게 당신의 전 배우자가 당신을 못마땅하게 생각하는 진짜 이유를 알려주지 않은 채 전 배우자를 헐뜯음으로써 얻을 수 있는 것은 아무것도 없다. 전 배우자를 비난하기 전에 우선 1장 42쪽에 있는 테스트 첫 번째 항목을 재검토하라. 이 테스트는 당신의 말이 전 배우자에게 보복하고 싶은 욕망을 만족시키는 것이 아니라 정말로 아이들에게 유용한 것인지 확인하는 데 도움이 될 것이다. 전 배우자가 아이들로 하여금 당신에게 등 돌리도록 해독을 끼친다면 문제를 다루는 건설적인 방법을 찾으라. 불필요한 모욕은 아이들이 당신의 합리적인 비판에서 도움을 받는 것을 더욱 어렵게 만들 것이다.

아이들이 이혼의 해독의 희생자라면 그 아이들은 다른 쪽 부모의 집에서 당신에 대한 험담과 비난을 들어야 할 것이다. 아이들이 당신의 집을 비무장지대, 적개심으로부터 휴식을 취할 수 있는 곳으로 경험하게 하라. 때가 되면 아이들은 그 차이를 깨닫고 당신의 입장을 이해할 수 있을 것이다. 실제로 적당하다고 생각되는 순간에 아이들의 관심을 그 차이로 돌릴 수 있다. "너희는 내가 아빠를 헐뜯는 말을 한 적이 없다는 것을 기억할 거야. 부모가 이혼한 아이들을 위해서는 그런 말을 하지 않는 것이 좋거든. 아이들은 실제로는 부모가 서로를 헐뜯는 것을 멈추었으면 한다는 것을 어디에선가 읽은 적이 있어."

손녀로부터 전 며느리였던 자신의 어머니를 사랑하느냐는 질문을 받은 할아버지는 당황했다. 소녀의 어머니는 극도로 파괴적이 되었다. 아이를 납치하겠다고 위협했으며, 전남편 및 그의 모든 가족과 아이의 관계에 해독을 끼치려는 시도가 부분적으로 성공한 상태였다. 사실 할아버지는 솔직하게 대답하고 싶었다. 그러나 손녀가 지금 위안을 구함과 동시에 가족

분쟁의 고통스런 상황에서 벗어날 길을 찾고 있다는 것을 알았다. 잠시 생각을 정리한 할아버지는 이렇게 대답했다.

"나나야, 너는 엄마가 할아버지와 아빠에 대해 아주 좋지 않게 말한다는 걸 알고 있지? 엄마는 아직도 우리에게 화가 많이 나 있단다. 할아버지는 엄마가 그렇게 느끼고 있어서 유감이야. 그리고 엄마가 그렇게 말하는 것을 들을 때 너와 언니가 힘들어한다는 걸 알고 있지. 사실 엄마가 그렇게 행동할 때는 이 할아버지도 네 엄마를 좋아하기가 힘들단다. 그러나 나는 네 엄마를 정말로 사랑한다. 그건 네 엄마와 아빠가 널 낳았기 때문이란다. 네 엄마는 내 손녀의 엄마이기에 언제나 내 마음속 특별한 곳에 자리 잡고 있는 거지. 네 엄마가 분노를 극복해서 너희들이 우리가 서로서로 다정하게 지내는 것을 즐겁게 볼 수 있게 되었으면 좋겠어. 하지만 네 엄마가 그렇게 하지 않아도 넌 너를 사랑하는 모든 어른을 사랑할 수 있을 거야. 그 어른들도 너를 사랑할 거고."

상대의 적개심을 줄여라

이제까지 따돌림에 빠진 아이들을 어떻게 대할 것인지에 대해 이야기했다. 이번에는 전 배우자가 적개심을 줄일 수 있도록 돕는 방법을 이야기하기로 하겠다. 그것은 이혼의 해독을 만들어내는 힘의 일부를 없애고 피해를 줄여줄 것이다.

잘못을 바로 잡으라

당신에 대한 전 배우자의 분노가 부분적으로라도 당신의 잘못된 행동이나 학대에 대한 대응이라면 책임감을 갖고 사태를 바로잡기 위해 할 수 있는 일을 해야 한다. 당신이 돈 문제에서 정직하지 않았다면 변호사를 통해 이혼 판결의 수정을 제의하라. 당신이 한 일이 결혼생활을 끝내게 만든 요인이었다면 사과하라. 당신의 행동만이 아니라 거기에서 비롯된 모든 관련 사건에 대해 유감을 표하라. 심리학자이자 변호사인 존 저보푸로스는 이를 연못 속에 던지는 조약돌에 비유했다. 문제는 조약돌이다. 배신감, 가족의 붕괴, 배우자의 우울증, 아이들의 당혹감, 이혼에 소요된 금전적 비용, 아이들의 근심과 같은 사태는 물 속에 던져진 조약돌에서 퍼져 나온 동심원이다. 당신의 행동이 미친 결과를 충분히 이해한다는 것을 보여준다면 당신의 사과는 더 큰 의미가 있을 것이다.

더욱 협력적이 되라

일반적으로 적대감을 줄이기 위해 당신이 어떤 변화를 만들어낼 수 있는지에 대해 생각하라. 어쩌면 당신이 하는 일이 번번히 전 배우자를 골치 아프게 만드는 경우가 있을 것이다. 아이들과 지내는 일정을 너무 엄격히 적용하려고 했을 수도 있다. 큰 문제가 아니라면 전 배우자와 시간을 조절하라. 불필요한 거친 말을 피하라. 공동육아의 상태가 개선되기를 바란다면 당신이 먼저 시작해야 한다는 책임감을 가지라.

안심하게 하라

알코올 중독, 약물 남용, 우울증, 충동성과 같은 개인적인 문제는 결혼의 실패를 가져올 수 있으며 아이들에게 불안감을 줄 수 있다. 전 배우자가 이런 상황을 이용해서 혹은 이런 상황 때문에 아이들로 하여금 당신에게서 등을 돌리도록 만들고 있다면 전 배우자와 아이들을 안심시켜라. 당신도 자신에게 문제가 있음을 알고 있고, 도움을 받고 있으며, 회복되고 있다는 것을 전 배우자와 아이들에게 알리라. 이는 아이들에게 어려운 개인적 문제를 어떻게 정직하고 위엄 있게 처리할 것인지 가르치는 기회가 될 수도 있다. 공개적인 재발방지 프로그램을 만들고, 이 프로그램이 적절하다면 전 배우자 및 아이와 공유하라. 당신의 의사표시가 훗날 법적인 효력을 발휘할 수도 있으므로 이를 전달하기 전에 변호사에게 검토를 의뢰하는 것도 좋다. 솔직하게 사과를 하는 것은 꼭 필요하지만 단지 평화를 얻기 위해 하지 않은 일을 했다고 인정하지는 말아야 한다.

특히 당신이 재혼을 계획하고 있다면 전 배우자와 아이들을 안심시키는 것은 더욱 중요하다. 4장에서 언급했듯이, 재혼과 그것이 불러일으키는 불안은 이혼의 해독을 유발시키는 계기가 될 수 있다. 당신이 재혼을 계획 중이라면 전 배우자가 아이에게 중요하다는 것을 알고 있음을 재확인시켜 주라. 아이를 키우는 데 협력했으면 좋겠다는 바람을 강조하라. 전 배우자가 재혼을 했다면 새 부모들과 아이들의 관계를 적극적으로 증진시키고 싶다는 당신의 의사를 피력하라.

평화의 편지를 보내라

로이스 골드Lois Gold는 『사랑과 증오 사이에서 *Between Love and Hate*』라는 뛰어난 저작에서 부모들에게 선의를 담은 편지를 교환할 것을 권했다. 편지가 가진 장점은 글을 쓰는 동안 비생산적인 주장을 하지 않고 자신을 표현할 수 있도록 생각을 정리할 기회를 준다는 것이다. 골드는 이렇게 말한다. "당신이 진심으로 분노와 파괴를 넘어서고 싶어한다는 것을 전할 수 있다면 전 배우자의 적개심을 극복하고 깊은 관심을 끌어낼 수 있다."

편지에는 아이들이 어른들 싸움 한복판에 놓임으로써 받을 수 있는 상처에 대한 염려와 관심을 표현해야 한다. 특히 협력을 강화하고 장차 입을 수 있는 피해에서 아이들을 보호하고 싶다는 바람을 확실히 밝혀야 한다. 전 배우자가 당신의 편지를 이기적인 속임수라고 폄하해버릴 수도 있다. 그러나 그것이 화해를 바란다는 의사를 전하는 데 걸림돌이 되지는 않을 것이다.

협상하는 방법을 배우라

이혼한 부모의 해결되지 않은 갈등은 이혼의 해독을 충동질하는 불만과 적개심을 낳는다. 한쪽 편 부모나 양편 부모가 다 협상을 하려고 하지 않을 경우 갈등은 해소되지 않은 채 남게 된다. 협상이 진행되기에 앞서 양쪽이 다 상대방을 심하게 비난하는 등 부정적인 태도를 취해서 협상을 수포로 돌아가게 만들 수도 있다. 이런 사람들은 자신의 입장만 주장할 것이 아니라 상대방의 근원적인 욕구와 관심을 인식하는 것이 중요하다는 점을 이해하지 못한다. 까다로운 전 배우자와 관계를 유지하려면 유연한 협상기술이 반드시 필요하다.

앤 랜더스의 화해의 날

미국의 유명한 인생상담 칼럼니스트인 앤 랜더스는 4월 2일을 화해의 날로 정할 것을 제안했다. 랜더스는 사람들에게 이날 하루만이라도 불편하거나 무너진 관계를 치료하려는 노력을 할 것을 촉구했다. 그리고 자신들에게 던져진 '화해의 제의를 받아들이라'고 권고했다. 랜더스의 말대로 인생은 원한을 품고 살기에는 너무 짧다. 용서할 수 있다는 것은 상처를 치유하고 인생의 질을 높이는 것일 수 있다.

랜더스는 매년 4월 2일의 칼럼에서 상처 받은 감정 때문에 접촉이 끊어진 사람과 만나는 데 화해의 날이 도움이 되었다는 독자들의 편지를 소개했다. 성공사례를 담은 편지도 있고, 관계 회복에 실패했다는 편지도 있다.

나는 이 칼럼을 당신의 아이들과 전 배우자에게 보내라고 권하고 싶다. 이와 함께 만나고 싶다는 편지를 덧붙이라. 뒤이어 전화를 하면 더욱 좋다. 작은 노력이 큰 기쁨을 가져올 수 있다. 당신도 나도 앤 랜더스의 말과 그 독자들의 시도가 언제 따돌림이라는 벽을 돌파할 것인지 확언할 수 없다. 그러나 이 전략으로 성공을 거둔 독자들의 이야기를 듣고 싶은 마음이 간절하다.

앤 랜더스의 칼럼을 제외하면 이 장에서 제시한 모든 권고는 아이들과 접촉을 유지하는 것을 전제로 한다. 아이들과의 접촉이 거부된다면 이를 먼저 회복시켜야 한다. 전 배우자가 협조하지 않는다면 이제는 외부의 도움을 얻을 때이다.

제8장

전문가의 도움 받기

유능한 심리치료사는 가족간의 갈등에 적절한 중립적 관점을 도입한다.

심리치료사는 실제에 대한 왜곡을 막고, 좀더 현실적인 사고를 하도록 북돋운다.

그리고 가족 구성원 각자가 문제되는 행동을 통해 표현되는 욕구와 감정을 이해하고

거기에 적응할 건강한 방법을 찾도록 돕는다.

넌 도대체 어떤 마음인 거니?
넌 도대체 어떤 생각인 거니?
네가 그렇게 무정하게 굴면
내 마음은 갈갈이 찢어지고 말아.
넌 도대체 어떤 마음인 거니?
—존 레논, 폴 매카트니, 링고 스타

아이들이 이혼의 해독에서 빠져나올 수 있는 가장 좋은 기회는 훌륭한 심리치료사에게 치료를 받고, 필요하다면 좋은 변호인의 조언을 듣는 것이다. 어떤 경우에는 전문적인 도움이 필수적이다. 이 장은 전문가의 도움이 필요한 시기와 방법을 결정하고, 이를 활용하는 데 도움을 줄 것이다.

심리치료사를 찾을 시기

'심리치료psychotherapy'는 '상담 counseling'과는 다른 형태의 처치이지만, 대중적 논의에서는 두 용어가 같은 의미로 쓰여 왔다. 혼란을 피하기 위해 '심리상담'이라는 말 대신, '심리치료'와 '치료therapy'라는 용어만을 쓰기로 하겠다. 이 용어들은 정신적 장애를 완화시킬 목적으로 심리치료 전문가가 제공하는 서비스를 가리킨다.

부모가 이혼을 한 직후에는 대부분의 아이들이 어떤 고통의 징후를 보인다. 이러한 징후가 나타난다고 해서 심리치료사에게 달려가는 등 과민하게 반응할 필요는 없다. 그리고 힘들어하는 아이의 행동이 당신에 대한 미움 때문이라고 가정하지 말라. 다른 편 부모에 대해 힘들어하는 것일 수도 있다. 당신과 아이가 정기적으로 만나고, 또 아이가 오랫동안 지속적으로 부정적인 태도를 보이는 것이 아니라면, 이혼이 매듭지어지고, 모든 사람이 안정되기 시작하면 아이도 안정을 되찾을 것이다.

그러나 아이들이 정기적으로 당신과 배우자 사이의 갈등 한가운데로 끌려들어 간다면, 즉 아이들이 반복적으로 헐뜯기에 노출되거나, 한쪽 편 부모로부터 다른 편 부모에게 화가 나 있다는 메시지를 전달하라는 요청을 받거나, 다른 편 부모를 평가절하하거나 불신하라는 압력이나 조종을 받는다면 심리치료사에게 상담을 하는 것이 좋다. 아이들이 장애에 시달린다는 특별한 징후를 보이지 않더라도 이혼의 독이 해를 입히고 있거나 장차 해를 입힐 수도 있다. 정신건강을 검사하는 것이 해가 될 수는 없다. 부모들의 싸움에 말려든 아이들은 부모 양편에게 자신의 감정을 드러내지 않는다. 심리치료사의 사무실은 부모 중 한쪽 편에게서 다른 편을 따돌리라는 압력을 받고 있는 중에도 아이들이 부모에 대한 감정을 솔직하게 표현하고 사랑을 지속시키는 방법을 배우는 안전한 피난처일 수 있다. 아이들이 가정 내 갈등으로 고통 받고 있다는 것을 치료사들이 안다면 당신과 당신의 전 배우자로 하여금 상황을 개선시키도록 동기를 부여하는 데 이 정보를 활용할 수 있다.

아이들이 만성적으로 장애에 빠져 있는 것이 확실하다면 심리치료사에게 가보는 것이 최선이다. 장애의 징후에는 과도한 걱정과 공포, 슬픔, 성적 저하, 초조, 수면장애, 행동장애, 잦은 통증처럼 의학적인 원인이 밝혀지지 않는 신체적 문제 등이 포함된다. 그렇지는 않지만 아이가 멸시, 거부, 애정의 감소 등 따돌림에 빠졌거나 빠지고 있는 아이들의 특징을 보일 수도 있다. 이런 상황을 개선하려고 노력해도 소용이 없다면 전문가에게 도움을 청할 때이다. 아이들이 계속해서 당신과의 만남을 거부한다면 아무 도움도 주지 않은 채 그런 상황을 지속시켜서는 안 된다. 아이들과 만나지 못하면 따돌림이 굳어져서 이를 완화시키기가 더욱더 어려워진다.

심리치료는 어떤 도움을 주는가?

이혼의 해독이 일정 수준을 넘어서면 가족 구성원들은 현실을 달리 보게 된다. 부모들은 각각 상대방이 문제를 일으켰다고 비난하는 반면, 자기 자신의 책임은 간과한다. 아이들은 어느 편을 들라는 압력을 받는다. 아이들은 종종 부모 중 어느 한쪽 편을 성자, 다른 편을 죄인이라고 여긴다.

유능한 심리치료사는 가족간의 갈등에 적절한 중립적 관점을 도입한다. 심리치료사는 실제에 대한 왜곡을 막고, 좀더 현실적인 사고를 하도록 이끈다. 그리고 가족 구성원 각자가 문제되는 행동을 통해 표현되는 욕구와 감정을 이해하고 거기에 적응할 건강한 방법을 찾도록 돕는다. 그들은 부모와 아이들에게 명확하고 직접적으로 의사소통하는 방법을 가르친다. 부모들 사이의 대화의 단절은 아이들로 하여금 부모를 싸움 붙여 이익을 꾀하게 만든다. 전 배우자에 대한 나쁜 이야기를 듣는 데 열중하는 부모들은 아이들의 부정적인 보고를 무비판적으로 믿거나, 전 배우자가 아이들을 세뇌시키고 있다고 성급한 결론을 내린다.

그러나 아이들은 때때로 부모 양편에게 각각 다른 이야기를 한다. 아이들은 부모의 환심을 사거나, 물질적 이득을 얻거나, 자신의 긴장이나 화를 완화시키기 위해 갈등을 부추길 수도 있다. 이러한 형태의 조종은 보통 부모가 효율적인 대화의 통로를 재확립하면 중단된다. 심리치료사는 이러한 대화를 촉진시킬 수 있는 사람이다. 심리치료사는 또한 가족 내의 모든 사람에게 해결 불가능한 갈등을 초래하는 입장을 완강하게 고수하기보다는 협상하는 방법을 가르친다.

심리치료사가 아이에게 관여하는 것은 아이가 다른 편 부모의 가정에서 학대를 받고 있지 않을까 하는 한쪽 편 부모의 걱정을 덜 수 있다. 동시에 임상적 감시는 학대를 했다는 잘못된 진술로부터 한쪽 편 부모를 보호할 수 있다. 이러한 형태의 감시는 부모와 아이의 만남을 현장 감독하는 것보다 더 좋다. 감독자의 현장 출현은 거부하는 부모가 위험하다는 아이의 생각을 강화시키는 경향이 있기 때문이다.

따돌리는 행위를 하는 부모들

따돌리는 행위를 하는 부모에 대한 치료는, 이혼의 해독을 불러일으키는 분노 밑에 숨겨진 두려움, 상처, 부끄러움을 확인하는 데 도움을 준다. 치료는 적개심을 안전하게 완화시킬 수 있는 자리를 공개적으로 제공해준다. 또한 분노를 표현하기 위해 아이들을 이용하는 대신 다른 방식으로 분노를 해소할 수 있도록 도와준다. 치료는 또 전 배우자에게 불타오르는 증오심을 갖고 있어서, 이 증오심이 이혼 후에도 작용하는 부모들을 도와준다. 치료는 편집증적인 성향을 갖고 있는 부모들이 다른 배출구를 찾아서 전 배우자를 깎아내리지 않게 해준다. 치료는 세뇌를 하는 부모들이 때때로 실망감이나 배신감을 느끼는 것의 정당성을 인정하고 이런 실망감을 아이를 통해 표현하는 것을 억제하게 해준다.

치료는 부모들로 하여금 표적이 된 부모의 행동을 좀더 너그럽게 해석할 수 있게 해준다. 치료는 또 판단을 유보함으로써 부모들로 하여금 자신들이 이혼의 해독을 퍼뜨렸음을 안전하게 인정할 수 있는 분위기를 제공한다. 이는 문제해결의 첫 단계이다. 이는 부모들이 자신의 파괴적 행동을 사과하고 무너진 관계를 회복시킬 수 있는 방법을 발견할 수 있게 해준다. 따돌리는 행위를 하는 부모들이 불 지르기를 중단하기로 결정하면 심리치료사들은 아이들로 하여금 태도의 변화를 믿게 하는 것, 즉 한쪽 부모가 이제는 다른 편 부모에 대한 좋은 말을 듣는 것을 환영한다는 것을 아는 게 왜 중요한지 일깨워줄 것이다.

심리치료사들은 따돌림을 조장하는 부모들에게 이혼의 해독이 가져온 오랜 기간의 상처에 대해 교육할 것이다. 부모들은 자신의 행동이 아이들의 자아존중감에 어떤 손상을 입혔는지 알게 될 것이다(『양육권 혁명』에서 나는 부모에게서 등을 돌렸을 때 아이들의 자아존중감이 왜, 그리고 어떻게 병들게 되는지 자세히 설명했다). 그리고 한쪽 편 부모와의 관계에서 아이들이 갖게 되는 문제들이 성격으로 굳어져서 장차 다른 사람과 관계를 맺을 때 심각한 지장을 초래할 수 있음을 깨닫게 될 것이다. 따돌리는 행위를 하는 부모가 계속해서 전 배우자를 심각한 결점이 있는 사람으로 여길 때조차도, 아이들이 어려운 사람을 수동적으로 피하는 것보다는 단호하게 대하는 방법을 배울 필요가 있음을 받아들이게 된다.

세뇌시키는 부모들은 파괴적인 행동을 계속하는 것이 아이들의 양육에서 그만큼 비용을 치루고, 궁극적으로는 아이들의 정서를 해친다는 것을 알게 될 것이다. 이는 아이들로 하여금 거북해진 관계를 개선하기 위해 애쓰기보다는 끊어버리라고 가르친 데에서 초래될 수 있다. 세뇌시키는 부모와 아이들 사이에 갈등이 일어날 때, 특히 아이들이 청소년기나 성년기에 들어서면 이런 학습을 그대로 적용해서 의존하던 부모와의 관계까지 끝낼 수도 있다. 그렇지 않으면 자신이 직접적인 이해관계가 없는 전쟁에 이용되었다는 것을 알고 분개해서 세뇌시킨 부모를 거부할 수도 있다.

따돌림 당하는 부모들

따돌림 당하는 부모들에 대한 치료는 이혼의 해독이 어떻게, 왜 작용을 하며, 이에 맞서기 위해서는 무엇이 필요한지를 이해하도록 도와준다. 이들에 대한 치료는 전 배우자나 아이들에게 공격을 받고 있을 때, 부모로서 자신의 가치를 합리적으로 정당화할 수 있게 해준다. 치료는 따돌림 당하는 부모로 하여금 계속해서 아이들에게 헌신할 수 있게 해준다. 또 따돌림 당하는 부모들이 패배감으로 물러나고 싶은 충동을 느낄 때 그들로 하여금 아이들에 대한 관심과 애정을 유지할 수 있게 해준다. 치료는 표적이 되는 부모들이 범하는 일반적인 잘못을 피하고 아이들을 돌보는 능력을 높이는 데 도움을 준다. 그리고 그들이 앞 장에서 논의한 상처들을 완화시키도록 도와준다.

심리치료사들은 상담을 통해 아이들과의 관계를 유지하는 방법, 아이들이 미워하고 두려워하는 행동을 보일 때 적절하게 대응하는 방법들을 구체적으로 알려준다. 나는 이런 형태의 처치는 치료라기보다는 일종의 지도라고 생각한다. 그 목적은 개인적 동기에 대한 통찰력을 증진시키는 것이 아니라 어려운 상황을 처리하는 데 필요한 직접적이고 구체적인 충고와 전략을 제공하는 것이다.

아주 드물기는 하지만 아이가 너무 심한 따돌림에 빠져서 이를 되돌리려는 모든 시도에 저항하는 경우도 있다. 그리고 법적 청구까지 포함해서 가능한 구제책을 다 동원해도 긍정적인 결과를 얻지 못하는 수도 있다.

이처럼 모든 노력에도 불구하고 전환점에 도달하지 못할 경우 심리치료사는 부모로 하여금 재결합하려는 노력을 공식적으로 중단하고, 자녀에 대한 부모의 영원한 사랑과 헌신을 표현하고, 장래의 화해를 위한 토대를 남기는 편지나 비디오테이프를 준비하라고 조언할 것이다. 이러한 의사소통은 이후에라도 당신을 자녀와 연결시켜 줄 수 있는 유일한 끈이기 때문에 이를 준비할 때 도움을 받는 것이 좋다. 좀더 상세한 논의는 9장 '떠나보내기'를 보라.

따돌림에 빠진 아이들

치료는 따돌림에 빠진 아이들에게 불만을 털어놓을 수 있는 중립적 영역을 제공한다. 심리치료사는 무엇보다도 아이들이 부모들의 전투에서 벗어날 수 있도록 도우려고 한다. 따돌림에 빠져 있는 아이들에게는 한쪽 부모는 성자이고 다른 편 부모는 죄인이라는 편향된 시각보다는 부모 각각에 대한 균형 잡힌 시각이 필요하다.

유능한 심리치료사는 합리적이고 균형 잡힌 의견을 제시한다. 그는 아이들의 이야기를 꼼꼼히 들은 다음, 자신이 이해하고 있음을 보여준다. 그러나 현실에 대한 아이들의 잘못된 관점에는 점잖게 맞선다. 심리치료사는 아이들이 양편 부모의 각기 다른 주장을 자신의 힘으로 정확하게 판단할 수 있도록 돕는다. 심리치료사들은 표적이 된 부모들보다는 이렇게 하기에 더 좋은 입장에 있다. 아이들이 당신에 대한 심각한 따돌림에 빠져 있다면 당신의 말을 듣지 않을 수도 있다. 또는 아이들로 하여금 당신에 대한 비난이 사실인지를 생각하게 만들려고 들면 당신이 자신들을 싸움의 한복판에 밀어 넣으려 한다고 느낄 수도 있다. 그래서 사실을 명확히 밝히려는 당신의 시도를 전 배우자에게 등을 돌리게 하려는 압력으로 오해할 수도 있다.

따돌림에 빠진 아이들은 치료를 통해 이혼의 해독을 끼치려는 부모에게 맞서는 법을 배운다. 아이들은 한쪽 편 부모를 미워함으로써 다른 편 부모를 즐겁게 할 필요는 없다는 것을 배운다. 어떤 경우에는 아이들이 부모들 사이의 싸움에서 자신들이 어떤 영향을 받고 있으며, 어떤 상처를 입고 있는지 인식하는 법을 배우게 된다. 경우에 따라서는 자신들이 조종을 당해왔다는 것을 명백하게 인정하는 일 없이도 한쪽 편 부모와 재결합한다.

심리치료사는 아이들과 따돌림 당하는 부모 사이의 재결합을 관찰하고, 이를 연관된 모든 사람들의 불안을 최소화하는 방식으로 구조화한다. 치료사는 또한 표적이 되는 부모를 향한 아이들의 거부감이 갖는 무자비함을 지적하고, 부모들이 함께 산다면 이런 학대행위가 결코 용서받을 수 없는 것임을 상기시킴으로써 아이들이 도덕적 표준을 회복하도록 돕는다. 아이들이 심리치료사의 말을 수용하지 않는 것처럼 보이더라도 이런 논의는 장차 열매를 맺을 수 있는 통찰의 씨앗을 뿌려준다.

심리치료사를 돕는 방법

최선의 환자는 자신들의 치료에 적극적인 책임감을 갖는 환자이다. 심리치료인 경우에는 특히 그렇다. 가족문제의 해결에 기여하기 위해 당신이 할 수 있는 일을 찾는 것 외에도 심리치료사의 작업을 돕기 위해 몇 가지 해야 할 일이 있다.

• 따돌림에 빠진 아이와 관련해서 심리치료사가 고려하고 있는 교육,

훈련 및 그의 의견에 대해 자유롭게 질문하라. 유능한 심리치료사는 그런 요구에 적극적인 반응을 보이며, 이를 치료의 토대인 신뢰를 형성할 수 있는 기회로 여길 것이다.

- 당신의 상황을 이해하는 데 도움이 된다고 생각하는 책을 발견한다면 이를 심리치료사에게 추천하라. 그러나 반드시 읽어야 한다고 주장하지는 말라. 그리고 인터넷에서 다운받은 엄청난 양의 정보로 심리치료사를 난처하게 만들지 말라. 이 중 많은 것은 제한된 가치밖에 없으며, 필요하다면 스스로 이런 정보를 얻을 것이다. 심리치료사에게 시간은 생계와 관련된 문제이다. 심리치료사가 추가적인 자료를 요구하지 않는다면 이를 제공함으로써 심리치료사의 시간에 짐을 지우지는 말아야 한다.

- 치료행위에 대해 당신이 갖고 있는 어떤 유보적인 생각을 심리치료사와 공유하라. 심리치료사들은 그런 토론을 환영한다. 우려와 비판을 표현해도 치료의 과정에 방해가 되지 않을 것이다.

- 심리치료사가 당신과 아이 관계의 역사를 이해하도록 도우라. 아이와 어떤 특별한 게임과 행동을 함께 했는가? 당신이 유대를 돈독히 했을 특별한 활동을 생각하는 데 곤란함을 느낀다면, 이는 아이가 왜 당신의 전 배우자와 제휴하는 길을 선택했는지에 대한 좋은 단서가 될 수 있다. 심리치료사가 이혼을 하기 전 당신과 아이가 가졌던 관계의 본질을 확인하지 못한다면, 당신과 아이의 애정 어린 관계를 보여주는 카드, 사진, 비디오테이프, 그 밖의 중요 자료를 제공하라.

- 심리치료사가 당신의 행동을 비판한다고 해서 그가 당신에 대해 편견을 갖고 있다고 간주하지 말라. 피드백을 고려할 만한 시간을 가지라. 심리치료사의 평가에 동의하지 않는다면 객관적이고 신뢰할 수

있는 제삼자에게 의견을 구하라. 무조건 전 배우자를 비판하고 당신 편을 드는 사람에게만 요청을 하는 것은 도움이 되지 않을 것이다.

- 전 배우자나 아이들과 함께 만나는 동안 생산적인 방향으로 대화를 이끌려는 심리치료사의 노력에 민감하게 반응하라. "당신 맘대로 해라"라고 주장한다면 잠시의 만족을 위해 장기적인 이익을 버리는 것일 수도 있다.

- 아이들과 만나는 동안, 심리치료사가 논의의 대상으로 삼지 않는다면 당신에게 불리한 모든 진술의 진위를 따져보자고 주장하지 말라. 함께 있는 시간을 옛 불만을 되씹는 데 투자하는 것보다는 당신과 아이들 관계의 긍정적 측면을 보여주는 데 쓰는 것이 더 좋다. 모든 약속을 지키라.

- 심리치료사의 개인적 생활을 존중하라. 정말로 지체할 수 없는 문제가 아니라면 일상적인 업무시간 외에는 심리치료사를 부르지 않는 것이 좋다. 인내심을 가지라. 치료는 보통 당신이 기대하는 것보다 오래 걸린다.

희망을 갖는 것은 반드시 필요하지만 합리적인 기대감으로 심리치료를 시작하는 것이 중요하다. 심리치료는 마법이 아니다. 아무리 뛰어난 심리치료사라도 모든 문제에 도움을 줄 수는 없다. 심리치료사들이 할 수 있는 것은 당신들이 문제를 해결하는 데 도움을 주기 위해 최선의 노력을 하는 것뿐이다. 당신이나 당신의 전 배우자, 아이들이 고통스러운 현실을 무시하는 방향을 선택한다면 심리치료사들의 노력은 실패로 돌아갈 것이다. 어쩌면 사람들의 선택의 중요성은 심리적 발달에서 가장 간과된 측면일 수도 있다. 우리는 단순히 환경이나 유전자의 산물만은 아니다. 좋은 방향이건 나쁜 방향이건 간에, 우리들 모두는 자신의 성격을 발달시키는 데 능동적이고 실제적인 역할을 한다.

심리치료사의 선정

딱 들어맞는 심리치료사를 찾으려고 하는 것은 헛된 노력일 수 있다. 심리치료사들은 서로 다른 교육적 배경과 훈련 경험을 갖고 있다. 학위도 다르고, 갖고 있는 자격증과 인가증도 서로 다를 수 있다.

심리치료사는 임상심리학자일 수도 있고 정신의학자나 사회사업가 혹은 상담가일 수 있다. 어떤 자격을 주는 과정이든 우수한 치료사, 바람직한 치료사, 공정한 치료사, 나쁜 치료사가 포함되어 있게 마련이다. 미국에서 '심리학자psychologist'라는 명칭은 법으로 규정되어 있다. 대부분의 임상심리학자들은 박사학위(Ph. D. 또는 Psy. D.)를 가지고 있으며, 인턴 과정을 이수한다. 대학원을 몇 년간 다니면 획득할 수 있는 석사학위를 가진 사람은 일부에 지나지 않는다. 그러나 내과의사는 정신의학 과정을 이수하지 않고도 '정신의학자'라는 명칭을 사용할 수 있다. 대부분의 사회사업가와 상담가는 석사학위를 갖고 있다. 일부는 Ph. D.를 갖고 있으며, 일부는 학사학위만을 가지고 있다.

간판을 다는 데 필요한 최소한의 요건을 넘어서는 자격과 경험을 가진 심리치료사를 찾으라. 학위나 자격증, 허가증만으로 심리치료사를 선택해서는 안 된다. 자격증은 유능하다거나 전문적이라는 증명서는 되지 못한다. 따돌림에 빠진 아이들과 그들의 부모를 치료하는 것은 특수한 기능, 지식, 경험을 필요로 하는 어렵고 전문적인 일이다. 외과의를 선택하는 것과 같은 방법으로 심리치료사를 선택하라. 외과의를 전화번호부에서 선택하지 않듯이, 심리치료사도 그 같은 방식으로 선택하지 말라. 아이와 당신의 만남은 최선의 도움을 얻느냐 아니냐에 달려 있다고 해도 과언이 아니다. 어떤 심리치료사가 당신과 같은 가족의 문제를 가장 잘 처리하는지 알 만한 위치에 있고, 당신이 신뢰하는 사람에게서 추천을 받으라.

의도적이든 아니든 자기 자녀의 애정에 해독을 끼치는 사람들을 상대하는 것은 심리치료사에게도 몹시 어려운 일 중 하나이다. 이 일에는 어떻게 부모가 자기 자식을 그런 악습에 빠뜨릴 수 있는지 이해할 수 있는 열쇠를 찾을 때까지는 일시적으로 판단을 미룰 수 있는 의지가 필요하다. 그런 다음, 이에 대한 이해를 부모가 자신의 고통과 성격적 결함을 다른 방향으로 돌릴 수 있도록 돕는 데 활용해야 한다. 환자에게 휘말리지 않고 이해와 적절한 행동을 유도하기 위해 공감과 대치를 조화시키는 유능한 심리치료사들도 많다. 이들은 친절하고도 단호하게 더 나은 행동을 하도록 격려할 수 있다. 이것은 섬세한 춤과 같다. 책을 읽고 훌륭한 댄서가 되는 게 어려운 것처럼 이론적으로 배우기는 어렵다.

올바른 심리치료사는 '부모 따돌림 증후군'이라는 용어를 받아들이고 이 장애를 치료하는 방법을 잘 알고 있다. 또는 심리치료사가 자신의 임무를 이혼 후에 심한 갈등을 겪고 있는 가족이나 따돌림에 빠진 아이를 돕는 것으로 특징지을 수도 있다. 용어는 중요하지 않다. 중요한 것은 심리치료사가 따돌림의 근원을 이해해서, 이혼의 해독으로 생겨난 따돌림과 다른 조건 때문에 일어난 따돌림을 구별할 수 있는가 하는 점이다. 당신도 아이가 한쪽 편 부모를 증오하도록 조종될 수 있으며, 따돌림에 빠진 아이와 거부당하는 부모의 만남은 그런 관계를 개선시키는 데 필수적인 조건이라는 것을 아는 심리치료사를 원할 것이다. 학대를 당했다는 주장이 함께 제기될 때는 그런 주장을 하는 아이들을 상대해본 경험이 있는 심리치료사가 좋다.

부모와 자식 관계의 특별하고도 고유한 중요성을 이해하는 심리치료사를 선택하는 것은 매우 중요하다. 심리치료사는 이러한 관계가 끊어지는 것을 비극이라고 생각해야 한다. 아이들이 다른 생활영역에서 아무리 잘 지낸다 하더라도, 심리치료사는 아이와 부모를 재결합시키려는 노력을 포기하면 아이가 더 나은 상태가 될 거라고 결론짓는 것을 단호히 거부해야 한다.

피해야 할 심리치료사

전문가 사회에서는 일부 심리치료사들은 내담자에게 득보다 해를 많이 끼칠 수 있다는 사실이 잘 알려져 있다. 이혼의 해독이 널리 퍼진 가족을 대할 때, 너무 많은 심리치료사들이 한쪽 편을 들어 객관성을 잃는다. 이들은 한쪽 편 부모와 따돌림에 빠진 아이만 만난 채 아이의 따돌림에 이유가 있다고 결론짓는다. 그리고 거부당하는 부모와 만나 그의 입장을 들으려고 하지 않는다. 이러한 심리치료사들은 종종 세뇌의 힘을 제대로 이해하지 못해서 아이의 따돌림이 조종의 결과일 수 있다는 것을 믿는 데 어려움을 느낀다. 이들은 자신이 만난 적도 없는 한쪽 편 부모에 대한 의견을 무분별하게 제출한다. 판사에게 한쪽 편 부모를 아이와 만나지 못하게 하거나 감독하에서만 만나게 해야 한다고 권고하는 편지를 쓰기도 한다. 어떤 경우에는 한 번도 만난 적이 없는 부모를 소아성애증pedophile 환자로 진단하는 경우도 있다.

가장 좋은 심리치료사는 편견을 배제하고 오로지 사실에 입각해서 의뢰인을 판단하려고 노력한다. 당신과는 만나자는 요청을 하지 않고 전 배우자와 아이들만 상대하는 치료사를 선택하는 것은 잘못이다. 당신이 심리치료사의 작업에서 배제되었다는 바로 그 사실이 왜곡의 의심을 불러일으킨다. 당신을 만나지 않거나, 적어도 당신의 심리치료사와 협력도 하지 않으면서 어떻게 당신과 아이들의 관계를 개선시켜 줄 것이라고 기대할 수 있겠는가?

어떤 심리치료사들은 한쪽 편 부모를 거부하는 아이들이 스스로 마음을 바꿀 때까지는 그 부모를 만나지 않도록 허락해야 한다고 믿는다. 이런 심리치료사들은 상처 받은 관계가 시간과 치료만으로 회복될 것이라고 기대한다. 대부분의 경우 그들은 실망할 것이다. 그런 심리치료사에게 기대를 가졌다면 당신도 역시 실망할 것이다. 따돌림에 빠진 아이들을 치료하는 방법에 대한 연구는 아직 초보단계이지만, 이제까지 나온 모든 연구는 다음과 같은 결론에 동의한다. "아이의 따돌림이 정당하지 않다면 이를 회복시킬 수 있는 최선의 방법은 아이를 표적부모와 함께 있게 하는 것이다." 불가피하게 만남을 연기해야 될 상황이 아니라면 치료 계획의 한 가지 측면은 아이를 거부하는 부모와 함께 지내게 하는 것이다. 도덕적 견지에서 이 방법을 반대한다면 이 일에 가장 유능한 심리치료사라고 할 수 없다.

피해야 할 또 다른 종류의 심리치료사는 남자나 여자에 대해 편견을 갖고 있는 사람이다. 그 편견이 당신에게 유리하다고 하더라도 이런 형태의 편견은 치료의 질을 떨어뜨린다. 그리고 학대의 주장이 따돌림과 병행할 경우 그런 주장은 모두 사실이라고 믿는 심리치료사는 피하라. "아이들은 결코 거짓말을 하지 않는다"라거나 "아니 땐 굴뚝에 연기 날 리 없다"라는 말을 하는 사람이 바로 그런 심리치료사이다. 이들은 전문적 연구들을 알지 못하거나 마음속으로 다른 생각을 품고 있는 사람들이다. 이와 함께 아직 한 번도 만난 적은 없지만, 아동학대의 사실을 부인하고 그런 주장은 모두 거짓이라고 가정하는 경향이 있는 심리치료사도 피하라.

선정 과정

당신과 전 배우자가 전문적 도움을 받자는 데 동의한다면, 함께 의논해서 심리치료사를 선택하는 것이 중요하다. 아이의 담당의사, 학교, 이전의 심리치료사나 현재 심리치료사, 변호사, 친구, 지역의 대학이나 전문기관의 추천을 받을 수도 있다.

전 배우자들의 상호 불신이 심각하다면 한쪽 편이 추천하는 심리치료사를 무조건 거부할 수도 있다. 이 문제를 해결하는 최선의 방법은 두 사람이 각각 몇 명의 심리치료사를 추천하는 것이다. 그런 다음 양편의 명단에 함께 나오는 첫 번째 심리치료사를 선택하면 된다. 의견 차이를 해소하는 또 다른 방법은 각자가 별도로 한 사람씩의 심리치료사를 지명하고, 지명된 두 명의 심리치료사로 하여금 양편이 동의할 수 있는 또 다른 심리치료사를 선택하게 하는 것이다. 당신과 전 배우자의 적대감이 너무 강해서 이런 수준의 협력도 할 수 없다면 변호사에게 같은 절차를 통해 심리치료사를 선정해달라고 요청할 수도 있다.

전문적인 도움을 받는 일에 전 배우자가 참여하려고 하지 않거나 아이를 참여시키지 않으려고 한다면 변호사에게 도움을 청할 수밖에 없다. 변호사는 법원이 심리치료사를 지명하고 양편 모두 치료에 협력하도록 명할 것을 요구하는 조정신청을 낼 수 있다. 이 방법의 단점은 당신 가족을 잘 알지 못하는 사람의 손에 중요한 결정을 넘긴다는 점이다. 판사는 두 변호사가 동의하는 한 명의 심리치료사를 추천하라거나 판사가 선택할 심리치료사 명단을 제출하라고 요구할 수도 있다.

부모 양편이 모두 상담을 받겠다고 동의할 경우에도 법원의 치료명령을 확보해놓는 것이 좋다. 한쪽 부모가 아이가 다른 편 부모와 만나는 것을 적극적으로 반대할 때 특히 그렇다. 법원의 명령은 상담과 치료의 지속성을 보장해준다. 그런 명령이 없을 경우 심리치료사가 동의할 수 없는 의견이나 권고를 내자마자 한쪽 편 부모가 치료를 그만두고 아이를 심리치료사에게 보내지 않을 수도 있다. 법원의 명령을 받아놓는 것이 갖는 또 다른 장점은 성공적인 결과를 가져올 수 있는 기회를 극대화할 치료 조건을 상세히 제시할 수 있다는 점이다.

치료의 조건

서평을 써서 버는 돈으로 양육되고 있으며 학교 다니는 것을 중단하기로 결정한 열 살짜리 아이를 가정해보자. 한 걸음 더 나아가 이 아이가 이혼한 아버지와 함께 사는데, 아버지는 교육을 받는 것이 무가치하다고 생각하고 있으며, 때때로 감수성이 예민한 딸에게 이러한 의견을 말한다고 가정해보자. 이 소녀의 어머니가 아이가 다시 학교에 다닐 수 있게 해달라고 내게 도움을 청했다. 내가 무엇을 할 수 있을까?

내가 어머니하고만 접촉을 한다면 딸과 전남편에게 이 문제에 대해 이야기하는 방법을 조언해줄 수 있다. 또한 아이를 설득시키기 위해 아이가 좋아하는 손위 사촌과 같은 제삼자를 개입시키라고 권고할 수도 있다. 그러나 아버지가 어머니의 의견을 존중하지 않는다면, 그리고 딸에게 학교에 가지 말라고 적극적으로 장려한다면, 내 조언은 도움이 되지 않을 것이다.

이 어머니가 소송을 해서, 아버지는 치료를 받아야 하고 이때 딸도 함께 데려와야 한다는 명령을 얻어냈다고 가정하자. 그때도 아버지가 교육을 굳게 반대하고, 계속해서 학교에 대한 존중감이 생기지 않도록 하고, 아이를 데려오는 것을 완강히 거부한다면 나의 노력은 아마도 실패로 돌아갈 것이다.

이러한 상황은 부모 따돌림 증후군으로 고통을 겪고 있는 아이들과 유사하다. 이 아이들은 기본적으로 한쪽 편 부모의 영향력의 결과로 다른 편 부모를 비합리적으로 거부한다. 그러나 초등학교 중퇴생에 대한 우리의 시나리오에서 놓치기 쉬운 하나의 요소가 있는데, 무단결석 학생 지도원이 그것이다. 실제생활에서 어머니와 심리치료사는 아이를 학교로 돌아오게 하기 위해서는 아버지의 태도를 바꾸어야 할 것이다. 무단결석 학생 지도원은 아이를 강제로 학교에 오게 할 수 있는 법적 권한을 갖고 있다. 그러므로 치료사는 아버지와 딸의 문제를 다룰 때 일단 법에 규정된 상황을 받아들이게 할 수도 있다. 그리고 점차 교육의 가치를 깨닫게 할 수 있다. 홈스쿨러home schooler*에게 교육은 학교에서 이루어져야만 한다고 주장하는 것은 아니다. 지금 언급하고 있는 시나리오는 아버지가 어떤 형태의 교육도 존중하지 않는 경우이다.

이러한 활동의 요점은 독단적인 부모가 문제를 인식하지 못하거나 이에 대해 어떤 것도 하지 않으려고 할 때는 심리치료사가 아이의 변화에 영향을 미치는 데 상대적으로 유리한 위치에 있다는 것이다. 치료사가 따돌림에 빠진 아이들 문제에서 성공할 기회를 얻기 위해서는 무단결석 학생 지도원과 같은 위치에 서야 한다. 법의 힘은 상담실에서도 느껴져야

---

* 제도화되고 통제 위주인 학교 교육 대신 자신의 집에서 아이를 가르치는 사람

한다. 이는 보통 법원의 명령으로 달성된다.

법원의 역할
효과적인 법원의 명령은 심리치료사를 지명하고 아이와 부모들을 치료에 참가하게 하는 것 이상의 역할을 한다. 가장 좋은 법원의 명령은 다음과 같은 내용을 설정하는 것이다.

- 서로 동의하거나 법원이 지명하지 않은 심리치료사에게 아이를 데리고 가지 못하도록 규정
- 아이와 부모가 만나는 일정을 정확히 지키게 함으로써 아이에게 따돌림 당하는 부모와 충분히 만날 수 있는 시간을 제공
- 아이가 선택에 갈등을 느낄 수 있는 특별한 활동을 마련함으로써 다른 편 부모와 만나는 시간을 잠식하는 것을 금지
- 부모와 아이가 만나는 장소와 방식을 규정
- 부모들 사이의 적대감이 표면화될 것이 예상될 때는 학교와 같은 중립적 인계 장소를 선택
- 아이의 시험 성적, 운동경기, 스카우트 모임과 같은 중요한 정보를 교환할 때는 전자우편이나 팩스처럼 갈등이 적은 방법을 이용하도록 권고
- 아이가 다른 편 부모와 함께 있을 때는 따돌림을 조장하는 부모와 아이의 접촉을 제한하거나 통제
- 불가피한 경우의 일정 변경
- 법원이 치료 과정과 심리치료사의 권고에 대한 정보를 얻을 수 있는 메커니즘

- 법원의 명령을 따르지 않을 경우에 대비한 명시적이고 구체적인 처벌규정

마지막 항목이 결정적인 요소이다. 명령은 강제력이 있을 때만 효력을 발휘할 수 있다. 명령을 위반했을 경우의 처벌조항이 없다면 일반적으로 위반자는 법원의 명령을 계속해서 무시한다. 법원의 명령 중에는 처벌내용을 상세히 규정하지 않는 경우가 흔하다. 이것은 잘못이다. 대부분의 경우 부모 양편이 모두 법원이 명령을 위반하는 쪽에 어떤 제재를 가할 것인지 미리 아는 것이 더 좋다.

명령은 양쪽 부모 각각의 위반에 대한 엄격한 처벌규정과 함께 덜 엄한 것에서 더 엄한 것까지 결과의 연속성을 포함해야 한다. 한쪽 부모가 아이를 정해진 인계 장소에 너무 늦게 데려온다면 그 부모로 하여금 아이를 다른 편 부모 집에 데려다주고 데려오게 하는 책임을 더 지워야 한다. 아이가 한쪽 편 부모와 만나도록 되어 있는 시간을 잊어버린다면 그 부모와 추가로 시간을 보내도록 해야 한다.

한쪽 부모로 하여금 벌금을 내거나, 채권을 공탁하거나, 명령 위반에 대한 판결을 내리는 데 필요한 법정 비용과 변호사 비용을 지불하게 하는 등, 금전적 처벌도 필요할 수 있다. 미국의 어떤 주에서는 법원이 명령을 위반한 사람의 운전면허를 정지시키거나 공공봉사 명령을 내리기도 한다. 구속이나 가택연금과 같은 처벌도 고려된다. 이렇게까지 하는 것은 너무 가혹하고 심한 것처럼 보인다. 그러나 실제로는 법원이 명령한 생활비나 아이 양육비를 지불하지 않는 부모에게 가해지는 처벌과 다를 바 없다. 어떤 경우 판사는 따돌리는 행위를 하는 부모로 하여금 법정에서 아이들과 다른 편 부모에게 사과하고, 그들의 만남을 다시는 방해하지 않겠

다고 맹세하게 하기도 한다. 또는 따돌리는 행위를 하는 부모로 하여금 표적부모에 대해 오해하게 된 코치나 교사와 같이 따돌림 캠페인에 끌려 들어 간 다른 개인들에게 사과편지를 쓰게 할 수도 있다.

한쪽 부모가 반복해서 법원의 명령에 협조하지 않고, 아이와 다른 편 부모가 만나는 것을 방해한다면, 법원은 양육권자를 바꾸고, 아이들과 따돌리는 행위를 하는 부모의 만남을 엄격하게 제한할 수도 있다. 이러한 일이 일어날 수도 있다는 위협이야말로 따돌리는 행위를 하는 부모와 아이들의 행동을 바꾸는 동기가 될 수 있다. 그 결과 양육권자를 바꾸지 않고도 아이들과 다른 편 부모의 긍정적 관계가 회복될 수도 있다.

세 명의 딸이 모두 어머니와 잠시도 함께 지내려고 하지 않는 한 가족을 다룬 바 있다. 18개월간 아이들을 만나지 못한 어머니는 단독 양육권을 요구하는 신청을 냈다. 판사는 어머니에게 그해 여름 내내 아이들을 돌볼 수 있는 일시적 양육권을 부여하고, 가족에게 치료를 명령했으며, 아이들과 아버지의 접촉을 조심스럽게 통제했다. 몇 달이 지난 후 아이들이 어머니에 대한 애정을 회복하자, 아버지와 아이들의 접촉도 점차 늘어나 아이들은 아버지와 어머니의 집에서 각각 같은 시간을 보내게 되었다. 그 아버지는 따돌림이 다시 일어난다면 자신이 양육권을 잃을 수도 있다는 것을 알고 나서야 비로소 세뇌시키는 것을 멈추었다.

비밀 유지의 유보

사람들은 대개 심리치료사에게 상담을 받을 때는 상담 내용이 공개되지 않으리라고 생각한다. 비밀을 지키는 것은 의사와 환자의 신뢰를 유지하는 기초이다. 그러나 이혼의 해독을 치료하기 위해서는 이와 같은 일반적 규칙을 완화할 필요가 있다. 의견의 불일치를 효율적으로 찾아내고 해결하기 위해 심리치료사가 가족 구성원 중 한 사람이 한 이야기를 다른 사람에게 자유롭게 이야기할 필요가 발생하기도 한다. 이는 심리치료사가 모든 것을 되는 대로 밝혀도 좋다는 의미는 아니다. 심리치료 기술 중 하나는 어떤 정보를, 언제, 어떻게 밝히느냐를 결정하는 것이다. 경험 많고 유능한 심리치료사는 신중하게 이를 결정한다(경험이 많다는 것 자체가 유능하다는 것을 보장해주지는 않는다). 정보는 치료의 효과를 높일 수 있을 때만 공개되어야 한다. 정보 공개에 대한 반발로 득보다 실이 많거나 치료에 지장을 줄 것 같을 때는 공개하지 말아야 한다.

또한 법원이나 주의 법률이 설정한 조건에 따라 치료 상황을 변호사와 판사에게 알려야 한다는 것을 모든 가족 구성원이 알 필요가 있다. 부모가 법정 밖에서 자신들의 분쟁을 해결할 수 없다면 심리치료사의 기록을 제출하게 할 수 있으며, 심리치료사가 이를 입증해야 하는 경우도 있다.

물론 자신의 말이나 행동이 법원의 조사 대상이라는 것을 안다면 부모들이 말을 가려서 할 가능성이 높다. 심리치료사에게 협력하고 합리적인 언행을 하려고 할 것이다. 자신을 나쁘게 볼 수 있는 행동을 숨기려 할 것이다. 또한 자신이 '개선'되었다는 인상을 주려고 할 것이다.

이러한 태도가 전적으로 나쁜 것만은 아니다. 사람들은 좋게 보이려고 행동하는 과정에서 실제로 좋은 부모가 되기도 한다. 판사에게 좋은 인상을 주기 위해 부모들이 행하는 모든 것은 아이들에게 도움이 된다. 보통 때보다 아이들에게 관심을 더 쏟을 수도 있고, 참을성이 많아질 수도 있고, 학교행사에 더 많이 참가할 수도 있다. 다른 편 부모와 아이들의 관계에 더 많은 지지를 보낼 수도 있다. 이와 같은 개선은 비록 법원에 좋은 인상을 주어 양육권 분쟁에서 유리한 입장을 차지하기 위한 목적에서 나온 것이지만 아이들에게는 도움이 될 수 있다.

심리치료사와 판사의 의사소통

치료를 시작하기 전에 결정해야 하는 또 하나의 문제는 법정 다툼의 과정에 심리치료사를 어떻게 개입시키는가 하는 것이다. 치료에 문제가 있거나, 한쪽 부모가 법원의 명령에 협조하지 않거나, 만나는 일정을 조정할 필요가 있을 경우 심리치료사가 직접 법원에 보고를 하기도 한다.

한 가지 사례를 들어보자. 법원이 심리치료사를 지명해서 3년이나 아이를 만나지 못한 아버지와 아이의 관계를 개선시키도록 했다. 어머니는 아이에게 아버지 이야기를 할 때는 성을 빼고 이름만 불렀다. 그리고 아버지는 위험하고 나쁜 사람이라고 말했다. 심리치료사는 아들의 안전에 대한 어머니의 우려를 줄이기 위해 아버지와 아이를 점진적으로 재결합시키는 방법을 쓰려고 했다.

치료가 아버지와 아들을 공동으로 만나는 시점에 도달했을 때 어머니는 아들을 그런 무시무시한 사람과 같은 방에 있게 할 수는 없다고 협력을 거부했다.

심리치료사는 이런 곤란한 상황을 판사와 변호사에게 알렸다. 심리치료사는 아들을 의미 있는 기간 동안 아버지와 함께 살게 하고, 아들과 어머니가 접촉하는 것을 세심히 통제해야만 아버지와 아들의 관계를 회복시킬 수 있다고 말했다. 판사는 심리치료사의 제안을 받아들였다. 아들을 아버지와 같은 방에서 만나게 하려는 심리치료사의 계획에 당황했던 어머니는 이제는 심리치료사에게 분노했다. 그 결과 이어지는 치료에서 배제되었다. 아들은 판사의 새로운 명령에 매우 당황해서 처음에는 심리치료사를 경계했다. 그러나 얼마 지나지 않아서 아버지와 가까워졌고, 심리치료사와 따뜻한 관계를 회복했다. 결국 아이는 아버지와 어머니 양편 모두에 대해 사랑을 표현할 수 있게 되었다. 어머니가 심리치료사를 나쁘게 말했지만 아이는 심리치료사와의 다음 만남을 기다렸고, 치료가 끝났을 때는 아쉬움을 나타냈다.

심리치료사가 법원에 문제해결 방안을 제안하는 것의 가장 큰 단점은 어느 한쪽 편을 드는 것처럼 보인다는 점이다. 예컨대 심리치료사가 아이들은 그 애들이 나쁘다고 생각하는 아버지와 더 많이 만나야 한다고 법원에 제안했다고 하자. 아이들과 어머니는 심리치료사를 적으로 생각하게 될 것이다. 이렇게 되면 아이들을 치료에 의미 있게 참여시키기 어려워질 것이다. 아버지 역시 심리치료사가 자신을 충분히 지지하거나 어머니를 비판하지 않을 것이라고 믿어서 심리치료사의 증언을 거부할 수도 있다.

심리치료사가 법원에 직접 권고안을 내는 방법과 소송과정에 일체 참여하지 않는 방법을 절충한 제3의 방법도 있다. 심리치료사가 아이와 부모의 만남 같은 문제에 대해서는 의견을 내지 않고 현재와 과거의 치료 상태만 엄밀하게 증언하는 방식이다. 심리치료사는 권고안을 요청받더라도 이를 작성하기에 필요한 모든 정보를 갖고 있지 않다고 대응한다. 심리치료사가 가족 구성원 중 한 사람하고만 상담을 하고, 다른 가족의 심리치료사와 의사소통을 하지 않았다면 이러한 진술이 가능할 것이다. 그러나 심리치료사가 전체 가족에 대한 정보를 갖고 있다면, 어떤 권고안도 내지 않겠다고 진술할 수 없을지도 모른다.

극도의 갈등 관계에 있는 이혼가족을 치료하는 모델은 아직까지 초보적인 개발 단계에 있다. 미국에서는 여러 가지 서로 다른 접근법들이 활용되고 있으나 현재로서는 어떤 방법이 가장 좋은지 결론을 내리는 데 도움이 될 만한 연구가 없다. 추측컨대 이런 방법들은 어떤 상황에서는 잘 들어맞겠지만, 다른 상황에서는 그렇지 않을 수도 있을 것이다. 이런 가족에 대한 치료는 아주 섬세한 절차, 즉 경험이 풍부한 심리치료사조차도 어려운 전문적인 임무이기 때문에 가족이 받아들이고 법적으로 문제가 없다면 심리치료사를 법원과 분리시키는 것이 좋다고 생각한다. 법원과 심리치료사 사이에 이와 같은 완충장치를 두는 것이 심리적으로 도움이 될 수 있다. 그러나 이러한 분리가 필수적이거나, 심리치료사가 판사나 변호사에게 현재의 치료 상태와 치료를 진전시키기 위한 방법을 제시하거나 보고서를 내는 방법보다 더 낫다고 생각되지는 않는다.

단일 치료사 대 복수 치료사

치료를 시작하기 전에 결정해야 할 또 다른 문제는 모든 가족을 한 사람의 심리치료사에게 맡길 것인가, 가족 구성원마다 한 명씩의 심리치료사를 둘 것인가 하는 것이다. 두 가지 방법은 각각 장점과 단점을 갖고 있다.

여러 명의 심리치료사 대신 한 사람에게 맡기는 것은 비용을 크게 줄일 수 있다. 또한 둘 이상의 심리치료사가 가족과 연루되었을 때 일어나는 문제들을 피할 수 있다. 25년 전 가드너 박사는 부모 양편이 각각 별도의 심리치료사에게 상담을 받을 때 파생되는 문제를 언급한 바 있다. 근래에도 여러 심리치료사들이 같은 문제를 지적했다. 한쪽의 이야기만 듣는 심리치료사는 객관성을 잃고 그 환자가 갖고 있는 왜곡된 입장을 받아들이게 된다. 그렇게 되면 심리치료사들이 이미 파괴된 가족 관계의 문제를 악화시킬 수도 있다. 한 사람의 심리치료사가 가족 전체를 담당한다면 개개인의 사실 왜곡에 속아 넘어가지 않고 문제를 이렇게 만든 각자의 책임을 적극적으로 인식할 가능성이 높다.

심리치료사를 한 사람만 두는 것의 주된 단점은 치료를 성공적으로 수행하기가 매우 어렵다는 것이다. 심리치료사들은 각자의 관점을 이해하고, 이를 다른 구성원들에게 전달해야 한다. 동시에 가족들의 태도를 변화시키고 가족 기능을 개선시키기 위해 노력해야 한다. 이러한 역할은 가족치료사에게 더 익숙하다.

심리치료사가 여러 가족 구성원의 공동상담을 수행할 때 치료가 갈피를 잡지 못할 우려도 있다. 적어도 참여자의 한 사람은 심리치료사가 자신의 입장을 지지하지 않았다고 실망할 것이다. 심리치료사가 법원의 결정에 어떤 영향을 주었다고 보일 경우 법원의 결정에 불만을 가진 부모 측에서는 심리치료사에 대해 반감을 갖게 될 것이다. 치료 과정에서 아이와 양편 부모 모두에게 동시에 긍정적으로 반응하기 위해서는 심리치료사가 주도면밀하게 균형 잡힌 태도를 유지해야 한다. 가족 내의 문제가 심각하다면, 그리고 가족 구성원이 너무 완고해서 실제를 왜곡하여 알고 있는 것에서 빠져나오지 못한다면 아무리 유능한 심리치료사라도 실패할 것이다.

이러한 위험을 피하기 위해 가족 구성원들이 각각 다른 심리치료사에게 치료를 받을 수도 있다. 여기에도 나름의 문제는 있다. 심리치료사가 한쪽 편의 이야기만을 들을 때 위에서 언급한 문제점을 피하기 위해서는 치료사들끼리 긴밀한 접촉을 유지해야 한다. 치료의 과정에서 알게 된 정보와 통찰을 공유하고, 치료를 위해 하는 활동을 조정하기 위해 정기적으로 만나야 한다. 심리치료사들이 시간을 들여야 하는 이러한 만남은 자연히 비용 부담을 가중시킨다. 함께 모이기 위해 네 명 이상의 전문가의 시간을 조정해야 한다면 최선의 의사소통을 기대하기는 어렵다. 의사소통이 잘 되더라도 심리치료사가 많으면 많을수록, 그 중 일부가 객관성을 잃고 자기 환자가 이야기한 왜곡된 정보를 그대로 받아들일 가능성이 높아진다. 이러한 문제가 조기에 충분히 해결되지 않는다면 팀 전체의 치료 활동을 방해할 수도 있다.

나는 심리치료사가 열세 살 된 환자의 허위진술에 속아 넘어간 사례를 상담한 적이 있다. 심리치료사는 자기 환자를 강력하게 변호했다. 다른 가족을 담당했던 심리치료사들이 유보적인 견해를 피력했지만, 이 심리치료사는 법정에서 자신의 환자가 어머니를 두려워하므로 강제로 어머니를 만나게 해서는 안 되며, 심지어 전화를 하게 해서도 안 된다고 증언했다. 또 환자의 따돌림을 정당화하기 위해 환자가 주장하는 어머니의 잘못된 행동들을 모두 열거했다. 실제로 아이는 어머니에 대해 극도의 증오심을 갖고 있어서 공개적으로 어머니를 모독했으며, 어머니 앞에서도 전혀 두려움을 보이지 않았다. 어머니의 잘못이라고 주장된 것은 불합리하게 따돌림에 빠진 아이의 전형적인 왜곡이었다. 실제로는 아버지에 대한 두려움 때문에 어머니에 대한 증오 캠페인에 동참해서 아버지를 즐겁게 해주려고 필사적으로 노력했던 것이다. 그 심리치료사는 어머니를 보지 않겠다는 자기 환자의 '권리'를 지키려는 열의 때문에 아이가 엄마와 관계를 개선하도록 도와주지 못했을 뿐 아니라, 따돌림에 빠진 아이가 치러야 할 많은 대가를 간과했다. 어머니와 만나지 못하는 기간이 길어질수록 아이의 정신건강은 더욱 나빠졌고 결국 아이는 우울증으로 병원 신세를 져야 했다. 그때까지도 심리치료사는 어머니가 병원에 있는 아이를 방문하지 못하게 해야 한다고 주장했다. 아이는 새로운 심리치료사가 배당되어 어머니와 아이를 다시 만나게 하는 방향으로 치료를 시작한 다음에야 회복되기 시작했다.

몇 명의 심리치료사가 한 가족의 치료에 참여할 때는 심리치료사들이 모두 한 사무소에 근무하거나 같은 협회에 속해 있는 편이 좋다. 이런 경우는 사례를 검토하기 위해 정기적으로 만나기가 용이하기 때문에 의사소통의 문제가 적어진다. 치료사들이 오랫동안 함께 일해왔다면 다른 사람의 피드백을 수용하기도 쉽다. 그러면 자기 환자의 왜곡을 과신하고 다른 가족 구성원과 그들의 심리치료사들을 반대함으로써 팀의 협력을 방해할 가능성이 줄어든다.

따돌림에 빠진 아이들과 그들의 부모를 치료하는 데 한 명의 심리치료사를 두는 방법과 여러 명의 심리치료사를 두는 방법을 절충해서 각각의 장점을 높이고 단점을 최소화할 수도 있다. 처음에는 두 사람이 가족 구성원을 따로 만난다. 그런 다음 치료 작업을 나눈다. 가족 구성원 중 일부는 한 치료사가 맡고, 다른 구성원은 또 다른 치료사가 맡는다. 보통은 두 사람 중 한 사람이 한쪽 부모를 만나고, 다른 사람이 다른 편 부모와 아이들을 만난다. 공동치료 회기에 부모들이 함께 만날 때는 두 사람의 심리치료사가 함께 참가한다. 양쪽 부모는 그 자리에 자신의 심리치료사도 참여하므로 모두 안심한다. 양쪽 모두 자기편이 있다고 느끼는 것이다. 치료사가 자신을 지지해주지 않는다는 느낌 때문에 부모 중 한쪽 편이 공동치료에서 멀어질 가능성은 훨씬 줄어든다. 가족에 대한 느낌을 토론할 기회가 많기 때문에, 부모가 왜곡을 하더라도 치료사 중 한 사람이 거기에 빨려 들어가는 일은 없게 된다. 이렇게 함으로써 여러 명의 심리치료사를 두는 장점을 누리면서도 가족 구성원 각자가 별도의 심리치료사를 만나는 데 드는 비용 부담을 줄일 수 있다.

아이 양육 평가

이혼의 해독이라는 가족 문제가 법원까지 가게 된다면 법원이 지명한 전문가와의 첫 만남은 치료를 위한 것이 아니라 양육 평가를 위한 것일 가능성이 높다.

법원은 자녀의 양육이나 거처 일정에 대한 분쟁에서 공통적으로 나타나는 상반된 진술을 가려내기 위해 때때로 가족을 철저하게 평가할 정신 건강 전문가를 지명한다. 법원의 명령에 따라, 평가자는 판사나 변호사, 또는 양자에게 모두 자신이 발견한 사실과 권고를 담은 보고서를 보낼 것이다.

　법원의 명령에 의해 행해진 평가는 그 사례에서 실제적으로 따돌림이 있었느냐, 주장에 지나지 않느냐 하는 결과에 중요한 영향을 미친다. 평가가 충분하고 철저하다면 이런 평가는 바람직하다. 평가자가 다음과 같은 사람이라면 신뢰할 수 있다.

- 당신을 존중하고 공정하게 대한다.
- 당신의 가족을 알기 위해 충분한 시간을 보낸다.
- 지난날의 가족 관계를 꼼꼼히 조사한다.
- 인터뷰, 당신과 당신 배우자, 아이들의 관계에 대한 관찰과 같은 직접적인 절차를 두 가지 이상 활용한다.
- 당신이 하고 싶은 말을 하도록 충분한 시간을 준다.
- 당신 가족을 알기 위해 다른 사람과 인터뷰를 한다.
- (검사를 하게 될 경우) 심리검사를 정확히 관리하고, 점수를 매기고 해석한다(이에 대해서는 다른 전문가가 평가자의 평가를 재검토해야 알 수 있다).
- 아이들이 이혼의 해독에 빠져 있을 가능성을 신중히 검토한다.
- 평가하는 동안 아이들이 보이는 태도를 토대로 조종의 잠재적 영향력을 밝히기 위해 특별한 절차를 밟는다.
- 학대와 가정폭력에 대한 주장을 면밀하게 조사한다.

- 극도의 갈등을 빚고 있는 이혼에 양편이 똑같은 정도의 잘못이 있다고 무조건 전제하지 않는다.
- 아이를 따돌림에 빠지게 한 요인을 종합적이고 상세하게 이해하려고 한다.
- 양편 부모 각각의 장점과 단점에 대해 균형 잡힌 관점을 갖는다.
- 부모의 성격적 약점과 양육능력의 불완전함이 아이의 총체적인 따돌림을 정당화시켜 주지는 못한다는 것을 이해한다.
- 아이가 부모 양편과 관계를 유지하는 것이 중요하다는 것을 명백히 인식한다.
- 평가에 영향을 미칠 수 있는 개인적·문화적·성적 편견을 허용하지 않는다.
- 입증되지 않은 심리이론에 의존하지 않으며, 받아들인 이론이라도 이를 잘못 적용한 것에 의존하지 않는다(이 문제 역시 다른 전문가가 이야기해주지 않는다면 알지 못할 수도 있다).
- 발견한 것에 대해 달리 해석할 수 있는 가능성을 검토한다.
- 평가의 결론을 뒷받침하지 않는 정보에도 유념한다.
- 결론과 권고의 토대가 된 요인들을 명확하게 설명한다.
- 평가에서 수집한 정보와 일치하는 결론을 이끌어낸다.
- 결론에서 논리적으로 나오는 권고안을 제시한다.

법원이 지명한 전문가가 이러한 기준에 부합한다면 그 결과나 권고가 당신이 희망하는 방향이든 아니든 분쟁에 대한 해결책을 끌어내기 위해 평가 결과를 이용하는 것을 신중히 고려할 필요가 있다.

아쉽게도 판사에 의해 지명된 많은 양육권 평가자들은 이와 같은 높은 기준을 충족시키지 못한다. 당신에 대한 평가가 공정하거나 정당하지 않다고 믿을 만한 충분한 이유가 있다면 어떻게 해야만 하는가? 우선, 이 문제를 변호사와 논의하라. 많은 부모들은 실망스러운 결론이나 권고안은 무조건 무시해버린다. 그러나 우리 모두는 다른 사람이 우리를 보는 것처럼 객관적으로 자신을 보지 못하는 맹점을 갖고 있다. 좋은 변호사는 의뢰인이 사태를 좀더 객관적으로 볼 수 있도록 도울 것이다. 변호사가 평가자의 권고안을 받아들이라고 권한다면 이를 따를 것인지를 최대한 심사숙고하라. 변호사가 옳지 않을 수도 있다. 그러나 당신이 잘못 생각하고 있을 가능성도 분명히 염두에 두어야 한다.

평가자의 보고를 처음 듣고 난 다음에는 정보를 처리할 시간을 갖는 게 좋다. 그렇게 하는 것이 심리치료사, 종교 지도자, 가족 간의 갈등에 휘말리지 않은 객관적이고 현명한 친척과 같은 사람들을 변호인으로 찾는 데 도움이 될 것이다. 분쟁에 개입한 바 있는 친구나 인척의 의견을 필요로 하지는 않는다. 당신은 그들이 당신 편을 들 것이라는 사실을 이미 알고 있다. 그러나 이번에 필요한 것은 그것이 아니다.

평가자가 고려할 만한 중요한 정보를 주었는지를 검토하라. 평가자의 정보는 사실에 들어맞는가? 평가자가 당신이 미처 생각하지 못했던 아이의 부정적 감정의 이유를 발견했는가? 그렇지 않으면 당신의 행동에 대한 아이의 사소한 비난이나 엉터리 같은 주장을 지나치게 강조했는가? 다른 이혼 부모들이 한 비슷한 행동이 일반적으로 아이로 하여금 그렇게 총체적인 거부감을 갖게 만들지 않았는데도 평가자가 아이의 따돌림을 당신 탓으로 돌렸는가? 이혼 전에도 아이가 지금 당신을 거부하는 충분한 이유라고 생각하는 그런 행동을 하거나 성격을 보였지만 전 배우자가 당신을 헐뜯지 않았고, 아이도 당신과 좋은 관계를 맺고 있었다는 사실을 고려하지 않았는가?

이와 같은 점을 모두 검토한 후 평가자가 평가를 잘못했다고 판단된다면, 다음 단계로 무엇을 해야만 할까? 당신이 의사의 충고를 확신할 수 없을 때 통상적으로 하는 방식대로 하라. 다른 전문가의 의견을 구하는 것이다. 평가에 대한 재심을 요청받으면 나는 평가에 대한 분석과 비판을 통해 부모, 변호사, 법원에 제공할 만한 정보를 가능한 한 많이 검토할 것이다.

『양육권 혁명』에서도 언급했듯이, 유감스럽게도 이 분야에서는 부적절한 대처 방식이 전문적인 치료로 통하고는 한다. 또 명백한 왜곡이 확실한 과학적 사실인 것처럼 가장되기도 한다. 법정에서는 실질 과학과 속임수가 다 같이 실제적인 것처럼 여겨지고는 한다는 점을 이용한 사이비 과학을 가리켜 '쓰레기 과학 junk science'*이라고 부른다. 법원이 지명한 전문가들의 저작이나 증언에 쓰레기 과학이 널리 퍼져 있다는 사실은 유감스러운 일이다.

경험이 부족한 평가자

탁월한 양육권 평가자를 찾기 어려운 한 가지 이유는 이 일을 하는 전문가 중 많은 수가 경험이 부족하기 때문이다. 양육권 평가는 해보고 싶은 생각이 드는 전문적인 일이다. 그리고 부모의 싸움 한복판에 놓여 있는 아이들에게 최선의 도움을 주는 데 의미 있게 이바지할 수 있는 기회이기도 하다. 그러나 곧 그 일의 보상보다 정신적 고통이 더 커진다. 폭력, 의료과실 소송, 인허가 위원회에 대한 불평 등의 위협을 받기도 하고, 증언하라고 부르면 무조건 응해야 하므로 일정이 엉망이 되기도 하며, 보수를

---

* 특정이익을 추구하기 위한 잘못된 과학적 자료와 분석을 뜻한다.

제대로 받지 못하기도 한다. 그 결과 경험을 쌓은 많은 베테랑들은 이 일을 하라는 법원의 지명을 거부한다. 그런가 하면 이 분야에 종사하는 사람들 중 상당수가 경험의 부족으로 어려움을 겪는다.

관리의료managed care*는 많은 심리학자들과 심리치료사들을 법정에 서게 했다. 이들은 자신들이 하는 일에 높은 대금을 청구할 수 있기 때문에 대금을 지불하는 제삼자에게 의존하지 않아도 된다. 이러한 평가자 중 일부는 수년간의 경험으로 자신을 찾은 환자에 대한 평가와 심리치료에 숙련된 기술을 갖고 있다. 그러나 이런 기술이 저절로 양육권 처분에 영향을 미칠 수 있는 업무처리로 이어지지는 않는다.

법원에 제출하기 위한 평가는 여러 형태의 인터뷰 기법과 임상시험과 심리검사에 대한 해석 방법을 필요로 한다. 심리치료사와 양육평가자는 다음과 같은 점에서 명확한 차이가 있다. 심리치료사는 환자와 좋은 관계를 만들고 이를 유지시키는 데 유의해야 한다. 이러한 목적에 따라 심리치료사는 치료행위와 관련하여 어떤 선택을 했는지를 기록한다. 예컨대 언제 질문을 했는지, 언제 더 상세한 것을 찾았는지, 언제 환자의 말에 이의를 제기했는지, 언제 모순된 진술에 대해 별다른 언급 없이 넘어갔는지에 대한 선택과 같은 것이다.

그러나 법정에 제출할 정보를 모으는 평가자는 구체적인 세부 사실을 알아내어 모순을 분석하고 분쟁 당사자의 신뢰성을 평가하는 것에 더 관심이 많다. 평가자와 의뢰인의 관계는 소송이 끝나면 계속되지 않기 때문에 평가자가 의뢰인을 따돌릴 위험성도 있다.

---

* 의사들이 보험회사와 계약을 통해 의사 네트워크provider network를 형성하고, 보험가입자들이 이 네트워크 의사들을 이용하도록 유도함으로써 저렴한 보험료를 보장하는 방식.

순수한 심리치료사가 하는 일과 법률적 결정을 포함하는 일 사이에는 전문가로서 자신이 내는 의견에 포함시켜야 하는 믿음의 정도에도 차이가 있다. 심리치료사는 개인의 문제에 대해 감정적 가설을 설정할 수 있고, 이를 환자와 공유할 수도 있다. 그 가설이 잘못이라면, 이어지는 치료 과정에서 밝혀질 것이며, 이에 따라 자신의 해석을 바꾸면 된다. 그러나 해석이 모든 참여자의 심리적 복지에 평생 영향을 주게 될 결정과 관계될 때, 전문가는 자신의 의견을 내기에 앞서 더 높은 정도의 확신을 가져야 한다. 잘못을 바로잡을 만한 기회가 없는 것이 보통이기 때문이다.

양육권 평가에 경험이 많고 관련 분야에서 평판이 좋은 전문가들도 종종 부모 따돌림을 제대로 확인하지 못하는 경우가 있다. 체계적인 조종을 밝혀내기 위해서는 전문적 인터뷰 기법이 필요하다. 세뇌에 대한 상세한 지식은 아이에게 따돌림을 주입시킨 증거를 어디에서, 어떤 방법으로 찾아낼 것인지를 알게 하는 데 도움이 된다. 많은 평가자들은 이러한 지식을 갖고 있지 않다.

물론 어려운 양육권 분쟁의 해결에 이루 헤아릴 수 없을 만큼 기여를 하는 열정적이고 뛰어난 전문가들도 많다. 그러나 모든 분야에서 그렇듯이 기준에 훨씬 못 미치는 업무처리 능력을 가진 전문가들도 있다. 다른 전문가의 의견은 평가자가 어디에서 잘못을 했으며, 그 잘못이 기본적인 결론과 권고를 실제로 바꾸기에 충분한지의 여부를 이해하는 데 도움을 줄 수 있다. 만약 평가가 잘못 되었다면 당신의 변호사가 그것을 밝히고 새로운 평가를 요구하거나 적어도 법원에 평가자의 보고서와 증언에 비중을 두지 말라는 요청을 하는 것이 필요할 것이다.

그러나 기억하라. 평가자의 권고안이 당신이 바란 바와 같지 않다고 해서 너무 성급하게 무시하지는 말아야 한다. 평가보고서는 캘리포니아의

한 판사가 '생존자를 쏴 죽이는 장소'라고 표현하기도 한, 가정법원의 소송이라는 정신적 붕괴를 피할 마지막 기회일 수 있다. 실망과 분노 때문에 좋은 평가라는 보물을 비합리적으로 내팽개쳐 버리지 말라. 아이의 애정을 바란다면 이는 커다란 실수가 될 수 있다.

점진적 만남 늘리기 대 이사하기

따돌림에 빠진 아이를 강제로라도 거부하는 부모와 함께 지내도록 해야 한다는 점에 동의하는 정신건강 전문가들도 그 방법에 대해서는 의견의 차이가 있다. 어떤 전문가들은 간단한 접촉에서 시작한 다음 점차 확대할 것을 권한다. 따돌림에 심하게 빠지지 않았다면 이 방법도 괜찮을 것이다. 그러나 많은 경우 이러한 방법은 아이와 부모의 관계를 치유하는 최선책이 되지 못한다.

앞에서도 몇 차례 논의했듯이, 이혼의 해독은 아이가 표적부모와 떨어져 있을 때 가장 강하게 작용한다. 일주일에 하루 만나거나 주말에 만나는 것만으로는 이혼의 해독을 충분히 제거하기 힘들다. 따돌림에 빠진 많은 아이들이 따돌림을 조장하는 부모의 그림자에서 벗어나 표적부모를 긍정적으로 대하기 위해서는 충분한 시간이 필요하다. 아이가 따돌림 당하는 부모의 집에 처음 도착했을 때 자신의 증오심을 큰 소리로 무례하게 표현하지 않는다면, 그 아이는 무뚝뚝하고, 수줍어하고, 정서적으로 냉담하게 행동하고 있는 것이다. 그러나 시간이 지나면 부모의 사랑과 관심이라는 따뜻한 햇살이 아이들의 부정적 태도라는 차가운 장벽을 녹이게 된다. 일반적으로 아이의 나이가 많을수록 화를 풀고 격앙된 감정을 누그러뜨리는 데 더 많은 시간이 걸린다.

아이들이 이전에는 친밀한 관계였던 부모와 이미 몇 달 이상 따로 떨어져 지냈고, 지금은 심각한 따돌림에 빠져 있다면 적어도 한 달 동안은 그 부모와 함께 지내야 관계를 회복할 수 있다. 이전에 사랑했던 부모와의 접촉을 점진적으로 늘리는 것보다는 반대 과정이 효과적일 수 있다. 아이들을 따돌리는 부모의 집으로 즉시 이사를 시킨 다음 따돌리는 행위를 조장하는 부모와의 생활로 점차 돌아가게 하는 것이다. 물론 이 방법은 따돌림 당하는 부모가 일상생활에서 아이들을 돌보는 책임을 감당할 수 있고, 아이들에게 좋은 환경을 제공할 수 있음을 전제로 한다. 이 방법은 보통 15세 이하의 아이들에게 효과적이다.

아이들이 표적부모와 함께 사는 동안에는 따돌리는 행위를 조장한 부모와 아이들의 접촉을 조심스럽게 제한하거나 정기적으로만 만나게 하도록 권고한다. 처음에는 접촉을 완전히 금지했다가 다음에는 전화로만 연락하게 하고, 그 다음에는 감독관의 입회 아래 간단히 직접 만나게 하고, 그런 다음 만남의 시간을 늘려간다. 전문가가 아이들이 거부하는 부모와 어떤 과정을 밟아가고 있으며, 이 과정에서 다른 편 부모와 접촉하는 것이 어떤 영향을 미치는지를 항상 평가하고 있다는 것을 가족 내의 모든 사람이 알게 한다. 이는 부모 양편이 이혼의 해독을 최소화하려는 동기로 작용하며, 아이로 하여금 자신이 거부하는 부모를 더 존중하는 태도로 대하게 한다. 이러한 태도는 처음에는 마음에서 우러나온 게 아닐 것이다. 그러나 표적부모에 대한 다정한 태도가 잠들어 있는 따뜻한 감정을 일깨울 수도 있다. 또한 아이들이 겉으로라도 애정 표현을 거부하지 않으면 따돌림 당하는 부모도 애정을 유지하기가 더 쉽다.

대부분의 경우, 따돌림을 조장하는 부모는 계속해서 아이가 표적부모와 멀어지게 하려고 적극적으로 노력한다. 이러한 노력이 성공해서 표적부모와 아이의 관계 회복이 지체되거나 수포로 돌아간다면 따돌리는 행위를 조장한 부모와의 만남을 줄이거나 일시적으로 제한하기도 한다. 아이와 표적부모의 새로운 유대가 이혼의 해독을 주입시키려는 노력에 견딜 수 있을 만큼 강하다면 따돌림을 조장하는 부모와 계속 접촉하게 하고 그 시간을 늘려 나간다.

앞 장에서도 언급한 바와 같이 형제자매를 따로 떼어놓았을 때 관계 회복이 더 쉬운 경우도 종종 있다. 따돌림에 가장 약하게 빠진 아이를 거부당하는 부모에게 먼저 이사시킨다. 이 아이와 부모의 관계가 확고히 뿌리를 내리면 다른 아이들도 따돌림 당하는 부모의 집으로 데려온다. 자신의 형제나 자매가 거부했던 부모와의 관계에서 이익을 얻고 있다는 생각이 들 때 다른 아이들이 스스로 그 부모와 함께 지내겠다고 요청하는 경우도 있다. 이전에 사랑했던 부모에게서 등을 돌리도록 이혼의 해독이 주입된 아이들을, 한쪽 부모와 관계를 맺은 적이 없는 아이들이나 따돌림을 조장받지 않은 아이들과 혼동해서는 안 된다.

예를 들어 유아 시절 아이를 버렸던 부모가 돌아와서 아이를 만날 권리를 요구할 경우에는 아이와 부모를 단계적으로 만나게 해서 관계를 자연스럽게 발전시키는 게 바람직한 경우가 많다. 다른 편 부모가 관계의 발전을 지지하고, 돌아온 부모가 아이를 세심하고 이해심 있게 대한다면 단계적인 방법은 모든 사람에게 좋을 것이다.

모든 가족에게 같은 치료 방식을 강요하기보다는 각 사례의 개별적 상황을 고려해서 가장 적절한 계획을 세우는 것이 중요하다. 또한 이 책 3장에서 논한 바 있는 따돌림이 아니거나, 따돌림이기는 하지만 부모의 나쁜 영향 때문에 생겨난 따돌림으로는 볼 수 없는 조건들을 떠올릴 필요가 있다. 그런 경우에는 이혼의 해독의 희생물을 위한 처방과는 다른 치료가 필요하다.

아이들과 따돌림 당하는 부모의 재결합이 중요하다고 해서 반드시 표적부모가 따돌리는 행위를 조장한 부모보다 영원히 더 많은 시간을 보내야 한다거나 법적 양육권을 바꾸어야 한다는 의미는 아니다. 이혼의 해독을 줄이려는 노력이 성공을 거두지 못한다면 따돌림을 조장하는 부모들은 아이와 표적부모의 관계를 계속 지지하려고 하지 않을 것이다. 그러나 다른 측면에서 보면 따돌림을 조장하는 부모들은 아이들을 조종할 수 있는 더 좋은 위치에 서게 된다. 예를 들어 아버지에게 등을 돌리도록 아이에게 영향력을 행사하는 어머니는 주말보다는 아이들을 조종할 수 있는 주중을 더 많이 활용할 수 있다.

양육권 결정은 궁극적으로 아이의 복지에 영향을 미치는 모든 요인과 건강하게 성장할 수 있는 환경을 제공할 수 있는 부모의 능력에 대한 세심한 검토를 바탕으로 해야 한다. 확실히 내가 '이혼의 해독'이라고 부르고 있는 정서적 폐해를 그 결정에서 비중 있게 다루어야 한다. 그러나 이것이 다른 요인을 모두 배제한 유일한 준거가 되어서는 안 된다.

제3의 장소에서 지내기

따돌림 당하는 부모 집으로 옮기는 것이 아이에게 해를 입힐 위험성이 큰 경우도 있다. 그러나 아이가 따돌리는 행위를 하는 부모의 집에 계속 있으면 이혼의 해독에서 벗어나서 다른 편 부모와의 관계를 새롭게 할 기회가 거의 없어진다. 이런 경우 법원은 표적부모와의 관계를 증진시키는 다리가 되는 동시에 따돌림을 조장하는 부모와 접촉을 제한하고 감시하는 역할을 할 수 있는 다른 환경을 마련해주는 것도 고려할 수 있다. 이 환경은 아이의 행동과 정서적 상태에 따라 친척이나 친구의 집, 수양부모의 집, 지역사회의 보호소, 기숙사 학교, 거주 치료 센터, 정신병원 등이 될 수 있다. 이는 무단결석 학생에 대한 처치와 비슷하다. 부모가 통상적인 방법으로 아이를 학교에 보내는 데 성공하지 못하면 아이를 수양가정이나 제한된 시설로 옮기는 것과 마찬가지이다.

과도기적 장소로 보내야 할 아이들을 따돌리는 부모와 억지로 만나게 하면 심각한 결과를 가져올 수도 있다. 법원의 명령을 따르지 않겠다거나, 도망하겠다거나, 자살해 버리겠다거나 폭력을 행사하겠다고 공언하는 아이들이 여기에 해당한다. 그 중 일부는 하찮거나 과장된 위협일 수도 있다. 그러나 어떤 경우든 신중하게 다루고 적절히 평가해야 한다. 평가자가 실제적인 위험이 있음을 발견했거나 따돌리는 부모와 만나라는 법원의 명령을 이미 거부한 경험이 있다면 아이를 임시시설에 두는 것이 더 낫다. 병원과 같은 시설에서는 자살의 위험을 더 깊이 조사할 수 있다. 표적부모에 대한 두려움으로 가득 차서, 그 부모가 자신에게 호의적이라는 경험을 충분히 하기 전까지는 공황상태에서 빠져나오지 못하는 아이들도 있다. 이런 경우 역시 아이가 두려워하는 부모와 연결시켜 줄 다리의 역할을 할 수 있는 친척 집에 아이를 있게 하는 것이 도움이 될 수 있다. 노련한 정신건강 전문가들은 가족의 환경에 맞추어 치료 계획을 짜고 이를 실행에 옮겨야 한다는 것을 강조한다. 모든 문제를 한 가지 방식으로 해결하려고 하지 말라. 그런 방식은 결국 아무 문제도 해결할 수 없다.

가드너 박사는 부모와 아이의 유대 관계를 재건하기 위해 과도기적 장소를 활용하는 방법을 자세히 다루었다. 당신이 처한 상황이 위험성이 높다면 법원에 이러한 정보를 전달하고 싶을 것이다. 이러한 정보는 일반적으로 정신건강 전문가의 권고나 증언을 통해 법원에 전해진다.

　과도기적 장소라는 선택을 고려할 때 표적부모와 함께 지낼 아이에게 해를 미칠 위험성을 극소화시키거나 과장하지 말아야 한다. 양육권을 잃고 분노한 부모는 종종 아이의 모든 심리적 문제를 법원이나 표적부모의 탓으로 돌린다.

　우리는 이혼의 해독이라는 큰 소용돌이 속에 빠져 있는 아이들이 전쟁의 상흔을 갖고 있을 것이라 생각하지만, 한쪽 부모와의 재결합에서 생겨날 수 있는 잠재적 해로움이 그 부모를 잃음으로써 생겨나는 해로움보다 더 클 수 있다고 가정하지는 않는다. 미국 변호사 협회의 후원을 받은 연구에서, 스탠리 클라워 박사와 브린 리블린 박사는 다음과 같은 동일한 결론에 도달했다. "어떤 과정을 택하더라도 위험성은 있다. 그러나 *어떤 위험성이 더 큰지 결정을 해야 한다.* 보통은 왜곡이나 잘못된 진술을 제거하려고 할 때 일어날 수 있는 위험성에 비해 …… 아이들이 한쪽 부모와 자신의 관계를 끊는 것이 좋다는 믿음, 가치, 생각, 행동을 지속하는 것이 사회적·심리적·교육적·신체적으로 더 큰 피해를 입힌다."

변호사 선임

　심각한 따돌림에 빠진 대부분의 경우 법적 절차를 거치는 것이 불가피하다. 법적 절차라는 거친 바다를 항해하는 데 도움을 줄 수 있는 좋은 변호사를 고용하는 것도 불가피하다. 실제로 변호사를 올바로 선택하는 것은 심리치료사를 올바로 선택하는 것만큼 중요하다. 아이와 유대 관계를 유지하거나 바로잡는 것은 변호사의 선택에 따라 성공과 실패가 달라질 수 있다.

어떤 부모들은 비용을 절약하기 위해 또는 충분한 자금을 갖고 있지 못하기 때문에 양육권 소송에서 직접 진술을 택한다. 이것은 큰 잘못이다. 당신이 고소인이건 피고소인이건 양쪽 다이건 이혼의 해독이 개재되어 있는 사례는 무엇이든지 탐정소설에 나오는 것과 같은 그런 사건이 아니다. 자신이 진술하는 것과 변호사가 진술하는 것의 차이는 당신이 직접 상처를 치료하는 것과 전문의가 치료를 맡는 것의 차이와 마찬가지다. 당신도 상처에 밴드를 붙일 수는 있다. 그러나 외과수술을 할 수는 없다. 따돌림 문제에 대응하는 것은 혼자의 힘으로 할 수 있는 것이 아니다.

가장 바람직한 형태의 변호사는, 가족들 간의 분쟁은 우호적으로 화해시킬 수 있다고 믿는 사람이다. 4장에서 '협력가족법'이라는 실천모델에 대해 다루었다. 협력변호사collaborative lawyers들은 법정 밖에서 화해시키는 일만 한다는 데 서명한다. 사건을 법정으로 가져감으로써 그들이 얻을 수 있는 금전적 이익은 아무것도 없다. 왜냐하면 협력변호사들은 의뢰인이 화해를 위한 협상을 접고 소송을 하기로 결심하자마자 계약에 따라 사건에서 손을 떼야 하기 때문이다. 그렇게 해야 이혼의 해독을 가장 잘 해결할 수 있는 건설적이고 창조적인 협상 분위기를 조성할 수 있다는 생각 때문이다. 당신과 전 배우자가 처음부터 합의이혼을 선택한다면 아이들의 복리를 지키는 방향으로 발걸음을 내딛고 있는 것이다. 이렇게 하면 아이들이 따돌림에 빠질 가능성은 극히 줄어들 것이다.

일부 변호사들은 협력법 모델에 공식적으로 서명하지는 않았지만 평화로운 방법으로 갈등을 해결하려는 노력을 진작시키고 뒷받침하는 것으로 유명하다. 이런 변호사 중 한 사람을 찾으라. 불필요한 갈등과 적개심을 불러일으키는 변호사는 피하라. 갈등과 적개심은 당신 가족이 이미 갖고 있는 것으로도 충분하다.

아동양육 문제를 전문적으로 다루는 변호사를 선택하라. 그런 변호사들은 대부분 이혼의 해독에 대한 많은 경험을 갖고 있다. 그들이 '부모 따돌림 증후군'이라는 용어에 익숙하지 않을 수도 있다. 그러나 이 책을 보여주거나 이 책의 부록을 참고하게 하는 방법으로 그 용어를 알려줄 수도 있다.

법정 밖에서 분쟁을 해결하고 싶다는 의사를 처음부터 밝혀라. 아이들이 당신에 대한 존중과 애정을 잃어가고 있는 것 같다면 다른 방법을 찾기 전에 법정으로 문제를 가져가는 우를 범하지 말라. 당신이 보고 있는 것이 따돌림이 아닐 수도 있고, 이혼의 해독 때문이 아닐 수도 있다. 할수 있는 가장 좋은 방법은 당신과 전 배우자가 심리치료사에게 상담을 하는 것이다. 이것은 합의이혼의 자연스러운 부속물일 것이다.

전 배우자가 당신이 아이들의 생활에 적극적으로 참여하는 것을 받아들이지 않거나 치료에 자발적으로 참여하지 않는다면 법원에 도움을 청하는 것 외에 다른 방도는 없다. 법원으로 하여금 평가와 치료 명령을 내리도록 하는 것에 대해 변호사와 상의하라. 변호사는 또한 이 장의 앞부분에서 언급한 가이드라인에 따라 치료를 위한 최선의 조건을 보장하게끔 도움을 줄 수 있다. 이것이야말로 아이의 따돌림을 해결하는 데 변호사가 할 수 있는 가장 중요한 역할일 것이다.

심리치료사, 이혼전문 변호사, 가정법원 판사들은 한쪽 부모와 함께 지내기를 거부하는 아이가 있는 가정에 대해 결정을 내리기는 어렵다는 데 동의한다. 첫째, 아이가 정말로 따돌림에 빠져 있는지, 빠져 있다면 왜 그런지, 누가 따돌림에 영향을 미치고 있는지, 어떤 방법으로 그렇게 하고 있는지를 결정해야 한다. 어떤 경우에는 부모 중 한쪽이 따돌림에 기본적으로 책임이 있다. 책임이 아이가 좋아하는 부모에게 있을 수도 있다. 이런 경우 그 부모는 아이의 애정에 해독을 끼치고는 한다. 이와는 달리 거부당하는 부모에게 책임이 있을 수도 있는데, 아이들을 대하는 방식이 아이들을 멀어지게 할 만큼 잘못이 있는 경우이다. 어떤 경우에는 부모 양편과 아이들뿐 아니라 어설픈 심리치료사까지 부모-자녀 관계가 끊어지는 데 실제적인 역할을 하기도 한다. 어떤 경우이건 따돌림에 책임이 있는 부모는 거의 언제나 자신의 책임을 부인하고 다른 편 부모를 비난한다. 이미 보았듯이 당신이 상대적으로 죄 없는 이혼의 해독의 희생자라 하더라도 당신의 실수는 사태를 더욱 악화시킬 수 있다. 이 책이 당신으로 하여금 문제를 바로잡는 데 긍정적 역할을 할 수 있기를 바란다.

따돌림의 원인을 충분히 알고 있어도 문제를 극복하기는 극히 어렵다. 어떤 부모들은 다른 편 부모가 가치 없는 사람이며 그 부모가 없는 편이 아이에게 더 낫다는 생각에 극도로 집착하기 때문에 어떤 심리치료사도 그 입장을 완화시킬 수 없다. 그런 사람들은 심리치료사가 자신이 말한 모든 것에 완전한 동의를 보이지 않는 조짐이 있으면 왜곡을 하거나 다른 편 부모와 공모했다는 구실로 해고해버린다. 이런 부모 중 일부는 판사가 심리치료사나 상대방 변호사, 표적부모와 공모했으며 사법체제 전체가 붕괴되고 있다고 비난하기도 한다. 전 배우자가 이처럼 완고한 태도를 보이고 그 때문에 어떤 유능한 심리치료사도 신뢰 관계를 확립할 수 없다면 아마도 법정에서 마무리를 지어야 할 것이다 .

당신의 변호사가 이런 사례를 다루는 데 경험이 많은지 확인하라. 운 나쁘게도 양육권 평가에 심각한 결함이 있다면 변호사는 평가자에 대한 교차평가를 도와줄 상담가를 고용하고 싶어할 수도 있다. 또 따돌림에 빠진 아이들의 진단과 치료 등 당신 사례와 관련된 일반적인 이슈에 대해 증언해줄 전문가를 확보하고 싶어할 수도 있다.

이 책의 내용이 전문가를 고용하는 비용을 들이지 않고도 아이의 사랑을 유지하고 되찾는 데 도움이 되었으면 한다. 그러나 상황이 허락한다면 주저 없이 유능한 정신건강 전문가나 변호사가 제공할 수 있는 도움을 받으라고 권하고 싶다. 얼마 지나지 않아서 아이들은 당신의 노력에 대해 감사할 것이다.

제 9 장

떠나보내기

당신은 아이들이 장차 돌아올 수 있도록 문을 활짝 열어 두고 떠나고 싶을 것이다.
언젠가 아이들이 마음을 바꾼다면 그것을 최대한 쉽게 받아들일 수 있다는 사실을
아이들에게 확실히 해두고 싶을 것이다. 아이들이 당신에게 갈 수 없지
않을까 하는 우려와 불안감을 갖지 않기를 바랄 것이다.
당신은 결코 아이들이 당신을 떠났다고 비난하지 않고 다시 돌아온 것을
환영할 것이다. 그리하여 재결합은 비난의 시간이 아니라
즐거움에 가득 찬 날이 될 것이다.

말로 하거나 글로 쓰는 모든 슬픈 단어 중에서도 가장 슬픈 것은
"그럴 수도 있었는데"라는 것이다.

—*존 그린리프 휘티어* John Greenleaf Whittier

이 장은 이 책에서 가장 슬픈 내용이다. 나는 이 장을 쓸 필요가 없었으면
했다. 이 장이 당신에게 적용된다면 그것은 나의 권고가, 당신의 아이가
따돌림에서 회복될 수 있도록 충분한 도움을 주지 못했음을 의미한다. 그
것은 또한 당신이 아이의 사랑을 회복하기 위해 할 수 있는 모든 노력을
다 기울였음을 의미한다. 어쩌면 우리가 너무 늦었을 수도 있다. 아이들
의 따돌림은 너무 가혹하고 확고하다. 전 배우자는 깎아내리기와 세뇌를
그만둘 수도 없고, 그만두려고 하지도 않는다. 법원이 효율적으로 개입할
수 있게 하려는 당신의 시도는 결국 실패로 끝났다. 전 배우자가 아이들
을 납치했는데 당신은 아이들을 찾아내지 못한다. 결과적으로 당신은 포
기라는 선택을 고려하고 있는 자신을 발견할지도 모른다. 어쩌면 당신을
평가하거나 당신 가족을 치료하는 정신건강 전문가가 포기를 권유할 수
도 있다.

부모에게 그만 포기하고 패배를 받아들이라고 권고를 하는 데 있어서

내가 매우 보수적이라는 사실은 확실하다고 믿는다(나는 웬만해서는 부모에게 포기하고 패배를 받아들이라는 권고를 하지 않는다). 이미 살펴보았듯이 일부 심리치료사들은 세뇌를 시키는 부모의 집에 아이를 남겨놓거나 아이와 다른 편 부모의 만남을 종결짓는 데 대해 놀랄 만큼 조심성 없는 태도를 취한다. 이런 유형의 심리치료사들도 세뇌는 정서적 학대의 한 가지 형태라는 점에는 동의한다. 나를 당혹스럽게 하는 것은 그들이 왜 신체적으로나 성적으로 학대하는 부모에게서는 아이를 분리시키고자 하면서도 정서적으로 학대받을 것이 명백한 환경에는 그대로 두려고 하는가 하는 점이다.

어떤 가정의 아이들, 특히 연령이 높은 청소년들 가운데는 완전히 세뇌되고 도울 수 있는 모든 방법을 이미 써버려서, 부모가 포기하는 것 외에 다른 선택의 여지가 없는 경우도 있다. 다시 한번 따돌림을 당하는 부모와 친척, 그리고 이들을 상담하는 모든 심리치료사들에게 너무 일찍 백기를 들지 말 것을 촉구한다. 여기서 다시 한번 클라워 박사와 리블린 박사의 저작과 그들의 연구를 인용하겠다. "따돌림을 되돌릴 수 없는 시점에 도달했다고 판단하는 데는 신중해야 한다. 생활방식을 크게 바꾸고, 때로는 적절한 법률적 조치를 함께 취함으로써 조종된 아이들을 성공적으로 벗어나게 한 많은 사례가 있다."

언제 떠나보낼 것인가?

그러나 어떤 순간에는 아이와 재결합하려는 노력을 거두거나 적어도 노력을 연기하는 것이 분별 있는 일일 수도 있다. 아이를 사랑하는 부모가 그처럼 고통스럽고 어려운 결정을 내려야 할 수도 있는 일곱 가지 이유가 있다.

1. 아이들이 당신의 집으로 돌아가기에는 지나치게 따돌림에 빠져 있거나 불안정하고, 적절한 과도기적인 장소를 활용할 수 없다.
2. 상황을 호전시킬 수 있는 법적인 방법을 다 써버렸다.
3. 아이들이 비합리적으로 따돌림에 빠져 있음을 법원이 인정했지만 전 배우자의 부정적 영향의 그림자에서 벗어나기에 충분할 만큼 아이들을 당신의 집에 있게 하지 않는다.
4. 성공할 가능성이 별로 없는 분쟁에 계속해서 들이는 정서적·금전적 비용 때문에 다른 아이들이 고통을 받게 된다.
5. 전 배우자가 매우 불안해서, 분쟁이 계속되면 아이들이나 당신, 그 밖의 다른 가족에 대해 파괴적인 행동을 취할 수도 있다.
6. 이 책에 제시된 권고대로 했으나 거듭 실패했다.
7. 부모 따돌림 증후군을 명확히 이해하고 있으며(그것을 어떤 용어로 부르든 간에), 당신이 아이들과 관계를 회복하도록 도움을 주려고 노력하는 치료사마저 아이를 떠나보내는 것을 고려하라고 권고하기에 이른다.

어느 누구도 당신을 위해 이런 결정을 대신 내려줄 수는 없다. 나는 계속해서 아이들과 화해를 추구해야 할 때 이를 중단해버리는 부모들을 본 적이 있다. 또 터무니없이 낙관적인 생각을 갖고 계속해서 화해를 추구하는 부모들도 본 적이 있다. 그 아이들은 당신의 아이들이다. 함께 살 수 있는지 없는지는 당신이 결정해야 한다.

어떻게 떠나보낼 것인가?

아이를 떠나보내겠다고 결심했을 경우 그 결심이 결국 성과를 거두게 될 가능성을 높이기 위해 마지막으로 몇 가지 권고를 하고자 한다. 당신의 결정을 가장 건설적인 방법으로 알려야 한다. 당신은 아이들이 장차 돌아올 수 있도록 문을 활짝 열어두고 떠나고 싶을 것이다. 언젠가 아이들이 마음을 바꾼다면 그것을 최대한 쉽게 받아들일 수 있다는 사실을 아이들에게 확실히 해두고 싶을 것이다. 아이들이 당신에게 갈 수 없지 않을까 하는 우려와 불안감을 갖지 않기를 바랄 것이다. 이렇게 하는 가장 좋은 방법은 아이들에게 다시 만날 수 있는 때가 오면 언제든 기꺼이 환영할 것이라는 점을 명백하고 확실하게 알리는 것이다. 당신은 결코 아이들이 당신을 떠났다고 비난하지 않고 다시 돌아온 것을 환영할 것이다. 그리하여 재결합은 비난의 시간이 아니라 즐거움에 가득 찬 날이 될 것이다.

이런 결정을 알리는 것은 개인적으로 하는 것이 가장 좋다. 아이들과 접촉할 수 없을지도 모르지만, 작별인사를 하기 위해 딱 한 번만 더 만나기를 원한다는 것을 아이들과 전 배우자가 안다면 당신과의 만남에 동의할 수도 있다. 어떤 아이들은 심리치료사와 함께라면 마지막 만남에 동의할 것이다. 마지막 수단으로 변호사의 사무실, 판사의 방이나 공개된 법정에서 만남을 요구할 수도 있다. 가능하다면 만남을 녹화해서 아이들에게도 복사해주라. 완벽한 작별모임을 위한 일반적인 예는 존재하지 않는다. 그러나 아이들에게 하는 작별인사에는 다음과 같은 것을 포함시켜야 한다.

• 태어나서부터 지금까지 아이와 당신의 관계를 되돌아보라.

- 당신이 한 사람의 부모 역할을 함으로써 행복했다는 것을 강조하라.
- 당신과 아이들이 함께한 즐거웠던 추억을 이야기하라.
- 아이가 당신을 거부하더라도 당신은 계속해서 아이를 사랑할 것임을 강조하라.
- 아이를 보기 위해 계속 싸울 수도 있지만 당신이 패배를 받아들이는 것이 모든 사람에게 더 좋다고 생각한다는 것을 아이에게 알리라.
- 아이에게 만나자는 압력을 중단하기로 결정했음을 공표하라.
- 사태가 이렇게 된 데 대한 당신의 비통함을 표현하라. 울어도 괜찮다. 눈물을 참으려고 하지 말라.
- 언젠가 아이들이 준비되었을 때 어떤 방법으로라도 당신에게 연락할 것을 청하라.
- 아이들이 언젠가 당신을 찾을 날을 고대하기에 당신 거주지나 전자우편, 전화번호 등이 바뀌면 알려주겠다고 말하라.
- 당신의 접촉시도가 아이들에게 닿지 않을 것을 염려한다면 당신이 소식을 전할 수 있는 친척이나 친지 등 제삼자를 지정하라.
- 당신은 언제까지고 아이들을 사랑할 것이며, 늘 아이들을 생각하고 있다는 것을 알려주기 위해 해마다 생일축하 카드를 보내겠다고 약속하라.

　개인적으로 작별인사를 할 기회를 갖게 되건 아니건 글로도 작별인사를 하는 것이 중요하다. 아이들은 기억에만 의존하는 것보다는 갖고 있으면서 때때로 볼 수 있는 어떤 것이 있어야 한다. 편지는 개인적 특성을 강조하되 손으로 써야 한다. 그리고 그 중요성에 걸맞게 좋은 편지지에 써야 한다. 이것은 아이들이 계속해서 간직해주기를 바라는 편지이다. 편지의 복사본을 보관하라. 아이들이 이 편지를 받았다는 것을 부인할 수도 있다. 실제로 당신의 편지는 전 배우자에 의해 함부로 다루어지거나 놀림 거리가 되어버릴 가능성이 크다. 그렇게 되면 아이들은 자신들도 편지를 무시해버림으로써 충성심을 보여주어야 한다고 느낀다. 이런 가능성 때문에 해마다 아이에게 생일을 축하하는 카드와 함께 편지를 보내야 한다.

개인적으로 작별인사를 할 기회를 갖지 못한다면, 테이프나 시디롬에 작별인사를 녹화해 보내는 것을 고려하라. 편지의 요지뿐 아니라 아이와 즐겁게 지냈던 시기의 사진이나 특별한 의미를 갖는 물건을 녹화해서 보여줄 수도 있다. 아이에게 거부당한 다른 친척들의 메시지도 포함시킬 수 있다.

의사전달의 뉘앙스에 세심한 주의를 기울이라. 종종 말은 의도했던 것과는 다른 인상을 준다. 다른 사람에게 편지나 비디오를 검토해서 고쳐야 할 부분을 말해달라고 부탁하라. 당신이나 아이가 치료를 받으러 다니고 있었다면 심리치료사에게 편지를 보여주고, 고칠 부분을 이야기해달라고 요청하라. 한 아버지가 다음과 같은 구절이 들어 있는 편지를 썼다. "연락하고 싶다면, 내 전화번호 알지?" 이 말은 아버지의 커다란 고통과 아이에 대한 갈망과는 동떨어지게 무관심하다는 인상을 줄 수도 있다. 함께 토론을 한 후 아버지는 이 구절을 다음과 같이 바꾸었다. "네가 전화를 걸기로 결정하는 그날을 기다려야 하다니 마음이 정말 아프구나."

선물의 문제

따돌림 당한 부모들은 아이들과 어떤 유대를 유지하기 위해 비싼 선물을 사주어야 하는지 묻곤 한다. 그것은 개인적인 문제이다. 명확하게 옳고 그른 답은 없다. 나는 개인적으로 작지만 정성이 깃든 선물과 특별한 때를 기록한 축하카드를 보내서 당신이 아이들에 대해 생각하고 있음을 알게 할 것을 권고한다. 당신이 계속해서 애정을 갖고 있음을 나타내는 표시는 겉으로는 그렇지 않다고 하지만 실제로는 불안해하는 아이를 안심시킬 수 있다. 이렇게 함으로써 당신은 여전히 아이들이 되돌아오기를 기다리고 있으며, 아이들을 역거부한 것이 아니라는 사실을 확실히 인식시킬 수 있다.

비싼 선물은 아이들에게 당신을 이용할 기회를 준다는 문제점도 갖고 있다. 아이들은 분명 선물을 받았다는 것을 인정하지도, 고마워하지도 않을 것이다. 아무런 감사의 표현도 하지 않으며 실제로는 당신에 대한 격렬한 거부반응을 보이는 아이들에게 계속 선물을 주는 것은 건전하지 못한 권리의식을 조장하거나 뒷받침할 수도 있다.

학자금을 대주어야 하는가?

이는 또 다른 어려운 문제이다. 아이들이 원한다면 당연히 금전적 이해관계를 따지지 말아야 한다. 그러나 아이들이 당신에게 금전적 도움 이외에는 어떤 관계도 원하지 않는다면 그것은 무엇을 의미하는가? 졸업식에도 초대받지 못한다는 것을 알면서도 대학 학자금을 대준다면 당신은 어떤 교훈을 가르치고 있는 것인가? 반대로 아이가 대학교육을 살아가는데 필요불가결하다고 여기고 있고, 당신이 그 비용을 감당할 수 있는데도 보류한다면 더 큰 적개심을 불러일으켜 장차 화해할 가능성마저 잘라버릴 수도 있다. 장차 새로운 유대 관계를 맺으려면 아이들이 대학에 들어간 다음에는 너무 늦다. 그래서 아이들이 결국은 이를 사랑과 보살핌의 행위로 이해하게 될 것이라는 희망을 갖고 대학 학자금을 적립할 수도 있다. 실제로 가장 올바른 한 가지 행동은 없다. 당신이 옳다고 생각하는 대로 할 수밖에 없다. 당신이 대학 학자금을 지원한다면 가장 순수한 필수 비용, 예를 들면 수업료, 책값, 집세 등과 같은 것에 한정시키고 장식품이나 사치품 같은 가외 비용은 제외하는 것이 좋다. 결국 이렇게 함으로써 아이들은 어른이 될 것이고, 당신에 대한 불합리한 거부의 합리적인 결과를 경험하기를 기대해야 한다.

떠나보내고 난 다음 접촉을 유지하기

심각한 따돌림에 **빠**져 있는 아이들은 자신이 거부하는 부모가 자신을 만나기 위해 시도하는 모든 노력을 거부한다. 전화를 하면 '괴롭힌다'고 여기고, 고등학교 축구장 관람석이나 졸업식 관중석에 있는 부모를 발견하면 행사를 망쳐버리려 한다고 주장한다.

그러나 부모가 자신들을 개인적으로 만나려는 노력을 하지 않겠다는 것에 동의한 후에는 전화를 하는 데 동의하고 보내준 편지를 읽기도 한다. 아이들이 동의하건 하지 않건 법원이 아이들과 접촉을 금지하지만 않는다면 주기적으로 전화나 카드, 편지를 보내 아이들에게 다가가려고 시도하는 것이 좋다. 얼마나 자주 이런 시도를 하는 것이 좋은지는 아이들의 반응에 달려 있다. 전화가 허용된다면 그것을 유지하라. 체육경기와 학교공연과 같은 행사에 참여한다면 아이의 특별한 자질이나 능력에 관심을 갖고 축하한다는 메모를 보내라. 구체적인 것들을 상세하게 언급한다면 아이도 당신이 정말 관심을 갖고 있으며, 칭찬하는 흉내만 내는 것이 아니라는 사실을 알게 될 것이다.

또한 생일, 졸업, 결혼, 아이들의 자식, 즉 손자의 출산 등과 같이 중요한 일이 있을 때는 연락을 하는 것이 좋다. 그런 일이 언제 있는지조차 알지 못할 가능성이 높다. 그러나 운이 좋으면 그러한 사건에 대한 호의적인 애정이 아이로 하여금 '화해를 하고' 관계를 새롭게 하는 것을 받아들이게 할 수도 있다. 이 방법이 갖는 문제점은 심각한 따돌림에 빠져 있는 아이들은 부모의 이런 행동에도 화를 내고, 거부당하는 부모가 자신의 행복한 생활을 간섭하고 망치고 있다고 느낄 수도 있다는 점이다. 따돌림이 불합리하다면 이는 어머니나 아버지에 대한 아이의 무자비하고 부적절한 거부감 때문에 아이가 치르는 대가라고 생각한다.

오래된 가족사진과 함께 당신의 현재 생활을 담은 사진을 올릴 수 있는 웹사이트를 만드는 것도 고려해보라. 그 웹사이트의 주소를 아이에게 알려주라. 그렇게 하면 아이들은 직접적으로 당신을 만나는 불안감 없이 그 웹사이트를 '방문'할 수도 있다. 이러한 방문은 결과적으로 아이의 단단히 닫힌 마음을 조금씩이나마 열어줄 수도 있다.

새로운 다리

7장에서 우리는 따돌림에 빠진 아이들과 따돌림 당하는 부모를 연결하는 다리로 제삼자를 이용하는 문제를 논의했다. 당신이 아이를 떠나보내기로 결정했다면 이러한 다리를 이용하려는 시도도 실패로 돌아갔다고 생각된다. 아이와 아직 관계를 유지하고 있는 친구나 친척에게 아이를 보살펴달라고 부탁하라. 그 사람들은 당신에게 아이에 대한 정보를 알려주고, 아이에게 보내는 당신의 메시지나 선물을 전해주는 다리가 될 것이다.

자녀들이 성장함에 따라 새로운 사람을 사랑하고 새로운 관계를 맺게 될 것이다. 자녀들의 삶에서 새롭게 만나는 사람들이 당신과 자녀들의 관계를 부활시키는 촉매역할을 할 수도 있다. 특히 아이들이 성인이 된 다음 새롭게 만나게 될 배우자와 인척들이 그런 역할을 할 가능성이 높다. 그들은 당신의 상실감에 공감을 느끼고 당신 편이 될 수 있다. 그들은 당신과 자녀들의 관계를 치유하는 열쇠를 갖고 있는 사람들이다. 그들에게 도움을 청해야 한다.

대부분의 경우 자녀들은 당신에 대해 많은 것을 말하지 않고, 아마도 왜곡된 이미지를 제시하지도 않을 것이다. 그러나 그런 이미지가 아니더라도 법적으로 맺어진 인척들은 당신이 아이를 버린 나쁜 부모라고 생각할 수도 있다. 그러므로 그들과 만났을 때 첫 번째로 해야 할 일은 그들로 하여금 이런 잘못된 관념에서 벗어나게 하는 것이다. 부모 따돌림 증후군에 대해 알려줌으로써 그들의 마음을 열어라. 아이들이 합당한 이유 없이도 어떻게 부모를 전적으로 거부할 수 있는지 이해할 수 있도록 하기 위해 이 책을 읽게 하라.

예컨대 당신이 왜 자녀의 결혼식에 초대받지 못했는지에 대해 그 사람들이 들은 이야기가 무엇인지 말해달라고 부탁하라. 그 이유가 따돌림에 빠진 아이들이 보통 제시하는 사소한 것이라면 그런 사소한 문제로 부모와의 관계를 끊는 것은 불합리하다는 점을 강조하라. 당신이 학대를 했다거나 폭력적이었다는 말을 그들이 들었다면 그런 비난이 사실이 아님을 입증할 수 있는 증거를 제시하라. 그런 비난이나 빈정댐은 양육권 분쟁에서 남용되는 공통된 무기임을 지적하라. 가장 중요한 것은 자녀가 따돌림을 극복한다면 그것이 그들 자신에게도 도움이 된다는 것을 보여주는 일이다.

성인이 된 따돌림에 빠진 아이들

무분별하게 따돌림에 빠진 아이들은 부모에 대한 증오심과 그 부모에 대해 자신이 가졌던 사랑은 별개인 양 감추려고 한다. 이들의 내적 정신상태는 분열을 겪고 있기 때문에 이를 인정할 때까지는 치료를 할 수 없다. 이러한 분열을 심리학자들은 처리되지 않은 상태를 뜻하는 말인 '해소되지 않은 감정'이나 '해소되지 않은 관계'라고 부른다. 따돌림에 빠져 있는 대부분의 아이들은 부모에 대한 자신의 감정을 받아들이지 않는다. 자신의 감정을 정신적 벼랑 위에 놓고 이를 무시하려고 한다. 표적부모에 대해 양가적인 감정을 갖고 있지 않다고 생각하려는 것이다.

정말로 부적절한 부모의 손에서 고통을 겪었으나 훗날 그와 같은 감정을 해소한 성인들은 자신의 부모에 대해 폭넓은 범위의 감정을 표현할 수 있다. 사랑, 부모의 역할에 결함이 있게 만든 부모 자신의 어릴 적 결손에 대한 공감, 놓쳐버린 것에 대한 후회, 자신들이 겪었던 잘못된 대우에 대한 분노 등이 그것이다. 이런 현상은 부모 따돌림 증후군을 가진 사람에게는 나타나지 않으며 그들이 가장 친밀하고 개인적인 관계를 맺는 데 막대한 지장을 준다.

일반적으로 자신이 부모에 대해 사랑하는 감정을 갖고 있음을 잘 알고 있는 성인들은 배우자나 가족에게 더 많은 사랑을 줄 수 있다. 이런 사람들은 더 좋은 남편, 더 좋은 아버지, 더 좋은 수양아들이나, 더 좋은 어머니, 아내, 수양딸이 된다.

아버지에 대한 따돌림에 빠진 한 아들의 사례를 들어보자. 같은 원리를 아버지에 대한 딸, 어머니에 대한 아들과 딸의 관계에도 적용할 수 있다. 아버지에 대한 애정이 없는 남자는 아들과 최고 수준의 애정 관계를 맺는 데 어려움을 겪는다.

- 자신의 삶에서 아버지의 중요성과 아버지가 없음으로써 자신이 잃어 버린 것이 무엇인지를 모르는 남자는 아이의 삶에서 자신이 차지하 는 중요성을 깨닫기 어렵다.
- 자신의 감정에 무딘 남자는 아내와 자식들의 감정에 덜 민감하다.
- 아버지 및 확대가족과 접촉을 하지 않는 남자는 자신의 아이들에게 서 조부모를 빼앗고, 아내에게서 확대가족 중 활용할 수 있는 지지자 를 빼앗는 것이다.

이혼의 해독이 가져오는 가장 슬픈 결과는 아이가 정신을 차려서 사랑 을 주고, 자신의 잘못을 사과하고, 잃어버린 날들에 대해 유감을 표현하 기 전에 거부당한 부모나 조부모가 죽는 것이다. 아이가 세뇌시킨 부모에 게 거부감을 나타내기 가장 쉬운 때도 바로 이때이다. 자신에게서 되찾을 수 없는 관계를 빼앗아 간 것이 그 부모 탓이라고 생각하기 때문이다.

부모 따돌림 증후군을 가진 아이들이 성인이 되어서 결국 자신이 깨닫 지 못했던 것이 무엇이며, 자신의 행동이 사랑하는 사람에게 어떤 상처를 주 었는지 깨달을 때는 견디기 힘든 죄의식과 슬픔으로 고통을 겪는다. 이러 한 괴로움은 결혼이나 그들의 아이에게 직접적인 영향을 미친다. 이것이 새로운 배우자와 인척들이 화해를 주선하려고 하는 또 하나의 이유이다.

이혼의 불행한 유산 중 하나는 이혼한 부모의 아이들은 자신의 결혼생 활을 이혼으로 끝낼 가능성이 더 높다는 것이다. 아무도 그 이유를 확실 히 알지 못한다. 그러나 지적할 수 있는 한 가지 요인은 갈등을 겪으면서 살아가거나 이를 해결하려고 하기보다는 문제 상황에서 벗어나려고 했던 사례를 직접 보았기 때문일 것이다.

　이혼한 가정의 아이들이 결혼생활의 갈등을 풀어나가려고 노력하기보다는 끝내려고 할 가능성이 높다면 부모를 전적으로 거부한 아이들에게는 그럴 소지가 훨씬 더 많다. 이들은 이미 자신이 사랑했던 어떤 사람을 중요하지 않게 대한 경험을 갖고 있다. 이들의 배우자는 이들에게 관계를 유지하는 것이 중요하다는 것을 인식시키는 데 관심을 가질 것이다. 부모에 대한 따돌림을 극복하고, 어떤 관계의 장애물은 극복해야지 회피해서는 안 된다는 것을 배운 성인들은 가족의 존엄성에 더 큰 책임감을 가지며, 모든 부부가 겪는 불가피한 싸움, 불화, 상처에도 불구하고 자신들의 혼인서약을 지키려고 할 것이다.

상실감에 대처하기

　일반적으로 아이의 죽음은 받아들이기 가장 어려운 일로 여겨진다. 그러나 아이를 잃은 대부분의 부모들은 결국 자식이 죽었다는 것을 받아들이고 장례를 치른다. 부모의 고통은 여전하지만 그 고통은 침묵이라는 형태로 존재한다. 어떤 사람들은 따돌림 당한 부모의 절망감은 그보다 더 복합적이고, 오래가고, 해소되지 않는다고 믿는다. 아이는 떠나버렸다. 그러나 부모는 아이가 영원히 가버렸다고 믿을 수 없다. 나는 이 두 가지 비극 중 어느 편도 직접 겪어보지 않았으므로 어느 편이 더 큰 상처라고 말하지는 않겠다. 그러나 이혼의 해독 때문에 아이를 잃은 부모를 대하는 심리치료사들은 그들로 하여금 상실을 받아들이도록 도울 때 그 부모가 겪는 엄청난 슬픔에 유념해야 한다는 것은 말할 수 있다.

『아버지와 자녀의 재결합*Father and Child Reunion*』에서 워렌 파렐 Warren Farrel 박사는 이혼 후 아이들에게 거부당하는 아버지가 겪는 슬픔에 대해 썼다. 그는 이 아버지의 상황을 죽은 이의 시신이 도착할 때까지 장례절차를 시작할 수 없는 비통에 빠진 가족들의 상황에 비유했다. 최종판결이 내려지지 않으면 이들은 비탄에 빠진 채 장례절차를 완결 짓지 못하고 림보limbo* 상태에 있어야 한다. 따돌림 당한 어머니들과 만나면서 나는 이들의 고통도 아버지의 경우보다 작지 않다는 것을 알았다. 아이들을 만나지 못하는 것에 더해서, 아이들이 불과 몇 분밖에 떨어지지 않은 곳에서 살고 있다는 사실에서 오는 고통은 화성에 떨어지게 된다면 겪어야 할 고통에 못지않다.

이런 상황에 놓인 부모들은 아이의 죽음을 겪은 부모와 마찬가지로 메울 수 없는 상실감에 애통해한다. 직접 얼굴을 대면하건, 편지를 통하건, 비디오로 전달하건 이별의 전달은 애도절차에 도움을 준다. 적어도 공식적으로는 이제는 자신의 아이들이 떠나가 버렸다는 것을 인정하게 만들기 때문이다. 추도식과 마찬가지로, 이와 같은 공식적인 끝맺음은 슬픔을 표현하게 하고, 아이를 상실했다는 것을 받아들이게 한다.

건전한 애도식이 되기 위해서는 희망을 빼앗긴 사람이 표현하는 고통을 공감하면서 들어주는 청취자가 필요하다. 그러나 거부당한 부모들은 이러한 공감을 얻어내기도 어렵다. 당신은 주변 사람들이 당신이 겪고 있는 슬픔을 충분히 이해하지 못할 수도 있는 그런 특별한 상황에 놓여 있다. 그들은 당신의 슬픔을 인내심을 갖고 지켜보지 못하고 당신 자신의

---

* 지옥과 천국 사이에 있는 지역. 기독교를 믿을 기회를 얻지는 못했지만 착하게 살았던 사람이나 세례를 받지 못한 어린이의 영혼이 머무는 곳. 중간 역이나 상태를 가리키는 말로 쓰인다.

삶을 살아가라고 촉구할 수도 있다.

물론 고통 속에서 허우적거리지 말아야 한다는 점에서는 그들의 말이 옳다. 그러나 이를 언제, 어떤 방법으로 떨쳐버릴지를 결정하는 것은 당신의 몫이다.

많은 부모들은 나에게 이런 상황에 놓인 사람들의 상조 단체가 있느냐고 묻는다. 당신이 그런 단체를 찾는다면 부록에 소개되어 있는 단체들을 참고하라. 당신의 상실감을 가장 잘 공감하고, 당신이 겪고 있는 일을 가장 잘 이해하는 사람들은 같은 고통의 길을 걷고 있는 사람들일 것이다.

당신 자신을 분노와 괴로움 속으로 밀어넣지 않는 것이 중요하다. 다른 사람들이 그러한 괴로움을 아이들이 당신을 회피하게 만든 이유로 오인할 수도 있다. 그 대신 당신의 분노를 생산적으로 배출할 수 있는 통로를 찾으라. 어쩌면 따돌림 당하는 부모와 아이들의 재결합을 위한 과도기적 장소를 제공하는 기관의 설립을 도울 수도 있다. 아니면 이런 상황에 놓인 가난한 가족에게 교육 서비스나 치료 서비스, 법률 서비스를 제공하기 위한 재단을 설립할 수도 있다.

아이를 잃은 데 따른 마음의 상처 때문에 다른 영역의 생활에서도 만족감을 얻지 못하는 것을 피하라. 인간관계는 깨지기 쉽다는 생각으로 다른 사람에게 애정을 주지 않겠다는 장벽을 만들지 말라. 새 배우자, 다른 아이들이나 새 자식들이 생긴다면 그들이 당신으로부터 애정과 혜택을 누리는 것과 마찬가지로 당신도 그들의 사랑 속에서 행복을 느끼라.

미래를 위한 희망

따돌림 당하는 부모에게 관계를 끝내자는 아

이의 요구를 받아들이라고 권할 경우, 심리치료사들은 보통 미래의 화해에 대한 희망을 상기시킴으로써 부모를 위로하려고 한다. 많은 부모들이 결국은 아이들도 화를 누그러뜨릴 것이고 아이들과 다시 새로운 관계를 맺게 될 것이라는 낙관적인 예측을 하면서 아이에게서 손을 떼고 시간을 준다. 문제는 실제로는 이것이 사실인지 아닌지를 알 수 없다는 점이다. 어느 누구도 그러한 변화가 일어나리라고 보장하지 못한다. 확실하게 말할 수 있는 것은 아이가 부모와 화해를 하더라도 잃어버린 시간을 보상해 줄 수 있는 것은 아무것도 없다는 사실이다. 아무것도 그동안 부모와 아이가 잃은 것을 보상해주지 못한다. 성찬식, 성인식, 졸업 등과 같은 특별한 행사에서 나누는 포옹과 키스, 웃음과 눈물의 공유, 자랑스러운 마음과 통쾌함 등 일상적 상호 작용은 물론 부모-자녀 관계의 구조를 만드는 중요한 사건들을 전부 다 잃어버린다.

그러나 치료사들이 이혼의 해독의 희생자들에게 희망을 갖게 하는 것이 전적으로 잘못된 것은 아니다. 어떤 아이들은 정말로 마음을 바꾼다. 어떤 아이들은 자신이 세뇌당해왔다는 것을 깨닫게 된다. 어떤 아이들은 돌아오기도 한다. 어떤 아이들이 결국 돌아오고, 어떤 아이들이 영원히 돌아오지 않을지 예측할 수 있는 요인은 아직 밝혀지지 않았다. 그러나 아주 가냘픈 희망이라도 있다고 믿는 것은 위안을 줄 수 있다.

어떤 부모들은 아이들이 되돌아올 때를 대비해서 아이에 대한 생각과 아이의 흥미를 끌 만한 내용이 담긴 기사로 가득 찬 일기나 스크랩북을 보관한다. 이와 같은 일은 만나지 못하는 아이를 당신의 일상생활로 끌어들인다. 언젠가 아이들이 돌아와서 이 스크랩북을 보게 되면, 이 일기를 읽게 되면, 자신이 당신의 가슴에서 지워지거나 생각에서 떠난 적이 없다는 것을 알게 될 것이라는 희망 때문이다. 그러나 이런 일은 당신의 상실감을 가중시킬 수 있으며, 삶이 제공하는 다른 긍정적인 일들에 관심을 쏟지 못하게 할 수도 있다. 만약 그렇다면 이런 일은 당신에게 이롭지 않다. 그러나 이 일이 당신으로 하여금 비극을 생활 속에 통합시키고 삶의 가치를 자유로이 확인할 수 있게 해준다면 슬픔을 대하는 가장 훌륭한 해결책일 수 있다.

사랑하는 아이들이 돌아오기를 기다리는 이혼의 해독의 희생자들은 러디어드 키플링Rudyard Kipling의 아름다운 시 「만약 *If*」의 다음과 같은 구절에서 위안을 얻을 수 있을 것이다.

만약 모든 주변 사람이 이성을 잃고 당신을 비난해도
냉정할 수 있다면,
만약 모두가 당신을 믿지 않을 때
자신을 믿고 그들의 의심까지 감싸 안을 수 있다면,
만약 기다리면서 기다림에 지치지 않을 수 있거나,
속임을 당하더라도 속임으로 되갚지 않거나,
미움을 받고도 미워하지 않을 수 있다면……

만약 당신이 말한 진실이 악인들에 의해 왜곡되어
어리석은 자들을 얽어매는 덫이 되는 것을 보아도 참을 수 있거나,
당신이 일생을 바친 것들이 무너지는 것을 보고도
낡은 연장을 집어 들고 다시 세울 수 있다면……

만약 심장과 신경과 힘줄이 다 닳아버릴 때까지
당신을 위해 봉사하게 할 수 있다면,

남은 것이라곤 "버텨라"라고 말하는 의지뿐인 때에도

여전히 버틸 수 있다면……

　마지막으로 나는 이 책을 읽을 만한 나이가 된 따돌림에 빠진 아이들이
이 책을 읽고 자기 자신을 깨달아 자신을 간절히 원하는 마음에 다가갈
수 있는 지혜와 용기를 발휘할 수 있게 되기를 바란다. 그렇게만 된다면
이 책을 쓰는 데 투자했던 몇 년 동안의 기간이 더없이 고마울 것이다.

부록

국내 참고 자료
해외 참고자료
도움 받을 수 있는 곳
찾아보기

| 국내 참고자료 |

『부모와 십대 사이』, 하임 G. 기너트 지음, 신홍민 옮김, 양철북, 2003

『부모와 아이 사이』, 하임 G. 기너트 지음, 신홍민 옮김, 양철북, 2003

『부모역할훈련』, 토머스 고든 지음, 이훈구 옮김, 양철북, 2002

『심리치료(이혼가정 자녀를 위한)』, 리처드 A. 가드너 지음, 박영희 외 옮김, 양서원, 2004

『가족관계와 의사소통』, 케슬인 M. 겔빈 외 지음, 노영주·서동인·원효종 옮김, 하우, 1995

『남자의 결혼 여자의 이혼(조금 다르게 살기 2)』, 김혜련, 또 하나의 문화, 1995

『이혼과 가족문제』, 한국가족학연구회, 하우, 1999

『새로 짓는 우리집: 이혼 사별로 새로운 삶을 열어가려는 분들을 위한 가이드북』, 여성 민우회 가족과 성 상담소, 학민사, 2001

『이혼가정의 아이들』, 한국청소년상담원, 2001

『우리가 꿈꾸는 행복한 이혼은 없다』, 주디스 S. 월러슈타인 외 지음, 양은모 옮김, 명진 출판, 2002

『이혼가정 아동: 가정과 학교의 역할』, 사라 스밀란스키, 학지사, 2002

『다시: 이혼한 사람들을 위한 셀프 리빌딩』, 부르스 피셔 외 지음, 이경미 옮김, 친구미 디어, 2003

『코코, 네 잘못이 아니야: 이혼가정의 부모와 아이가 함께 읽는 책』, 비커 랜스키 지음, 이경미 옮김, 친구미디어, 2003

『한부모 가정과 이혼 이해교육(교사 아동 부모를 위한)』, 서영숙 외 지음, 양서원, 2004

『행복한 이혼 불행한 이혼(다익 신서 1)』, 안귀옥, 다익미디어, 2004

『이혼과정 경험에 대한 질적 연구: 부모역할과 부모자녀관계를 중심으로』, 한국청소년 상담원, 2004

『이혼을 넘어 좋은 부모되기』, 한국청소년상담원, 2004

| 해외 참고자료 |

자녀들을 위한 책

Brown, Laurene Krasny, and Brown, Marc. *Dinosaurs Divorce*. Boston, Little, Brown and Company, 1986

Gardner, Richard A. *The Boys and Girls Book About Divorce*. New York, Bantam Books, 1970

부모들을 위한 책

납치

Greif, Goeffrey, and Hegar, Rebecca L. *When Parents Kidnap*. New York, Free Press, 1993

양육권과 이혼

Ahrons, Constance R. *The Good Divorce*. New York, HarperCollins, 1994

Biller, Henry B., and Trotter, Robert J. *The Father Factor*. New York, Pocket Books, 1994

Blau, Melinda. *Families Apart: Ten Keys to Successful Co-Parenting*. New York, Perigee, 1995

Darnall, Douglas. *Divorce Casualities: Protecting Your Children from Parental Alienation*. Dallas, Tex., Taylor Publishing, 1998

Farrell, Warren. *Father and Child Reunion: How to Bring the Dads We Need to the Children We Love*. New York, Tarcher/Putnam, 2001

Gold, Lois. *Between Love and Hate: A Guide to Civilized Divorce*. New York, Plenum Press, 1992

Kalter, Neil. *Growing Up with Divorce: Helping Your Child Avoid Immediate and Later Emotional Problems*. New York, Free Press, 1990

Lyster, Mimi. *Child Custody: Building Agreements that Work*. Berkeley,

Calif., Nolo Press, 1995

Stahl, Philip M. *Parenting After Divorce*. Atascadero, Calif., Impact Publishers, 2000

Teyber, Edward. *Helping Your Children with Divorce*. New York, John Wiley & Sons, 2001

Visher, Emily, and Visher, John. How to *Win as a Stepfamily*. New York, Brunner/Mazel, 1991

Warshak, Richard A. *The Custody Revolution*. New York, Simon & Schuster, 1992

부모교육

Faber, Adele, and Mazlish, Elaine. *How to Talk so Kids Will Listen and Listen So Kids Will Talk*. New York, Avon Books, 1999

Gordon, Thomas. *Parent Effectiveness Training*. New York, Three Rivers Press, 2000

Gurian, Michael. *The Good Son: Shaping the Moral Development of Our Boys and Young Men*. New York, Tarcher/Putnam, 2000

Pruett, Kyle D. *Fatherneed: Why Father Care Is as Essential as Mother Care for Your Child*. New York, Free Press, 2000

Turecki, Stanley. *The Difficult Child*. New York, Bantam Books, 1989

협상

Stone, Douglas; Patton, Bruce; Heen, Sheila; and Fisher, Roger. *Difficult Conversations: How to Discuss What Matters Most*. New York, Penguin Press, 2000

Uri, William. *Getting Past No: Negotiating Your Way from Confrontation to Cooperation*. New York, Bantam, 1993

이사

Cohen, Miriam Galper. *Long-Distance Parenting: A Guide for Divorced*

Parents. New York, Signet, 1991

Newman, George. 101 *Ways to Be a Long-Distance Super-Dad*. Mountain View, Calif., Blossom Valley Press, 1984

Wasserman, Selma. *The Long-Distance Grandmother: How to Stay Close to Distant Grandchildren*. Point Roberts, Wash., Hartley & Marks, 1990

정신건강 전문가와 변호사들을 위한 책

Ceci, Stephen J., and Bruck, Maggie. *Jeopardy in the Courtroom: A Scientific Analysis of Children's Testimony*. Washington, D.C., American Psychological Association, 1995

Clawar, Stanley S., and Rivlin, Brynne V. *Children Held Hostage: Dealing with Programmed and Brainwashed Children*. Chicago, American Bar Association, 1991

Emery, Robert E. *Renegotiating Family Relationships*. New York, Guilford, 1994

Gardner, Richard A. *Family Evaluations in Child Custody, Mediation, Arbitration, and Litigation*. Cresskill, N.J., Creative Therapeutics, 1989

—— *The Parental Alienation Syndrome: A Guide for Mental Health and Legal Professionals*(2nd ed.). Cresskill, N.J., Creative Therapeutics, 1998

—— *Therapeutic Interventions for Children with Parental Alienation Syndrome*. Cresskill, N.J., Creative Therapeutics, 2001

Garrity, Carla B., and Baris, Mitchell A. *Caught in the Middle: Protecting the Children of High-Conflict Divorce*. New York, Lexington Books, 1994

Gould, Jonathan W. *Conducting Scientifically Crafted Child Custody Evaluations*. Thousand Oaks, Calif., Sage Publications, 1998

Johnston, Janet and Campbell, Linda E. G. *Impasses of Divorce: The Dynamics and Resolution of Family Conflict*. New York, Free Press, 1988

Johnston, Janet R., and Kelly, Joan B. (Eds.) "Alienated Chilren in Divorce" *Family court Review,* 2001, 39 (3)

Poole, Debra A., and Lamb, Michael E. *Investigative Interviews of Children.* Washington, D.C., American Psychological Association,1998

Rand, Deirdre C. "The Spectrum of Parental Alienation Syndrome" (part I, II). *American Journal of Forensic Psychology,* 15, no. 3(1997) 23-51 and no. 4(1997) 39-92

Stahl, Philip M. *Conducting Child Custody Evaluations.* Thousand Oaks, Calif., Sage Publications, 1994

Warshak, Richard A. "Social Science and Chilren's Best Interests in Relocation Cases: *Burgess* Revisited." *Family Law Quarterly,* 2000, 34(1), 83-113

Warshak, Richard A. "Curent Controversies Regarding Parental Alienation Syndrome." *American Journal of Forensic Psychology,* 2001, 19, 1-31

| 도움 받을 수 있는 곳 |

기관명	연락처	비고
한국가정법률사무소	http://www.lawhome.co.kr	정부관련 기관 및 가족과 여성들을 위한 연구 및 자료 제공
여성부	http://www.moge.go.kr	정부관련 기관 및 가족과 여성들을 위한 연구 및 자료 제공
한국여성개발원	http://www.kwdi. re kr	정부관련 기관 및 가족과 여성들을 위한 연구 및 자료 제공
대한법률구조공단	http://www.klac.or.kr	정부관련 기관 및 가족과 여성들을 위한 연구 및 자료 제공
위민넷	http://www.women-net.net	정부관련 기관 및 가족과 여성들을 위한 연구 및 자료 제공
보건복지부	http://www.mohw.go.kr	정부관련 기관 및 가족과 여성들을 위한 연구 및 자료 제공
한국청소년상담원	http://www.kyci.or.kr	부모, 청소년 상담 전문기관
이혼가족지원센터	http://www.dfsc.or.kr	한국성서대학교 월계종합사회복지관 부설
서울가정문제 상담소	http://www.homeclinic.org	
이혼예방센터	http://www.kwba.or.kr	한국여성불교연합회
나우미 가족문화연구원	http://www.nowme.net	
한국여성상담센터	http://www.iffeminist.or.kr	
한국여성의전화연합	http://hotline.or.kr	
Divorce kids	http://www.divorcekids.hinome.com	이혼가정 자녀를 위한 상담
한국한부모가정연구소	http://www.hanbumo.org	
한부모가정센터	http://www.jehon.or.kr	(사)한국남성의전화 부설
법률사무소 나우리	http://www.womanlaws.co.kr	이혼상담/여성전문 변호사
이혼예방상담전화	02-4707-9870	서울시 가정의 전화 SOS 상담실
여성긴급상담전화	1366	24시간 365일 무료 상담

ㄱ

가드너, 리처드 5, 38, 65~68, 82, 103, 110, 123, 144, 208, 218, 261, 271, 302, 329, 351, 359, 369, 412, 426

가정폭력 95~96, 115, 176, 262, 361, 416

가족법 변호사 218

가족치료 173, 302, 413

간접 의사소통 328, 331, 372

경계 141, 150, 152~153, 178, 210, 245

경쟁심 201~202, 204~205

고립 71, 213, 215~216, 218~219, 232, 234, 241, 352, 374

골드, 로이스 384

공감 31, 51, 53, 58~59, 72, 76, 95, 115, 118, 127, 139, 158, 160, 179, 184, 192, 265, 327~328, 332, 350, 357, 380, 400, 444~445, 448~449

공동 양육권 162, 221

공동전선 33, 35, 37, 39

공동치료 156~157, 415

과잉행동 380

기너트, 하임 327~328

깎아내리기 11, 21~22, 32, 53, 60~65, 70, 149, 164~165, 168, 170, 177,

180~182, 185~186, 191~193, 196, 202, 205, 207, 210~211, 213, 215~216, 237, 241, 256~258, 269, 303, 345, 435

ㄴ

납치 216, 229~232, 247, 271, 317, 360, 381, 435

ㄷ

두 단계 떨어지기 333~334

떠받들기 305~307

ㄹ

라이히, 빌헬름 196

랜드, 아인 273

런드, 메리 218

레들, 프리츠 337

리블린, 브린 5, 219, 275, 311, 319, 427, 436

린다, 거드너 230

ㅁ

마틴, 스티브 131

맥락 259~261, 266~269, 289, 297, 319~320

몰래 감시하기 332~333, 392, 425

미국 교육성 227

미국 변호사 협회 218, 427

밀러, 앨리스 50

ㅂ

『법정의 위험성』 91

보호자(G. A. L.) 190

복합가족 201, 207

부모 따돌림 증후군 11, 65~66, 81, 96~97, 105, 112, 143~144, 160, 208, 218, 302, 351, 400, 405, 429, 437, 444~446

분리-공략 355~356, 361

분리불안 130~132, 140

브랜든, 너대니얼 74, 273~274

브럭, 맥기 91

비셔, 에밀리 201

비셔, 존 201

비합리적인 따돌림 405, 437

ㅅ

『사랑과 증오 사이에서』 384

생활공간 인터뷰 337

선택적 주의집중 252~259, 269, 297~298, 363

세뇌 8, 11, 18~23, 31~32, 38, 53, 55, 64~65, 70~71, 89, 99, 113, 121, 125, 143, 149, 162~164, 168, 170~172, 175~176, 178, 180~182, 185~187, 191~193, 196, 199, 202, 205, 208, 210~211, 216, 218, 228~229, 231~234, 237, 241, 243~244,

251~251, 259, 261, 263, 268, 271, 274, 277, 286, 289, 292, 294, 297, 300~301, 307~309, 315, 317~319, 325, 333~334, 339, 342, 345, 355, 358, 361, 366~367, 370~373, 375, 391~394, 401, 408, 421, 435~436, 446, 450

세시, 스티븐 91

『소년 소녀가 알아야 할 이혼』 66, 110, 329, 369

스토셀, 존 91~92

신체적 고립 71, 215~216, 218~219, 232, 234, 241, 352 , 374

심리적 의존 71, 213, 215, 234

심리치료사 22, 57, 65~69, 73, 84~85, 100~101, 110, 118, 124~126, 135, 142~143, 156, 173, 176, 178, 218, 250, 262, 277, 326, 329, 336, 345, 360~362, 366, 371, 375, 387, 389~406, 408~415, 418, 420~421, 427, 429~430, 436, 438, 440, 447, 450

쓰레기 과학 419

ㅇ

아동보호국 116

『아버지와 자녀의 재결합』 448

악마의 혀 358

앤 랜더스 385~386

양가감정 102~103, 112, 252~253, 258

양극성 장애 133~134

양극화 98, 112, 348

양육권 소송 89, 169, 181~182, 187, 189~190, 193, 195~196, 210, 264, 428

양육권 자문가 193~195

양육권 평가자 32, 177, 259, 417, 419

『양육권 혁명』 11, 19, 103, 157, 193, 199, 230, 393, 419

어른 흉내 100

어린 성인 84

에머리, 로버트 325

왜곡 10, 88, 107, 174, 185, 234, 255~256, 259, 268~269, 271~272, 277, 289~290, 294, 302, 320~321, 340, 345, 348~349, 361, 365, 387, 391, 402, 412~415, 419, 427, 430, 444, 451

워렌, 파렐 448

『원거리 양육』 226

월러슈타인, 주디스 75, 352

유대교 6, 358

『의식을 가지고 살아가는 기술』 74

이름 게임 241, 248, 290, 292

이름 바꾸기 247

이사 30, 32, 86, 99, 113,

117~118, 120, 122, 159~160, 181, 202~203, 208, 220~221, 223, 227~228, 260, 261, 264, 270, 288, 319, 422~424

『이혼과 함께 성장하기』 331

인지 부조화 316, 368

임상심리학자 399

ㅈ

자녀 주도 따돌림 116, 118~120, 124

자아도취증 157, 161~162, 210

자아존중감 46, 57, 74, 199, 393

『자아존중감의 심리학』 273~274

잠식 307, 309, 312~313, 406

재연 174~175, 177

재혼 118, 120, 136, 158, 171, 180~181, 196~201, 204~207, 209~210, 220, 226, 246~247, 287, 353, 384

저보푸로스, 존 5, 383

적개심 56, 97, 108, 111~112, 126~127, 134~135, 142, 156, 178, 180~181, 194~195, 208, 210, 296, 300, 343, 345, 377, 381~382, 384, 385, 392, 428, 441

정서적 학대 39, 186, 371, 436

정신건강 전문가 5, 21, 23,
  65, 67, 81, 144, 156, 178,
  182, 192~193, 245, 259,
  262, 302~303, 416, 422,
  426~427, 431, 435
정신의학자 399
제휴 139, 141, 236, 397
존스톤, 자넷 70, 139, 230,
  344
증오심의 확산 38, 103~105,
  115~116
질투(심) 158, 196~197, 278

ㅊ

최면술 372

ㅋ

칼터, 닐 331
캠벨, 린다 70
켈리, 조안 75, 139, 325,
  344
코헨, 미리암 갤퍼 226
클라워, 스탠리 5, 219, 275,
  427

키플링, 러디어드 451
킹, 스티븐 34

ㅌ

타협-거부 318~319
투사 286~289, 321

ㅍ

편집증 170~174, 210, 392
폐쇄 메시지 319~320
파인, 프레드 108
프로이트, 지그문트 174,
  259

ㅎ

학대 19, 39, 50, 75, 84, 86,
  89~91, 93~95, 97~98,
  101, 104, 106, 112,
  114~116, 172~177, 186,
  189, 229, 231~232, 262,
  267, 288, 290, 360~361,
  371, 382, 392, 396, 400,
  402~403, 416, 436, 444
합리화 40, 51, 197, 222,

243, 262, 289~294, 297,
  301, 310, 321
행방불명되거나 착취당하는
  아동을 위한 전국센터 229
허스트, 패티 216
허위고소 22, 89~91, 143,
  144, 160, 163, 171
허위 인상 182
헐뜯기 6, 11, 18, 21~22,
  28, 32, 53, 55, 57, 59~60,
  65, 70, 100, 106, 144,
  149, 154, 160, 163~165,
  177, 181, 192, 195~196,
  202, 207, 210~211, 213,
  215~216, 241, 256, 258,
  303~304, 345, 365, 371,
  390
협력가족법 194, 428
형제자매 분리 354
화해의 날 385~386
확대가족 5, 21, 103~105,
  115, 117, 135, 220, 317,
  446
흔적 없애기 232

| 아침이슬의 책들|

• 인문·사회 •

아랍인의 눈으로 본 십자군 전쟁
공쿠르 상 수상자 아민 말루프가 아랍의 사료를 바탕
으로 쓴 십자군 전쟁사
아민 말루프 지음 | 김미선 옮김
간행물 윤리위원회 이달의 책 선정

마르크스의 복수
마르크스-레닌주의 역사에 대한 열정적 도발!
메그나드 데사이 지음 | 김종원 옮김

프로파간다와 여론
촘스키가 해부하는 미국의 권력과 여론 조작의 메커
니즘
노암 촘스키·데이비드 바사이먼 지음 | 이성복 옮김

키신저 재판
20세기 전쟁과 테러 뒤에 숨은 얼굴, '미국의 책사'
키신저의 죄상을 공개한다
크리스토퍼 히친스 지음 | 안철흥 옮김

디즈니 순수함과 거짓말
'공공의 추억'을 조장하고 아이들을 소비자로 대상화하
는 디즈니 문화에 대한 비판적 연구서
헨리 지루 지음 | 성기완 옮김

자라파 여행기
이집트가 프랑스에 선물한 기린 자라파를 통해 본 19
세기 정치·문화사
마이클 앨린 지음 | 박영준 옮김

예수는 십자가에서 죽지 않았다
십자가에서 살아난 '인간 예수'의 모습을 좇은 추리소
설 같은 교양서
엘마 그루버·홀거 케르스텐 지음 | 홍은진 옮김

이혼, 부, 모, 아이들 — 당당한 관계를 위한 심리학
국제적인 이혼문제 권위자의 역작으로 이혼 후 부모-
자녀 문제의 해법을 구체적으로 제시한 책
리처드 A. 워샥 지음 | 황임란 옮김

• 인문교양 •

히포크라테스
의술을 '인간의 과학'으로 끌어올린 '의학의 성자聖者'
히포크라테스의 생애와 철학을 총체적으로 조명한 기
념비적 평전!
자크 주아나 지음 | 서홍관 옮김

현대의학의 역사 — 페니실린에서 비아그라까지
LA Times 도서상 수상작!
제2차 세계대전 이후 50년 동안 전개된 현대의학의
번영과 쇠퇴를 놀라운 비판정신으로 조망한 책
제임스 르 파누 지음 | 조윤정 옮김

의학의 일인자들
인류 최고의 의사들에게서 듣는 재미있는 의학 이야기
로버트 E. 아들러 지음 | 조윤정 옮김 | 근간

이스터 섬의 수수께끼 — 세계에서 가장 불가사의하고 매
혹적인 섬 이야기
세계 최대의 옥외 박물관인 이스터 섬과 이 섬의 과거
에 관심이 있는 이라면 반드시 읽어야 할 책
존 플렌리·폴 반 지음 | 유정화 옮김

• 교육 •

프레이리의 교사론
교사를 꿈꾸는 이들에게 보내는 프레이리의 편지
파울로 프레이리 지음 | 교육문화연구회 옮김

희망의 교육학
신자유주의 시대에 새로 쓰는 페다고지
파울로 프레이리 지음 | 교육문화연구회 옮김

망고나무 그늘 아래서
인간과 교육과 진보에 대한 프레이리의 사색
파울로 프레이리 지음 | 교육문화연구회 옮김

교사는 지성인이다
유명한 비판교육자 헨리 지루가 말하는 '희망의 교육'
헨리 지루 지음 | 이경숙 옮김
2003 학술원 선정 우수학술도서

실패한 교육과 거짓말
이 시대 가장 소중한 지식인 촘스키 최초의 교육론을
최초로 정리한 책
노암 촘스키 지음 | 강주헌 옮김

이 교육
한준상 교수가 제시하는 열린 교육, 미래 교육
한준상 지음

• 청소년 •

비키니 섬
스콧 오델 문학상으로 더욱 빛나는 생생하고 감동적인

이야기! 청소년들의 세계관을 넓고 깊게 해준다
시어도어 테일러 지음 | 김석희 옮김

붉은 스카프
중국 문화혁명 시절에 청소년기를 보낸 한 소녀의 자
전적 성장소설
지앙지리 지음 | 홍영분 옮김
미국 도서관협회 선정, '최우수 청소년 도서'

길을 찾는 책 읽기
책 만드는 사람 김학민이 먼저 읽고 청소년에게 권하
는 100권의 책 이야기
김학민 지음

• 문학 •

옛 시 읽기의 즐거움
옛 시를 통해 선인들의 삶과 정신세계를 엿본다
김풍기 지음

시마, 저주받은 시인들의 벗
시를 쓰지 않고는 못 배기게 만드는 시적 영감 '시마'
김풍기 지음

옛날 옛날에 오늘 오늘에
오염되기 전의 순수 우리말과 노래를 통해 살펴본 우
리네 삶의 풍경
유안진 지음

폭풍의 한가운데 — 윈스턴 처칠 수상록
'준비된 영웅' 윈스턴 처칠의 '젊은 날의 기록'
윈스턴 처칠 지음 | 조원영 옮김

현대 영미 소설의 이해 — 마크 트웨인에서 존 파울즈까지
현대 영미 소설을 대표하는 10명의 작가의 대표작에
대한 대중적 비평서
이상옥 외 지음

• 여성 •

돈 잘 버는 여자 밥 잘하는 남자
가사분담 전쟁의 해법을 찾는다!
알리 러셀 혹실드 지음 | 백영미 옮김

굿바이 굿걸
착한 여자가 되라는 규범에 반기를 든 여성들의 생생
한 이야기
수잔 슈바르츠 · 에일린 클랙 지음 | 김미선 옮김

자궁의 역사
성차별의 역사, 자궁에 대한 오해의 역사를 밝힌다
라나 톰슨 지음 | 백영미 옮김

• 예술 •

무대 뒤의 오페라
걸작 오페라의 무대 뒤에서 펼쳐진 현실의 드라마

밀턴 브레너 지음 | 김대웅 옮김

뉴에이지 영혼의 음악
영혼을 울리는 뉴에이지 음악의 감성 따라잡기
양한수 지음

• 경제 · 경영 •

붐 앤 버블 — 호황 그 이후, 세계 경제의 그늘과 미래
거품 호황과 신경제의 마법이 끝난 세계 경제의 미래
진단
로버트 브레너 지음 | 정성진 옮김

헤지펀드
국내 최초로 소개되는 헤지펀드 입문서
다니엘 스트래치맨 지음 | 박광수 옮김

50년이면 충분하다
세계은행 · IMF의 신자유주의와 맞서 싸운 사례와 그
대안
케빈 대나허 외 지음 | 최봉실 옮김

래디컬 이노베이션
대기업의 반격 — 래디컬 이노베이션으로 승부하라
렌셀러 경영대학원 근본적 혁신 프로젝트팀 지음 | 정규재 옮김

로열티 마케팅
기업 성공의 열쇠, 고객 로열티를 잡아라
캐슬린 신델 지음 | 안재근 옮김

문제는 협상가다
협상력 부재의 한국 사회 패러다임을 바꾸자!
시어도어 W. 킬 지음 | 강주헌 옮김

엔터테인먼트 마케팅 혁명
21세기의 황금알을 낳는 산업, 엔터테인먼트 마케팅
의 ABC
앨 리버만 · 패트리샤 에스게이트 지음 | 조윤장 옮김

하이 컨셉트 — 할리우드의 영화 마케팅
2차 세계대전 이후 태동하여 70년대 후반부터 현재까
지 할리우드를 지배하고 있는 영화 미학과 마케팅 전
략, '하이 컨셉트 영화'의 모든 것
저스틴 와이어트 지음 | 조윤장 · 홍경우 옮김

• 삶 이야기 •

한대수, 사는 것도 제기랄 죽는 것도 제기랄
한국 최초의 싱어송라이터, 포크 록의 선구자 한대수
의 자서전
한대수 지음

새는 앉는 곳마다 깃을 남긴다
33년의 감옥생활과 1년 반 동안의 사회생활. 한 비전
향 장기수의 기록
김동기 지음